علم النفس والمخابرات

رقم التصنيف: 150

المؤلف ومن هو في حكمه: د. عمر هارون الخليفة

عنوان الكتاب: علم النفس والمخابرات

رقم الإيداع: 2009/4/1436

الترقيم الدولي: ISBN: 978 - 9957- 454 – 62 - 3

الموضوع الرئيسي: علم النفس/ المخابرات

بيانات النشر: دار ديبونو للنشر والتوزيع- عمّان - الأردن

* تم إعداد بيانات الفهرسة والتصنيف الأولية من قبل دائرة المكتبة الوطنية

حقوق الطبع محفوظة للناشر

الطبعة الثانية

2010 م

ديبونو للطباعة والنشر والتوزيع

عضو اتحاد الناشرين الأردنيين

عضو اتحاد الناشرين العرب

يطلب هذا الكتاب مباشرة من مركز ديبونو لتعليم التفكير

عمّان- شارع الملكة رانيا- مجمع العيد التجاري

مقابل مفروشات لبنى- ط4

هاتف: 962-6-5337003 ، 962-6-5337029

فاكس: 962-6-5337007

ص. ب: 831 الجبيهة 11941 المملكة الأردنية الهاشمية

E-mail: info@debono.edu.jo

www.debono.edu.jo

علم النفس والمخابرات

تأليف

الدكتور . عمر هارون الخليفة

الناشر

ديبونو للطباعة والنشر والتوزيع

2010

بسم اللـه الرحمن الرحيم

" وسخر لكم ما في السماوات وما في الأرض جميعا منه إن في ذلك لآيات لقوم يتفكرون (13) "

صدق اللـه العظيم

(الجاثية : 13)

المحـتـويات

7

الفصل الأول

مقدمة[1]

التجسس بين الحقيقة والخيال

تهدف المحاولة البحثية بصورة محددة إلى دراسة العالم السري لتطبيقات علم النفس الكبرى في أجهزة المخابرات. وأنه لأمر مشروع بالإدلاء بشهادة عن حسن أو سوء توظيف علم النفس. إن البحث في هذا المجال الغامض أو السري قد يثير تساؤل البعض: ما هي علاقة الباحث بالمخابرات؟ يحملني هذا السؤال للقول بصورة واضحة بأني لست عميلا أو جاسوسا أو متعاونا مع أي من المخابرات من قريب أو بعيد. ولكني أدرك الدور الهام الذي يقوم به علم النفس في مجال الاستخبارات خاصة في أجراء التجارب بقصد التحكم، وجمع المعلومات، والحبر النفسية، فضلا عن اختيار وتدريب أفضل الجواسيس.

صحيح جدا بأن هناك غموض وعقبات كبيرة أمام دراسة موضوع مستور ومحجوب يرتبط بتطبيقات علم النفس الميدانية أو العملية في عمل الجواسيس ولكن مع ذلك الستر والاحتجاب هناك أهمية لمحاولة المغامرة في دراسة هذا الموضوع الشائك. فهناك غياب لهذه العينة من الدراسات التطبيقية في المكتبة العربية. وهناك بعض الكتب عن الحرب النفسية، وبعض الأفلام أو المسلسلات عن الجاسوسية، وبعض

[1] نشرت مقالة أولية من هذه الدراسة بعنوان "علم النفس والتحكم: نظرة للحرب الباردة" بمجلة "عالم الفكر"، 28 (3)، 295-365 (يناير/مارس 2000)

الروايات عن الجواسيس، وبعض التغطيات الصحفية عن موضوعات شتى عن عالم المخابرات. ولكن في حدود علم الباحث ليس هناك بحثا عربيا موضوعيا يعالج تطبيقات علم النفس في مجال المخابرات.

يقع عالم التجسس بين الحقيقة الصعبة والخيال الغريب كما في شخصية لورنس العرب المحيرة والغامضة، وكذلك في شخصيات جون فيليبي وإيليا كوهين، ورأفت الهجان . وفي هذا المجال أخذتنا روايات أغاثا كريستي إلى عالم بوليسي ملئ بالأعمال القذرة يتجلى فيها بطل خارق يكشف عن المجرمين، ويعمل كمحقق وعميل وجاسوس في آن واحد . وجاءت روايات الجاسوس أرسين لوبين لتظهر شخصية الجاسوس المحببة والذكية، وكذلك روايات جيمس بوند التي انتقلت إلى السينما وذاع صيتها في جميع أنحاء العالم، وبات العميل رقم 007 مثلا للصغار والمراهقين وموضع اهتمام الكبار وإعجابهم (بوست، 1990).

لقد نتج عن النزاع العربي الإسرائيلي أبطال يعود ظهورهم إلى الخيال وليس إلى الواقع. وبذلك تصعب مقارنة العالم الحقيقي الواقعي مع هذه الروايات، ومع ذلك فإن الحقيقة ليست أغرب من الواقع، ولكنها أكثر تعقيدا. فلكل عميل سري شخص يشرف عليه، ولكل مشرف رئيس، ورؤساء الاستخبارات مسئولون أمام الوزراء الذين يفكرون بالموازنة والرأي العام والانتخابات. ويتكرر في تاريخ الاستخبارات الإسرائيلية موضوع: كيف يتدخل السياسيون في العالم السري، وكيف يمارسون سلطاتهم، ثم كيف يتهربون من المسئولية عندما تسير الأمور باتجاه خاطئ (أنظر بلاك وموريس، 1992).

وإذا وددنا بصورة محددة الإشارة لأشهر النماذج التي تناولت أنشطة المخابرات المصرية، مثلا، في الداخل وصراعها مع الموساد تشمل القائمة، كتاب "جواسيس وخونة"، و"قصة جاسوس"، و"حرب بلا قتال"، و"عملاء في القاهرة"، و"المفاجأة"، و"كنت صديقا لديان"، و"حوار الثعالب"، وأفضل الأفلام هو "الصعود إلى الهاوية" وأفضل الدراما التلفزيونية كانت "رأفت الهجان" (أبو ستيت، 2000). وتبرز المعالجة الكتابية أو السينمائية أو الروائية الممتازة للشخصيات المتناولة وتوضح من غير شك

الدور الكبير لعالم التجسس عامة. ولكن ما هو حجم الخيال في بناء هذه الشخصيات وما هو حجم الواقع منها. عموما كانت هناك زيادة في مساحة حرية المعالجة للأعمال السينمائية والروائية المرتبطة بموضوع التجسس وذلك لأن هذه الأعمال تقدم الحقيقة بلغة أدبية وربما بقدر من الغموض والتمويه والإثارة. وبذلك تزداد مساحة الخيال لعالم التجسس. ولكن عندما يعالج موضوع الاستخبارات بصورة علنية من خلال أعمال أكاديمية أو مذكرات صارخة تقل مساحة الحرية المتاحة. وتبعا لتلك المساحة القليلة يقل حجم المعلومات المكشوفة.

هناك تسميات متشابهة لكلمة "جاسوس" في اللغات الأجنبية. فهي بالفرنسية "ايسبيون"، وبالإنجليزية "سباي"، وبالإيطالية "سبيوني"، وبالأسبانية "ايسبيون"، وبالروسية "شبيون"، وبالألمانية "سبيون" (مجموعة من المؤلفين، 1991). وفي اللغة العربية قد تستخدم كلمة "الجاسوس" أو "المخبر" أو "العميل" أو "رجل الاستخبارات" أو "رجل المخابرات" وهم كلهم جواسيس. ويأتي هذا "الجاسوس" من كل أوساط المجتمع بمختلف طبقاته الاجتماعية ومستوياته التعليمية والمهنية والأخلاقية. قد يكون "الجاسوس" طالبا أو بروفسورا في جامعة، جنديا أو ضابطا في الشرطة، مراسلا أو وزيرا في وزارة، ممرضا أو طبيبا في مستشفى، نادلا أو مديرا لمطعم، مضيفا أو قبطانا في طائرة، عاملا أو مالكا لفندق، محررا أو مالكا لصحيفة، مذيعا أو رئيسا للتلفزيون، حارسا أو سفيرا في سفارة. قد يكون "الجاسوس" رئيسا لدولة وعميلا في الوقت نفسه لمخابرات أجنبية .

قد يأتي "الجاسوس" من أسرة مفككة مصدعة، وقد يأتي من أسرة متماسكة ومحافظة اجتماعيا. قد يكون الجاسوس بدوام كلي أو جزئي وقد يكون عميل مزدوج، جاسوس مع بلده وجاسوس ضد بلده في الوقت نفسه. وقد يكون "الجاسوس" ملحدا كافرا، وقد يكون مؤمنا ورعا. قد تكون "الجاسوسة" سكرتيرة حسناء فائقة الجمال، وقد تكون قبيحة لا تلفت الانتباه إلا بقبحها ربما تنفع لأعمال الستر أو التغطية. وقد تكون "الجاسوسة" مومس فاضلة تنفع لأعمال "المناكحة المعلوماتية"، وببراعة فائقة تصطاد

فريستها. وقد يكون "الجاسوس" أبوك أو أمك، أخوك أو أختك، زوجك أو زوجتك، خالك أو عمك، صديقك أو زميلك، جارك أو رئيسك، وقد تدري أو لا تدري بأنه "جاسوس" شيطانا أو ملاكا. وقد يكون "الجاسوس" أنت الذي يقرأ هذا الكتاب فما يميزك من الصفات أعلاه ويا ترى لماذا أصبحت "جاسوسا"؟

ومع تشابه تسميات "جاسوس" في اللغات المختلفة هناك تشابه في ردود الأفعال نحو الجواسيس بالرغم من اختلاف مستوياتهم الاجتماعية والمهنية والعلمية والأخلاقية. إن كلمة "جاسوس" ليست كلمة محببة الذكر. ولهذا السبب فإن أجهزة التجسس تفضل أن يطلق عليها وكالة استخبارات، أو مؤسسات الأمن القومي، أو مكاتب التحقيقات. وفي عالم التجسس، كما نعلم، يبقى هناك عالم ضبابي كثيف ما بين الحقائق الصارمة وبين عالم الخيال، وفي كثير من الأحايين قد تكون بين الاثنين مساحة من العتمة يصعب التكهن بمساحتها.

حروب المعلومات والجواسيس

من ناحية تاريخية، يعتبر التجسس ثاني أقدم مهنة بعد الدعارة ولا أدري لماذا كانتا أقدم مهنتين على وجه الأرض. ويعتقد البعض، مثلا، فولكمان (1999) بأنها ثالث مهنة. وتكتسب السمعة السيئة الرديئة نفسها التي اكتسبتها المهنتان التاريخيتان السابقتان عليهما، كما قال أحد المؤرخين، فإن التجسس كان إحدى ثلاثة مهن بدائية ظهرت في بداية التجربة الإنسانية على هذا الكوكب: الشامان، والجاسوس، والعاهرة. وتختلف مسألة تحديد أي من تلك المهن التي اكتسبت سمعة رديئة أكثر من غيرها باختلاف الآراء وليس هناك اختلاف في الرأي، مع ذلك، حول أي من المهن التي اكتسب سمعة أشد غموضا. ومع اكتساب التجسس سمعة سيئة في نظر البعض، خاصة عندما يرتبط نشاطه بالمواطنين وليس الأعداء، إلا أنه يظل بالنسبة للكثيرين أفضل مهنة ترتبط باستخدام الذكاء الإنساني أحسن استخدام و أشرف مهنة ساهرة على حماية الدولة والجيوش.

في القرن العشرين جرى نشر جيوش من الجواسيس خلال فترة من التاريخ

تميزت بحروب مستمرة إلى حد كبير. وكلما كانت هناك حروب كان هناك جواسيس أيضا. و استخدم الاتحاد السوفيتي أكثر من 300000 جاسوس في ذروة قوته، وأن الولايات المتحدة استخدمت جيشا من الجواسيس أقل من هذا الرقم بقليل، فربما يمكننا أن نعرف مدى عمق جذور التجسس في بنية الحضارة الحديثة. وأطلق على هذا القرن في بعض الأحيان "قرن الجواسيس" والسبب في ذلك هو أن الرغبة الدائمة في الحصول على المعلومات عند الدول الصناعية الحديثة أوجدت جيوشا من الجواسيس الذين قاموا بمثل هذا الدور الحاسم في مجرى تاريخ العالم. وهناك بعض الجواسيس من كانت لأفعالهم تأثيرات دراماتيكية على التاريخ وهؤلاء هم الرجال والنساء الذين أثروا على نحو مباشر على مصير الإمبراطوريات والشعوب وحتى التاريخ نفسه (انظر فولكمان، 1999).

في تقديري، إن الحرب الحالية بين الأمم، خاصة المتقدمة أو الصناعية ستكون حرب معلومات أو حرب جواسيس، وليس حرب اقتتال وبندقية وكلاشنكوف في كل الأوقات. فكيف يا ترى يمكننا فهم هذه الحلقة الهامة من حلقات الصرع الدولي؟ وكيف يمكننا فهم عواصم أو مراكز المخابرات العالمية والإقليمية والقرارات التي تتخذها في مصائر الشعوب. فواشنطون هي المكان المفضل للجاسوس الروسي، وموسكو هي المكان المفضل للجاسوس الأمريكي، وباريس هي المكن المفضل للجاسوس الإسرائيلي، وقبرص أو كما يطلق عليها "جنة الجواسيس" هي المكان المفضل للتجسس على الشرق الأوسط وعاصمة لدولة خليجية يطلق عليها وكر الجواسيس. وفي عالم المخابرات تتجسس أمريكا على بريطانيا، وتتجسس بريطانيا على فرنسا. وما يشتريه العرب من أمريكا يتجسس عليه البريطانيون لسرقة الصفقات، وما تتخذه الدول العربية من علاقات اقتصادية مع الصين تتجسس عليه أمريكا.

إن علماء النفس في السي آي ايه والام آي 6 والموساد يتجسسون على الأفراد والجماعات في العالم العربي في حالات الحرب والسلم، قيادة وشعبا، قطاعا عاما وخاصا، المواطنين والمقيمين منهم ولهم معلومات غزيرة أكثر مما يعرف علماء النفس

العرب عن أقطارهم. وتقتضي المصالح القومية التجسس على الآخر. ولعلنا نتساءل إذا كنا نجهل ما يجري للأفراد والجماعات في العالم العربي فكيف يمكننا معرفة ما يدور في الولايات المتحدة وبريطانيا وإسرائيل. وبوسعنا التساؤل أين علماء النفس في المخابرات العربية مقابل علماء النفس في "الموساد" وهي الذراع الخارجية القوية لإسرائيل، و"الشين بيت" الذراع الداخلية الباطشة، و"أمان" الذراع العسكرية المؤمنة لإسرائيل؟ لماذا لا نسمع كثيرا بالمخابرات العربية إلا ضد المواطنين العرب في الداخل والخارج بينما المخابرات الحقيقية هي ضد الأعداء أو الجيوش الأجنبية.

وبوسعنا التساؤل كم من الجواسيس العرب من كان له دورا حاسما في مجرى تاريخ أو حروب العالم العربي؟ وما هي المخابرات العربية ذات الأذرع الخارجية والداخلية القوية والباطشة ضد الجيوش الأجنبية؟ وكيف توظف المخابرات العربية جواسيسها في جمع المعلومات؟ ربما لا يمكننا معرفة ذلك نتيجة لصعوبات البحث في العالم السري للمخابرات من جهة ومن جهة ثانية عزوف أو لا مبالاة أو رفض علماء النفس العرب البحث السيكولوجي في هذا المجال الاستراتيجي. وبالرغم من إستراتيجية هذا المجال و جوهريته أو لبابيته ينظر أحد علماء النفس العرب أنه من "القشور". وسوف نتطرق لتلك النقطة لاحقا في هذا الفصل من الكتاب.

بالرغم من التطورات التقنية الهائلة في السنوات الأخيرة تبقي المهمة الأساسية للاستخبارات هي جمع أكبر قدر ممكن من المعلومات الخام من الأعداء والأصدقاء في أوقات الحرب والسلم والعمل على تصنيفها. وعادة ما تتم عملية الجمع والتصنيف في سلسلة من المراحل وتعتبر كل مرحلة أساس للمرحلة التي تأتي بعدها. وربما يمكن النظر بالنسبة لهذه العملية المرتبطة بالجمع والتصنيف بكيفية وضع الطوب في المبني وتركيبه ويقدم ذلك الوضع فهم أفضل للوضع العسكري أو الاقتصادي أو السياسي للدول المختلفة. وبكلمات أخرى، يمكن النظر لهذه السلسلة من الجمع والتركيب كعملية فهم وحل متاهة الجكسو. ويرتبط كل من الفهم والحل بالتوقعات وتحديد النوايا.

وفي كثير من الأحايين تكون المعلومات المجموعة والمصنفة، مخابراتيا، مرتبطة

بنوع من الضجة وقد تصعب حينها عملية التمييـز بيـن الاثنيـن. وفي هـذه الحالـة يجـب تحديد درجة الشك أو هامش الغلط أو الخطأ في مصداقية المعلومات ومدى غموضها.

من ناحية سيكولوجية، إن الخبير الاستخباري يميل دائما إلى إعطاء أهميـة تشخيصية عاليـة للمعلومات التي تتلاءم مع افتراضاته. أما المعلومات التي تتناقض أو تدحض افتراضاته فإنه قد يميـل إلى التقليل من أهميتها. وبالنسبة للمعلومات الغامضة فإن الخبير قد يفسرها بالشكل الـذي يتلاءم مع افتراضاته هو. وإن "الغلط" في تفسير الحدث المفاجئ ضروري مـن وجهـة نظر تطوير التفكير النظري، لأنه يتوقف على القدرة في رؤية إمكانيات أخرى. وبالنسبة لمسائل التقديـر علـى المسـتوى الأساسي يجب عدم الافتراض بأنه كلما زادت المعلومات، تحسن مستوى المعلومة، إذ من المحتمل قد تؤدي فيها كثرة المعلومات إلى وقوع أخطاء فادحة في التقدير (لنير، 1986).

يتخذ رجال المخابرات أو الجواسيس بفضل معلوماتهم في كثير من الأحيان أخطـر القرارات التي تحدد مصائر الشعوب السياسية والاقتصادية وفوق كل ذلك الحربيـة. وتحتاج هـذه القرارات الخطيرة للبحث من قبل مؤرخي علم النفس فضلا عن كتاب الجاسوسية أو المخابرات. ولكـن، كمـا يعبر المرصفي (1995)، عادة ما يتم تجاهـل هـذه القرارات وعـن عمـد ولسبب بسـيط يتمثل في إدراكهم طبيعة السرية والخصوصية التي تتسم بها المعلومـات الـواردة في ملفات وسجلات أجهـزة المخابرات مهما كانت أهميتها في نسيج الأحداث التاريخية التي يتناولونها، فضلا عن تجنبهم الوقوع تحت طائلة قوانين إفشاء الأسرار الرسمية، أو سلطات الرقيـب العسكري، أو الحظـر المفروض علـى نشر المعلومات حول قضايا تتعلق بأمن الدول ومصالحها العليا. وتبقى جميع هذه المحاذير دستورا واضحا وسيفا مسلطا على رقاب المؤرخين العسكريين أو الكتاب المتخصصين وبـذلك تظل دنيا عـالم المخابرات أشبه بالتابو المحظور النشر. ولهذا السبب تكثر الحملات الرقابية علـى منـع نشر الكتـب والمقالات والتقارير الاستخبارية التي تحتوى على المعلومات الهامة خاصة المصنفة منها.

منع نشر كتب التجسس

ربما تكون الرغبة غير العادية في التخلص من الشحنات المعلوماتية أو الأسرار الدفينة في ذاكرة بعض الجواسيس أو تطهير الصدر من الخطايا وربما التوبة النهائية من عالم التجسس جعلت البعض يدلي بحجم هائل من المعلومات للرأي العام والذي عادة ما تتلهفه دور أو حيتان النشر الكبرى والصغرى منها. وكثير من الجواسيس لسبب أو آخر فصلوا من المخابرات وعملوا ككتاب أو كصحافيين أحرار وحينها بمقدورهم التعبير عن تجاربهم السابقة بصورة أكثر حرية. ومن مهام المؤرخين، وليس الجواسيس، في المجالات العسكرية والعلوم الأمنية الكتابة عن عالم المخابرات المحفوف بالمخاطر.

عموما قد أدى انكشاف أجهزة الاستخبارات إلى اهتمام الرأي العام بها، وقد حاولت الحكومة البريطانية عبثا منع نشر كتاب "صائد الجواسيس"، وهو يتحدث عن مذكرات ضابط سابق من جهاز الاستخبارات يدعى بيتر رايت (بلاك وموريس، 1992)، واستنفرت أجهزة الجمارك في المطارات والمواني البريطانية وبدأت عملية تفتيش لا مثيل لها للقادمين، وخاصة من أمريكا. فقد خرجت لندن عن وقارها المزعوم وديمقراطيتها العريقة لتشن حملة واسعة لكتاب "صائد الجواسيس" (القسوس، 1988)، كما شنت حملات أخرى لكتب ومقالات وأحاديث تلفزيونية وإذاعية عن عالم التجسس.

كذلك وقفت ستيلا ريمنغتون الرئيسة السابقة لجهاز الاستخبارات الداخلي في بريطانيا آم آي 5 في قفص الاتهام وذلك لإخراجها كتاب بعنوان "حياة المفاجآت" يحكي تجربتها الاستخبارية على امتداد 40 سنة. وقادت ستيلا خلال توليها رئاسة المخابرات 1992-1996 جهازا محليا قويا وبنت أمجادها الاستخبارية في الميدان البريطاني وعرفت قصة تفجير السفارة الإسرائيلية ومهاجمة أهداف يهودية في لندن عام 1994 وهي على علم بالعلاقة المتقلبة بين الاستخبارات الإسرائيلية والبريطانية، كما هي على علم باغتيال الفنان الفلسطيني ناجي العلي وقضية سلمان رشدي وأبعادها الإيرانية. وأعرب رئيس "لجنة الاستخبارات والأمن" عن معارضته للكتاب (الجندي، 2001).

وفي الولايات المتحدة، رفضت السي آي ايه السماح لبوب باير، الموظف السابق بالوكالة، بنشر جزء من وثيقة حول عمله في الوكالة الذي استمر أكثر من 14 سنة ضمن كتاب وذكر أن العديد من فقرات الكتاب تتضمن معلومات سرية لم يكن من الجائز توزيعها خارج المرافق الحكومية الآمنة . ويتعلق جزء من هذه المعلومات بتفجير طائرة "الجامبو" التابعة لشركة "بان أمريكان" فوق بلدة لوكربي الاسكندينافية عام 1988 وانفجار الخبر في السعودية عام 1997 (لويب، 2000).

وتجاهلت إسرائيل هذه الدروس البريطانية والأمريكية وحاولت عام 1990 وقف نشر كتاب لضابط سابق في الموساد هو فيكتور أوستروفسكي في الولايات المتحدة وكندا وفشلت أيضا (بلاك وموريس، 1992). كما رفضت إسرائيل كذلك منع نشر كتاب الدكتور افنير كوهين عن "إسرائيل والقنبلة" والذي يتحدث فيه عن الترسانة النووية الإسرائيلية. ومنع المؤلف من المجيء إلى إسرائيل للاشتراك في حفلة أقيمت على شرفه لمناسبة صدور الكتاب من دار "شوكن" للنشر في تل أبيب. ويقول الدكتور كوهين أن هؤلاء البيروقراطيين وعلى رأسهم جهاز "ملماب" المسئول أمنيا في إسرائيل عن منع تسريب معلومات عن أي تكنولوجيا عسكرية إلى الخارج حاولوا بكل الوسائل القانونية منع نشر الكتاب كونهم مولعين بسياسة الغموض والسرية التي رسمها في أوائل السبعينات هنري كسنجر كمسئول عن ملف الأمن القومي في إدارة نيكسون والسفير الإسرائيلي إسحاق رابين بهدف إيقاف الضغوط على إسرائيل ولكنهم في الواقع فشلوا فشلا ذريعا في منع نشر الكتاب.

وأشار بعض المؤرخين من أمثال كريستوفر أندرو أنه يمكن أن تحاط الأبحاث العميقة والأعمال الجادة ببعض القيود السخيفة والتافهة بحجة الأمن القومي. عموما لا تستطيع المجتمعات الديمقراطية أن تصمد بثبات في وجه الضغوط من أجل محاسبة ومراقبة أجهزتها السرية، ويعتبر هذا صحيحا عندما تتوجه جهود الاستخبارات نحو مواطني الدولة وليس نحو الجيوش الأجنبية أو الجواسيس (بلاك وموريس 1992). ولكن مع كل هذه الضغوط الموجهة نحو الاستخبارات والعيون الثقيلة المفتوحة أمام

تسريب الأسرار قام ماركس (1979) بنشر أهم كتاب على الإطلاق عن استخدام المخابرات المركزية الأمريكية لعلم النفس وهو كتاب "مرشح إنسان منشوريا" وذلك في حدود المباح أو الحرية المقيدة في مراجعة بعض وثائق المخابرات. ولقد ذكرنا "بعض" لأنه تم رفض مراجعة البعض الآخر من الوثائق السرية.

وفي العالم العربي تم نشر الطبعة الأولى من كتاب "علم النفس والمخابرات" عام 2000. وكتبت بعض الصحف والمجلات والنشرات العربية عن الكتاب في المغرب ولبنان والأردن والإمارات والبحرين. ولكن في ذات الوقت رفضت بعض الصحف والمجلات المتخصصة في بعض الدول العربية نشر أي معلومات عن الكتاب بالرغم من أنه أول كتاب في المكتبة العربية يعالج تطبيقات علم النفس في المخابرات. كما لم يتم السماح لتوزيع الكتاب في بعض الدول العربية مع العلم بأن الكتاب لا يتطرق إلا قليلا لموضوعات تخص العالم العربي.

علم النفس والتجسس بين القشور واللباب

في محاضرة ألقيتها في جامعة العلوم والتكنولوجيا بالأردن ضمن فعاليات الفائزين بجوائز عبد الحميد شومان للباحثين العرب الشبان لعالم 1996 تحدثت عن تاريخ علم النفس وعلاقته بالاستعمار، والحرب الساخنة والباردة، والمخابرات كمقدمة أساسية للمحاضرة تبرز مخالب علم النفس. وقد تم توجيه الدعوة إلى نخبة من علماء النفس في الأردن لحضور هذه المحاضرة. وكان رئيس الجلسة ومقدمي في المحاضرة هو أ. د. عبد الرحمن عدس، أحد علماء النفس الكبار في العالم العربي، وأقوم أنا شخصيا بتدريس كتبه لطلابي في علم النفس بالجامعة. وقد قرأ عبد الرحمن عدس ورقتي الموسومة "مأزق علم النفس في العالم العربي" قبل المحاضرة، وقدمني لهذه النخبة المختارة من علماء النفس بالأردن بنبرة بدت عندي غاضبة قائلا " إذا جاز لي في عجالة بسيطة، الدكتور - عمر الخليفة - يري أن علم النفس في العالم العربي في مأزق فهو خرج عن الأصول واهتم بالقشور".

وفهمت من قول عدس أن الحديث عن الاستعمار، والحرب الساخنة والباردة، والمخابرات وعلاقة ذلك بعلم النفس أنه من "القشور". والسؤال الذي تبادر إلى ذهني منذ تلك المحاضرة وإلى الآن هو : أين "اللباب" في علم النفس ؟ هل يا ترى هي الاكتفاء بكتابة "مداخل إلى علم النفس" ؟ والحديث المكرور لدرجة الرتابة، والملل، والسأم، والضجر في هذه "المداخل" و "المقدمات"، و"الأسس " عن ماهية علم النفس، والأسس البيولوجية للسلوك، وعلم النفس التطوري، وطبيعة التعلم، والتذكر والنسيان، والإدراك، والدافعية، والتفكير واللغة، والذكاء والقدرات الخاصة، والشخصية، وفهم النفس أو الذات، وعلم النفس الاجتماعي، والعلاج النفسي. في تقديري، إن الحصر الضيق لعلم النفس سيئ بالنسبة لتطوره وللنظرة الإستراتيجية لتطبيقاته بمخالب حادة.

قد يرفض بعض علماء النفس العرب تقبل الفكرة القائلة بالتزاوج بين الاستعمار وعلم النفس، وبين الحرب وعلم النفس، وبين المخابرات وعلم النفس . ولكن مهما كان الرفض فهناك علاقات شائكة التداخل، ومعقدة التفاعل بين هذه القوى . إذ تحتاج هذه العلاقات لملاحظة فاحصة لتحديد مخالب علم النفس وتحتاج لقراءة ناقدة لكشف الحساب، ولشحن أو لتعزيز فيض من الذكريات لأخذ الدروس والعبر منها . ويمكن القول بأن روح الاستعمار والإمبريالية ذات المخالب الحادة قد سرت في أوردة وشرايين علم النفس، وأن عظمة وعملقة علم النفس تقف من خلفها المخابرات بدعمها السخي لتطور مفاهيمه، ونظرياته، ومناهجه، وتقانته لكي يكون أكثر حدة في مخالبه. فيا تري متى يصل علماء النفس العرب إلى تلك النقطة المحددة التي يقبلون فيها سوء استخدام علمهم بواسطة رفقائهم من علماء النفس في جزء آخر من العالم ؟ والسؤال المحير هو كيف نقرأ وندرس ونبحث في علم النفس دون الإحساس بهذه السيطرة ؟ مع العلم بأن "الإحساس" باب هام من أبواب علم النفس العام ! أو دون الإحساس بعملية "التحكم" مع العلم بأن هناك ثلاثة أهداف مركزية لعلم النفس من بينها "الضبط" أو "التحكم".

وإنه لأمر عجب، إذ أن كبرياء بعض علماء النفس العرب مثل عدس لا تود أن تجرح علم النفس الغربي بأي مخالب، مع أن اسكنر نفسه عبر عن تجريح مخالب علم

النفس لحرية وكرامة الإنسان، وحسب تعبيره "أن الناس قد تم التلاعب بهم" . ويعترف عالم الإنسان مالينوسكي قائلا وبعد عشرين عاما من العمل الانتروبولوجي وجد نفسه كما كانت، في موقفها الخاص، بمحاولة لدراسة الإنسان بطريقة تسئ للإنسان، تجرح إنسانيته، تماما كما جرحت الفيزياء والكيمياء والطبيعيات الطبيعة في السنوات السابقة (لكلرك، 1990). إن المحاولة الهروبية لدفن الرؤوس في الرمال من عدم المواجهة، أو النظرة البريئة الوديعة لتطبيقات علم النفس، والقول بأنه علم طاهر، وعفيف، ونقي، وتقي، هي من العوامل التي حولت علم النفس في العالم العربي لكي يكون "بلا لون، وبلا رائحة، وبلا طعم" وفوق كل ذلك بلا مخالب.

يقول عبد الرحمن عدس وتوق في كتابهما الموسوم "المدخل إلى علم النفس" في بعض الحالات التي يكون همنا فيها موجها إلى اختبار أفراد لملئ وظائف من نوع معين، فإننا نحتاج إلى أكبر قدر من المعلومات عن شخصياتهم وتصرفاتهم حتى يصبح بمقدورنا اختيار الأشخاص الملائمين والأكفاء لذلك ما أمكن. ومن بين الوسائل التي نستخدمها في هذا المعيار عدة اختبارات تدعى باسم "اختبارات المواقف" وفي حالة هذا النوع من الاختبارات يوضع المرشح أمام مواقف حياتية تشبه إلى حد كبير المواقف التي ينتظر أن تصادفه في العمل ونلاحظ طريقة معالجة لها، وكذلك سلوكه العام أثناء قيامه بها، ويحكم على ذلك على درجة كفايته لها. وقد استخدم هذا النوع من الاختبارات بكثرة في مكتب الخدمات الإستراتيجية في الولايات المتحدة الأمريكية خلال الحرب العالمية الثانية لاختبار الأفراد الذين كانت توكل لهم مهام خطيرة في المجهود الحربي (عدس وتوق، 1986). لقد رفض عدس فكرة تزاوج علم النفس بالمخابرات فيا ترى هل يعلم بأن مكتب الخدمات الإستراتيجية الذي يستخدم "اختبارات المواقف" والتي تحدث عنها عدس هو نفس المكتب الذي تطورت من خلاله مباشرة وكالة المخابرات الأمريكية التي جرحت بمخالبها الحادة الإنسان العربي؟ إن هذه العينة من الرفض هي التي تزيد من حجم العقبات التي تواجه تطوير البحث السيكولوجي في مجال المخابرات.

صعوبات البحث السيكولوجي في مجال التجسس

هناك عددا من الصعوبات التي تواجه الباحث في دراسة موضوع شائك ومستور مثل "علم النفس والمخابرات" ويرجع السبب بصورة أساسية لسرية عمل الاستخبارات. فهذه الصعوبة ليست في العالم العربي فحسب وإنما في الغرب كذلك. فمساحة المكشوف من عالم المخابرات، كما ذكرنا، هو ضئيل تحت القيود الأمنية الصارمة في أجهزة المخابرات. وربما تكون تطبيقات علم النفس في مؤسسات الدفاع والأمن بعيدا عن الأجواء الأكاديمية التقليدية في الجامعات. وغالبا لا تنشر تقارير أنشطة علم النفس في الأغراض الدفاعية. مثلا، في إسرائيل هناك قسم خاص وهام للأبحاث السيكولوجية في قوات الدفاع الإسرائيلية قام بإجراء أبحاث واسعة عن كثير من الجوانب السيكولوجية للجيش الإسرائيلي والجيوش العربية. وتشبه هذه الوحدة في أنشطتها المؤسسات الشبيهة للقوات المسلحة في الولايات المتحدة الأمريكية. و"أنه لأسباب واضحة، ليس من الممكن توضيح نوعية الأبحاث السيكولوجية التي تجرى في هذه الوحدة" على حسب تعبير عالما النفس الإسرائيليين بن عري وعمير (1986)، أو كما يضيف مائير هاميت رئيس الموساد "هناك أمور من الأفضل أن تظل سرا كما كانت".

عندما بدأت الشروع في كتابة هذه المحاولة البحثية شعرت بأن هناك جوانب معاصرة هامة لتطبيقات علم النفس في المخابرات أريد أن أعالجها ولكن لم أجد المادة الكافية لذلك. لقد اتصلت بعدة أقسام في الرابطة النفسية الأمريكية وبعدة علماء نفس عن توجيهي ببعض المراجع أو الأبحاث المتعلقة بتطبيقات علم النفس في مجال المخابرات. ولم يستجيب إلا واحد من هؤلاء العلماء من جامعة القديس جون بنيويورك قائلا : "لا أعرف أي مصدر لتطبيقات علم النفس في المخابرات". وكررت عملية الاتصال كذلك بمجموعة أخرى من علماء النفس ولكن لم أجد رد. وربما يرجع السبب لسرية هذه التطبيقات وعدم التحدث عنها جهرا أو طلبها بصورة مكشوفة كما فعلت. أو ربما لم تكن لهؤلاء معلومات عن تطبيقات علم النفس في المخابرات وتبعا لذلك ربما أكون اتصلت بالأفراد الخطأ.

واتصلت كذلك ببعض علماء النفس في بريطانيا ولقد استجاب أحد أساتذة علم النفس المتقاعدين في رسالة مختصرة. لقد تخرج هذا الأستاذ من جامعة كمبردج وعمل في معملها الشهير الذي أجريت فيه بعض الأبحاث في المستعمرات البريطانية. وكان مجموعة من طلاب هذه الجامعة خاصة الموهوبين منهم من تم تعينهم في أجهزة المخابرات البريطانية. ويشتهر هؤلاء باسم "جواسيس كمبردج" كما في التقارير الاستخبارية والصحفية.

يقول بروفسور ماركس، الرئيس السابق لقسم علم النفس في جامعة نيوكاسيل ببريطانيا، في رسالته لي بأن هناك كتب و أوراق بحثية كثيرة تعالج جوانب مختلفة في مجال الاستخبارات والتجسس. ولكن لا أعرف أي مصدر يمكن أن يقدم تغطية شاملة للموضوع الذي طلبته. وربما يكون اقرب كتاب هو " "انعكاسات عن المخابرات" لمؤلفه ر. جونس. وبالنسبة للدول المفتوحة كدولتنا- بريطانيا- من المدهش بأن الجزء الذي يمكن التقاطه من الدراسات الموجودة في المصادر المفتوحة هو المطبوعات التقنية والعامة. ومعظم هذه الموضوعات تم تلخيصها في دورية "عروض الدفاع العالمي" و"أسبوع الطيران" والثانية مجلة أمريكية. ولكن الموضوع الذي تسأل عنه وهو "المخابرات السرية" إنه شيء آخر يمتد من أخذ ميزات من اللامبالاة أو الإهمال العام للبشرية- وهي سمة عالمية، وفك الشفرات وهي من تخصص الخبراء.

ومن الصعوبات الأخرى في دراسة موضوع علم النفس والمخابرات ليست هناك أقسام علم نفس في الجامعات الغربية تدرس "علم النفس الاستخباراتي" كما ليست هناك مراجع تتضمن تطبيقات علم النفس في المخابرات وليس هناك متخصصين معروفين لهم اهتمام بهذا المجال في الجامعات، كما لا تنشر مقالات أو أبحاث عن علم النفس والمخابرات في الدوريات العالمية أو الإقليمية. ولكن أحيانا تنشر بعض المواد المقيدة في النشرات الإخبارية التي تصدرها بعض الجمعيات والروابط السيكولوجية مثل نشرة "مونتار" التي تصدرها الرابطة النفسية الأمريكية. كما تنشر بعض الموضوعات ليست ذات الصلة الكبيرة بالموضوع في "عروض الدفاع العالمي" أو في

الصحف اليومية والمجلات غير المتخصصة. وربما يكون هدف الأخيرة هو الإثارة أكثر من عملية عرض أبحاث جادة أو تطبيقات عملية. كما لا تعرض أبحاث عن علم النفس والاستخبارات بصورة مباشرة في المؤتمرات العالمية لعلم النفس. وليس هناك قسم خاص عن "علم النفس المخابراتي" في الرابطة النفسية الأمريكية، إنما هناك أقسام يتوقع أن تكون قريبة من هذا المجال مثل "قسم علم النفس الحربي" و"علم نفس السلام"، و"علم النفس السياسي".

ومن الصعوبات الأخرى التي تواجه الباحث في دراسة الاستخبارات فإن الإثباتات التاريخية الأخرى، على حد قول بلاك وموريس (1992)، فهي إما جزئية أو لا يتكل عليها، مثل المذكرات الشخصية التي تعاني من الرقابة الذاتية ومن طبيعة الإنسان في خدمة ذاته. إن الرجال المسنين ينسون كثيرا، أما الشباب الذين يتمتعون بذاكرة جيدة فتقف لهم الرقابة الرسمية بالمرصاد. تعتبر رحلة جون لوكاريه القصيرة إلى الشرق الأوسط في رواية "البائعة المتجولة" أفضل معالجة للاستخبارات الإسرائيلية وحربها المستمرة ضد الفلسطينيين، وكذلك رواية "عملاء البراءة" للكاتب الأمريكي ديفيد اغناطيوس التي تتحدث عن الموضوع نفسه أيضا. لكن هذه الروايات الناجحة وغيرها من الكتابات العبرية، الأقل شيوعا، والتي لم تترجم إلى اللغات الأخرى، تعتبر استثناءات. لقد اعتبرت رواية "عملية سفينة اليورانيوم" مثلا عن قصة حقيقية كيف تمكن فريق من العملاء الإسرائيليين من خطف سفينة محملة باليورانيوم عام 1968، وذلك لاستخدامها في البرامج النووي السري في بلادهم، ويظهر غلاف الكتاب بتشويق ظاهر أن الفريق يضم "عميلا وسيما قديرا قاسيا، وامرأة جميلة بمهارات جنسية ظاهرة، وقاتلا محترفا، وقبطانا بحريا، وميكانيكيا متمرسا وعبقريا باستطاعته صنع المعجزات من كل ما هو معدني، وغيرهم من نخبة العلماء والجواسيس الإسرائيليين، وشبكة واسعة من العملاء في سائر أنحاء العالم".

ووجه آخر من أوجه صعوبات دراسة تطبيقات علم النفس في المخابرات عدم سهولة إجراء مقابلات علنية مكشوفة مع علماء النفس الذين تعاونوا بصورة كاملة أو

جزئية مع المخابرات. وربما يدلي البعض بعد سن التقاعد بمعلومات جزئية في حدود الرقابة المتاحة ويرجع ذلك كما ذكرنا سابقا لطبيعة المهنة التي تتطلب "السرية" و"الوحدة". يقول رايت (1988) تتصف مهنة المخابرات بالعزلة. ولاشك بأن هناك صداقات حميمة، ولكن في النهايات تبقى وحيدا مع أسرارك. تعيش وتعمل في قمة مموهة من الإثارة، بالاعتماد دائما على زملائك. وعليك أن تتحرك دائما، أما نحو فرع جديد أم قسم جديد، أو حتى نحو عملية جديدة. وكلما تحركت من جديد فإنك ترث أسرارا جديدة تؤدي إلى فصلك عن أولئك الذين عملوا معك في السابق. أما الاتصال، خاصة مع العالم الخارجي، فإنه يكون عادة عرضيا، طالما أن جزء من نفسك لا يمكن أن تشارك به الآخرين. ولهذا السبب فإن أجهزة الاستخبارات هي أكثر الأجهزة قدرة على استغلال الإنسان. وهذه الصفة ملازمة لطبيعة المهنة ذاتها، وكل من ينضم للعمل يعرفها.

لا بد من القول كباحث مغامر لموضوع غامض بأني قد اصطدمت بكتب المخابرات كما اصطدمت بكتب علم النفس كذلك . فلم أجد في كتب علم النفس ما يشفي ظمئي تماما للبحث عن تطبيقاته في المخابرات كما لم أجد في كتب المخابرات المختلفة فصولا ثرة عن تطبيقات علم النفس فيها. وتبعا لهذا الاصطدام أحاول أن اسعي كالنملة أحيانا وأخرى كالنحلة أبحث ما بالدوريات والمجلات والصحف والتقارير وأوراق المؤتمرات والمقابلات ورسائل الدراسات العليا فضلا عن الكتب.

مفارقات في تطبيقات علم النفس

يعتمد البحث الحالي على النظرة القائلة بأن واحدا من أهم جوانب التطبيقات العالمية لعلم النفس وضوحا هو المفارقة بين عملية "التطبيق بالجملة"، و"التطبيق بالقطاعي" . وتعني العملية الأولى، الاستخدام الأشمل أو الأوسع أو الأكبر لعلم النفس في السياسة الدولية، وخاصة في الاستعمار والحرب الباردة بقصد التحكم، واستخدامه في المخابرات بصورة خفية ومستورة، بينما تعني الثانية الاستخدام الأضيق

أو الأصغر لعلم النفس في الحالات الفردية وخاصة في المجال التربوي، والعلاجي، والمهني . وتبعا لهذا التعريف يبدو أن علماء النفس في الغرب في حالة من الاستعداد المهني لتطبيق علم النفس بفعالية بالجملة (الماكرو)، وبالقطاعي (المايكرو) على السواء . وبتعبير آخر، فأنه استخدام مزدوج يقوم بكلا الدورين، أو يلعب على الحبلين بصورة واعية وهادفة . لذلك كانت نتائج علم النفس في الغرب أكبر من طموحاته لأنه يقوم بأداء كل من "الفرائض، والنوافل" بجدة . وبالمقابل ربما يمكن القول بأن هناك عدم تهيئة نفسية لعلماء النفس في العالم العربي بتطبيق علم النفس بفعالية حتى على مستوى القطاعي (المايكرو)، أو لا يقوم علم النفس بأداء حتى "النوافل" بوجهها الأكمل . وتبعا لعدم التهيئة النفسية هذه لم ينجح علم النفس في العالم العربي بتحقيق طموحاته المذكورة في مقدمات كتبه وهي: الفهم، والتنبؤ، والتحكم .

وجانب ثاني من جوانب المفارقة هو محاولة علماء النفس العرب شرنقة علم النفس داخل قوقعة صغيرة لا تسمن ولا تغني من جوع، وهذه الشرنقة جعلت علماء النفس العرب يتعرضون أكثر من أي مجموعة أخرى من علماء النفس في العالم لعملية غسيل الدماغ بعلم النفس نفسه، مما عزز زيادة التهميش وتعميق الهزائم النفسية في العالم العربي . ومن جهة أخرى، ساعدت هذه الرؤية الضيقة والتقليصية لعلم النفس على حصول انتصارات لصالح قوى تعرف كيف تطبق علم النفس بصورة فائقة الفائدة .

وجانب ثالث من جوانب المفارقة في تأسيس علم النفس بأن وزارات الدفاع وأجهزة المخابرات في الدول الغربية هي التي تصدر القرارات أو تبادر بتطور علم النفس وتطبيقاته في مجال الاختيار والتدريب وتمول الأبحاث للأغراض الدفاعية الكبرى ويختار لها أكفاء علماء النفس وأعرق الجامعات ومراكز البحوث بينما لا علاقة واضحة لعلم النفس في العالم العربي بأغراض الدفاع ولا ندري إذا كانت هناك مخابرات عربية واحدة تقدم بحثا لتطور علم النفس أو لتطبيقاته. أو حتى تعين علماء نفس كاملي الدوام أو تستقطب علماء وجواسيس من أقسام علم النفس.

وجانب رابع من جوانب المفارقة هو ممانعة علماء النفس في الغرب من الالتزام بالمعايير الأخلاقية لتطبيقات علم النفس وتبعا لذلك يتم تطبيقه في كثير من الأحيان بصورة "إجرامية"، وتسامح علماء النفس العرب بمراعاة هذه المعايير وتطبيق علم النفس ربما بصورة "قديسيه" . وفي هذا الجانب أقتبس ما عبر عنه اسكنر بقوله "إن تكنولوجيا السلوك تعتبر من الناحية الأخلاقية محايدة ويمكن استخدامها من جانب المجرمين أو القديسين" . وبكلمات أخرى، إن رؤية الشفقة والرحمة لدى علماء النفس العرب تقابلها في أحايين كثيرة رؤية القسوة والعدوانية عند علماء النفس في الغرب . ولكي نفهم طبيعة العلاقة بين التطبيق بالجملة، والتطبيق بالقطاعي هناك أهمية لتتبع تاريخ علم النفس الضارب بجذوره العميقة في الاستعمار، خاصة ارتباطه بالإمبراطوريتين : الألمانية، والبريطانية .

ويعتمد البحث على النظرة القائلة بأن مفاهيم ونظريات ومناهج علم النفس بلغة أنثروبولوجية، هي عبارة عن أسلاف غائرة في الاستعمار، وبلغة نباتية، أن زهرة علم النفس المعاصرة تقف على جذور شجرة عميقة في الإمبريالية . وهناك أهمية بأن ندرس طبيعة الحلف بين علم النفس وعلم الإنسان وتهليلهما للتحكم والسيطرة وزيادة قبضة الغرب على اللاغرب . إن هذا التهليل ساعد على تعزيز مخالب علم النفس بصورة حادة ومبرمجة وإستراتيجية لكيما "يستعمر"، و"يأمبر" بصورة غائرة . لذلك لا بد من سبر هذه الأغوار الاستعمارية، والجذور الامبريالية لمخالب علم النفس.

أولا: بوسعنا القول أنه من غير قراءة عميقة غائصة في تاريخ علم النفس وتأسيسه "البحث" في ألمانيا، وتأسيسه "التطبيقي" في بريطانيا، وتطوره "التعلمي الكلاسيكي" في روسيا، وارتقائه "الإمبريالي" لقمة إفرست في أمريكا، سوف نفشل في تحديد علاقة علم النفس الإستراتيجية بالحرب الباردة، وهو هدف مركزي للدراسة الحالية.

وثانيا: بوسعنا القول كذلك بأنه من غير قراءة ذكية لعلاقة علم النفس بالمخابرات البريطانية والأمريكية، ولأبحاث غسيل الدماغ، والقياس النفسي، والتنويم المغناطيسي،

والباراسيكولوجيا، وتقانة التجسس، والحرب النفسية، ومعرفة القوة الخفية وراء تمويل هذه الأبحاث سوف نفشل في "فك شفرة من شفرات" مخالب علم النفس في استخدامه المستور في المخابرات.

وثالثا: بوسعنا القول كذلك انه من غير قراءة موسوعية لمعرفة دور مخالب علم النفس في إطار العلاقات العربية الإسرائيلية من خلال كيفية اختيار وتدريب الجواسيس، وكيفية صياغة الحرب النفسية، وتنظيم العمليات الإرهابية، واستغلال الجمعيات العالمية السيكولوجية، وتنميط الشخصية العربية، والاغتيالات بواسطة الموساد سوف نفشل في وعي أو تشخيص بعض أسباب الهزائم النفسية أمام إسرائيل بمخالب حادة.

ورابعا: بوسعنا القول أنه من غير قراءة دقيقة لأهداف علم النفس كما هي في كتب المقدمات، ومعرفة بعض قضايا البحث السيكولوجي في العالم العربي سوف نفشل في تحديد ما لمقصود ب "التحكم بالقطاعي" في علم النفس وهو هدف مركزي للدراسة الحالية. وسوف تكون رؤيتنا في هذا الكتاب رؤية تاريخية في مجملها ترتبط بـ" تاريخ علم النفس" لكي نؤكد لعبد الرحمن عدس ونحدد كما نفصل الإثباتات التاريخية لعلاقة علم النفس بالاستعمار والحرب الساخنة والباردة وفوق كل ذلك بالمخابرات.

خلاصة

إن عنوان هذه المحاولة البحثية هو "علم النفس والمخابرات" وسوف تكون المشكلة التي أمامنا هي مشكلة "واو العطف" ولكن سوف نعالج طبيعة العلاقة بين ما هو "علم نفس" من جهة وما هو "مخابرات" من جهة ثانية مع محاولة الربط بين الموضوعين. لعلنا نتساءل هل أثر علم النفس في المخابرات أم أثرت المخابرات في علم النفس؟ فيا ترى ما هو السبب وما هو العرض؟ وقد يتداخل في هذه الدراسة ما هو علم نفس وما هو مخابرات مع السياسة أحيانا وأحيانا أخرى مع العلاقات الدولية أو الإعلام أو الطب النفسي... الخ. ويرجع سبب التداخل لتعقيد الموضوع المدروس

وعلاقته الشائكة مع كثير من العلوم. ومشكلة أخرى تواجهنا في الدراسة هي مشكلة نوعية اللغة المستخدمة، فربما نستخدم لغة علمية صارمة عندما نتحدث عن "علم النفس" ولكن في بعض الأحيان ربما نستخدم لغة أقل صرامة تنسجم مع عالم المخابرات أو التجسس. وإن طبيعة بعض المصادر التي اعتمدنا عليها ربما تحدد نوعية اللغة المستخدمة.

هناك نقطة هامة لقارئ الكتاب لابد من ذكرها. إن بعض الاقتباسات الواردة في متن هذا الكتاب لا تعبر إلا عن أصحابها ولا دخل للمؤلف فيها إلا من باب الاستشهاد لما ورد في النص. ونقطة أخرى بأن الكتاب هو محاولة لتغطية موضوع "علم النفس والمخابرات" في المكتبة العربية. وبذلك لا أدعي أي بطولات مخابراتية وإنما هي محاولة متواضعة قد تكون من عينات المحاولات المحفوفة بالمخاطر. وتبعا لعدم الإدعاء قد تكون بعض الجوانب المعالجة في هذا الكتاب ضعيفة وبعض الجوانب ثمينة وربما تكون العبرة أكثر بالجوانب الثمينة. ومهما يكن فالمحاولة البحثية مجرد اجتهاد قابلة للصواب كما قابلة للخطأ أيضا.

كما ينبغي لقارئ الكتاب أن يدرك طبيعة الموضوع المدروس وبهذا الإدراك قد تكون بعض المعلومات المقتبسة محاطة بالشكوك وعلى القارئ أن يميل للتكذيب في هذه الحالة. كما عليه أن يدرك حجم الضباب الموجود بين الحقائق والخيال في عالم المخابرات. فما الفروق بين الجواسيس والخونة أو المقاتلين في حركات التحرر وأعضاء المنظمات الإرهابية. وفي كثير من الأحيان لا اصدر أحكاما أخلاقية في هذا الكتاب تتعلق بتطبيقات علم النفس في المخابرات ربما أكتفي بطرح التساؤلات بصورة مكررة. ولكن الشيء الذي راقني أكثر هو عرض المعلومات عن تطبيقات علم النفس في عوالم الصمت المخابراتية ومحاولة تصنيفها فضلا عن تحليل بعضها واستخلاص العبر منها. وقد تكون لغتي استفزازية بعض الشيء في طرح التساؤلات وخاصة في الفصل الأخير.

هدف يحاول الكتاب تحقيقه هو اهتمام الباحث الرئيس بموضع دراسة الذكاء والإبداع ومحاولة معرفة تطبيقاتهما ليس لاختيار وتصنيف التلاميذ الموهوبين في

المدارس وإنما بالنسبة للجواسيس الموهوبين في أجهزة المخابرات. وهدف آخر يرتبط بمناقشة مشكلات أو معضلات أو أزمات علم النفس في العالم العربي من خلال موضوع تطبيقات علم النفس في المخابرات. وهدف ثالث يحاول الكتاب تحقيقه هو معالجة الكيفية التي يتم بها التحكم في دهاليز علم النفس وفي متاهات المخابرات. إذ يطالع طالب علم النفس في كتب المقدمات والمبادئ والأسس بأنه يهدف للتحكم في السلوك الفردي كما تهدف المخابرات كذلك للتحكم في السلوك الفردي والجمعي على السواء. وعندما يندمج عالم النفس في عالم المخابرات يكون التحكم في أعلى مستوياته، وبلغة الإحصاء "مرفوع الأس 2". وواحدة من التطبيقات الباهرة، وربما السلبية في نظر البعض، التي يتوقع أن يقوم بها "عالم النفس الجاسوس" أو "الجاسوس عالم النفس" المساهمة في تثبيت أركان الأمن القومي هو كيفية إحداث أو صياغة المخابرات الذاتية أو الرقابة الداخلية للفرد أو المجموعة من خلال الوسوسة في العقول والتي تعمل على التحكم في السلوك من بعد ومن غير كبير جهد يذكر من مخابئ أو أوكار علماء النفس الجواسيس.

يبقى أن تستخلص مما سبق بأن هناك عدة تساؤلات تتعلق بدراسة تطبيقات علم النفس في الاستخبارات: ما هي أكثر جوانب علم النفس المطبقة في مجال المخابرات؟ ومن يصدر القرارات بخصوص تطور أو تطبيق علم النفس للأغراض الدفاعية أو المخابراتية؟ و هل هناك تدخل حقيقي لعلم النفس أو علماء النفس في عمل أجهزة المخابرات؟ وما هو دور علم النفس في الصراع العربي الإسرائيلي؟ ومن هم علماء النفس المتعاونين مع المخابرات في المجالات الاستشارية أو البحثية؟ وكيف يتم اختيار هؤلاء العلماء العملاء أو الجواسيس؟ وما هي الجامعات ومراكز الأبحاث المتعاونة مع المخابرات؟ وما هي مصادر التمويل بالنسبة للأبحاث المطبقة في العمليات السرية أو الميدانية للمخابرات؟ وما هي الحدود الأخلاقية لتطبيقات علم النفس؟ وما هي علاقة تمويل البحث في مجال تطبيقات علم النفس في الاستخبارات وبين تطور علم النفس كعلم نظري وتطبيقي؟

وبوسعنا التساؤل كذلك: كيف يتم الحصول على المعلومات السيكولوجية الدقيقة والهامة من قبل أجهزة المخابرات في العمليات الميدانية المتعلقة بالاغتيالات، أو التخريب أو الاختطاف، والتغلغل في مراكز القرارات الحساسة في الدول المختلفة؟ وهل فعلا هناك تأثير قوي لعلم النفس في هذا العالم السري المرتبط بالسياسة والدبلوماسية والعلاقات الدولية؟ أم لا يتجاوز تأثير علم النفس مجرد مشاهدة مثيرة في السينما لأفلام العميل ذائع الصيت "جيمس بوند". أم أن موضوع "علم النفس والمخابرات" هو من "القشور" على حسب تعبير عبد الرحمن عدس؟ وهل إدراك عدس كان إدراكا صحيحا أم إدراكا خاطئا؟

الفصل الثاني

علم النفس والتحكم بالجملة:

الاستعمار والحرب

العلوم الاجتماعية والهيمنة

لا تكاد الفروع الدراسية التي يطلق عليها الغرب "العلوم الاجتماعية" تبلغ من العمر قرنا من الزمان، وتشمل تلك العلوم في معظم الجامعات خمسة فروع تتمثل في علم الاجتماع، وعلم الإنسان، و علم النفس، والعلوم السياسية، وعلم الاقتصاد، والتاريخ، ويوجد فرعان آخران من الدراسة يتمتعان بمرتبة مزدوجة هما: الجغرافيا وعلم النفس . فحين يعني علم النفس بدراسة الأشخاص يتم تصنيفه ضمن العلوم الطبيعية، ولكنه إذا عني بدراسة الجماعة يصبح حينئذ علما اجتماعيا (الفاروقي، 1979) .

وعندما تأسست العلوم الاجتماعية في القرن التاسع عشر كانت عبارة عن ممارسات توجد في دول قليلة وهي بالتحديد بريطانيا، وفرنسا، وألمانيا، وإيطاليا، والولايات المتحدة . وإن ظهور هذه العلوم وبصورة خاصة التاريخ، والاقتصاد، والعلوم السياسية، وعلم الاجتماع كان اهتمامها بصورة أساسية بالحقيقة التجريبية لهذه الدول الخمس وبصورة أكبر كانت تهتم بالغرب . وفي ذلك الوقت انتبه علماء العلوم الاجتماعية إلى أن "الغرب" ليس هو الكل في العالم، وانتبهوا إلى أن "اللاغرب" هو "اللاحديث" ولذلك فهو مختلف بصورة جذرية عن الغرب . ولقد طرح حينها السؤال كيف تتم دراسة "اللاغرب"؟ وللإجابة عن هذا السؤال فقد تم تأسيس علوم خاصة وهي "علم

31

الإنسان" لدراسة الشعوب المدعوة بالبدائية، و"الاستشراق" لدراسة المدعوة بالحضارات العليا مثل الصين والهند والعالم العربي (وللرستين، 1997).

ولا ينبغي أن نخطئ عملية الإدراك، إذ أن معظم العلوم الاجتماعية هي انعكاس للحقيقة الاجتماعية والثقافية في الدول الغربية التي أنتجتها (سعيد، 1991؛ الفاروقي، 1979؛ مزروعي، 1978؛ الخليفة، وعشرية، 1995) . ولقد تأسست الانثروبولوجيا والاستشراق لدراسة المجتمعات غير الغربية (لكلرك، 1990 ؛ وللرستين، 1997) والتي من بينها العالم العربي (الحبابي، 1987) . وتأسس هذان العلمان على علاقة وثيقة مع الاستعمار والإمبريالية . وانتهاء الاستشراق، وتحول حضارات الشرق من موضوع إلى ذات وتصحيح الأحكام التي ألقاها الوعي الأوربي وهو في عنفوانه عن حضارات الشرق . فالاستشراق يكشف عن طبيعة العقلية الأوربية ونظرتها إلى الآخر أكثر مما يكشف عن الموضوع المدروس فهو موضوع دراسة وليس دراسة موضوع (حنفي، 1985)، وهو يعبر عن مصالح الغرب ورؤيته لمجتمع الشرق أكثر مما يكشف الحقيقة الاجتماعية والثقافية والسيكولوجية في الشرق . كما يعكس صورة الشرق في ذهن الغرب .

وبين إدوارد سعيد، في دراسته الشاملة حول الاستشراق، بوضوح أن الشرق كما يعرف به المستشرقون "هو اختراع أوربي" فهو لا يتكلم عن نفسه بل يتم الكلام حوله بالنيابة عنه وليس بموجب واقعه بل بموجب مصالح الغرب ورغباته في تسويق سياسته الاستعمارية . لذلك جاء الاستشراق في جوهره ممارسة في السيطرة ورؤية سياسية تصر على التفوق الغربي (بركات، 1984) . يقول أبوديب في تقديمه لكتاب الاستشراق لإدوارد سعيد (1991) أن الكتاب يمثل ثورة جديدة في الدراسات الإنسانية وتتكثف في هذه الثورة منطلقات متعددة لعل أهمها تكون مفهوم جديد للقوة والشبكة الخفية من علاقات القوة التي تنسجها المعرفة متجسدة في الإنشاء الكتابي ومفهوم سياسة العلاقات الإنسانية بكل أشكالها وسياسة المعرفة وسياسة البحث ... وينصب هذا التصوير للمعرفة حتى الآن على رج الثقافة الغربية وكشف آلية السلطة والسيطرة والقوة والتلاعب التحكمي فيها .

أما بالنسبة لعلم الإنسان فقد ركزت التحليلات النقدية المبكرة كالدراسات التي اهتمت بالخطاب المستعمل في الأنثروبولوجيا والتاريخ والميادين المعرفية المتصلة بهما، على موضوعات عامة، كالعلاقة مثلا بين السيطرة الاستعمارية أو الهيمنة السياسية وتمثل المجتمعات المهيمن عليها (أيكلمان، 1990). وكان علم الإنسان، وهو أكثر العلوم جرأة نظرا لأن موضوع دراسته -وهو المجتمعات "البدائية" المنتمية للعالم غير الغربي - حقيقة جامدة، غير قادرة على رفع إصبع واحد بالانتقاد لأساتذتها، ولقد تم تكوين النظرية تلو الأخرى لإيجاد صياغة لتلك الحقائق التي كانت تعد جزءا لا يتجزأ من الرأي الغربي عن العالم (الفاروقي، 1979) . إن مجال علم الإنسان ظل، وكما هو معروف إلى الآن، محصورا بماضي المجتمعات التي أطلق عليها المجتمعات "المتوحشة"، أو"البدائية" أو "التقليدية" أو "غير الغربية" أو "العالم الثالث" . ولقد وصفت المجتمعات بتلك الأوصاف لأنها ببساطة كانت صالحة للخضوع لسيطرة الاستعمار.

وفي علم النفس المعاصر كثيرا ما تستخدم مصطلحات "التثاقف"، و"المثاقفة"، و "التمثيل الثقافي" سواء في علم النفس عبر الثقافي، أو علم النفس الاجتماعي، أو في القياس النفسي. وترتبط الجذور التاريخية لهذه المصطلحات بالفترة الاستعمارية . وظهرت كلمة "التثاقف" عام 1880 على أيدي الانتروبولوجيين الأمريكيين، أي في قمة سيطرة الغرب. ويشير المفهوم إلى انتقال مؤسسات أو ممارسات أو عقائد ثقافية ما (أو مجتمع) إلى أخرى. وتحت هذا المعني المجرد والعام يختبئ المعني الحقيقي، الذي ليس شيئا آخر سوى الاستعمار . وكل الدراسات المختصة بالتثاقف ليست سوى دراسات لبعض مظاهر الاستعمار . وتعني في الواقع دراسة الاحتكاك الثقافي الغربي بسائر الثقافات . إن مجال مفهوم التثاقف مساو تماما، بل يتماهى كليا مع مجال مفهوم الاستعمار .

لقد لاحظ سوسير في كتابه "علم نفس الاستعمار" بثقابة نظره أن سياسة التماثل إنما تستند إلى مبادئ التطورية الخطية فهو يقول "تقوم سياسة التماثل على حجج مغرية . ولكن " حتى نتمكن من تحقيق التماثل مع أعراق تختلف عن أعراقنا علينا لأن

نكون مقتنعين بقابلية تلك الأعراق للتماثل، أي علينا الاعتقاد بالوحدة التكوينية للطبيعة الإنسانية". واعتبر سوسير الطبيعة الإنسانية "تكوينا عقليا ذهنيا" ورأى في الجذع التطوري الوحيد عددا من التشعبات المتميزة (لكلرك، 1990) .

بوسعنا القول بأن المثاقفة أو التثاقف ترتبط بالجذور التاريخية لتأسيس علم الإنسان وعلم النفس . وتتعزز هذه المثاقفة التي تمثل وترسم صورة الآخرين بتصدير المفاهيم والمناهج والنظريات الخاصة بهذه العلوم . إن استيراد علم النفس إلى العالم العربي يمثل نوع من المثاقفة تجاه الغرب . والمأساة أن هذه المثاقفة، كما يقول الزغل (1991)، تتم في ظروف يبدو فيها التبادل غير متكافئ وغير متبادل، إنها نمط من المثاقفة الشبيهة بتلك القائمة بين النموذج والتلميذ في وضع يفرض فيه النموذج على التلميذ قاعدة سماها علماء النفس "القيد المزدوج" أي الإلزامية المزدوجة والمتناقضة، إنه مثل الأب الذي يطلب من ابنه أن يقتدي بمثله في الحياة لكنه يعاقبه عندما يشرع الابن في التدخين أو في إطلاق شاربيه ليشعر برجولته . يمكن تجاوز وضع الإلزامية المزدوجة دون أضرار جسيمة، لكن الإبقاء عليها قد يؤدي إلى حالات من العصاب أو ردود فعل عنيفة، يصعب السيطرة عليها، إن الذين يفلحون في تجاوز هذه الوضعية المزدوجة هم الذين تمكنوا من تطبيق الالتزامين المتناقضين للقيد المزدوج "كن مثل النموذج ولا تكن مثله" في مجالين مختلفين . وفي هذا الصدد يبدو أن الآسيويين، وخاصة اليابانيين يتمتعون بملكة التمييز بين المجالات التطبيقية لمختلف النماذج الثقافية التي تبثها الحضارة الغربية . كيف يمكننا إذن فهم الصعوبة التي يلاقيها العرب في التفريق بين مجالات التطبيق لمختلف النماذج الثقافية التي يبثها الغرب .

علم النفس والاستعمار في ألمانيا

يعتبر فونت الأعلى مقاما في تاريخ علم النفس، وهو أول شخص، من غير تحفظ يمكن أن يطلق عليه "عالم نفس" فقد قام بإنشاء أول معمل لعلم النفس في مدينة لايبزج بألمانيا عام 1879 وهو ذات العام الذي يؤرخ به انفصال علم النفس عن

الفلسفة. وكتب فونت في بداية اهتماماته البحثية: علم النفس التجريبي، ومن ثم علم النفس الاجتماعي، وما وراء الطبيعة العلمية . وأكد فونت أن العمليات العقلية العليا إنما تدرس عن طريق دراسة الإنسان الطبيعي وذلك عن طريق علم النفس الشعبي (بورنج، 1957)، ونتيجة لذلك كتب في السنوات الأخيرة من حياته عدة مجلدات عن علم النفس الشعبي أو الفلكلوري . ويذكر فونت أن العمليات النفسية الفردية يمكن دراستها في المعمل بينما النماذج الثقافية لا يمكن أن تدرس بذات الكيفية في المعمل (كيم وبري، 1993) .

وتبعا لذلك الفهم أدرك فونت أن المنهج التجريبي في علم النفس مناسب لبحث العمليات العقلية الأساسية، ولكنه غير مناسب لدراسة الظواهر التي تتأثر بالثقافة (بري، 1993)، وبين بهذه الطريقة أوجه قصور المنهج التجريبي (دانزقار، 1983)، ومن ثم أشار إلى أن التفكير يتأثر بصورة كبيرة بمجال اللغة، والعادات، والأساطير، وهي مجالات لعلم النفس الثقافي أو الفلكلوري (دانزقار، 1979). وفي أثناء الحرب العالمية الأولى عبر فونت بأن العقل الجمعي في ألمانيا هو أرفع مقاما من العقل الجمعي للأعداء. وحسب كلماته بأن المجتمع الألماني يؤكد على البطولة، والواجبات، والمثل الروحية (كندلر، 1987) . ومن ناحية تاريخية، فقد ارتبط إنشاء علم النفس الشعبي، أو علم النفس الفلكلوري الذي يهتم بدراسة المجتمعات البدائية ارتباطا وثيقا بإنشاء الانثروبولوجيا . وبهذا يعتبر الأول امتدادا للثاني.

عرفت الانثروبولوجيا حوالي عام 1860 طفرة جديدة، تعتبر في الواقع بداية هذا العلم (لكلرك، 1990) . فبين عامي 1860 - 1880 ظهرت معظم مؤلفات المدرسة التطورية : ومنها "حق الأمومة" لباخ أوفن، و"القانون القديم" لماين عام 1861، كما ظهر عام 1865 كتاب لتيلور بعنوان "أبحاث في التاريخ المبكر للجنس البشري "، اتبعه عام 1871 بكتابه "المجتمع البدائي"، هذا إلى جانب كتاب مورغان عن "نظم القرابة" عام 1869 وكتابه عن "المجتمع القديم" عام 1877.

وعلم الإنسان، على حسب قول ادوارد سعيد (1997)، هو أكثر العلوم الاجتماعية

تواشجا بالاستعمار، إذ كثيرا ما قدم علماء الإنسان والأصول العرقية المشورة والنصح للحكام الاستعماريين حول عادات الشعوب الأصلانية وأعرافها ومسالكها . وتنتمي مجموعة المقالات الممتازة التي حررها طلال أسد عام 1973 وعنوانها "علم الإنسان والمواجهة الاستعمارية"، الصلات إلى ما هو أبعد من ذلك . ويتحدث معظم مؤرخي الإمبراطورية عن "عصر ـ الإمبراطورية" بوصفه يبدأ رسميا حوالي عام 1878، مع "التزاحم بالمناكب لامتلاك أفريقيا" . وازدهر علم الاجتماع (بإلهام من لو بون)، وعلم النفس (الذي دشنه ليوبولد دو سوسور)، والتاريخ، وعلم الإنسان طبعا، في العقود التالية لعام 1880، وتوج العديد منها بمؤتمرات استعمارية عالمية (1889، 1894، الخ) أو بجماعات محددة (كالمؤتمر العالمي لعلم الاجتماع الاستعماري عام 1890، ومؤتمر علوم الأعراق الوصفية في باريس عام 1902) . ولم يكن علماء الإنسان وحدهم من قدم المشورة للحكام في المستعمرات وإنما علماء النفس كذلك . ويمكننا أن نقارن تاريخ تأسيس معمل لايبزج عام 1879 وبداية عصر الإمبراطورية قبل عام واحد من ذلك 1878.

وفي ألمانيا، تمت دراسة علم النفس المناسب والذي يتطابق مع المشاريع الاستعمارية مباشرة بعد انفصال علم النفس عن الفلسفة عام 1879. وركزت بعض الأبحاث السيكولوجية المبكرة على توظيف الإمبراطورية الألمانية لعلم النفس وخاصة علم نفس الأعراق البشرية (بروبست، 1996) . وعندما انتقدت سياسة ألمانيا في المستعمرات، حاول السكرتير الاستعماري للدولة إحداث إصلاح من خلال استخدام "وسائل محافظة أكثر من الوسائل المدمرة " (قروندر، 1985)، وتبعا لذلك الفهم تم اعتبار العلوم، وخاصة علم النفس أدوات صالحة للتحكم "لا يستطيع الفرد عمل أي شيء من غير أن يدرس خصوصية اللغات في المستعمرات، أو يدرس سيكولوجية السكان المحليين " (ديرنبيرج، 1912) . وقد أريد هنا لعلم نفس أعراق الشعوب أن يكون جزءا من مناهج المعهد الاستعماري في مدينة هامبورج الذي تم تأسيسه عام 1908 والذي يقوم بتدريب رجال الخدمة المدنية ورجال الأعمال الذين يعملون في المستعمرات (هاملتون، 1911) .

واستخدم مفهوما "علم النفس الشعبي"، و"علم نفس الأعراق البشرية" تكرارا

ومرارا في هذه الفترة الزمنية، أما مجال اهتمام هذين العلمين هـما "علـم الـنفس" و "علـم الأعراق"، وكلاهما تأسسا في النصف الثاني من القرن التاسع عشر، وهي فترة متزامنة تماما مع بدايـة الاستعمار. وهناك عالمان نفسيان ساهما مساهمة كبيرة في تأسيس وتطوير علـم الأعراق البشريـة هما فونت وثورنديك. واعتبرت مساهمة فونت في علم النفس الشعبي بأنها تمثل خلفية معرفية تساعد رجال الخدمة المدنية في فهم أفضل لعقلية السكان المحليين في المستعمرات. أمـا عـلم نفـس الأعراق البشرية الذي أسسه ثورنديك فإنه يهتم بدراسة العلاقات الوظيفية بين الفرد وإطاره الثقافـي الاجتماعي. واعتمد ذلك العلم علـى مـنهج الملاحظـة والمسوح التـي أجريـت في الثقافـات الأجنبيـة (المستعمرات). وتبعا لذلك فقد تم تطوير مجموعـة كبيرة مـن المقاييس النفسية في معهـد بـرلين لعلم النفس التطبيقي لاستخدامها في دراسة الشعوب البدائية.

وصمم مشروع دراسة الشعوب البدائية أساسا لأغراض البحث التـي يقـوم بهـا المكتشفون وكذلك بالنسبة للمبشرين والمعلمين ورجال الخدمة المدنية والأطباء الذين يعملون في المستعمرات. وشملت مقاييس الشعوب البدائية مجالات واسعة من الوظائف السيكولوجية مثل الإدراك، والذكاء، والعلاقات الاجتماعية، والقيم وغيرها. وتبعا لتلك المقاييس فقد تم توظيف علم النفس كأداة فعالة لتوظيف طاقة العمال في المستعمرات. وقاد ذلك التوظيف الفعال إلى الاستفادة مـن قوة كـل عـرق بشري حسب قدرته وهذه هي المنظومة الجديدة التي أدخلها الاقتصاد الأوربي من خلال الـتحكم في عضلات السكان المحليين في المستعمرات (بروبست، 1996). وصـورة السكان المحليـين في المخيـال الغربي هي صورة الإنسان الكسول الذي يحتاج لعملية تعزيز أكبر لتفجير طاقتـه العضلية. وتعبر دراسة العطاس (1977، سعيد، 1997) الممتازة عن : "أسطورة الأصلاني الكسول : وهي دراسة لصـورة الماليزيين، والفليبينيين، والجاويين من القرن السادس عشرـ إلى القرن العشرـين ووظيفتهـا في عقائـد الرأسمالية الاستعمارية" وهي تعبر عن صورة الإنسان في المخيال الغربي.

وبعد ذلك العرض التاريخي بإمكان قارئ الكتاب أو عالم النفس المتخصص أن

يلاحظ الآن بأن هناك علمين للنفس تأسسا في ألمانيا وانعكسا في معملين متقابلين : "معمل حديث" أنشأ في مدينة لايبزج عام 1879 في السنة التي انفصل فيها علم النفس عن الفلسفة واختص هذا المعمل بالمساهمة الأولى لفونت في علم النفس التجريبي أو علم النفس البحت . وأرجو ألا يفهم بشكل خاطئ إذا قلت أن هذا المعمل ارتبط بالإنسان الغربي أو الإنسان في أوربا أو الإنسان "المتحضر" . وربما يتوجب علي أن أضيف بأن هناك معملا آخر لعلم النفس الشعبي، أو علم الفلكلوري، أو علم نفس أعراق الشعوب الذي تأسس في المعهد الاستعماري في هامبورج عام 1908. واختص هذا المعمل بالمساهمة الأخيرة لفونت في علم النفس الشعبي، التي تم توظيفها بفعالية لخدمة الأهداف الاستعمارية . واختص هذا المعهد بالشعوب "البدائية" في المجتمعات غير الغربية .

وبوسعنا القول بأن علم النفس قد ساهم مساهمة كبيرة في إشعال وقود الاستعمار وفيما بعد الإمبريالية أو"التلاعب التحكمي" كما يعبر ادوارد سعيد. ويفهم من ذلك القول بأن علم النفس كانت بواعثه استعمارية منذ مرحلة تاريخية مبكرة من تأسيسه. ويمكن التساؤل هل علم النفس مهد لتدعيم الاستعمار؟ أم أن الاستعمار مهد لتدعيم علم النفس؟ فيا ترى أيهما السبب؟ وأيهما العرض؟ ومهما كانت الإجابة لهذه الأسئلة فإن فونت ليس هو أول من قام ببناء معمل لعلم النفس في تاريخ علم النفس كافة فحسب إنما هو أول من سن مخالب حادة لعلم النفس. وذلك لكي يستخدم بفعالية في إطار الماكرو الاستعماري.

علم النفس والاستعمار والمخابرات في بريطانيا

وربما كان من الأنسب القول بأن ألمانيا كمؤسس لعلم النفس "البحت" أو "التجريبي" لعبت دورها الريادي في سياسة ارتباط علم النفس بالاستعمار، وذلك لأن علم النفس تم اعتباره "أداة صالحة للتحكم" حسب تعبير ديرنبيرج، وأن بريطانيا كمؤسس ل"علم النفس الفارق" أو "التطبيقي" لعبت دورها الريادي كذلك كقوة

عظمى في سياسة توظيف علم النفس في المستعمرات التي لا تغيب عنها الشمس . ويتجلى هذا الدور من خلال إسهامات معمل جامعة كمبردج العريق الذي قام علماء النفس فيه بإجراء القياسات وتسجيل الملاحظات السيكولوجية عن الشعوب البدائية، وكما يتجلى الدور كذلك من خلال المعهد الأفريقي العالمي والذي كان يقدم النصح بالنسبة للإداريين البريطانيين في المستعمرات . كما يمكن التعبير بصورة اتهامية في هذا الجزء من الدراسة أن بعض علماء النفس هم باحثون واستعماريون، أو علماء وامبرياليون فيما بعد وقد يصعب في هذه الحالة الفصل بين الوظيفتين .

وتبعا لبورنج (1957)، قام هادون عالم الإنسان بجامعة كمبردج، بوضع خطة لحملة انثروبولوجية واشترك معه فيها عالما النفس ميرز وماكدوجال لعمل بعض القياسات الانثروبولوجية والسيكولوجية والملاحظات عن الشعوب البدائية. وبالفعل قاما بقياس الحواس والإدراك، وكانا على وعي بأنهما يؤديان عملا أكثر كمالا مما قام به جالتون . وفيما بعد شارك علماء النفس في بريطانيا بفعالية كعلماء نفس في الحرب العالمية الأولى وكان معمل علم النفس في جامعة كمبردج رائدا في ذلك المجال ولا سيما من خلال التقارير السيكولوجية التي لا تحصى والتي تم إصدارها ونشرها .

إن الحملة الاستكشافية التي قامت بها جامعة كمبردج إلى منطقة توريس استريتز (ريفرز، 1901) تعتبر من ناحية تاريخية واحدة من المحاولات عبر الثقافية الباكرة . وكان هدفها جمع معلومات منظمة عن ثقافات غير غربية فضلا عن مقارنة هذه المعلومات المجموعة بالمعلومات الموجودة لعدة موضوعات والتي لم يسبق أن تم تماثلها من وجهة نظر علم النفس عبر الثقافي . وتضمنت هذه الحملة الاستكشافية بعض الأسماء والتي أصبحت فيما بعد مثارا للنقاش السيكولوجي مثل ريفرز، وسليقمان، وميرز، وماكدوجال . وفي هذا الشأن درس كل من ريفرز وسليقمان موضوع الخداع البصري وذلك عن طريق تطبيق الخداع الأفقي-الرأسي، وخداع مللر لاير . ولم يكن لدى الباحثين أي فكرة عما إذا كانت الخداعات البصرية التي توجد عند السكان في الغرب لها وجود كذلك عند السكان المحليين في الأماكن النائية من العالم وما هو مدى

قوتها في حالة وجودها؟ وبخصوص نتائج دراسة الخداع البصري اقترح ريفرز أن استجابة الأفراد في الغرب للأشكال الهندسية تمثل نظرة كلية بينما يركز الأفراد في الأماكن النائية على الانتباه كعامل مهم . وفيما بعد مدد ريفرز (1905) أبحاثه عن الخداع البصري للسكان "التداس" الذين يسكنون في جنوب الهند، وأظهرت نتائج دراسته أن التداس كانوا أكثر عرضة للخداع مقارنة بالرجال الإنجليز، والنساء، والأطفال. وعموما أظهرت الأحوال الفسيولوجية، وآثار الحياة المتحضرة أن الخبرات المستمدة من دراسة الأشكال الهندسية والرسومات تؤثر على تقليل وإضعاف الخداع (ديريقووسكي، 1980).

ويمكن القول بأن هذه الحملات الاستكشافية التي انطلقت من جامعة كيمبردج كانت تخدم بعض الأهداف الاستعمارية. ويمكن أن نتلمس المركزية العرقية البريطانية من خلال تعبير مثل "الأماكن النائية"، أي نائية من المركز البريطاني، وأن نتلمس النظرة الاستعلائية في عملية "تماثل المعلومات في الغرب وفي غير الغرب" . وكان من بين أهداف الدراسة معرفة قوة الخداعات في هذه المجتمعات البدائية. وربما كانت هناك أهداف خفية غير الأهداف العلمية في معرفة نقاط الضعف في هذه المجتمعات لأنها مجتمعات تنظر بصورة جزيئية للموضوعات بينما ينظر الأفراد في بريطانيا بصورة كلية . إن النتائج التي تم التوصل إليها هي أن الأفراد في الأماكن النائية "أكثر عرضة للخداعات "، وبالرغم من أن تعبير "خداع" يقصد به من ناحية سيكولوجية بحتة "الخداع البصري" في رؤية الأشياء لكن ربما يمكن تأويل هذا التعبير بصورة أخرى . أي إحكام عملية السيطرة على هذه المجتمعات البدائية عن طريق خداعها .

لقد تأسس علم النفس أولا في بريطانيا بصورة "تطبيقية" من خلال إسهام فرنسيس جالتون خلافا لتأسيسه الأولي في ألمانيا بصورة بحتة من خلال إسهام فونت . وكان علم النفس التطبيقي على علاقة وثيقة بالانثروبولوجيا والمشاريع البريطانية الاستعمارية كما كان علم النفس الشعبي كذلك على علاقة وثيقة بالاستعمار في بريطانيا . ويعتبر المعهد الأفريقي العالمي الذي أسس عام 1926 في بريطانيا من أنشط

الأجهزة وأكثرها أهمية مـن بـين الأجهزة العالمية - الإدارية التـي تأسسـت أثنـاء قيـام الانتروبولوجيا التطبيقية . ولقد جاء في بيان المعهد التأسيسي أن أهم أهدافه "القيام بتقريب كامل بين المعرفة والبحث العلمي من جهة، وبين الأمور التطبيقيـة مـن جهة ثانيـة" . ثـم بـدأت قطاعـات استعمارية جديدة بدورها الاهتمام بالانتروبولوجيا، ففي عام 1944 أنشئ المجلس البريطاني للبحـث الاجتماعي في شؤون المستعمرات . وعهد إليه إسداء النصح إلى سكرتارية الدولة في المستعمرات بخصوص "المسائل التي تتعلق بالعلوم الإنسانية، وتكون في خدمة الإمبراطورة الاستعمارية" (لكلرك، 1990) . وبوسعنا أن نقارن ما بين تأسيس معهد برلين لعلم النفس التطبيقـي الـذي طـور مجموعـة من المقاييس النفسية للشعوب البدائية وتأسيس المجلس البريطاني للبحث الاجتماعي وكلاهما ارتبطا بالسياسات الاستعمارية.

تأسست المخابرات البريطانية (رايت، 1998) أم آي 5 تحت رئاسة الكابتن فيرنون كيـل عـام 1909، في وقت رأت فيه وزارة الحربية أن الصراع الأوربي المستمر يتطلب وجـود التجسـس المضاد. وقد أثبتت أم آي 5 فائدتها بسرعة من خلال تطويق كافة الجواسيس الألمان بعد وقت قصير مـن اندلاع الحرب. واستطاع كيل أن يبني منظمة متميزة مـن بـدايات متواضعة بالاعتماد عـلى قـوة شخصيته. وكانت نقطة انطلاق امتياز أم آي 5 بعد الحرب العالمية الأولى في نجاح غارة اركوس عـام 1927. فقد تعرض الوفد التجاري السوفيتي في لندن لغارة من قبل الشرطة بتعليمات وتوجيهات من أم آي 5 مما أدى إلى اكتشاف كميات هائلة من النشاط التجسسي. وقد كرست هذه الغارة الاعتقاد السـائد داخـل أم آي 5 أن الدولـة السـوفيتية الفتيـة هـي العـدو الرئيسيـ وأنـه يجب وضع كافـة الإمكانيات لمحاربتها. وفيما بعد تمت عملية تجنيد واسعة للمثقفين الموهوبين. كان المتخرجون مـن جامعة أكسفورد أو كيمبردج يعملون في الغالب في أم آي 5 أو أم آي 6 . وينطبق ذلك القول عـلى المخابرات الأمريكية والسوفيتية والإسرائيلية التي تختار أميز العقول، خاصة من علماء النفس .

إن أكثر العمليات إثارة التي قامت بها المخابرات البريطانية كانت في مبنى

لانكستر، الذي تعقد فيه مؤتمرات المستعمرات في الخمسينات والستينات. فعندما أصبح ماكميلان رئيسا للوزراء بدأت عملية التغيير الواسعة في قضايا المستعمرات. ولما كانت أم آي 5 مسئولة عن الأمن وجمع المعلومات الاستخبارية في كافة مناطق التاج البريطاني وقعت تحت ضغط متزايد لجمع المعلومات المناسبة أثناء المفاوضات التي كانت تجرى حول مسائل الاستقلال. وأثبتت الحرب بأن العلماء يستطيعون حل قضايا المخابرات بدون الحاجة إلى عدد هائل من الأفراد. ولا شك بأن هناك حاجة ماسة لبعض هؤلاء الأفراد، ولكن الأهم من ذلك هو استخدام المتوفر بطرق مبتكرة. لعل في زمن الحرب يتطلب تطوير الأدوات المتوفرة وحل القضايا بسرعة فائقة وفي الوقت المناسب، و لا يعتمد على الخطط طويلة الأمد لأنها تكون في وقت غير مناسب تماما (رايت، 1988).

وفي المخابرات البريطانية لا يجري رجال الاستخبارات العسكرية بشكل كثيف في العمليات المستورة. وتتلاءم العمليات الهجومية المستورة أكثر مع وحدات "خدمات الطيران الخاصة" وتقوم وحدات "العمليات النفسية" أو بسايوبس (Psyops) بتنظيم الدعاية لدعم الحملات العسكرية. وفي العام 1971، كان للجيش البريطاني فرع للحرب النفسية يضم 30 شخصا. وكان رجال العمليات النفسية موزعين على ثلاثة مقرات عبر البحار، وكانت هناك وحدة أخرى مقرها في وزارة الدفاع. ويجري التدريب على العمليات النفسية في "مؤسسة الحرب المشتركة". وتميز المؤسسة بين نوعين من الدورات، أحدهما لضباط الإدارة والآخر لضباط الوحدات التي سيكون عليهم تخطيط العمليات النفسية وتنفيذها. وتشمل الدورات محاضرات حول ممارسة الدعاية الشيوعية، وحول عصابات المدن، وتقنيات الإعلان الحديث، والخبرات التي اكتسبت من العمليات النفسية الأخيرة. وفي عام 1976، أكدت وزارة الدفاع البريطانية أنه كان قد تم تدريب 1858 ضابط جيش و 262 من كبار الموظفين المدنيين خلال السنوات الثلاث السابقة، على استخدام التقنيات النفسية لأغراض الأمن الداخلي. وفي المخابرات البريطانية كانت مهمة الاستنطاق قد أوكلت إلى أربع "فرق جنائية

إقليمية" تابعة لـ "شرطة ألستر الملكية" في العام 1976، وكان رجال هذه الفرق البالغ عددهم 89 رجلا قد تلقوا تدريبا على استخدام هذه التقنيات من ضباط الاستخبارات العسكرية (بلوش وجيرالد، 1987) .

وبالرغم من أن الوحدات القتالية للحرب النفسية قد تكون صغيرة من حيث العدد، فإن الجيش البريطاني يتوقع لنفوذها أن يكون واسع النطاق إلى حد بعيد. وبالعمليات النفسية، اكتسبت القوات المسلحة ومؤسسة الدفاع، أو هي ستكسب سريعا، القدرة على شن حملات سياسية لملاحقة أهداف عسكرية كليا، بشكل مستقل عن النظام السياسي، أي من دون الإشارة إليه. وفي تقرير معنون "الرأي العام والخدمات المسلحة" نشر في أل "سن دي تايمز" بتاريخ 22 أكتوبر 1978 أكد بالمر أن قدرة بريطانيا على الدفاع عن نفسها قد تعتمد على كيفية تأثر الرأي العام بالإعلام أكثر مما تعتمد على قوتها من حيث عدد الجنود وكميات السلاح والعتاد العسكري . إن الاستخدام الأكثر فعالية واتساعا للعمليات النفسية سوف يمكن العسكريين من الغلبة السياسية في أحيان أكثر. وتعمل هذه العمليات النفسية على فهم طبيعة التحكم المراد تطبيقه في الأصقاع الواسعة بلا حدود والتي استعمرتها بريطانيا . ولعبت الصراعات البريطانية والسوفيتية في الحرب الساخنة والباردة دورا كبيرا في تطور تقانة وتطبيقات علم النفس.

إن الهدف النظري لعلم النفس هو عملية الفهم والتنبؤ والتحكم في السلوك . وهناك اعتقاد بأن القوانين والمبادئ التي اكتشفها علماء النفس يمكن أن تستخدم في التلاعب بالإنسان . و لقد تبلور اهتمام كبير في الخمسينات والستينات بتطور الأبحاث والتقنيات السيكولوجية بالجملة في مجال التحكم في السلوك وكان ذلك لخدمة أهداف الحرب الباردة . وكانت الحرب العالمية الثانية مؤشرا لنهاية العزلة الأمريكية ووجدت الولايات المتحدة أن هناك فجوة كبيرة بينها وبين أعدائها يتمثل في تطبيقات تكتيكات الحرب والعمليات الخفية، واستخدمت بريطانيا العمليات السرية لمئات السنوات لربط الإمبراطورية مع بعض ... أما الألمان والفرنسيون والروس فلهم استخدامات

واسعة لهذه اللعبة السرية، ولكن ليس هناك من يجيدها مثل البريطانيين . وتكمن الفكرة في حشد وتحريك العلم لخدمة الدفاع، ونتيجة لذلك تم تشكيل شبكة للبحث تهتم بمجالات واسعة من تشطير الذرة، إلى منع الانهيار العقلي أثناء المعركة (ماركس،1979).

وللاستخبارات البريطانية دور عريق في "العمليات المستورة"، بل ربما كان الأعرق بين أجهزة الاستخبارات الإمبريالية والاستعمارية الأخرى كافة، وإن كان هذا الدور قد تراجع في السنوات الأخيرة، بعد أن تعملق دور الاستخبارات الأمريكية وتضخم حجم عملياتها المستورة إلى حدود شبه خيالية، وأصبحت عمليات الاستخبارات البريطانية، في حالات كثيرة، جزءا من عمليات الاستخبارات الأمريكية، أو تابعا لها، مع أن الاستخبارات البريطانية هي التي رعت ولادة وترعرع الاستخبارات الأمريكية في مرحلة ما بعد نهاية الحرب العالمية الثانية مباشرة (الرزاز، 1987) . ويستنتج مما سبق بأن هناك قدرا كبيرا من التآخي ما بين الاستخبارات في بريطانيا وفي أمريكا في تطبيقات علم النفس في مجال التحكم عن طريق العمليات الخفية أو المستورة .

التطور الهائل لعلم النفس في أمريكا

ويتوجب علي الآن أن أضيف إلى ما كتبته عن ارتباط علم النفس بالإمبريالية العالمية المساهمة الأمريكية في هذا المجال وهي امتداد طبيعي للمساهمة الألمانية والبريطانية المرتبطة بالاستعمار. وقد يكون من المناسب معرفة علاقة علم النفس في أمريكا بعلم النفس الجديد في جامعات ألمانيا وتأسيس الجامعات الأمريكية وهجرة علماء النفس من أوروبا لأمريكا وزراعة مدارس علم النفس الجديدة حسب نظرية التطور. فقد بدأ وليم جيمس علم النفس في أمريكا مع إدراكه بأهمية علم النفس الفسيولوجي الجديد في ألمانيا. وجيمس لم يكن بطبعه شخصا تجريبيا ولكنه كان يؤمن بالتجريبية، وقدمها إلى أمريكا بعد أن وضع عليها الختم الأمريكي وذلك من خلال تأكيده على المعنى الوظيفي للعقل . كما عمل جيمس على تفسير علم النفس الجديد في

ألمانيا ونقده وإدانته، وكان متسقا دائما مع الروح الوظيفية لعلم النفس الأمريكي. وحسب تعبير بورنج (1957) يصعب القول ما إذا كان جيمس قد قام بتجديد هذه الروح أم هو مجرد انعكاس لها ؟

يؤرخ سوكال (1992) أن مؤسسي الجامعات الأمريكية نظروا إلى أوربا ومن ثم تبنوا النموذج الألماني كقاعدة للبحث في جامعة كورنيل (1865)، و جامعة جون هوبكنز (1876)، وجامعة كلارك (1887)، وجامعة شيكاجو (1891)، وجامعة استانفورد (1892) . وعندما أسس فونت معمله في ليبزج عام 1879 سرعان ما توافد عليه الطلاب ليدرسوا في المعمل وينالوا درجة الدكتوراه في هذا الفرع الجديد من العلم. وضم معمله خلال العشرين عاما الأولى أسماء برزت بعد ذلك في تاريخ علم النفس، وكان أبرز ما يميز هذه القائمة من الأسماء تضمنها لعدد كبير من الأمريكيين الذين عادوا جميعا ليدرسوا علم النفس في بلادهم، وقام الكثيرون منهم بتأسيس وتوجيه معامل علم النفس (فلوجل، 1988) . وكان التدريب المنهجي الذي لقنه فونت إلى تلاميذه الأمريكان للإجابة عن أسئلة العقل حوله هؤلاء وترجموه إلي تقنيات جديدة لأسئلتهم الخاصة في داخل وخارج المعمل، وتبعا لذلك قام طلبة فونت بنشر الاتجاهات العلمية في علم النفس في أمريكا وربما نجحوا في ذلك أكثر من أي محاولة أخري في العالم (بنجامين وآخرون، 1992). كما نجحوا في عملية الارتباط اللاحق بين علم النفس والحرب الساخنة والباردة على حد سواء.

ومن المناسب الآن أن نتتبع التطور الهائل لعلم النفس في أمريكا التي قامت بأكبر مساهمة في إنتاج وتصدير علم النفس للعالم ومن بينه للعالم العربي . لقد نال هول أول دكتوراه في علم النفس عام 1875من جامعة هارفارد. وكانت "المجلة الأمريكية لعلم النفس" التي أسسها هول عام 1887 أول دورية لعلم النفس باللغة الإنجليزية . وفي عام 1886 ألف جون ديوي أول كتاب مدرسي "علم النفس" وهو أول محاولة لمؤلف أمريكي لكتابة كتاب لعلم النفس الجديد كما أنه الأول من نوعه باللغة الإنجليزية . وقامت الرابطة النفسية الأمريكية بتنظيم أول اجتماع سنوي لها عام 1892 في جامعة

بنسلفانيا (كاتل 1894)، ولقد حضر هذا الاجتماع 18 من بين 31 عضو وتم تقديم 12 ورقة علمية عن تطور علم النفس . ومنذ عام 1895 تعقد الرابطة اجتماعاتها بانتظام مع جمعيات أخرى منتسبة وذلك بمساعدة الجمعية الأمريكية للطبيعيين (سوكال، 1992). وقامت الرابطة فيما بعد بدور أساسي في رسم سياسية علم النفس وتطبيقاته الدولية.

وبحلول عام 1900 وذلك بعد مرور 17 سنة من إنشاء معمل علم النفس في جامعة جونزهوبكنز بواسطة هول تم افتتاح 42 معملا في الجامعات الأمريكية الأخرى وجميعها استخدمت المناهج العلمية لعلم النفس الجديد. إن 13 من بين هذه المعامل تم افتتاحها بواسطة طلبة فونت من جامعة لايبزج (بنجامين وآخرون، 1992)، وقد بحثت هذه المعامل الجديدة علم النفس الذي بدأ عملية التكيف مع البيئة الجديدة (سوكال، 1992) . ويمكن القول بأن علم النفس الأمريكي قد ورث خصائصه الجسدية من التجريبية الألمانية ولكنه أخذ عقله من داروين حيث تعامل علم النفس الأمريكي مع العقل في حالة استخدام . وفي عام 1900 تقبل علم النفس الأمريكي كلا من علم النفس التجريبي للإنسان وعلم نفس الحيوان والقياس العقلي وبدأ يكتشف فرويد . وفي ذلك الوقت كان بعض المحافظين يعتبرون من الفونتيين وبعض الرادكاليين يصنفون من الوظيفيين أما غالبية علماء النفس في أمريكا كانوا في منتصف الطريق . وفي تلك الفترة كان الجو مهيئا تماما لواطسن الذي أوجد السلوكية في جامعة هوبكينز في ربيع عام 1913 بورقته المعنونة "علم النفس كما يراه السلوكي" والتي أصبحت فيما بعد "علم نفس المثير والاستجابة" (بورنج، 1957).

ومن التطورات الأخرى في علم النفس هجرة مجموعة من علماء النفس من أوربا إلى أمريكا مثل ماكدوجال، وكوفكا . وعموما كان تأثير المدرسة الفونتية والفرويدية والجشطية والبياجيتية قويا في الولايات المتحدة . وأثناء الفترة النازية هاجرت مجموعة أخرى من علماء النفس الأوربيين إلى أمريكا وكذلك مجموعة من علماء النفس من أسيا للتدريب العالي في علم النفس (روزونزويج، 1994) . ثم اندفع علماء النفس أفواجا إلى الولايات المتحدة من كل أرجاء العالم، وخاصة من غرب أوربا، بنفس الطريقة ولذات

السبب الذي دفع الرسامين أسرابا إلي إيطاليا في القرن السابع عشر وإلى فرنسا في بداية القرن العشرين . وفي الحقيقة إن عالم النفس الأوربي لا يشعر تماما بأنه أكمل دراساته أو امتلك الحق في التحدث بصورة رسمية وموثوقة في الشؤون السيكولوجية إلا إذا قضى زمنا في إحدى الجامعات الأمريكية (بيرلاين، 1968) .

ومنذ عام 1980تمنح حوالي 3000 شهادة في علم النفس سنويا في الولايات المتحدة، وهي أكثر من أعداد الدكتوراة في بقية أجزاء العالم . وللولايات المتحدة أكثر عملية تطور في علوم النفس لم تتأثر بالاضطرابات مقارنة مع الدول الأخرى . ففي هذه الولايات هناك حوالي 580 عالم نفس و 140 باحث في علم النفس لكل مليون نسمة . وفي الدول الصناعية الأخرى غير الولايات المتحدة هناك 347 عالم نفس و 82 باحث في علم النفس لكل مليون نسمة، أما في الدول النامية فهناك 84 عالم نفس و3 ,6 من باحثي علم النفس لكل مليون نسمة . وللدول الصناعية حوالي أربعة أضعاف علماء النفس مقارنة بالدول النامية . وبالنسبة لأعداد باحثي علم النفس فهم يشكلون عشرين ضعفا من الباحثين في هذا المجال بالدول النامية . وتعتبر العلاقة بين القوة الاقتصادية والصناعية للدولة وتطور علم النفس علاقة قوية على المستوى العالمي (روزونزويج، 1994) .

وبمرور عام 1930 انفتحت العلاقة بين علم النفس والوضعية النمساوية الجديدة وتحول حينها علم النفس الوضعي إلى سلوكية أو إجرائية . وتم استزراع علم نفس الجشطلت في أمريكا وذلك لعدم تسامح النازية في ألمانيا. وعندما سافر الأمريكان إلى لايبزج لتعلم علم النفس الجديد من فونت رجع هؤلاء بكمية من الحماس لعلم النفس الفسيولوجي وعلم النفس المعملي . ولكنهم في أمريكا حوروا نموذج النشاط في علم النفس من الوصف والتعميم إلى تقييم القدرة أو الطاقة الشخصية في حالة من التوافق الناجح للفرد مع بيئته . ويمكن القول أن أدوات علم النفس ترجع إلى فونت ولكن الإلهام يرجع إلى جالتون . وهنا يطرح السؤال ولماذا ؟ والإجابة بكل بساطة أن نظرية التطور هي التي حتمت هذا التغيير (بورنج، 1957) .

علم النفس والبلاد البوتقة

حسب نظرية التطور فإن البيئة تعمل بطريقة غير جلية، فهي لا تدفع أو تسحب، إنها تختار وتصطفي . ولقد ظلت عملية الاصطفاء الطبيعي، طيلة آلاف السنين من تاريخ الفكر الإنساني، تجري وتسير هي غير مرئية رغم أهميتها غير العادية، وحينما تم اكتشافها في النهاية أصبحت، بالطبع، المفتاح لنظرية التطور (اسكنر، 1980). و لقد قبلت أمريكا نظرية التطور بشراهة وتبعا لذلك يمكن القول بأن علم نفس التوافق وقيم البقاء كان النتيجة . إن أمريكا أصبحت مستعدة للنشؤية أو نظرية الارتقاء أكثر من ألمانيا وإنجلترا . وتعتبر أمريكا هي الدولة الرائدة الجديدة، لذ فإن البقاء عن طريق التوافق مع البيئة هو المفتاح بالنسبة لثقافة العالم الجديد. وتبعا لهذا الفهم تعتمد فلسفة أمريكا الجديدة على الفرص والطموحات الفردية وهي ذات الفلسفة المسؤولة عن تطور الذرائعية والوظيفية في داخل علم النفس وخارجه، وتتطلب روح العصر ذلك (بورنج، 1957) .

وفيما بعد لعب الاستقبال الهائل لنظرية التطور والبقاء للأصلح وتطور علم نفس التوافق في أمريكا أدوارا كبيرة في عمليات التمثيل الثقافي للبلاد البوتقة . وإن فكرة "البلاد البوتقة" وبالإضافة لفلسفة السياسية بالنسبة لعمليات التمثيل الثقافي تتطابق تماما مع نظرية علم النفس الاجتماعي في التشابه والتجاذب (بايرن، 1971) . ولقد أظهرت أبحاث علم النفس الاجتماعي أنه كلما كان هناك فردان متشابهان في ناحية الاتجاهات والنشاطات والمعتقدات والمجموعة العرقية صارا يميلان ويحبان بعضهما (كاندل، 1978). وبالنسبة لاسكنر فإنه من الممكن إحداث تغيير ثقافي بل أكثر تحديدا تصميم الثقافة التي نريد . وبنفس كيفية التحكم في الفرد يمكن التحكم كذلك في كل البيئة الثقافية . وقد عبر بقوله "وبالنظر إلى أن علم السلوك وتكنولوجيا السلوك يعملان على وضع تصميم أو تخطيط أفضل، فهما "تغييران" هامان في تطور الثقافة . وإذا كان هناك غاية أو اتجاه في تطور الثقافة، فإن ذلك لا بد أن يكون له علاقة بوضع الناس تحت تحكم المزيد من نتائج سلوكهم" (اسكنر، 1980).

وساهم علم النفس الاجتماعي المرتبط بعلم النفس الشعبي أو الفلكلوري أو الثقافي، في فهم وإحداث عمليات التمثيل الثقافي للمجموعات العرقية المختلفة. وتم التعبير عن المنهج التاريخي للاتصال عبر الثقافي بين المجموعات المختلفة من خلال الصورة الرومانسية "للبلاد البوتقة" التي ينصهر فيها المهاجرون. إن الفكرة الأساسية من وراء ذلك هي أن الأقليات الثقافية يجب أن تهجر وتتخلى عن "طرقها القديمة" وموروثاتها الثقافية وأن تتبنى "الطريقة الأمريكية". إذا تم توجيه وتعريض حرارة كافية للبوتقة فأن الفروق الثقافية بين المجموعات سوف "تنصهر" وكل فرد يصبح من ناحية ثقافية "أمريكيا" (مقدم، تيلر ورايت، 1993).

يمكن أن نخلص في هذا الجزء من الدراسة للقول بأن أمريكا قامت بتكييف علم النفس الجديد في تربتها وذلك لإيمانها بشراهة بنظرية البقاء للأصلح في الداخل للأفراد والجماعات المكونة للمجتمع الأمريكي والبقاء للأصلح في الداخل يرتبط بالبقاء للأصلح في الخارج بالنسبة للبلاد البوتقة. ولقد تم تكييف عدة نماذج مختلفة ومحاولة المزج بينها مثل علم النفس التجريبي من ألمانيا والقياس النفسي من بريطانيا، والوضعية من النمسا وتعززت هذه المدارس المستوردة والمتبناة ولكن الموطنة والمكيفة مع السلوكية والوظيفية والذرائعية وبذلك تم ختم ما هو مستورد بالدمغة الأمريكية. ولم تكن استجابة علماء النفس الأمريكان لعلم النفس في أوربا استجابة حرفية نقليه بل كانت استجابة ناقدة إذ تعلم هؤلاء الطلاب التقنيات العلمية في ألمانيا لكن روح العلم الجديد كانت روحا أمريكية.

وتبعا للتطورات أعلاه تحولت قبلة علم النفس من لايبزج إلى البلاد البوتقة وأصبحت أمريكا وفقا لذلك التحول مركز الكون لعلم النفس وأصبحت الجامعات الأمريكية هي الأماكن التي يحج إليها علماء النفس من العالم عامة والعالم العربي خاصة. و أصبح النموذج الأمريكي لعلم النفس هو الأكثر تأثيرا في العالم. فالكم الهائل من المصادر، وأمهات الكتب، والدوريات، والمجلات، والبرامج، والمؤتمرات، والجمعيات والمنظمات، والأدوات والتقانة المتعلقة بعلم النفس منتوجا أمريكيا يصدر للعالم أجمع

ومن بينه العالم العربي . وتم تعليب المفاهيم وتغليف النظريات وتصميم المناهج بصورة تسلب العواطف وتأسر العقول وتغسل الأدمغة وتجعل علماء النفس، خاصة العرب، منهم في حالة من اللاوعي . وبوسعنا الافتراض بأن الحرب الساخنة والحرب الباردة هي أكثر العوامل التي حتمت هذا التطور الهائل لعلم النفس . وهناك أهمية من التحقق من صحة هذا الافتراض .

علم النفس والحرب في ألمانيا

كانت ألمانيا أولا دولة سباقة في تأسيس أول معمل لعلم النفس، وثانيا سباقة في ارتباط علم النفس بالاستعمار، وثالثا سباقة في تأسيس علاقة علم النفس بالحرب الساخنة. وعندما خرج الألمان من الحرب العالمية الأولى منهزمين فكروا في بحث سبل الهزيمة وتعبئة الشعب الألماني تعبئة نفسية للقتال والأخذ بالثأر مرة أخرى وبذلك اتجهت الأنظار إلى علم النفس (فرج وعطية، 1987) . ولذلك نشأ الاهتمام بعلم النفس الحربي خاصة كجزء من خطة عامة أقامها النازيون لتعبئة الدولة كلها تعبئة نفسية للقتال، وبذلك اتجهت أبحاث الألمان إلى دراسة عميقة لكثير من الظواهر النفسية والاجتماعية وخاصة ما تعلق منها بفن القيادة (السياسية والعسكرية)، والروح المعنوية (المدنية والعسكرية أيضا) وسيكولوجية القتال والدعاية . كما استطاعت ألمانيا أن تستفيد من نشاط علم النفس المهني على أوسع نطاق في بناء قواتها المسلحة . وفضلا عن ذلك قدمت العديد من الأبحاث في مجالات متعددة مثل : الاختبارات النفسية للانتقاء، الروح المعنوية الدفاعية، الروح المعنوية الهجومية، وشؤون التعبئة وسيكولوجية الحياة العسكرية (السعيد، 1959).

ويعتبر علم النفس العسكري أحد الأفرع التطبيقية لعلم النفس، وهو يعني بتطبيق مبادئ علم النفس في مجال الجيش بغرض رفع مستوى كفاءة أفراده وذلك بعدة وسائل مثل انتقاء وتوزيع الأفراد على التخصصات والمهن العسكرية المختلفة مستخدما في ذلك أساليب القياس النفسي . ويهتم هذا العلم أيضا بتطبيق مبادئ التعلم على برامج

التدريب العسكري لضمان نجاح هذه البرامج وتحقيق أهدافها . كم يهتم كذلك بدراسة سيكولوجية الحواس، و التأثير المتبادل بين الفرد ومجتمعه العسكري وتشخيص وعلاج المصابين بصدمات نفسية ناشئة عن أهوال القتال وبإرشاد وتوجيه العائدين من القتال وبخاصة المشوهين منهم وتأهيلهم للحياة المدنية (فرج وعطية، 1987). وساعد علم النفس العسكري بمهارة فائقة في تشكيل وتصور جديد بالنسبة للحرب وكيفية إخضاع الشعوب. فمن المناسب أن نتابع في هذا الجزء من الدراسة كيفية تأسيس علم النفس الحربي في ألمانيا وكيفية اختيار علماء النفس، ونوعية الاختبارات المستخدمة وما مدى تأثير وانتشار المنهج الألماني في عمليات الاختيار والتدريب العسكري.

هناك عدة مسوح عن إجراءات الاختيار السيكولوجي ومنهج الشخصية الشمولي أو الكلي المستخدم بواسطة علماء النفس الألمان (أنسباشر، 1941؛ أنسباشر ونيكولس، 1941؛ برات، 1941). ويؤرخ لبداية مساهمات علم النفس في الحربية الألمانية أثناء الحرب العالمية الأولى. وتم تأسيس أول مركز للقياس السيكولوجي عام 1915 لعملية اختيار الطيارين وبقية المهنيين المرتبطين بالحرب. وتم استخدام تقانة علم النفس مباشرة بعد بداية ألمانيا في مشروعها لبناء التراسانات والمعدات الحربية. وتم إصدار أول قرار لتطور علم النفس العسكري بواسطة وزارة الحربية عام 1920، كما تم تأسيس أول مركز لتوجيه الأبحاث السيكولوجية في السنة نفسها برئاسة بروفسر- ريفيارت وذلك في جامعة برلين. وعموما استخدمت هذه الجامعة كأول مركز لاختيار وتدريب الضباط الألمان. وبعد ذلك تم تأسيس عدة مراكز سيكولوجية أخرى في مناطق مختلفة من ألمانيا. وتعتمد الاختبارات السيكولوجية المطبقة قبل عام 1927 الجانب التجريبي. وأصدرت وزارة الحربية الألمانية في يناير 1927 قرارا توجيهيا يتطلب من كل الضباط المرشحين أن تطبق عليهم بعض الاختبارات السيكولوجية. وبالإضافة لذلك لقد طورت الحربية الألمانية برنامجا آخر للاختيار السيكولوجي عام 1928(فيتس، 1946).

ويتم اختيار علماء النفس الألمان للعمل بالجيش بصورة صارمة وكانت هناك معايير مهنية عالية للاختيار أثناء السنوات الأولى من مشروع علم النفس الحربي.

وعادة ما يتطلب ذلك درجة الدكتوراه وسنة من التدريب في مركز من مراكز القياس السيكولوجي. وبعد أن أصدرت الجامعات الألمانية مرسوما بمنح دبلومة في علم النفس تم قبول هذه الدبلومة لعلماء النفس الحربيين. ومعظم هؤلاء العلماء من الضباط المدنيين والذين كانت لهم رتب عسكرية عالية. وقامت مراكز الاختيار السيكولوجي في مدن برلين وهانوفر وميونخ وفينا باختبار طلاب المدارس الراغبين في الالتحاق كضباط بقوات الدفاع الجوي. ويعتمد التأكيد في عملية الاختبار على نوعية الضابط، كما تم تقديم اختبارات خاصة عن الاستعداد للملاحين الجويين وغيرهم.

وتأخذ عملية الاختيار بالنسبة لكل ضابط مرشح بين يوم وثلاثة أيام وذلك حسب نوعية التخصص المطلوب. وعادة ما يقدم اختبارا سيكولوجيا جماعيا بغرض التصفية الأولية قبل تقديم الاختبار الفردي. ويختبر عالم النفس الواحد فرد أو فردين من المرشحين في اليوم الواحد وبعدها يقوم عدة علماء نفس بمراجعة الحالة المختبرة قبل اتخاذ القرار النهائي. ويؤكد علماء النفس الألمان في منهجهم بأن ملاحظات سلوك المفحوص أثناء تطبيق الاختبار أهم من الدرجات التي ينالها في الاختبار. ولقد تم التأكيد على هذه النقطة الهامة في عدة تقارير ألمانية وإنجليزية عن علم النفس الحربي في ألمانيا (أنسباشر، 1941؛ انسباشر ونيكولس، 1941؛ برات، 1941؛ هوبكينز، 1944).

تم تطبيق عدة اختبارات عن القدرة اللفظية والعددية والذاكرة والاستدلال بالنسبة للضباط المرشحين. وعادة ما يطلب من المرشح كتابة مقالة في حدود 20 دقيقة لحل مسائل عقلية وحسابية، أو مشاهدة صورة متحركة أو رسم لجهاز ميكانيكي معقد ومن ثم كتابة وصف مفصل عن كيفية عمل هذا الجهاز. وواحدا من الاختبارات الهامة التي تطورت بواسطة علماء النفس الألمان هو اختبار الحكم الموقفي أو العملي. ففي هذا الاختبار تقدم أسئلة مطبوعة في كتيب تصف مشكلة ما تتطلب حكما عمليا لحلها. مثلا، تصف أحد الأسئلة مشكلة تواجه ضابطا عليه أن يصل هدفا ما وفي نفس الوقت أن يختار بين ثلاثة طرق للوصول لفرقته العسكرية: (أ) طريق مباشر لكنه يقع تحت نيران الأعداء (ب) طريق طويل عبر جسر مهدم جزئيا و(ج) طريق عبر بحيرة ولكن ليس هناك

قوارب لعبورها. وعلى المرشح أن يكتب تقريرا عن ماذا يمكن أن يعمل في كل موقف وأن يقدم أسبابا واضحة للموقف المختار. وفي تقدير درجات اختبار الحكم الموقفي أو العملي ليست هناك إجابة واحدة صحيحة ولكن تتم عملية دراسة الأسباب لاختيار أي من المواقف المختلفة ويعتبر ذلك مقياسا للقدرة على التخطيط والحكم الجيد (فيتس، 1946).

وطور علم النفس الحربي في ألمانيا عدة اختبارات أخرى لعملية الاختيار منها اختبار القدرة الإدراكية، و اختبار التوازن الحسي الحركي واختبار السمات الشخصية والقيادة. وعادة ما يتم تقديم كشف نهائي بالنسبة للضابط المرشح من خلال مقابلة شخصية. وتمكن هذه المقابلة عالم النفس من اعتبار نتائج الاختبارات ونتائج الملاحظات ويسهل كل ذلك معرفة الانطباع النهائي عن شمولية الشخصية وكليتها. و لا يتبع في هذه المقابلة نموذج ثابت ولكنها تلمس بعض النقاط الهامة مثل ماذا تحب، ماذا تكره، وأسئلة بيوغرافية أخرى. وعندما يتم اختبار الضباط تعطى كذلك أهمية للثقافة المرجعية، والوضع الاقتصادي الاجتماعي، ومعرفة الآداب، والفن والفلسفة. وتأخذ المقابلة قبل سنوات الحرب حوالي ساعة وعادة ما يحضرها طبيب وعدة علماء نفس فضلا عن ضباط الحربية. ولكن أثناء الحرب يقلل زمن هذه المقابلة كما يحضرها المرشح مع عالم النفس لوحده . وأثناء الاختبار تعطى أهمية خاصة للجهد والدافعية أكثر من النتائج المتحصلة، وتعتبر السمات الشخصية الطرفية أو الحادة غير مقنعة. ويجب على الطيار، مثلا، أن يكون منتبها، و ذكيا، ومتوازنا، وله دافعية عالية، وله قدرة كبيرة للتوجيه. وفي نهاية المطاف يعطى المرشح واحد من التقديرات التالية: مؤهل بصورة كلية، مؤهل، مؤهل للحد الأدنى، وغير مؤهل (فيتس، 1946).

وغير الجانب المتعلق بتطبيقات نتائج الاختبارات السيكولوجية هناك توظيف للبعد السيكولوجي للصورة المتحركة (تايلور، 2000). فمثلا، كانت الأفلام الألمانية التي تصور الحرب مثيرة تؤدي إلى تصريف الانفعالات المحبوسة. وقد استخدم النازيون الجرائد المصورة والأفلام التسجيلية لا شراك الشعب الألماني في المجهود

الحربي ولإرهاب الخصوم المحتملين. وقد رصد جهاز "الجستابو" الرأي العام وردود أفعاله إزاء كل فلم. وعقب عرض جريدة سينمائية تصور النجاحات الألمانية في الدنمارك والنرويج ذكرت قوات الأمن في تقرير لها "إن الجريدة لا شك قد زادت من الثقة في الانتصار".

وعندما بدأت الحرب العالمية الثانية كانت ألمانيا هي الدولة الوحيدة المتفوقة في التقانة الحربية. ومن الأهمية بمكان معرفة سيكولوجيا الأفراد الذين يقومون بتشغيل هذه التقانة العسكرية من الدبابات، والطائرات والسفن. وقام علماء النفس الألمان باختيار هؤلاء الضباط حسب مبادئ علم النفس الإكلينيكي. وتقوم عملية الاختيار على تعرض الضباط المرشحين لبعض المواقف المشابهة للحياة بدقة، ومن ثم تقدر استجابات وأداء هؤلاء الضباط بواسطة مجموعة من المراقبين. ولقد شكلت هذه الأداة فيما بعد قاعدة الاختيار بالنسبة للضباط في المخابرات الأمريكية. وعموما يمكن القول بأن أكثر ميزات علم النفس الحربي في ألمانيا هو (أ) الإدراك الصحيح للأهمية الأسمى لشخصية الضابط وفعاليتها في الوحدة العسكرية (ب) تطوير كم هائل من الاختبارات السيكولوجية للاختيار بالنسبة للضباط المرشحين والتي تمثل اليوم أمثل و ربما المنهج السيكولوجي العملي الوحيد لاختيار القادة.

ونتيجة لسبق وقوة منهج الاختيار عند علماء النفس في ألمانيا لقد انتشر ذلك في بقية أنحاء العالم الغربي. فمثلا، استخدمه البريطانيون عام 1942 كما اتبعوا نفس التفاصيل الموجودة في المنهج الألماني. وأخذ الإستراليون كذلك المنهج الألماني من الحربية البريطانية في عام 1943. كما تبنى الجيش الكندي فكرة الاختبار الموقفي من علم النفس الحربي في ألمانيا لاختيار الضباط. واستخدم الجيش الأمريكي المنهج الألماني في مكتب الخدمات الاستراتيجية عام 1943 والذي تحول لاحقا لوكالة المخابرات الأمريكية. ويقتصر تطبيق المنهج في أمريكا على بعض الفئات الخاصة مثل الجواسيس ولقد تم بالفعل تقييم 5000 مرشح للجاسوسية. وكان بمكتب الخدمات الاستراتيجية مجموعة كبيرة وممتازة من علماء النفس الذين كتبوا عن خبراتهم في واحد من أهم الكتب اليوم

عن تقييم الشخصية الشمولية أو المتكاملة (أنظر موراي وماكنون، 1946). وفي مقدمة هذا الكتاب تم شكر علم نفس الجشطلت بصورة عامة وعلم النفس الحربي الألماني بصورة خاصة. ويشكل موراي القيادة الروحية في مكتب الخدمات الاستراتيجية فضلا مع60 من الأعضاء الآخرين وكانوا جميعهم من أصحاب النظرة الشمولية أو المتكاملة للشخصية كما كانوا من الظاهراتيين كذلك (انسباشر، 1949).

ولم يقتصر انتشار المنهج الألماني في الاختيار في المجال الحربي فقط إنما انتشر كذلك في سائر أفرع علم النفس الأخرى، خاصة علم النفس التطبيقي. فمثلا، في بريطانيا لقد تم استخدام الاختبار الموقفي لاختيار المشرفين في أحد شركات الفحم الحجري (فريزر، 1946)، واستخدم الاختبار الموقفي في اختيار مدراء الإنتاج في استراليا (تراف، 1948)، وفي أمريكا استخدم منهج مورينو ولوين في الصناعة خاصة في مجال تدريب المشرفين. وأسست جامعة كاليفورنيا "معهد تقييم الشخصية والبحث" تحت قيادة ماكنون والذي يعتبر شخصية رئيسية في المخابرات. وشمل أعضاء المعهد بعض علماء النفس السابقين بمكتب الخدمات الاستراتيجية. ويخدم هذا المعهد الأهداف العملية لتقييم المرشحين لكليات الهندسة والطب. واصبح مؤخرا معهدا استشاريا عاما لتقييم الأفراد في كل المجالات. ويعيش المرشحون مع علماء النفس لمدة ثلاثة أيام مع بعض ويوضعون تحت تجربة سيكولوجية ضاغطة. وتستخدم في عملية الاختيار اختبارات مقننة فضلا عن الاختبارات الموقفية لضمان معرفة استجابة الفرد للبيئة والمجتمع والعمل(انسباشر، 1949). وتم تمويل معهد تقييم الشخصية بمبلغ 100000 دولار من مؤسسة روكيفيلر (التايمز، 1949). وعموما يمكن القول بأن التقييم الشمولي للشخصية بالاختبارات الموقفية وفقا للطريقة الألمانية لقد ساعد على انتشاره عالميا، ووجد مساحة في كتب علم النفس الصناعي (هاريل، 1949)، وفي الاختبار السيكولوجي (كرونباخ، 1949)، وحتى في علم النفس العام (بورنج، ولانقفيلد وويلد، 1948).

علم النفس والحرب في الاتحاد السوفيتي

انتهت الحرب العالمية الأولى والحرب العالمية الثانية وبذلك انتهت أكثر الحروب قسوة ودموية وأكثر صراعا ووسعا في تاريخ الإنسانية. وعموما تعتبر الحروب مقياسا حقيقيا لقوة ومقدرات الأمم المتحاربة. وتتطلب الحرب تعبئة مادية وروحية وعقلية ضخمة تسيطر على الحياة اليومية للمجوعات والأفراد. وواحدا من العوامل المعتبرة في هذه الحرب هو الدور الذي لعبه علم النفس في تعزيز الاستجابة للعدوان، وترقية الأداء في المعركة و دعم الروح المعنوية في الجبهة الداخلية. لقد أثر الصراع في علماء النفس السوفيت وذلك بتنشيط دوافع جديدة للأفراد والجماعات، وتعزيز أشكال مختلفة من النشاط الاجتماعي، وتوسيع قدرات الأفراد المحدودة والمهارات المهنية، وتصميم وتوظيف وسائل مبدعة للبحث الميداني. وأدت عملية حلول المشاكل العملية والعلمية الفريدة إلى اكتشاف مناهج غير تقليدية وفي بعض الحالات الأخرى أدت إلى إعادة تشكيل المغامرة العلمية. ولقد وفرت الحرب العالمية الثانية نموذج مفيد للتطور العلمي في القرن العشرين تحت وطأة الظروف الشديدة. وأوضح التحليل الممتاز الذي قام به جلجين وآخرون (1996) عن فاعلية وإنتاجية البحث العلمي عندما يطبق في مهمات اجتماعية بطريقة تستقطب الدعم الشعبي. ووضحت هذه النتائج نقد وجهة النظر التي تشك في دور علم النفس في المجتمع.

انعكس أثر التغيير الجذري في النظام الاجتماعي الذي أعقب الثورة الروسية عام 1917 على النظرة العلمية. إن ظهور النظام العالمي شمل أوجه الحياة المختلفة بما في ذلك العلم. ورحبت مجموعة من علماء النفس بحماس التغيير الجديد الحادث تحت شعارات مثل "العدالة الاجتماعية"، و"المساواة"، و"الحرية"، و"الأخاء" "والطبقة العاملة". وكان هناك إحساس قوي بأن روسيا تمر بمرحلة إعادة بعث اجتماعي وروحي وبذلك فتحت الثورة آفاقا جديدة للتقدم. لقد تكثف عمل علماء النفس السوفيت لسببين أولهما يحتاج القطاع العام للخبرات السيكولوجية لأسباب سياسية واقتصادية، وثانيها فإن تغيير الحالة الاجتماعية يحتاج لإعادة اختبار للأسس النظرية والفلسفية والمنهجية

الجديدة لعلم النفس. وهناك فائدة أخرى لعلم النفس في الحملة ضد الأمية وإعادة تشكيل التعليم، وخلق ثقافة البروليتاريا، وقولبة المواطن السوفيتي. وبذلك كان لعلم النفس دور ومعنى في تأثير الحياة الثقافية العامة. واستفادت التطبيقات التخصصية المختلفة لعلم النفس من هذه السياسات. وشملت هذه التخصصات الهامة تقانة علم النفس، وسيكولوجيا الإدارة، والصحة النفسية، وعلم نفس الطفل. وكان البحث مثيرا في مجمله عن التطبيقات الجديدة لعلم النفس.

لم يكن هناك فرع منفصل لعلم النفس الحربي في الاتحاد السوفيتي قبل فترة الحرب العالمية الثانية. كما لم تظهر أي مقالة أو دراسة في هذا الفرع قبل فترة الخمسينات. ومن ثم ظهرت تقاليد ثرة لموضوعات حربية (بوديلوفا، 1983). وأجري البحث في تخصصات السيكوتكنولوجيا أو تقانة علم النفس، وعلم النفس الطبي، وعلم النفس العام، والبيداغوجيا أو علم أصول التدريس. وفي فترة ما قبل الحرب شمل الاهتمام عدة موضوعات في علم النفس الحربي مثل تدريب الأفراد، واختيار الأفراد وتنظيم الخبرات الطبية النفسية، وتحسين وإتقان التعليم السياسي بالنسبة للعمال والفلاحين في الجيش الأحمر، وكشف البروفيل السيكولوجي والخصائص الشخصية لرجال الخدمة في المتطلبات العسكرية المختلفة، ودراسة جوانب الخبرة العسكرية الفريدة، ودراسة الإدراك البصري في مجال التمويه والخداع أثناء الحرب. وكانت أكثر المساهمات في كشف البروفيل السيكولوجي في مجال الخدمة في الطيران. وانعكست تلك الحاجة في تحديث سريع للطائرات أثناء الثلاثينات والأربعينات.

أبرزت الحرب العالمية الثانية السؤال المرتبط بكيفية مساهمة علماء النفس في الانتصار على الأعداء. وبصورة عامة كانت مسئولية علماء النفس السوفيت هي تطبيق المعرفة السيكولوجية للمشاكل الناتجة من الحرب. ومات من جراء الحرب عدة علماء نفس سوفيت كما عانى علم النفس من هذا الفقد الكبير ومن بين من مات منهم عالم النفس بولتنوف، وفولكوف وجوسيف، ويارمولينكو، ولوسيف، ولايوبيموف، وموزايوف، وشفارتس، وشبلرين، وايفروسي. وفي مذكراته التي اعتمدت على عمله

في المخابرات العسكرية، وصف شيمياكين المشاكل النفسية الناتجة عن استجواب السجناء. ويوظف منهجه في الاستجواب استراتيجية "التواصل" بين الـذي يقوم بالاستجواب والمستجوب. ويعني بالتواصل تأسيس علاقة بينهما حتى تتأسس الفوقية الأخلاقية للذي يقوم بالاستجواب على المستجوب. وناقش شيمياكين خطأ كل من "استخدام القوة" أو "استخدام الكلام الحلو" في منهج الاستجواب (جلجين وآخرون، 1996).

وعملت الحرب على هجرة علماء النفس السوفيت للأقسام الجديدة الناشئة في المناطق النائية. مثلا، لعب أنانيف، أحد علماء النفس الكبار في لينينجراد، دورا كبيرا في أعمال المركز النيورولوجي الجديد في تبليسي بجورجيا. ومثال آخر لإعادة تنظيم علم النفس أثناء الحرب هو الحاجة لوحدة جديدة لحل المشاكل النفسية للجرحى في الجبهة. تبعا لذلك قام ليوريا بتنظيم مستشفى بعيدا عن جبهة القتال، كما قاد مجموعة من ثلاثين باحثا إلى جنوب أولالس. وعندما بدأت الحرب كانت تعقد الاجتماعات لتقرير الأعمال الهامة التي يجب أن يقوم بها العلماء. وكان من بين التطبيقات الهامة لعلم النفس هو إعادة تأهيل الجنود الجرحى وذلك بإرجاع قدراتهم لكي يحاربوا بصورة جيدة. وبسبب الحرب تحول علم النفس من المركز لهوامش أصبحت فيما بعد مراكز هامة لتطور علم النفس في الاتحاد السوفيتي. وعموما لعبت الهجرة الداخلية أو الخارجية لعلماء النفس دورا كبيرا في نمو علم النفس ليس في الاتحاد السوفيتي فحسب وإنما في العالم.

أجرى بوريس تيبلوف (1985)، علم نفس فارقي وفسيولوجي، سلسلة من الأبحاث الهامة أثناء وبعد الحرب. وانصب اهتمامه على السمات الشخصية لكبار الضباط. بالإضافة لذلك يعتبر هو رائد البحث السوفيتي في مجال الذكاء العملي. وكان ملهما في أبحاثه برغبته الكبيرة في مساعدة شعبه في الكفاح كما كان لأعماله أهمية نظرية أيضا. ويرتبط منهجه ببعض المسائل النفسية الهامة مثل طبيعة القدرات العقلية و التفكير العملي. وحدد تيبلوف بأن عمله يرتبط "بدراسة مشكلة الاستعدادات". ويعد عقل القائد العسكري مثال نموذجي "للذكاء العملي". وفي اعتقاده بأن دراسة عقلية القائد

العسكري لا تؤدي فقط لمعلومات مفيدة لأهداف عملية، بل لها قيمة علمية ترتبط بدراسة الوظيفة العقلية.

وحسب دراسات تيبلوف، فإن القائد العسكري الفعال له هذه السمات: عقلية مستقرة وكفاية لاتخاذ قرار جيد في مواقف صعبة والقدرة على إظهار إنتاجية عقلية قصوى تحت وطأه أقصى ظروف خطرة، والقدرة على التحليل النظامي على إجراء تقييم متزامن صلب ومجرد للمواقف، والموهبة في تبني قرارات سهلة ومحددة ترتكز على معلومات معقدة وشاملة، والمهارة على اتخاذ قرار في مواقف غير ثابتة وغير مرئية، والقوة على المخاطرة، والشجاعة في التفكير، والبسالة العقلية في تجاوز الشكوك وفي نفس الوقت توخي الاهتمام، والحصافة والحذر، ونقد الذات، والتخطيط الاستراتيجي والمرحلي، والقدرة على الاستجابة للمواقف سريعة التغير وفي نفس الوقت المواظبة على تطبيق الخطط، والقدرة على التنبؤ بالتقدم والمردود وأثر المعركة، والتفكير السريع الذي يقوم على الفطنة والخبرات الثرة .

أجريت بعض الأبحاث السوفيتية الهامة في مجال عمليات الإدراك الحسي ولم تجر هذه الأبحاث فقط لحاجات الحرب ولكن كمنطق داخلي لعلم النفس السوفيتي الذي يرتكز على نظرية لينين عن الانعكاس. وحسب قول لينين ينتج الإحساس من تأثير الحقيقة الموضوعية (البيئة المادية) على النظام الإنساني للحواس. وتم اعتبار الإحساس كنقطة بداية وأساس بالنسبة للمعرفة. فعبر هذا الإحساس فقط يتعرف الفرد على العالم. وتركزت معظم الأبحاث السيكولوجية أثناء الحرب على السمع، واللمس، والإحساس البصري، وارتبط مشروع الأبحاث في مجال السمع بالأصوات العالية والمنخفضة. وتم بحث العمليات المرتبطة بمواقع الصوت والإدراك الموسيقي، وأظهر البحث بأن الحساسية السمعية تعتمد على عدة حالات تتضمن التدريب المهني في تمييز الأصوات، وكانت نتائج هذه الأبحاث مفيدة في المجال العسكري. وتم التوصل إلى أن الطيارين لهم وعي بتغيير جزئي في صوت ماكينة الطائرة وتم تدريب الأفراد للسماع للأصوات التي ربما تكون مرتبطة بنشاط للأعداء.

لقد تخرج عالم النفس الروسي تبلوف من المدرسة الحربية لتمويه المباني بجامعة موسكو عام 1921. وعمل في عدة مراكز بحثية في الجيش الأحمر في الفترة بين 1929-1965. ونشر أبحاثا ممتازة عن استخدام الألوان في تمويه المباني في عدد من دوريات علم النفس الحربي. كما مدد أبحاثه عن مشكلات الضوء والبصر في المعمار . فضلا عن ذلك قام بأبحاث أصيلة عن علم النفس الحربي في الاتحاد السوفيتي أثناء الحرب العالمية الثانية (سوزن، 1984). إن واحدا من التحديات التي جابهت علماء النفس السوفيت بعد الدخول في الحرب هو تحديد الجوانب السيكولوجية لاستخدام اللون لموضوعات تتعلق بتمويه المباني. وارتبط واحدا من المشروعات الرئيسية بالبحث عن وسائل تخفى أو تنكر مباني مدينة لينينجراد. وعمل مجموعة من علماء النفس والمعماريين في هذا المشروع. ولكن من ناحية سيكولوجية لكي تتم عملية تمويه مباني المدينة يجب الأخذ في الاعتبار جوانب الإدراك البصري الذي يمكن استخدامه في تمويه المباني من عيون الأعداء.

وبدأ برنامج بحثي تجريبي عن التمويه بنهاية أغسطس 1941. وتم الحصول على معلومات تجريبية في فصل الخريف والشتاء التالي بالرغم من مشكلة الزمن وتعقيد المشروع. وتم توظيف المعلومات المجموعة لتمويه المباني العالية وناطحات السحاب في لينينجراد. وكان العمل في المشروع يسير ليل نهار، وأحرزت عملية التقدم التطبيق الإبداعي للمعلومات المجموعة في المشاريع الأخرى التي سبقت فترة الحرب. وكان الافتراض النظري للبحث هو أن اللون المدرك للموضوع لا يكون مستقلا من ارتباطه بعوامل أخرى مثل بعد الجسم، وزاوية النظر، وتركيز اللون، ودرجة اللون المسيطر الذي بدل بآخر، والتقلبية التي ترتبط بإدراك لون محدد. بالإضافة لذلك، فإن اللون تحت الظروف الطبيعية يرجع لتأثير الجهد على نظر المشاهد بواسطة موضوعات نوعية مثل الشكل، والملمس، والحجم، والكمية، وترتيب الموضوعات، بالإضافة للخصائص الطبوغرافية العامة التي تشكل المجال البصري. وتم التوصل إلى أن اللون الرمادي له قدرة كبيرة في التمويه بالرغم من أن الموضوع لا يختفي كلية من مجال الإدراك فاللون

الرمادي يتلاشى تدريجيا. وتم التوصل كذلك إلى أنه في مسافة بعيدة فإن المظهر الطبيعي للون الرمادي يتزايد بينما يقل تركيز اللون الأخضر (أنظر جيلجين، 1996).

نتيجة للتوصيات الهامة التي قدمها علماء النفس في عملية تمويه مباني لينينجراد من نظر العدو قامت الهيئة العاملة في معهد الاقتصاد المحلي بتشكيل طلاء يتطابق مع الخلفية الطبيعية لموضوعات العالم الحقيقي. وفي نفس الوقت اقترح علماء الأحياء وسائل لإحداث تمويه للعدو من خلال زرع نباتات مناسبة، وابتكر المعماريون وسائل لحجب النصب التذكارية بحيث لا تكون عارية، كما قام فنيوا الكهرباء بتقليل الشرر البصري للترام المتحرك أو البصات (أنظر، سوبوليف، 1966: في جيلين وآخرون، 1996). وعموما كانت عملية تمويه المباني من نظر العدو فعالة وكانت المسألة واضحة حتى بالنسبة للمقيمين في لينيجراد لفترة طويلة من الزمن. ولقد أوضح هؤلاء بأن مظاهر كثيرة من المدينة قد اختفت عن الأنظار مثل قبة كاتدرائية إسحاق. في تقديري، يعتبر ذلك التمويه الحادث تطبيقا رائعا لمهام علم النفس في الحرب.

برهن علماء النفس السوفيت بصورة واضحة بأن يأخذ الفرد المسألة السيكولوجية في حسابه من أجل إخفاء المظاهر المميزة لمدينة أو لإقليم ما. ولم يعمل علماء النفس فقط على الحفاظ على بالميارا الشمالية كمدينة جميلة من لينينجراد لقد اقترحوا كذلك عملية تركيب الألوان لإخفاء وتمويه الأهداف الأولية من طائرات ومدفعية العدو مثل تجمع الأسلحة العسكرية، وطائرات المجابهة. وقام هؤلاء العلماء كذلك بكشف جديد في التنظيمات السيكولوجية العامة وقوانين إدراك الألوان. وقيم أنانيف (1943) هذه المساهمات البحثية قائلا "نحن نقوم بهذا العمل ليس لأهميته التطبيقية العاجلة بالنسبة للمدينة ولكن له أهمية نظرية لسيكولوجية إدراك الفضاء". و لا يفوتنا معرفة بالمساهمة العملاقة للاتحاد السوفيتي في الكشوف الفضائية وسبق العالم في هذا المجال. وسبوتنيك خير دليل على ذلك فإنها مثال ممتاز للإبداع الإنساني الرفيع الذي أثار اهتمام علماء النفس في أمريكا من خلال خطاب جيلفورد الشهير لرابطة علم النفس الأمريكية بتجاهل دراسة الإبداع في أمريكا مقارنة بالاتحاد السوفيتي.

علم النفس والحرب في أمريكا

تم توثيق تاريخ مساهمة علم النفس في الحرب، خاصة في أمريكا، في عدة كتابات منها المصدر الذي كتبه بري (1948) وفلاناجان (1952)، ومايار (1943)، والعرض الشامل في المجلة السيكولوجية التي حررت بواسطة برات (1941)، وعرض البحث التربوي الذي حرره فلاناجان (1948)، ومن التغطيات الأخرى أعمال أهلانار (1977)، وأريما (1980)، ومسوح علم النفس الحربي بواسطة بري (1962)، وكرافورد (1970) وبريان (1972) التي ظهرت في عالم النفس الأمريكي. وتوضح هذه الكتابات الدور الفعال الذي قام به علماء النفس في تحسين وترقية طرق الاختيار للمشاركين في الحرب ليس من البشر فحسب و إنما التقانة كذلك.

دخلت الولايات المتحدة الحرب العالمية الأولى في السادس من أبريل 1917. واجتمع حينها عدد من علماء النفس المشاهير آنذاك في جامعة هارفارد لمناقشة كيف يمكن أن يساهم علم النفس في جهود الحرب مثل عمليات الاختيار والتدريب والدافعية في المجالات الحربية المختلفة. وكان تاريخ علم النفس حينها في أمريكا حوالي 25 سنة وكان عدد أعضاء الرابطة النفسية الأمريكية آنذاك 336 عضو. وتمثل مجهودات علماء النفس في الحرب العالمية الأولي أول محاولة حديثة لتطبيق علم النفس لمشاكل الحرب. وفي عام 1916 قامت الأكاديمية القومية للعلوم بإنشاء المجلس القومي للبحث لتنظيم الدعم للجهود الحربية. وبالفعل تم تشكيل لجنة علم النفس برئاسة روبرت ياركيس. وبعدها تم تشكيل عدة لجان لبحث قضايا الحرب وكان أولها لجنة مناهج الاختيار. وبناءا على ذلك تم اختبار واختيار 4000 مجند للجيش وللبحرية وضمت اللجنة في عضويتها علماء نفس مرموقين أمثال ثرنديك وثيرستون وأوتيس.

وفي الحرب العالمية الثانية تم وضع عدة معالم لخدمات علم النفس المقدمة في الحرب. مثلا، ففي عام 1939 تم إنشاء قسم الاختبار لتطوير عملية التصنيف العام للجيوش المشاركة في الحرب. وفي نفس الوقت أسس مجلس البحث القومي لجنة الطوارئ لعلم النفس . وفي عام 1943 تم إعادة تنظيم اللجنة كهيئة لعلم النفس التطبيقي والتي

أشرفت على 21 مشروعا بحثيا للجيش و للبحرية أثناء الحرب. كما تم تأسيس برنامج لعلم النفس في قوات الدفاع الجوية للمساعدة في اختيار وتدريب ملاحي الجو وذلك في عام 1941. وكان واحدا من المشروعات البحثية الكبيرة التي اكتملت في هذه الفترة هو مشروع دراسة الجندي والذي تم تلخيصه في سلسلة من أربع مجلدات تحت عنوان "دراسات في علم النفس الاجتماعي في الحرب العالمية الثانية". ووفر هذا المشروع معلومات قيمة للجيش عن اتجاهات الجنود مما ساعد على رسم السياسيات الحربية. ومن الملاحظ أنه في عام 1943 فإن نصف عدد صفحات "المجلة السيكولوجية" قد غطت موضوعات عن علم النفس العسكري. وبين عام 1943-1945 فإن واحد من 4 علماء نفس في الدولة كان يرتبط بصورة أو بأخرى بعلم النفس العسكري (أنظر دريسكويل وأومستيد، 1989).

هناك عدة عوامل تميز المؤسسة العسكرية من بقية المؤسسات الأخرى. أولا إن المؤسسة العسكرية ذات رسالة موجهة وهي حماية الدولة والقدرة على الحرب وكسب الحرب. وإن أي شيء لا يساهم في هذه الرسالة يعد ثانويا. وعامل ثاني يميز المؤسسة العسكرية هو طبيعة السياق العسكري . فالبيئة العسكرية أكثر جدية من البيئة المدنية لأن أفراد المؤسسة العسكرية يجب أن يكونوا مهيئين للحرب وللموت من أجل الدفاع لحماية الدولة. وتبعا لذلك الفهم فإن عدم الاختيار المناسب وإجراءات التصنيف، وفقر التدريب وسوء تصميم المعدات العسكرية يعتبر مهلكا ومميتا. وعامل ثالث يميز المؤسسة العسكرية هو الحجم الكلي من برنامج العلوم السلوكية العسكرية المطبقة. ولقد وصلت ميزانية أبحاث الاختيار والتدريب حوالي 400 مليون دولار (ألليويسي، 1987). واستخدمت المؤسسة العسكرية أكثر من 600 من باحثي علم النفس المدنيين الذين التحقوا بالجيش والبحرية ومعامل القوات الجوية كما دعمت مجموعة كبيرة من علماء النفس عبر اتفاقيات بحثية في الجامعات الأمريكية وفي الصناعة. ونتيجة لذلك نما علم النفس الحربي واتسع ليصبح جزء مؤسسا للمجتمع الحربي (دريسكويل وأولمستيد، 1989).

يقول ساراسون (1981) اصبح العلم وكذلك علم النفس موضوعا للسياسية

العامة وذلك لأن صناع القرار يتوقعون فوائد عظيمة من المحاولات العلمية ولأن العلماء وعدوا بهذه الفوائد. بينما يقول كابشيو (1986) كانت الحرب العالمية الثانية أهم حادث في التاريخ الاجتماعي لعلم النفس الأمريكي. وعملت هذه الحرب على مهنية وتوحيد علم النفس وعلى الاعتقاد في المنهج العلمي. ويعبر هلقارد (1987) بأن هذه الحرب وفرت الفرص لعلماء النفس للعمل مع بعض وإنشاء منظمات بحثية مستقلة مع نهاية الحرب بينما قام آخرون بإنشاء معاهد مشابهة في الجامعات. ويعبر هوفمان وديفنباشر (1992) وفرت الحرب القوة الدافعة لعلم نفس معالجة المعلومات، والنماذج الرياضية للوظائف السيكولوجية، وعلم النفس المعرفي بصورة عامة. ولعبت الحرب العالمية الثانية دورا أساسيا في تشكيل علم النفس من الأربعينات حتى الآن. ومقارنة بعلم نفس ما قبل الحرب، فإن علم نفس ما بعد الحرب كان أكثر توحدا واحتراما، ومهنية، موجها لاحتياجات المجتمع، وكان سياسيا (جيلين وآخرون،1996).

لقد حولت أجواء الحرب العالمية الثانية الرابطة النفسية الأمريكية من جمعية تنظيمية تقوم بنشر مجلات علمية قليلة وتعقد اجتماعها السنوي إلى منظمة نشيطة لها مكتب مركزي كبير تمثل وتخدم الاهتمامات المهنية لأعضائها. ومسحت الحرب العالمية التمييز بين علم النفس الأكاديمي وعلم النفس التطبيقي كما برهنت على أهمية تطبيقات علم النفس. وظهرت الرابطة النفسية الأمريكية بقدرات عظيمة لترقية علم النفس التطبيقي (كابشيو وهلقارد، 1992). وكتب ماركيوس تقريرا عام 1944 قدر فيه علماء النفس في الولايات المتحدة بأنه يتراوح بين 3500 - 8000 عالم. وحصل على الماجستير من هذا العدد 1908، ويبلغ عدد من حصل على الدكتوراه 2645 . وكان عدد الرجال 3191 بينما عدد النساء 1362، ومن بين هذا العدد عمل 1006 في القوات المسلحة. وواحدة من المجالات الهامة لتطبيقات علم النفس في تعزيز الحرب واختيار وتدريب الكفاءات هو مجال الطيران.

من ناحية تاريخية، يرجع تأسيس علم نفس الطيران للحرب العالمية الأولى. وقامت المبادرات البحثية في هذا المجال بواسطة لجنة المشاكل السيكولوجية للطيران

والتابعة للمجلس القومي للبحث والتي كانت برئاسة ثرنديك. وتركزت أعمال هذه اللجنة بصورة جوهرية حول الاختيار السيكولوجي للطيارين وذلك (1) بالرغم من المعايير الجسمية الصارمة للطيارين المرشحين فإن أكثر من نصف المجموعة المرشحة يتم إبعادها أو في حالة الفشل في التدريب (2) يتطلب بعض الطيارين تدريبا مضاعفا مقارنة بالآخرين (يتراوح التدريب بين 50-100 ساعة) و (3) هناك أعداد كبيرة من الحوادث حتى بالنسبة للطيارين المؤهلين(لجنة اختيار وتدريب ملاحي الجو، 1942).

وتتضمن عملية الاختيار للطيارين الاختبارات النفسحركية للأجهزة، مثل موجه رقيلز، و قياس ردود الفعل والتي تتضمن قياس النبض والخفقان، ومعدل التنفس أثناء طلق أعيرة نارية من المسدس من الخلف عندما يكون الطيار جالسا في الكبينة. وعادة وما يتم إبعاد الذين لهم انفعالات مفرطة أو زائدة. وتوقفت هذه المجهودات في نهاية الحرب العالمية الأولي، ولكن عندما أوشكت الحرب العالمية الثانية كان هناك برنامج سيكولوجي بحثي صغير عن الطيران. ولكن كان الاستثناء الوحيد هو مجهود عالم النفس دوكاري والذي كان طيارا في الحرب العالمية الأولى والذي أسس معمل علم نفس الطيران في جامعة أوهايو أثناء 1920.

في عام 1939 كونت سلطات الطيران المدني "لجنة اختيار وتدريب الطيارين" ضمن المجلس القومي للأبحاث وذلك لدراسة الطيران المدني كما امتدت هذه الدراسات لتشمل الطيران العسكري. وكانت قوات الدفاع الأمريكية تدرب حوالي 30000 طيار في السنة في الفترة الممتدة بين 1939-1940. ويدار برنامج علم نفس الطيران بواسطة عالم النفس جون فلاناجان. وقام هذا البرنامج باختيار الطيارين وطاقم الملاحة وتدريب قاذفي المدافع، والملاحين، ومراقبي الرادار، ومهندسي الطيران، كما امتد ذلك البرنامج لعلم النفس الهندسي.

وتطورت الأبحاث الفسيولوجية وأبحاث الأداء الإنساني ذات العلاقة بالطيران في الحرب العالمية الأولى. ولقد أسس ارمسترونج معمل الأبحاث الفسيولوجية عام 1935. وتم تأسيس فرع علم النفس ضمن المعمل الطبي للطيران عام 1945. وكان

الطيارون يطيرون في الحرب العالمية الأولى بمعدل 100 ميل في الساعة بينما تزيد سرعة طيران الطائرات المعاصرة على 2000 ميل في الساعة. وأصبح الطيارون حاليا جزءا من نظام طيراني معقد ومتكامل. ويرجع ذلك لتكاليف التدريب العالية وللطبيعة المعقدة لبيئة الطيران ولذلك كان اختيار وتدريب الطيارين من الأولويات. ففي قوات الدفاع الجوي يتم تدريب 1600 من الطيارين و750 من الملاحين الجدد في كل سنة بتكاليف باهظة. مثلا، يكلف تدريب طيار ف.ب-111 وملاح حوالي 1.3 مليون دولار و 700000 دولار بالتوالي. لذلك فإن عملية الاختيار والتدريب الفعالين ضرورية بالنسبة للطيارين.

بالإضافة لذلك أجريت الأبحاث السيكولوجية والفسيولوجية المرتبطة بالطيران منذ الحرب العالمية الأولى. وعرض جريجوري و رازران وبروان 92 مرجعا ترجع لعام 1918 وحددوا 626 دراسة ترجع لعلم نفس الطيران (رازران وبروان، 1941). وبحلول عام 1942 هناك حوالي 50 عالم نفس يرتبطون بمشروع برنامج الاختيار في الطيران. وفي عام 1943 هناك 85 عالم نفس طيران في القوات الجوية بالإضافة إلى 300 من مساعدي علم النفس. وفي نهاية الحرب شمل برنامج علم نفس الطيران على 200 ضابط و750 مجند 500 مدني (لانيار، 1949).

ويجب أن يمر كل فرد تقدم كطالب عسكري للطيران بالاختبار الجسدي، ومن ثم الإنجاز الدراسي وأخيرا الاختبارات السيكولوجية ومن ثم يتخذ القرار النهائي بدخوله لمجال الطيران. إذا تم قبوله تحدد نتائج الاختبارات ما إذا كان مناسبا للتدريب كطيار أو كملاح أو قاذف قنابل.

وتشمل الاختبارات السيكولوجية حوالي 20 اختبارا تغطي (1) الذكاء، والحكم، والكفاءة (2) اليقظة، والمشاهدة، والسرعة الإدراكية (3) الشخصية، والمزاج والاهتمامات (4) التوازن البصري - الحركي. بالإضافة لذلك تجرى هذه الاختبارات: درجات الاستعداد للطيار، ودرجات الاستعداد لقاذف القنابل، ودرجات الاستعداد

للملاح الجوي. واستمرت عملية تحسين وترقية هذه الاختبارات طيلة سنوات الحرب. ولم تتم عمليات التدريب في مجال الطيران بالنسبة للطيارين والملاحين فحسب وإنما أيضا لتدريب الحمام لتوجيه القنابل.

وواحدا من الموضوعات الهامة التي تطورت في أمريكا من خلال الحرب حسب وجهة نظر جيلجين وآخرون هو نظرية جيبسون عن الإدراك والتي ظهرت في كتابه الموسوم "إدراك العالم البصري" عام 1950. وحسب وجهة نظر زوجته الينور جيبسون إن الأفكار النظرية التي تم التعبير عنها في العالم البصري تأثرت تأثيرا كبيرا بخبرة الحرب. وطلب من جيبسون أن يقوم باختبار للأفراد في الطاقم الجوي (طيارين، وملاحين، وقاذفي قنابل) وخاصة تطبيق اختبار إدراك المسافة. وكانت الاختبارات المتوفرة آنذاك تفترض وضع ثابت، وإدراك ثابت للأشياء المرئية. وقضى جيبسون وقتا طويلا في تحليل نوع النشاط الادراكي للنظر من الطائرات المتحركة. ولقد تغيرت آراءه بصورة كلية وكذلك آراء علماء نفس آخرون عن فكرة البصر وأكد على أهمية الحركة وفكرة الأشياء الثابتة تحت عملية التحول. ولم تعتبر هذه الفكرة جديدة تمام الجدة فقط في علم النفس بل كانت ثورة حقيقية في عالم الإدراك البصري في سنوات ما بعد الحرب.

علم النفس السوفيتي والأمريكي: الشبه والاختلاف

بوسعنا التساؤل ما هو وجه الشبه والاختلاف بين علم النفس المرتبط بالحرب الذي تطور في الاتحاد السوفيتي وذلك الذي تطور في أمريكا من حيث الأهداف والوظائف؟ تعتبر محاولة جلجين وآخرون (1996) أول محاولة تاريخية عبر ثقافية تقارن بين علم النفس في الأمتين أثناء سنوات الحرب، وهما متضادتا اجتماعيا وآيديولوجيا وسياسيا. وكانت هناك اختلافات بين علم النفس في فترة ما قبل الحرب بين الأمتين في عدة مجالات. ونتيجة لذلك واجه علماء النفس السوفيت والأمريكان المهام المعقدة للحرب من زوايا مختلفة. وإنها لمفارقة، فإن بحث جيلجين وآخرون توصل للحقيقة

القائلة بأن علم النفس السوفيتي والأمريكي كان مختلفا بالنسبة للقيم والأهداف ولكن تم توظيفـه بصورة واحدة تحت وطأة الأزمات المتشابهة.

يختلف علم النفس في الاتحاد السوفيتي وفي أمريكا اختلافا كبيرا عندما قامت الحرب. وكانت هذه الفروق تعكس الدينامية الداخلية لتطور علم النفس في كل أمة بالإضافة للعوامل الاجتماعية والثقافية التي تحدد المحتوى، والبنية، والاتجاهات الرئيسية للبحث. أولا، سيطر على علم النفس السوفيتي خلال الثلاثينيات النظرية والمنهجية الماركسية والعقائدية وكانت هناك حدودا صارمة للبحث. بينما كان علم النفس الأمريكي حرا في اعتقاد أي نظرية ومنهج تجريبي. ثانيا، بالرغم من الاختلافات في فترة ما قبل الحرب، هناك عناصر مشتركة بين علم النفس في الاتحاد السوفيتي وعلم النفس الأمريكي أثناء الحرب العالمية الأولى. ذلك لأن علم النفس في البلدين يجب أن يوظف تحت ظروف حادة وتبني عملية انفتاح في الأهداف. وتتضمن هذه الخصائص المشتركة الارتباط النشيط في المشاريع التطبيقية التي خلقت بواسطة متطلبات الحرب. ثالثا، عمل العامل الجيوسياسي والاجتماعي- الاقتصادي مع العامل العسكري على تشكيل علم النفس في البلدين. ومع ذلك هناك بعض الفروق مثلا، هناك تأكيد أكبر في الاتحاد السوفيتي على علم النفس الطبي، والتمدرسي، والتأريخي، بينما هناك تأكيد أكثر في علم النفس الأمريكي على علم النفس الفارق، والتشخيص النفسي، واختيار الأفراد. وهناك اختلافات كذلك في تمويل البحث السيكولوجي. ليست هنالك مصادر خاصة في الاتحاد السوفيتي لتمويل البحث، إنما يعتمد التمويل كلية على الدعم الحكومي. وكان كل النشاط العلمي يجرى في مؤسسات الدولة. بينما في الولايات المتحدة كانت تجرى حتى بعض مشاريع الأبحاث العسكرية في هيئات خاصة أو في أقسام علم النفس بالجامعات.

إن التقدم التكنولوجي السريع في الأمتين خاصة في مجال الطيران والإلكترونات خلق فرصا لعلماء النفس في تخصصات معينة، مثلا السيكوفيزيقا والسيكوفسيولوجيا واختيار الأفراد، كما أصبح علم النفس العسكري حقلا منفصلا. وفوق كل ذلك أدرك

قادة الأمتين أهمية اعتبار العامل الإنساني في عملية انتصار الحرب وبذلك يمكن أن يساهم علماء النفس في التوازن الفعال للأفراد والمصادر والاستراتيجيات. ويمكننا التساؤل ما هي المساهمة الكبيرة التي قام بها علماء النفس في كل دولة بالنسبة للحرب؟ لقد وظف علماء النفس في الاتحاد السوفيتي خبرتهم في إعادة تأهيل جرحى الحرب، خاصة الذي يعانون من جرح في الرأس وذلك بالتأكيد على أبعاد الإعاقة الدماغية والعلاج. وفي هذا المجال تكمن أهمية الأعمال التي قام بها كل من لوريا وليونيف وأنانيف، فضلا عن مساهمات بافلوف وفيجوتسكي وأنوكهين وبيرنستين. إن التطور اللاحق واستخدام بطارية نيورا- نبراسكا للنيوروسيكولوجيا عام 1970 أدى لظهور علم النفس النيورولوجي كتخصص في علم النفس الأمريكي. بينما كانت المساهمة الرئيسية لعلماء النفس في أمريكا نحو الحرب هو استخدام المهارات السيكوميترية والإحصائية لإعداد أدوات للاختيار والتدريب لآلاف الأفراد بالنسبة للحرب. وتعتمد هذه الخبرات على تراكمات بحثية ترجع لجالتون في إنجلترا، وبينيه في فرنسا، ورورشاخ في سويسرا، وثرنديك وكاتل في الولايات المتحدة.

يمكن أن نخلص في هذا الجزء من الدراسة بأن ألمانيا كانت رائدة في مجال توظيف علم النفس لخدمة الأهداف الاستعمارية وفي تطبيقه لاحقا في الحرب الساخنة. ولعب علماء النفس الألمان دورا فعالا في تطور الاختبارات الموقفية بهدف الاختيار والتدريب. وعندما بدأت شرارة الحرب العالمية كانت ألمانيا أكثر تفوقا في مجال التقانة الحربية وفي عمليات التدريب السيكولوجي الفعال للطيارين وقاذفي القنابل والملاحين وللضباط. كما لعب علم النفس في الاتحاد السوفيتي دورا كبيرا في التعبئة الروحية والمادية والعقلية وذلك بغية الانتصار في الحرب. وأجريت العديد من المشاريع البحثية الرائعة في الذكاء العملي والذكاء الحسي واستخدام سيكولوجيا الألوان بغرض تمويه المباني والتي كانت لها تطبيقات لاحقة في سيكولوجيا الفضاء. أما في أمريكا فقد لعبت المؤسسة العسكرية دورا جوهريا في تطوير وتوظيف نماذج التطبيقات الألمانية والبريطانية والسوفيتية لعلم النفس. وتأسست مجالس الأبحاث السيكولوجية لتنظيم الدعم للجهود الحربية. إن

تطبيقات علم النفس في مكتب الخدمات الاستراتيجية في جمع وتحليل المعلومات والتنبؤ بفائدة المرشحين من الضباط والعملاء تبعا لنظام موراي أو جتنقر لم يكن معلما أساسيا في تطبيقات علم النفس في الحرب الساخنة فحسب إنما كان كذلك إيذانا لتطبيقات جديدة لعلم النفس في الحرب الباردة وهي حرب سيكولوجية في المقام الأول.

اسكنر وتدريب الحمام لتوجيه القنابل

قام عالم النفس الأمريكي اسكنر وتلاميذه بعدة تجارب أوضح فيها مفهوم السلوك الإجرائي. إن الجزء الأكبر من سلوك الإنسان يمكن تصنيفه على أنه إجرائي- إدارة المفتاح في اللقاط، سياقة السيارة، كتابة رسالة، القيام بمحادثة الآخرين، وهكذا. إن هذه الأنواع من السلوك لا ينتزعها مثير غير شرطي كما في حالة الاشراط البابلوفي، و لكن حالما يقع الإجراء أو السلوك المطلوب فإنه من الممكن تقويته وفقا لمبدأ السلوك الإجرائي، لقد كانت هذه التجربة البسيطة فتحا للمزيد من الدراسات حول اثر البيئة على السلوك التي توصل من جرائها اسكنر إلى عبارته الشهيرة "السلوك محكوم بنتائجه"، أي النتائج البيئية تتبع قيام الفرد بسلوك معين (عدس وتوق، 1986). بناءا على نتائج دراسة اسكنر السابقة سوف نتحدث في هذه الجزء من الدراسة عن فكرة غريبة الأطوار وربما تكون فكرة جنونية على حسب تعبير اسكنر نفسه. إنها فكرة أقرب لأن تكون من الخيال السيكولوجي.

حاول اسكنر (1960)، أشهر عالم سلوكي في تاريخ علم النفس على الإطلاق، بتوظيف سلوك الاهتداء عند الحمام وتدريبه لتوجيه القنابل في الحرب العالمية الثانية من خلال المشروع البحثي المسمى "مشروع الحمامة" والذي أجري في "معمل البحرية البحثي". وقد لعب اسكنر دورا كبيرا في علم النفس من خلال درسته الكلاسيكية لسلوك الحمام في صندوقه الشهير. وكان الإنسان دائما يحاول استخدام الطاقة الحسية للحيوانات وذلك لأنها أقوى من حواس الإنسان أو لأنها أكثر إقناعا. ربما يسمع

الكلب الحارس أفضل من سيده وفي كل حال يسمع عندما يكون السيد نائما. وقيل بأنه تم استخدام طائر النورس لكشف الغواصات في القنال الإنجليزي في الحرب العالمية الأولى. وأرسل البريطانيون غواصاتهم عبر القنال بينما تتابع طيور النورس الغواصات وتتعلم بأن تتابعها ما إذا كانت بريطانية أو ألمانية. وعمل الروس على تدريب الكلاب لتفجير الدبابات كما قاموا كذلك بتدريب كلب البحر لقطع كابلات أو أسلاك الألغام الأرضية . وشرع السويديون في تدريب عجل البحر بتفجير الغواصات. هناك ميزة خاصة لأنظمة الكشف أو الإشارة عند الحيوانات الدنيا عندما تستخدم مع المتفجرات في أهداف يراد تدميرها ما إذا كانت أهدافا في الأرض أو الجو أو البحر. وتطورت أنظمة توجيه القنابل بواسطة الحيوانات باستخدام الحواس والإشارات نحو الأهداف وذلك بالاستجابة للإشعاع المرئي وغير المرئي، والضوضاء، وانعكاسات الرادار وغير ذلك.

تم الشروع في مشروع تدريب الحمام في الحرب العالمية الثانية. ففي عام 1939 تم تدمير مدينة وارسو بواسطة القنابل وبرزت الطائرات كأدوات جديدة ومرعبة للحرب . لذلك يجب إدراك "مشروع الحمامة" في ضوء هذه الخلفية. وبدأ كمحاولة بحثية عن تدريب الحمام لاستخدامه في السطح والجو لتوجيه القنابل كوسيلة دفاعية ضد الطائرات. وعندما تغير التوازن بين الأسلحة الهجومية والدفاعية تم اختبار النظام أولا من قنابل الجو للأرض وسمي ذلك رمزيا بـ"البجع" تيمنا بطائر البجع وهو طائر مائي كبير. تم في ربيع عام 1940 في جامعة مينسوتا اختبار قدرة الحمام على التوجيه نحو الأهداف بواسطة الرافعة المتحركة. وتم وضع الحمام في سترة ويمكنها أن تأكل الحبوب من الطبق الذي بقربها وتشغل نظام التحكم بواسطة حركة الرأس في الاتجاه المناسب. وتم تدريب الحمام على الوصول لأي هدف كما تم تدريبه كذلك على متابعة مجوعات مختلفة من الأهداف الأرضية والبحرية وكيفية تتجاهل الرقع الكبيرة والتي تم وضعها لتمثل السحب أو نيران المدفعية وذلك للتركيز نحو الهدف المحدد بينما تشاهد هدفا آخر . ولقد تم التوصل من جراء ذلك إلى أن الحمام يمكنه أن يحمل القنبلة في تقاطع لشارع محدد في خريطة جوية للمدينة.

يقول اسكنر (1960) نسبة للقيود الأمنية تم إعطاءهم أوصاف عامة جدا للإشارة التي يزود بها نظام التحكم في "مشروع البجع". وهناك مكان كافي في أنف البجع لثلاثة حمامات كل واحدة بعدستها وطبقها. وعندما تقع القنبلة في اتجاه سفينتين في البحر ليس هناك ضمان أن تتجه الحمامات الثلاث لنفس السفن. ولكن ربما تتفق أثنين من الحمام وتبعا لذلك تعاقب الثالثة لهذه الفكرة القاصرة. وتحت طاولة التدعيم الطارئ المناسب تستطيع الحمامة المعاقبة أن تتحرك نحو فكرة الغالبية. وعندما تعمل الحمامات الثلاث في سفينة واحدة فإن أي قصور يمكن أن يعاقب ويصحح مباشرة. وعندما تم اكتشاف إنجاز الألمان في مجال توجيه القنابل اصبح مشروع اسكنر في تدريب الحمام مهما للأغراض الدفاعية. وتم دراسة استجابة الحمام في معمل البحرية للبحث في واشنطون بتفاصيل دقيقة. مثلا، تمت دراسة المعدل المتوسط للنقر، ومعدل الخطأ، ومعدل ضرب الهدف وتم تسجيل ذلك في حالات مختلفة. كما تم تحليل سلوك اقتفاء الأثر عند الحمام بمناهج تشبه تلك التي تستخدم مع العامل الميكانيكي. كما تمت دراسة نماذج الإدراك الذي يتضمن التعميم من نموذج لآخر.

نحاول في هذا الجزء من الدراسة أن نجري مقارنة "لعينة" بين اسكنر وبين علماء النفس العرب. حاول علماء النفس في الغرب تدريب الحيوانات في القرن العشرين مثل الكلب وطائر النورس وكلب البحر وعجل البحر ومحاولة استخدام ذكائها وطاقتها الحسية لأنه أقوى من حواس الإنسان. ويحدثنا التراث العربي الإسلامي بفهم سيكولوجيا وذكاء الحيوان من عشرات القرون. مثلا، يقول الجاحظ في تعريف المعرفة والفطرة في الحيوان " لقد أودع الله صدور سائر الحيوان من ضروب المعارف و فطرها عليه من غريب الهدايا و سخر حناجرها من ضروب النغم الموزونة و الأصوات الملحنة والمخارج الشجية و الأغاني المطربة، وكيف فتح لها باب المعرفة على قدر ما هيأ لها من الآلة، و كيف أعطى لها كثيرا من الحس اللطيف و الصنعة البديعة من غير تأديب و تثقيف و من غير تقويم و تلقين، و من غير تدريب و تمرين".

لعل اسكنر أراد أن يوظف عملية الذكاء بالنسبة للحمام، وخاصة تدريب وتمرين

سلوك الاهتداء الذي يتصف به الحمام. وسجل الجاحظ ملاحظات قيمة في هذا الجانب . يقول مثلا "ولو كان الحمام مما يرسل بالليل، لكان مما يستدل بالنجوم، لأنا رأيناه يلزم بطن الفرات، أو بطن دجلة، أو بطون الأودية التي مر بها، و هو يرى و يبصر و يفهم انحدار الماء، و يعلم بعد طول الجولان و بعد الزجال، و إذا هو أشرف علي الفرات أو دجلة، أنّ طريقه و طريق الماء واحد، و أنه ينبغي أن ينحدر معه" (ج 3، ص 216) . ويقول الحاحظ "وللحمام من حسن الاهتداء، و جودة الاستدلال، و ثبات الحفظ و الذكر، و قوة النزاع إلي أربابه، و الآلفة لوطنه ....و أنه يهتدي بطيرانه بالأنهار و الأودية و انحدار الماء ومصدر الريح و موضع قرص الشمس في السماء .... ثم الدليل على أنه يستدل بالعقل و المعرفة و الفكرة و العناية، إنه إنما يجئ من الغاية على تدريج و تدريب و تنزيل" (ج 3 ص 214-215) . ويؤكد الدميري ملاحظات الجاحظ بقوله عن ذكاء الحمام "الحمام هو المشهور من الطيور و الهادي إلى أوطانه من المسافات البعيدة، و هو أشد الطيور ذكاء، و هو يتعرف إلى علامات قبل طيرانه ليعود إلى موطنه" .

يقول بروفسر مالك بدري (1979) أنّ قدماء العرب كانوا اسكناريين (سلوكيين) قبل آلاف السنوات قبل أن يولد اسكنر نفسه. إنّ مقولة بدري هذه تصدق فيما نسميه بـ "علم نفس البيزرة" (الخليفة، 2001). وهو من أكثر جوانب علم نفس الحيوان تقدما لمعرفة إسهام التراث العربي الإسلامي في دراسة سلوك الحيوان . نريد أن نقول من عرضنا لمساهمة التراث العربي الإسلامي في علم نفس الحيوان إن علماء النفس في الغرب قد دربوا الحيوانات ومحاولة الاستفادة من طاقتها الحسية في القرن العشرين. وبينما كان علماء التراث سباقين في دراسة سلوك الحيوان ومعرفة خاصية سلوك الاهتداء عند الحمام وحدة بصر الكلاب لكن لم يتم توظيف ذلك في علم النفس المعاصر في العالم العربي. لماذا حاول اسكنر تدريب الحمام لتوجيه القنابل في الحرب العالمية الثانية ولم يحاول علماء النفس العرب تدريب الحمام أو الصقور لتوجيه القنابل للأعداء؟ ولماذا اكتفى العرب بتدريب الصقور والجوارح للصيد ولم يتم استخدامها في أهداف أكثر استراتيجية؟ ولماذا حاول اسكنر بتطوير "مخالب" للحمام رمز السلام ولم يحاول علماء

النفس العرب توظيف "مخالب" الجوارح الحادة؟ هل بمقدورنا الآن أن نعي الـدرس وأن نفهم عمليات "التحكم بالجملة" في محاولة علماء النفس في الغرب وعمليات "التحكم بالقطاعي" في محاولة علماء النفس في العالم العربي؟

إن مشروع "الحمام في مشروع البجع" هو مشروع عـن الخيال السيكولوجي في سنوات الحرب العالمية الثانية. وقبـل عـدة أعـوام مـن هـذا المشروع كتب اسكنر عـن الصورة اليوتوبية للمجتمع المصمم أو المهندس بواسطة تكنولوجيا السلوك. وربما يعلل بعض المعالجين النفسيين بـأن اسكنر يعاني من عملية رفض شخصي ومن ثم انسحب للعالم الخيالي الذي يكون فيه كـل شيء يسـير وفقا لعملية تخطيطية وليس به إحباطات. ولكن هناك تفسير آخر يمكن أن يكون معقولا كـما يعبر اسكنر. أن قطعة الخيال العلمي هي إعلان للثقة في تكنولوجيا السلوك. يمكن أن تعبر عنها بأنها فكرة جنونية، ولكنها واحدة من الأفكار التي لم يشك اسكنر في عملية الإيمان بها.

علماء النفس ومكتب الخدمات الاستراتيجية في أمريكا

تم تأسيس مكتب الخدمات الاستراتيجية عام 1941 كوكالة للحرب بواسطة رئيس الولايات المتحدة الأمريكية ومجلس الشيوخ وذلك لمواجهة الاحتياجات الخاصة للحرب. ويعتبر المكتب الأول من نوعه في تاريخ الولايات المتحدة. وتحول هـذا المكتـب فيما بعـد عـام 1947 لوكالة المخابرات المركزية. ومن مهام المكتب القيام بالأبحاث في داخل الولايات المتحدة وخارجها، ووضع شبكة مـن العملاء لجمع وتحليل المعلومـات عـن نشـاط أعـداء الأمـة، والتخطيط والقيـام بعمليـات تدميرية بالنسبة للأعداء، وتدريب مجموعات المقاومة، ومن مهامه أيضا استخدام الراديو والبيانات، ووسـائل أخرى لرفع الروح المعنوية للقوات السرية وخفض الروح المعنوية للعدو. ويختار مكتب الخدمات الاستراتيجية في السنة الأولى أفراده من غير تطبيق عمليات نظامية في الاختيار، ولكن استلهم بما كان يطبق في بريطانيا. وتم خلق أول وحدة للقياس السيكولوجي بالمكتب والتي أصبحت حقيقة عام 1943. وشمل علماء النفس

الذين عملوا في هذه الوحدة دونالد فيسكي، وهنري موراي، وروبرت ترايون الذي يعتبر أول من أدرك الدور الذي يمكن أن يقوم به علماء النفس في مكتب الخدمات الاستراتيجية أو بلغة أدق، في مجال المخابرات.

وكان الهدف الرئيسي لمكتب الخدمات الاستراتيجية هو تطوير إجراءات لكشف شخصيات المختارين في المكتب ولتوفير أرضية كافية وثابتة للتنبؤ بفائدتهم بالنسبة للمنظمة. وإبعاد هؤلاء الذين لا يتناسبون مع العمل. وقام علماء النفس بالمكتب بتقييم حوالي 300 فرد كل شهر. وكان من بين 5500 من الأفراد الذين تتم عملية تقييمهم 20% منهم لم يوصى بقيامهم بأي واجبات في الخارج، و20% لم يرسلوا للخارج لأسباب أخرى. وقضى معظم المختارين لهذا البرنامج بين شهر و3 شهور في مدرسة مكتب الخدمات الاستراتيجية. ويقوم منهج التقييم السيكولوجي على مبادئ كلية، ترتبط بتصميم مهمات مختلفة لاختبار فاعلية الفرد في أداء وظائف مشابهة وفي نفس المستوى التكاملي وتحت ظروف مشابهة يتطلب القيام بها في الميدان (موراي وماكنون، 1946). وتم نمذجة هذا المنهج بعد تطوير إجراءات اختيار الضباط التي قام بها ماكس سيمويت بالنسبة للحربية الألمانية وتم نقله وتبنيه بواسطة البريطانيين. وطبقت بالمكتب كذلك اختبارات الذكاء المقننة، والقدرات الميكانيكية، بالإضافة للأدوات الإسقاطية مثل اختبار رورشاخ واختبار تفهم الموضوع.

ويجمع الأفراد الذين يراد تقييمهم في مناطق ريفية وكانوا يعيشون في منازل مريحة تتح للزملاء والموظفين فرصة للتفاعل الاجتماعي. وعموما يتميز الجو العام في هذه المنازل بالاسترخاء وعدم الرسمية. وتتم عملية التقييم في أربعة أيام ونصف يقوم فيها الفرد بمهمات تشمل التخطيط السريع، وتوازن العضلات بواسطة آلات ومن غير آلات، وتوازن الأفكار والكلمات، ومجموعة من المهمات الأخرى التي تتطلب أن تنفذ بواسطة التعاون مع الآخرين (موراي وماكنون، 1946). مثلا، يجب أن يتعاون المرشح لتحريك جذع شجرة فوق حائطين، وكيف يعبر شارع ملغوم، أو يفتش غرفة لعميل في المناطق المحتلة بواسطة العدو. وبصورة فردية يطلب من كل فرد أن يؤدي مهمة

بنائية تحت حالة منهكة، وتحمل مقابلة ضاغطة، وإظهار مهارات المراقبة والمتابعة، ولعب دور في موقف سيكودرامي، وإكمال استبيان سوسيوميتري، وكتابة مخطط أو صورة لشخصية تشير في ماذا يفكرون في زملائهم. بالإضافة لذلك كانت تؤخذ معلومات مفصلة عن التاريخ الشخصي لكل فرد. واعتمادا على المعلومات المجموعة، يقيم المرشح على المتغيرات التالية: الدافعية للمهمات، والطاقة والحماس، والذكاء العملي، والتوازن الانفعالي، والعلاقات الاجتماعية، والقدرة القيادية، والأمن (المحافظة على الأسرار)، والقدرات الجسمية، ومهارات الدعاية.

قام الجنرال دوفان بتبني فكرة من علماء النفس البريطانيين الذين طوروا برنامج قياسي للتنبؤ بأداء ضباط الجيش. ويعتقد بأن هذا البرنامج يصلح كذلك للتطبيق في مكتب الخدمات الاستراتيجية بالنسبة للمجندين للتدريب. كما قام دوفان كذلك باستدعاء بروفسر ـ هنري موراي من جامعة هارفارد وذلك لتصميم نظام للقياس السيكولوجي بالنسبة للأمريكان. وكتب موراي عام 1938 كتابه الشهير "اكتشافات في الشخصية" والذي وضح فيه كيفية قياس شخصية الأفراد ووصف فيه عددا من بطاريات الشخصية (ماركس، 1979). واشتهر موراي بنظرية الحاجات والضغوط كما وضع لأول مرة مفهوم "علم الشخصية" ليشير إلى محاولاته في تقنين الشخصية، والنهوض بالدراسات فيها على أسس علمية. وهو الذي وضع كذلك "اختبار تفهم الموضوع" عام 1943. وكان موراي رئيسيا للعيادة النفسية في جامعة هارفارد واسهم في تأسيس جمعية التحليل النفسي في بوسطن. كما ترأس قسم تقييم الرجال الملحق بمكتب الخدمات الاستراتيجية خلال الحرب العالمية الثانية، ونشر بحوثه أثناء رئاسته تحت عنوان "تقويم الرجال" عام 1948. ورغم قلة مؤلفاته إلا أن تأثيره على تلاميذه ومساعديه كان تأثيرا كبيرا (الحفني، بلا تاريخ). وعموما كانت لأبحاث موراي تطبيقات خطيرة في عالم التجسس.

تم وضع نظام للتقييم يجمع بين المنهج البريطاني والألماني ومنهج موراي. ويقيس هذا النظام قدرة المرشح على الوقوف ضد الضغوط، وبأن يكون قائدا، ويكذب

بمهارة، ويقيس شخصية الفرد من خلال ملابسه. وظل موراي بعد أكثر من 30 سنة بعد الحرب متواضعا في ادعائاته في نظام القياس الذي طوره ويقول بأن نظامه هو عامل مساعد فقط في عملية اختيار المرشحين. وخلافا لذلك القول يعتقد قادة المخابرات في نتائج المقياس. وتبعا لذلك اصبح نظام موراي ثابتا في مكتب الخدمات الاستراتيجية لقياس العملاء الأمريكان والأجانب على السواء. وكما أصبح النظام معلما بارزا في علم النفس الأمريكي. وذلك لأنه يعتبر أول مجهود منظم لتقييم شخصية الفرد للتنبؤ بمستقبل سلوكه. وبعد سنوات الحرب أصبح تقييم وقياس الشخصية مجالا جديدا في علم النفس وقام مساعدو موراي ببناء مقاييس أخرى. وقاموا كذلك بتأسيس برامج في الجامعات بدءا من جامعة كاليفورنيا في بيركلي. وعموما كان مكتب الخدمات الاستراتيجية مبادرا وداعما للأبحاث وفي تطور علم النفس نظرية وتطبيقا وينطبق ذلك القول على كل الجهود البحثية التي قامت بها وكالة المخابرات الأمريكية في مجال التحكم في العقل (ماركس 1979).

وكان عالم النفس جون جتنقر من أوكلوهوما خليفة لهنري موراي في سنوات ما بعد الحرب والذي برز في المخابرات الأمريكية من خلال قوة أفكاره عن إمكانية تطوير علم صلب لتقييم الشخصية وكيف يمكن استخدام ذلك العلم في التحكم في الأفراد. وقام جتنقر بتأسيس مكتب في وكالة المخابرات الأمريكية لتنقيح نظام موراي لقياس الشخصية. واصبح منهج جتنقر جزءا أساسيا في عمليات وكالة المخابرات اليومية. وأصبح مجموعة من علماء النفس الذين ارتبطوا بمكتب الخدمات الاستراتيجية والذي تطور فيما بعد للمخابرات المركزية الأمريكية شخصيات أساسية في تطور علم النفس ما بعد سنوات الحرب. وكان ادوارد تولمان عضوا في مكتب الخدمات الاستراتيجية وكذلك بعض رواد علم النفس الاجتماعي أمثال ديفيد كريش، واجيرتون بالاشي، وثيودور نيوكومب والذين لعبوا دورا كبيرا في تطور علم النفس المعرفي الاجتماعي التجريبي بعد الحرب.

علم النفس والحرب الباردة

أعاد الغـرب النظـر في اسـتراتيجيات الحـرب السـاخنة وخطـط لاسـتراتيجية جديـدة تهـتم بالعامـل السيكولوجي وبذلك يمكن القول بأن الحرب الفعلية اليوم هـي حـرب سـيكولوجية (شـبلي، 1973)، وهي خلافا عن الحرب التقليدية أو حرب القتال . ومـن أمريكـا، يعتقـد روزفلـت، مـثلا، أن الحـرب العالمية الثانية هي مقياس حقيقي لمعركة العلم والتنظيم ؛ وتكمن الفكرة في حشد وتحريـك العلـم لخدمة الدفاع (ماركس، 1979) . ومن بريطانيا، يقول تشرشل "كثيرا ما غيرت الحرب النفسـية وجـه التاريخ" . ومن فرنسا، يؤكد ديجول "لكي تنتصر دولة ما في حرب فإن عليها أن تشن الحرب النفسـية قبل أن تتحرك قواتها إلى ميادين القتال" . ومن ألمانيا، يضيف روميـل "أن القائـد النـاجح هـو الـذي يسيطر على عقول أعدائه قبل أبدانهم" . وتبعا لـذلك فقـد اسـتخدمت مصـطلحات وتقنيـات كثيـرة للحرب النفسية منها حرب الأعصاب، حرب المعنويات، حرب الأفكار، حرب الارادات، حرب الدعايـة، الحرب الباردة، حرب الإشاعات، غسيل الدماغ أو غسيل المخ، حرب الدهاء، الحرب بلا قتال، والحرب السيكولوجية (نوفل، 1989) . إن روزفلت، وتشرشل، وديجول، وروميـل كـانوا آلهـة للحـرب يـدكون المدن بلا رحمة والدول بلا شفقة بحيث لا تبقي ولا تذر وهم قد انتبهوا جميعا إلى أهميـة الحـرب النفسية، وتبعا لذلك أهمية علم النفس في التخطيط الاستراتيجي الحربي . إن الأدلة القوية تثبت بـلا ريب أن علم النفس قد تم التكهن له بأنه سوف يؤدي لانتصارات لصالح القوى العظمى .

في عام 1951 أنشأ الرئيس الأمريكي "هيئة للاستراتيجية النفسية" من أجـل تقديم المشورة لمجلس الأمن القومي. وفي عام 1953 كان هناك مستشار شخصي في الحرب النفسية يعمل في البيـت الأبيض لمعاونة الرئيس آيزنهاور. إن الدرجة التي بلغها التعاون بين كل من الدعاية والحرب النفسـية من جانب والسياسة الأمريكية في أعلى المستويات، إن هذه الدرجة يعكسـها اعتقـاد آيزنهاور الـذي تعبر عنه كلماته حيث يقول "إننا نخوض الآن حربا باردة. ولا بد لهذه الحرب الباردة من هـدف مـا، وإلا لكانت بلا

معنى. إننا نخوضها ونقودها على أساس الاعتقاد بأنه إذا لم تكن هناك حرب، وإذا سمح لنظامين مختلفين من الحكومات أن يعيشا جنبا إلى جنب، فإن نظامنا نحن هو من سيفوز في المدى الطويل لأنه صاحب الجاذبية الأعظم للناس في كل مكان وللبشرية كلها؛ وإن نظامنا نحن هو من سينزل الهزيمة بكل أنواع الحكومات الديكتاتورية لأنه صاحب الجاذبية الأعظم للنفس الإنسانية وللقلب الإنساني وللعقل الإنساني" (أنظر تايلور، 2000).

ولعبت الحرب الباردة بين أمريكا والاتحاد السوفيتي كأهم رمز للحرب النفسية أو السيكولوجية دورا كبيرا في تطور أبحاث علم النفس . وتأسست "جمعية البيئة الإنسانية" في أمريكا لدعم أبحاث علم النفس، و تتبع هذه الجمعية مباشرة للمخابرات الأمريكية وهي تقدم دعما ماليا كبيرا لأبحاث علم النفس لخدمة المخابرات وكانت المظلة لتقديم هذا الدعم وتحديد علماء النفس هي الرابطة النفسية الأمريكية (ماركس، 1979) . وهنا يمكن أن نقف قليلا في طبيعة العلاقة بين "الرابطة النفسية الأمريكية" و"المخابرات الأمريكية".

وبوسعنا القول في هذا الجزء من الدراسة بأن علم النفس في حقيقته قد تطور جزء كبير منه بواسطة المخابرات . فأن هذا التطور قد لعب دورا كبيرا في الحرب الباردة، وربما تطرح المسألة بصورة معكوسة بأن الحرب الباردة هي التي ساعدت على تطور علم النفس، ربما يصعب علينا تحديد أيهما السبب ؟ وأيهما العرض ؟ فهناك تواصل متدرج بين دور الإمبراطوريات الغربية في تطبيقات علم النفس واستمرار دور الإمبريالية في هذه التطبيقات بعد الاستقلال . سوف أنتقي في الجزء اللاحق من الدراسة بعض أهم محاولات التطبيقات "المخابراتية" لعلم النفس ومحاولة كشف جزء من الحجاب لهذا الجانب الاستراتيجي وخاصة في العلاقات الأمريكية السوفيتية.

عقد في موسكو عام 1931 المؤتمر الدولي السابع لعلم النفس التطبيقي (علم النفس التقني)، وكان ذلك فرصة للمندوبين الغربيين للإعجاب ببعض المنجزات المهمة في مجال علم النفس الفارق، مثل مصلحة الانتقاء المهني للسكك الحديدية، حيث المختبر

المركزي الذي يحتوي على مجموعة من الأطباء وعلماء النفس التقنيين والإحصائيين والمستخدمين (روكلن، 1983) . ومنذ الحرب العالمية الثانية كان هناك اهتمام كبير من قبل علماء النفس الأمريكان بمتابعة تطور علم النفس في الاتحاد السوفيتي . وقام عشرة من هؤلاء العلماء بزيارة للاتحاد السوفيتي في صيف 1960 تحت دعم كامل من جمعية البيئة الإنسانية. وكان هدف الزيارة، كما يقول بوير، هو تعزيز التواصل بين علماء النفس في البلدين (بوير، 1962). ولم يكن لدى تسعة من هؤلاء العلماء فكرة عن علاقة تلك الرحلة بالمخابرات . كما دعمت الجمعية مؤتمرا وكتابا عن "بعض الآراء عن علم النفس السوفيتي" الذي نشرته الرابطة النفسية الأمريكية عام 1962 وقام كل واحد من أولئك العلماء العشرة بكتابة باب عن أحد المجالات في علم النفس (ماركس، 1979) .

وشكر علماء النفس الأمريكان الذين قاموا بزيارة الاتحاد السوفيتي جمعية البيئة الإنسانية التي وفرت لهم الدعم السخي. وتبعا لقول بوير فأن هدف زيارة علماء النفس الأمريكان للاتحاد السوفيتي هو" تعزيز التواصل بين علماء النفس في البلدين" ولكن يبدو أن الأجندة الخفية لهذه الزيارة تتمثل في تفكير استراتيجي أمريكي ببداية الحرب الباردة لأنها أكثر مناسبة لروح العصر. وربما يكون من ضمن الأجندة تجنيد عملاء من علماء النفس السوفيت لكي يساعدوا علماء النفس الأمريكان في عرض الأبحاث النفسية المتقدمة خاصة في مجال تقنيات التحكم في السلوك والتفكير التي طورها السوفيت والذكاء العملي وعلم نفس الفضاء وعلم النفس النيورولوجي فضلا عن جوانب أخرى خفية.

بعد هذه الزيارة المكشوفة المستورة في نفس الوقت ظهرت مجموعة كبيرة من المقالات والكتب الخاصة بعرض ودراسة علم النفس السوفيتي أو علم النفس في السوفيت خلال الخمسينات والستينات . وحدث توثيق أمريكي دقيق لكل أبحاث علم النفس السوفيتي والكيفية التي يتم بها فهم سلوك حل المشكلات، والصحة العقلية، وتطبيقات علم النفس في الصناعة وطرق التنشئة، وعمل علماء النفس الأمريكان بذلك على فهم نقاط القوة والضعف في البناء النفسي ـ للأفراد والجماعات والدولة في الاتحاد السوفيتي .

ومن المسوح الشاملة التي تمت لعلم النفس مثلا : علم النفس الروسي المعاصر (رازران، 1957)، وعلم النفس السوفيتي وفسيولوجيا النفس (رازران، 1959)، وعلم النفس السوفيتي، (وين، 1961أ)، وعلم النفس في الاتحاد السوفيتي (سايمون، 1957)، والعلاج النفسي في السوفيت (وين، 1961ب)، وبعض وجهات النظر عن علم النفس السوفيتي (بوير، 1962)، وبعض الأبحاث السوفيتية في التفكير وحل المشكلات (ريتمان، 1962)، و الدراسات السوفيتية لنمو الشخصية والتنشئة الاجتماعية (برونفينبرينر، 1962)، والبحث والعمل الإكلينيكي وسط الأطفال (براكبيل، 1962)، وملاحظات حول علم النفس التربوي والصناعي في الاتحاد السوفيتي (فليشمان، 1962)، وجوانب حول علم النفس وفسيولوجيا النفس في الاتحاد السوفيتي (ميلر وبفافمان، واسكلسبيرج، 1962)، والحياة السوفيتية وعلم النفس السوفيتي (ريتمان، ميرفي وميرفي، 1962).

وبعد هذه المسوح الدقيقة لعلم النفس تولت وكالة المخابرات الأمريكية حملة ضد الاتحاد السوفيتي. لقد أشركت رجال الأعمال، والصحافة الأمريكية في أعمال التجسس. وأسست إذاعات موجهة إلى الشعوب السوفيتية. وكلفت 170 جامعة ومركز بحث في أمريكا وحدها لدراسة أحوال الاتحاد السوفيتي. وفي عهد الرئيس الأمريكي ريغان الذي هاجم "إمبراطورية الشيطان" خططت وكالة المخابرات المركزية لمحاصرة الاتحاد السوفيتي اقتصاديا وتكنولوجيا. وراحت تحرك أكثر من أربعة آلاف مركز تنصت، موزعة على قواعد برية وغواصات وطائرات، وسفن بحرية، تقع تحت سيطرة وكالة الأمن القومي الأمريكية.

أما الهدف من ذلك فهو تدمير الاتحاد السوفيتي من الداخل والخارج، وشن حرب لا هوادة فيها ضده. ولم تعمل وكالة المخابرات المركزية وحدها بل جندت معها مخابرات غربية لمجابهة الاتحاد السوفيتي إبان الحرب الباردة. تم تجنيد عملاء في كندا وسويسرا والمكسيك وكولومبيا ونيبال وغيرها. وشاركت فرنسا في أعمال استخبارية وكذلك المخابرات الإنجليزية الأخطر والأحذق في العالم. كما تحركت المخابرات الألمانية الغربية فرصدت المواطنين السوفيت المقيمين في ألمانيا. وبرزت أنشطة تركية

وسويسرية وإيطالية على الأراضي السوفيتية. أما أقوى أنواع التعاون دار بين الموساد والمخابرات الأمريكية (شيرونين، 1998).

وفي ظل الحرب الباردة لتدمير الاتحاد السوفيتي أصبحت الدعاية استمرارا للسياسة بوسائل أخرى (تايلور، 2000)، فخلقت الحركة السوفيتية نوعا من الهستيريا في عالم السينماء الأمريكية. وامتلأت صورة الصحافة الأمريكية والتلفزيون بالجواسيس السوفيت والعناصر الهدامة من الأمريكيين، واستغلت هوليود بدورها هذا المزاج الهستيري بأفلام من نوع "امرأة على الرصيف، الرقم 13"، وكان اسمه في الأصل "تزوجت شيوعيا". بل ظهر فيلم من نوع الخيال العلمي يدعى "وهم"! الذي دار حول نمل "أحمر" وهو اللون ذو المغزى المهم والموحي يطير فيستقر في شبكة الصرف الصحي لمدينة لوس أنجلوس ويستولي عليها. وحينما قام الروس بتجربة أول قنبلة نووية ذرية عام 1949 اتخذ التهديد أبعادا وبائية في وسائل الإعلام الجماهيرية، خاصة مع انتشار الاعتقاد بأن السر النووي قد سرقه الجواسيس من أمريكا.

بدأت الدراسات الأكاديمية، على حسب قول بلاك وموريس (1992)، تهتم بما عرف أنه "الحلقة المفقودة" التي بدونها لا يمكن فهم السياسة ولا الحرب ولا الدبلوماسية ولا العلاقات الدولية بشكل صحيح. وكانت الولايات المتحدة الرائدة في هذا المجال، وذلك على الرغم من انفتاحها الواضح في موضوع الاستخبارات. وفي السنوات الأخيرة تزايدت المؤتمرات الدولية والندوات والنشرات مثل بيروقراطيات الاستخبارات والأمن. إن نهاية الحرب الباردة مع انهيار الاتحاد السوفيتي قد عكست نفسها على عالم المخابرات وذلك في جميع الدول دون استثناء حيث لم يعد هناك كتلتين متصارعتين وخطا يفصل بشكل واضح بين من هو صديق ومن هو عدو. لكن في الوقت ذاته لم تتغير المهام الأساسية للجواسيس وذلك منذ القدم وحتى لم تختلف عن المبادئ الواردة في الكتاب الصيني القديم "فن الحرب".

ذكرت صحيفة "لارازون" الأسبانية (2000) عن تنظيم مدريد لمؤتمر عالمي عن الجاسوسية في القرن الواحد والعشرين والذي نظمه المعهد الأسباني العالي لمعلومات

الدفاع "السيسيد" حول مستقبل الخدمات السرية التي تقدمها أجهزة الاستخبارات بعد الحرب الباردة تحت شعار "ضرورات استخباراتية في إطار سياسيات أمنية جديدة. واجتمع في يوليو من عام 2000 أثناء عشر مسؤولا كبيرا ينتمون إلى أجهزة الاستخبارات الغربية الرئيسية. ولكن رفض البعض المشاركة بحجة أن المسؤولين ممنوعين من الظهور العلني إما بسبب القانون في بعض الدول وإما بحكم العادة بالنسبة لدول أخرى. وكانت هناك ثلاثة أهداف للمؤتمر نالت موافقة أجهزة الاستخبارات المشاركة وهي تسهيل تبادل الأفكار ووجهات النظر والخبرات فيما بين أعضاء أجهزة الخدمات السرية والمؤسسات العامة وممثلي الأوساط الأكاديمية والاستشارية ووسائل الإعلام والاتصال بهدف إعطاء صور إجمالية لما سيكون عليه وضع هذه الأجهزة في القرن الجديد.

وأشارت مصادر "السيسيد" إلى أن هدف اللقاء هو تحليل التهديدات الجديدة الناشئة حديثا على الصعيد العالمي إثر سقوط الاتحاد السوفيتي وتحليل كيفية تأثير الرأي العام في إعطاء شرعية اجتماعية وسياسية للمنظمات الاستخباراتية أو يحرمها هذه الشرعية. ويجمع المسؤولون على اعتبار الإرهاب هو التهديد الرئيسي على الصعيد الداخلي لأي من الدول كما تشير بذلك إلى عواقبه الأولى المتمثلة بحالة عدم الاستقرار التي يولدها. وإن ما اصطلح علي تسميته "القنبلة الذرية في البلدان الفقيرة" تحتل منذ حرب الخليج المكانة المفضلة لدى الولايات المتحدة الأمريكية حيث تحققت من وجهة نظرها معادلة الجمع ما بين الإرهاب وإمكانية إنتاج الأسلحة الكيميائية والجرثومية الخطيرة مثل غاز "انثراكس" الذي يمكن له أم يبيد ملايين البشر خلال بضعة أسابيع. وناقش المؤتمر مستقبل الجاسوسية في ظل العولمة وجواسيس اليوم يبحثون في المشاريع الاقتصادية والاستراتيجية ومفاتيح عصابات المافيا أو يبحثون عن أفضل الأنظمة التقنية لوضع يدهم على إرهابي المعلومات والقرصنة الإلكترونية.

وتوضح الملاحظة الدقيقة تزامن مصطلحات : تشكيل الدماغ، والإنسان الجديد، والقاتل المبرمج، والحرمان الحسي، والعزلة الحسية، وسيكولوجيا الاستجواب، وسيكولوجيا الإقناع، وسيكولوجيا التعذيب في هذه الفترة من مسوح علم النفس

السوفيتي وبداية الحرب الباردة بين أمريكا والاتحاد السوفيتي . ويتوقع لعلم النفس أن يلعب دورا كبيرا في فهم سيكولوجيا القيادة السوفيتية، وفهم كيفية صنع القرار السوفيتي، وفهم البناء النفسي للروح الجماعية، وذلك إيذانا ببداية الحرب الباردة أو الحرب النفسية بدلا من الحرب التقليدية أو حرب الاقتتال أو الحرب النووية أو البيولوجية أو الكيمائية . إن واحدا من أبرز رموز الحرب الباردة هو اقترانها السري أو المبهم بأجهزة المخابرات الأمريكية (سي آي آي)، والسوفيتية (كي جي بي)، والبريطانية (أم آي 5) و(أم آي 6)، والإسرائيلية (الشين بيت)، و(أمان) و(الموساد). فالسؤال المركزي كيف يا ترى توظف أو تطبق أجهزة المخابرات مفاهيم ونظريات ومناهج علم النفس في العمليات المستورة؟

الفصل الثالث

تطبيقات علم النفس في المخابرات الأمريكية

علم النفس والمخابرات الأمريكية

وقع الرئيس روزفلت في عام 1941 أمرا يقضي بجمع المعلومـات الاستخبارية مـن الخارج وكلـف المحامي ويليام دونوفان والملقب بسبب حماسه العارم بـ "المخلب الكاسر" بتنسيق هذه النشاطات. وبعد 11 شهرا تم على هذا الأساس إحداث إدارة الخدمات الاستراتيجية التي تضاعف عدد موظفيهـا بسرعة وبلغ أثناء الحرب 13 ألف إنسان. ولقد حلت الإدارة مع نهاية الحرب. وأسس ترومان مكتب الأمن القومي الذي كان من بين عناصره وزير الخارجية، ووزير البحريـة والممثل الشخصيـ للرئيس. كما ألحق بالمكتب جماعات الاستخبارات المركزية التي كانت تقوم بإعداد تقارير إضافية بالإضافة إلى تقييمات للوضع الدولي. وبموجب أمر مجلس الأمن في 14 كانون الثاني 1947 تحتم علـى الهيئـة الجديدة ممارسة "الحرب النفسية" أي ممارسة الدعاية بما في ذلك استخدام المطبوعات المغفلـة مـن التواقيع المزورة، والنشاطات السياسية مع استدراج المتمردين ودعم الأحـزاب السياسيـة، والأسالـيب شبه العسكرية بما في ذلك مساعدة العصاه والتخريب والأعـمال الاقتصـادية المرتبطـة بالعمليـات المالية (أنظر مجموعة من المؤلفين، 1990).

أما مكتب الاستخبارات والتحقيق التابع لوزارة الخارجية والذي له علاقة وثيقة

جدا مع وكالة الاستخبارات المركزية فيجمع المعلومات السياسية والعسكرية والعلمية التقنية بصورة علنية ويحضر الوثائق السياسية. يهتم مكتب التحقيق الفدرالي الذي أنشأه روزوفلت منذ عام 1908 بضمان الأمن الداخلي وبالصراع مع الجاسوسية وبإعداد المناوئين الأجانب الموجودين في الولايات المتحدة الأمريكية بهدف الحصول على معلومات استخبارية منهم. وتنتشر دوائر مكتب التحقيق الفدرالي غير المركزية في 59 مدينة من مدن الولايات المتحدة الأمريكية. عدا ذلك يوجد لدى مكتب التحقيق الفيدرالي أكثر من 500 فرع محلي و16 مفوضية في الخارج. وهناك ملايين من سكان الولايات المتحدة ومن سكان العديد من البلدان الأخرى الذي أدرجت اسماؤهم في سجلات مكتب التحقيق الفدرالي.

ويشمل التجمع المخابراتي في أمريكا عدة وكالات ومكاتب وإدارات ودوائر وفروع من بينها "وكالة الاستخبارات المركزية"، و"وكالة الأمن القومي"، و"إدارة المخابرات التابعة لوزارة الدفاع"، و"مكتب التحقيقات الفدرالي"، و"مكتب الاستخبارات والتحقيق التابع لوزارة الخارجية"، و"إدارة المخابرات القومية الجوية"، و"فروع المخابرات التابعة لوزارتي المالية والطاقة"، و"دوائر المخابرات التابعة لوزارات الجيش، والقوى الجوية، والقوى البحرية، وفيلق مشاة البحرية. ويضم التجمع كذلك قوات البنتاغون الخاصة بما في ذلك "الكوماندوس"، ووحدات مكافحة انتشار تعاطي المخدرات وانتشار الوحدات المناوئة للإرهاب وغيرها. وطبقا لقانون الأمن القومي أوكلت مهمة إدارة المخابرات إلى مجلس الأمن القومي الذي يعتبر مسؤولا عن وضع السياسة الاستخبارية للولايات المتحدة الأمريكية. ويشمل أعضاء المجلس: الرئيس، ونائب الرئيس، ووزير الخارجية، ووزير الدفاع.

ولتحقيق هذه السياسات تعلن وكالة المخابرات الأمريكية إعلاناتها بصورة مكشوفة وذلك للراغبين للعمل لديها، مثلا ظهر الإعلان التالي باغرائاته المتعددة "نحن لا نقترح عليك عملا ما، بل نقدم لك المهنة الفريدة التي ستملأك بشعور الفخر غير العادي. هذه المهنة ذات آفاق جديدة. ستتجول وتعيش في الدول الأجنبية

وستتعرف على أناس من أوساط مختلفة. نحن لا نعدك بيوم عمل ممل أو روتين يومي. ستكون مضطرا لتذوق المغامرات وتكون في نفس الوقت حازما ونظاميا. المواصفات المطلوبة: القدرة على إقامة علاقات مع الناس، والقدرة على تعلم اللغات الأجنبية". هكذا يتم تجنيد موظفي وكالة المخابرات المركزية. وطبقا لتقديرات مكتب التجنيد يستجيب لهذه الإعلانات بين 150-200 ألف فرد سنويا. ويخضع هؤلاء الأفراد للاختبار القاسي على أجهزة كشف الكذب الذي تكون غايته الأساسية الكشف عن أي تردد أو رفض مهما كان نوعه في التفكير والتصرفات عند الفراد الذي يجري اختبارهم. فضلا عن ذلك تتم دراسة الميول والاتجاهات والعلاقات الاجتماعية. إن المهمة الأساسية لمديرية الكوادر هي انتقاء وتوزيع وتسريح أفراد المخابرات. وبما أن وكالة المخابرات المركزية كانت تنشط تحت ستار المؤسسات والمشاريع الخاصة المختلفة فقد كانت المخابرات تجتذب عددا كبيرا من الاختصاصيين ذوي المهن المختلفة بما في ذلك علماء النفس على أساس عقد لتنفيذ التوصيات. إن المصدر الرئيسي للكوادر هو الجامعات بما في ذلك جامعات مميزة مثل جامعة بيل، وهارفارد، والمعاهد أيضا مثل معهد كاليفورنيا، وماساشوسيتس التقاني وبعض الكليات.

أحيانا تعلن وكالة المخابرات الأمريكية في نشرة "مونتار" التي تصدرها الرابطة النفسية الأمريكية عن وجود أماكن شاغرة كاملة الدوام بالنسبة لعلماء النفس في مكتبها للخدمات الطبية. ويتعلق عمل عالم النفس الذي يتم ترشيحه بمجالات واسعة منها الغربلة، والتقييم والاختبار والاستشارة والتدخل في حالة الأزمات وعمل التدريبات. ويجب أن يكون مقدم الطلب حاملا لشهادة الدكتوراه في علم النفس الإكلينيكي أو علم النفس الإرشادي من برامج معترف به من قبل الرابطة النفسية الأمريكية مع ثلاث سنوات من الخبرة في برنامج ما فوق الدكتوراه (زمالة) في مجال تطبيقي. وأن تكون لعالم النفس رخصة مهنية أو قابل للترخيص. ويجب أن يكون مقدم الطلب على استعداد كامل لقبول أداء المهمات المختلفة. وهناك ضرورة للخبرة في مجال القياس النفسي والمقابلة التشخيصية والاستشارة الإدارية . ويجب أن تكون

للمرشحين الناجحين القدرة على العمل في بيئة ذات دراسات بينية مع التفاعل المستمر والفعال في مستويات الإدارة ولهم في نفس الوقت مهارات ممتازة في كتابة التقارير والاتصال الشفاهي، بالإضافة لذلك يكون لديهم اهتمام في علم نفس إدارة شئون الأفراد وعلم النفس التنظيمي. ويجب أن يجتاز المرشح الكشف الطبي والعمليات الأمنية بنجاح. وستكون الرواتب مغرية ومتكافئة مع فرص التدريب وسوف تكون هذه الوظائف في منطقة واشنطون دي سي. وعلى المتقدمين إرسال نسخة من السيرة الذاتية وخطاب يوضح اهتماماتهم ذات الصلة حسب العنوان التالي: مكتب شئون الأفراد، مكتب الخدمات الطبية، وكالة المخابرات الأمريكية، واشنطون دي س.

20505، الولايات المتحدة الأمريكية (أنظر نشرة مونتار، 1997).

يجب أن يجتاز أولئك الأفراد الذين قبلوا للعمل في وكالة المخابرات المركزية فترة اختبار مدتها 3 سنوات. ويجري إعدادهم في المدرسة التدريبية كامب-بيري. ويقع هذا المركز التدريبي المسمى بـ "المزرعة" على بعد 15 دقيقة من وليام زبيرغ في الطريق المؤدي إلى ريتشموند. ويقع هذا المعسكر في غابة كثيفة محاط بسور معدني وبلوحات صغيرة كتب عليها "أرض حكومية محجوزة والدخول ممنوع للغرباء". وترفض حتى وكالة المخابرات المركزية وجود مركز تدريبي ولكن في المراجع وردت كلمة "المزرعة" تحت اسم "مركز التدريب التجريبي للقوات المسلحة". ويوجه الاهتمام الأساسي أثناء سير التدريب للإعداد لتنفيذ أشكال مختلفة من العمليات المخابراتية السرية في الخارج. كما تعطى دروس تطبيقية حول كيفية جمع كل أنواع الأخبار الإعلامية والتقارير الفعالة التي ترسل عن طريق المقرات الفرعية إلى المقر العام لوكالة المخابرات الأمريكية، وكذلك دروس في تحليل المواقف المفاجئة والمعلومات المجموعة. ويخصص لكل طالب مستشار من الهيئة التدريسية الذي تم تكليفه بإجراء محادثات منتظمة مع طالبه في قضايا مختلفة ذات طبيعة شخصية، وتعليمية وسياسية. كما يوجه اهتمام كبير لإتقان أساليب ضمان أمن العميل وطرق الدفاع عنه أثناء الحجز أو الاعتقال كما تدرس أيضا الوسائل التقنية الفعالة وأساليب اختيار واستخدام المخابئ والاتصالات اللاسلكية

والكتابة السرية. وتنص وصية الكتاب المقدس المدونة على واجهة مبنى اللينغلي "أدركوا الحقيقة، لأن الحقيقة تجعلكم أحرارا" (مجموعة مؤلفين، 1990).

ونفذت الاستخبارات الأمريكية عملية تجنيد كثيفة للعملاء في منطقة الشرق الأوسط خلال عامي 1999-2000. وقال جون ماكلافين، نائب رئيس الوكالة أن 25% من مصادر الوكالة عن الإرهاب هي مصادر محلية في الشرق الأوسط. وذكرت مصادر "جانيس انتلجنس دايجسيت" المتخصصة في الشؤون الدفاعية أن خبراء اف بي آي ومحلليها يعملون حاليا داخل مركز خاص للعمليات والمعلومات الاستراتيجية على مدار الساعة قرب ملصق كبير لأسامة بن لادن مكتوب عليه "وجه الشيطان" . ويقع هذا المركز داخل مقر الوكالة وممنوع دخوله إلا من قبل أشخاص معينين وبموجب تصاريح خاصة. وقد انشأ عام 1998 على شكل رواق ضيق تبلغ مساحته 40 ألف قدم مربعة. وهو مجهز بكمبيوترات سريعة جدا، وشاشات عرض لمؤتمرات الفيديو تغطي العالم كله، وهواتف سريعة، وبنك معلومات على شكل صور تلفزيونية تتجدد كل دقيقة (الشرق الأوسط، نوفمبر 2000).

ذكرت صحيفة الواشنطون بوست الأمريكية أن حوالي 500 موظف بمكتب التحقيقات الفدرالي الأمريكي لهم صلاحية الاطلاع على المعلومات الاستخبارية سيخضعون لاختبارات كشف الكذب اعتبارا من الأسبوع الأول من أبريل 2001 وذلك في أول إصلاح أمني يحدث منذ إلقاء القبض على الجاسوس المزعوم روبرت بي هانسن. وأضافت الصحيفة أن الموظفين الذين يواجهون أول اختبارات لكشف الكذب حوالي 150 مديرا على أعلى مستوي بمقر مكتب التحقيقات الفدرالي في واشنطون وعملاء خصوصيين مسئولين عن مكاتب إقليمية علاوة على أي موظفين آخرين لهم صلاحية الاطلاع على المواد الاستخبارية الحساسة. ويتزامن هذا القرار مع طرد واشنطون إلى 50 دبلوماسيا روسيا فيهم 4 ضباط مخابرات روس على خلفية توترات مستمرة منذ فترة طويلة حول الدفاع الصاروخي وانتشار الأسلحة والتجسس (الأيام، مارس 2000). الجدير بالذكر في نوفمبر 2000 لقد أنتجت أحد الشركات الكورية المتخصصة في

العاصمة سيول جهازا جديدا لكشف الكذب وتبلغ نسبة الدقة فيه 82% (الأيام، نوفمبر 2000).

تم تكوين مجموعة عمل بواسطة القوات الجوية تحت قيادة فريد وليامز وتسمى "قسم الحرب النفسية في القوات الجوية". وتقع هذه المجموعة في قاعدة ماكسويل الجوية في مونتجمري، الباما. وهي جزء من شبكة تحاول أن تفهم موضوع الاعترافات. وارتبطت بعض الأسماء بهذه المجموعة المهتمة بالتحكم في العقل مثل الكولونيل جيمس منرو والذي التحق لاحقا بالمخابرات الأمريكية، والبرت بيردمان، وهارولد وولف و لورنس هنكل بالإضافة لعالم النفس المشهور بالمخابرات الأمريكية جون جتنقر. وكان اهتمام وولف بموضوع "الضغوط" بالإضافة للعلاقة بين الإنسان والبيئة ولقد سمى ذلك العلم الناشئ "البيئة الإنسانية". وسأل وولف المخابرات الأمريكية بأن توفر له المعلومات الكاملة عن الاستجواب والترغيب والتي تتضمن "التهديدات، والإكراه، والإجبار، والحبس، والحرمان، والإذلال، والتعذيب، وغسيل الدماغ، والتنويم المغناطيسي، وتكامل ذلك مع أو من غير وسائل كيميائية. وسوف يقوم وولف بتجميع هذه المعلومات، ومقارنتها وفحصها وتحليلها واستيعابها ومن ثم سوف يجري تجارب بحثية تصمم خصيصا لتطوير تقنيات هجومية ودفاعية لخدمة المخابرات. وسوف تختبر بعض الأدوية السرية المفيدة وبعض الإجراءات المختلفة لإعاقة الدماغ وذلك للتأكد من التأثير الجذري على وظائف الدماغ البشري وعلى مزاج الأفراد. وعندما تعمل أي من التجارب على تسبب أذى محتمل للأفراد نتوقع من المخابرات الأمريكية أن توفر أفراد مناسبين ومكان مناسب لإجراء التجارب اللازمة".

إن المعطيات حول نفقات وكالة الاستخبارات الأمريكية لتنفيذ الحرب الباردة لم تنشر ـ كما هو الحال تماما بالنسبة للنفقات على أعمالها السرية الأخرى. وتنفق الإدارة على الدعاية السوداء حوالي 40% من الأموال المخصصة لوكالة المخابرات المركزية. ويجب أن يجتاز جميع الموظفين الذين يعملون في مديرية العمليات الاستخبارية دورة مسبقا على إدارة الحرب النفسية أما الذين يجيدون بحرفية القيام بالتضليل فلا بد من توافر

خصائص مميزة لهم. يجب أن يكون علماء نفس ناجحين ويتمتعون بتخيل متطور. ويعتبر الكذب أو التضليل أحد أهم اتجاهات نشاطات وكالة المخابرات المركزية. وأثناء التحقيق في نشاطات الوكالة في أواسط السبعينات اكتشفت لجنة مجلس الشيوخ أن الوكالة تسيطر بشكل كامل على أكثر من 200 وكالة إعلامية، وصحف ومجلات ودور نشر. وكشفت صحيفة "نيويورك تايمز" عن 50 قناة أخرى استخدمتها الوكالة في وسائل الإعلام الجماهيري في الولايات المتحدة وفي الخارج، وزيادة على ذلك 12 دار نشر التي قامت بنشر ـ حوالي 1000 كتاب منها 250 باللغة الإنجليزية. وكانت الوكالة هي المحرض لخلق هذه الأدوات لصالح "الحرب الباردة".

سوف يكون حديثنا في الجزء اللاحق من الدراسة مركزا حول بحث تطبيقات علم النفس في مجال المخابرات بواسطة وكالة المخابرات الأمريكية بصورة مباشرة وغير مباشرة. ونقصد بالمباشرة التطبيقات التي قام بها علماء النفس كاملي الدوام بالمخابرات الأمريكية بينما الصورة غير المباشرة بواسطة علماء النفس الذين وجدوا دعما من وكالة المخابرات عن طريق الجمعيات البحثية. وسوف نحاول أن نبحث عن موضوع غسيل الدماغ أو تشكيل العقول أو السلوك بواسطة التقنيات البافلوفية والاسكنارية. ونبحث في كيفية توظيف سيكولوجيا الجنس في المخابرات من خلال مفهوم "المناكحة المعلوماتية" وضحايا الحرمان الحسي. كيفية مساهمة علم النفس في مجال القياس النفسي ـ خاصة نظام الباص ومقياس وكسلر للذكاء في مجال المخابرات. كما نحاول دراسة تطبيقات التنويم المغناطيسي والباراسيكولوجيا، وتقييم العقول الخطيرة التي تهدد حياة القادة بواسطة علماء النفس. وما هي تطبيقات علم النفس في حرب الخليج الثانية. ويبدو أن هذه التطبيقات لا تكتمل إلا من خلال دراسة تقانة التجسس ودعم البحث في العلوم السلوكية عامة وعلم النفس بصورة خاصة من قبل المخابرات. ولأي درجة كانت تطبيقات علم النفس تراعي "الخطوط الحمراء" أو بلغة أدق، "الحدود الأخلاقية"؟

غسيل الدماغ والمخابرات الأمريكية

إن الدور الخطير لعلم النفس في الفهم والتنبؤ والتحكم في سلوك وتفكير الأفراد والجماعات هو الذي قاد المخابرات الأمريكية لدعم وتطوير الأبحاث النفسية ذات الصلة بموضوع الدفاع والحرب الباردة، خاصة غسيل الدماغ (أنظر بوير، 1962 ؛ بيدرمان وزيمر، 1961؛ كولينز، 1988؛ ماركس، 1979؛ وينستين، 1990) . ويعرف غسيل الدماغ بأنه كل محاولة للسيطرة على العقل البشري وتوجيهه لغايات مرسومة بعد أن يجرد من ذخيرته ومعلوماته ومبادئه السابقة (الدباغ، 1970) . ويعرف كذلك بأنه عملية إعادة تشكيل أو إعادة تعليم وتحويل الإيمان أو العقيدة إلى كفر بها ثم الإيمان بنقيضها (نوفل، 1989). ويشرح اسكنر (1980)، العالم السلوكي الأكثر شهرة، دور بافلوف في بناء هذا العلم الجديد، وإمكانية بناء أفعال منعكسة جديدة بواسطة عملية التكييف ولد من ذلك علما سيكولوجيا كاملا قائما على المثير والاستجابة أو على المؤثر ورد الفعل . وعلى ضوء هذا العلم اعتبر السلوك كله بمثابة ردود أفعال على منبهات أو مثيرات، وإن نجاح الحرب العالمية الثانية أعادت الثقة إلى مبادئ بافلوف ومن ثم عاد بافلوف إلى الصورة وأصبح من العلماء المفضلين .

بدأت المخابرات الأمريكية ببعض الأبحاث المبدئية في مجال العقاقير بعد تكوين المخابرات مباشرة عام 1947. وفي صيف عام 1949 قام رئيس المخابرات العلمية بزيارة خاصة إلى غرب أوربا للبحث عن العمليات التي يقوم بها السوفيت أثناء الاستجواب . وكان هناك خوف بأن السوفيت ربما استخدموا العقاقير والتنويم المغناطيسي- بالنسبة للسجناء الأمريكيين. واستخدمت المخابرات الأمريكية نفس التقنية بالنسبة للاجئين والسجناء العائدين من شرق أوربا . وبدأ برنامج "العصفور الأزرق" التابع للمخابرات الأمريكية للتحكم في العقل عندما كان ستالين حيا في سطوته، وعندما كانت ذكرى هتلر حية والخوف من الحرب النووية، وعندما قام السوفيت بإخضاع معظم دول شرق أوربا وقام الحزب الشيوعي بالتحكم في الصين، وبدأت الحرب في كوريا . واتصف المزاج الأمريكي بجنون البارانويا في السياسة الخارجية والداخلية (ماركس،

1979) . وقامت الأقمار الصناعية الأمريكية وأجهزة التجسس الإلكترونية بجمع كافة المعلومات الحربية الضرورية من كل من الاتحاد السوفيتي والصين وهما الدولتان الوحيدتان اللتان تشكلان تهديدا للولايات المتحدة، وفي ذات الوقت أجريت الدراسات السيكولوجية السرية عن المدمنين في أوربا والعصاميين في آسيا ويبدو ذلك كمفارقة تاريخية بالنسبة للحرب الباردة (رولنق استون، 1974) .

نشرت جريدة " أخبار ميامي" في سبتمبر 1950 مقالا كتبه ادوارد هنتر بعنوان "غسيل الدماغ" وهو أول استخدام لهذا المصطلح في كل اللغات وأصبح يستخدم بسرعة في الحرب الباردة . ويعتبر هنتر عميل أمريكي في مجال الدعاية يعمل تحت مظلة الصحافة . ولقد صاغ المصطلح من كلمة صينية معناها "تنظيف الدماغ" وليس للكلمة أي دلالة سياسية في اللغة الصينية. ويعتقد هنتر أن للشيوعيين تقنية تستخدم في وضع عقل الفرد في حالة من الضباب تجعله يخطئ ويعتقد بأن ما هو"صحيح هو غير صحيح"، وما هو "حقيقي هو خطأ"، و"ما لم يحصل" قد "حصل" حتى يصبح الفرد في نهاية الأمر مجرد ربوط أو إنسان آلي بالنسبة للشيوعية . وهناك اعتقاد بأن التقنية السوفيتية السيكولوجية في مجال التحكم في العقل تعتمد اعتمادا كليا على عملية الضغط النفسي المكثف والكشف على نقاط الضعف في الإنسان . ويبدو أن هناك بعض الفوارق بين النظام السوفيتي والصيني في عملية غسيل الدماغ ويعتمد ذلك على خصوصية الموروث الثقافي . إذ يعتمد السوفيت على إجراء عملية الغسيل في مراحل العزلة ثم الترويض ثم الخضوع والتخفيف، بينما يشبه النظام الصيني مجموعة مهرة من خبراء الوخز بالإبر يوخزون في بعض اعتمادا على الضغط الجماعي والعقيدة والتكرار (ماركس، 1979) . وسوف نفسح المجال في الجزء اللاحق من الدراسة لعرض تطبيقات مساهمة بافلوف العملاقة في أبحاث غسيل الدماغ التي ارتكزت على علم النفس الفسيولوجي، وكيفية استجابة علماء النفس في أمريكا لهذه الأبحاث الغامضة والمروعة في نفس الوقت .

وفي أحد الأيام وبعد جهد مضن ولسنين طويلة في حياة شاقة، استدعي بافلوف

إلى الكرملين لمقابلة لينين كرئيس دولة، واستقبل استقبالا حافلا، وطلب منه لينين فورا أن يشرح له بالتفصيل نتيجة أعماله . وقد ذكر له في أثناء الحديث بأنه لم يكن شغوفا بأبحاثه الأولى عن الجهاز الهضمي، ولا بدراساته عن الدورة الدموية، ولكن ما يهتم به هو تجاربه على الكلاب . وطلب من بافلوف أن يكتب ملخصا وافيا عن كل أعماله المتصلة بالكلاب وسائر الحيوانات، ولكن من ناحية إمكان تطبيقها على الآدميين، وطلب منه أن يكون دقيقا في التفاصيل فيما يختص بالأبحاث المتصلة بالجنس البشري . وعندما أتم بافلوف كتابة حوالي أربعمائة صفحة بخطه، قابل لينين الذي كان قد قرأ هذه الأبحاث بعناية، وقال له بحماس كبير : " لقد أنقذت الثورة، وان ما قمت باكتشافه ليضمن مستقبل الشيوعية الدولية ". ولقد كانت تجارب بافلوف على الإنسان والحيوان الركيزة التي أقام عليها الشيوعيون عملية تطويع الإرادة الحرة وتسخيرها لإرادة الحزب والثورة . ومع أن الأقدمين استخدموا وسائل ميتافيزيقية وسيكولوجية للسيطرة على عقول الناس لتحويل معتقداتهم، فإن الجديد في نظرية بافلوف أنها تعتمد على الوسائل الفسيولوجية أكثر من غيرها (نصر، 1988). يبدو أن لينين قد استوعب بصورة متناهية الدور الذي يمكن أن يلعبه علم النفس في تشكيل وصياغة السلوك. وتعتبر تجارب بافلوف المثيرة والمحيرة بمثابة "سفر التكوين" لأبحاث غسيل الدماغ وأنشطة الكي. جي. بي البالغة الذكاء والخفاء.

ويقول هنتر، عالم النفس بالمخابرات الأمريكية، بأن السوفيت قاموا بعملية غسيل الدماغ بذات طريقة التشريط أو الفعل المنعكس التي قام بها بافلوف في تجاربه على الكلاب . ويفهم من قول هنتر التخوف والقلق من التطور الهائل لتطبيقات علم النفس في الاتحاد السوفيتي . ولكن الاستجابة الهستيرية لعلماء النفس في أمريكا كانت ذات فائدة في تطور أبحاث علم النفس . ولاحظ بافلوف أن الكلاب عندما كانت تتعرض لتوترات تجريبية أو مواقف صدام متشابهة فإن ردود الفعل والاستجابات التي كانت تحدث لها تختلف من كلب لآخر حسب اختلاف أمزجتها، كما كان علاج كل كلب من الانهيار يتوقف أولا على نوعه الوراثي . وفي الحرب العالمية الثانية ثبتت هذه القاعدة

بالنسبة للآدميين الـذين أصيبوا بانهيـار عصبي مؤقت نتيجـة المعـارك، أو بسبب التـوتر الناجم عن الغارات الجوية، وقد اختلفت الجرعات التي أعطيت لهـم اختلافا كبـيرا طبقا لأنماطهم المزاجية (نصر، 1988) . ولقد وجـد دليل إضافي عـلى صلاحية اكتشـافات بـافلوف عـن الكلاب في تطبيقاتها على المشكلات السيكولوجية للإنسان، إذ استجاب المرضى للعلاج استجابة كاملة .

ويؤكد سارجنت (1963) بأنه وجد نفس الشيء في المرضى الذين أعطوا مهدئا مـن مهدئات الطوارئ في خط الجبهة الأمامية حينما كانوا يصابون بالانهيار من التوتر الناشئ عن قصف القنابـل، وقد أمكن تصنيفهم في نفس الفئات، وظهر أن كمية المهدئ التي يحتاجون إليها تتفاوت تفاوتا كبيرا . وتطبيق اكتشافات بافلوف في الكلاب على ميكانيكية أنواع عديدة من التحول الديني والسياسي في الكائنات البشرية توحي بأنه لكي يكون التحويل مؤثرا يجب أن تستثار انفعالات الشخص حتى يصل إلى درجة شاذة من درجات : الغضب، والخوف، أو النشـوة، فإذا أمكن الاحتفاظ بهذه الحالة، أو أمكن زيادة حـدتها بوسيلة أو بـأخرى، فقـد ينتهي الأمر بالنسبة للتخلص إلى حالة مـن حـالات الهستيريا، وحينئذ يصبح الإنسان اكثر استعدادا لتلقي الإيحاءات التي قد يتقبلها في الظروف العادية على الإطلاق، وقد يحدث بـديلا لـذلك مرحلة مـن المراحل "المتعادلـة" أو "المتناقضة" أو "شـديدة التناقض" أو قد يحدث " انهيار امتناعي كامل" يقضي على كل المعتقدات السابقة .

وأثبت بافلوف أن قـدرة كلـب عـلى مقاومـة التـوتر الشـديد تتذبـذب تبعا لحالة جهـازه العصبي وصحته بصفة عامة، ولكن بمجرد أن يحدث لمخه "توقف كامل" فإن تغيرات غريبـة للغايـة تحدث في وظائف مخ الكلب. والواقع أن الجهاز العصبي للإنسان مثل الجهاز العصبي للكلب، يكون في حالة من الاتزان الديناميكي بين الإثارة والتوقف الوقائي، ولكنه إذا تعرض لاستثارة شـديدة فإنه يصل إلى نفس الحالات من الاثارة الشديدة أو التوقف الكامل التي وصفها بافلوف، فيصبح المخ حينئذ عاجزا مؤقتا عن تأدية وظائفه العادية . ويبدو كذلك أن حالة "الامتناع الوقائي " التي لاحظها

بافلوف على كلابه تحت وطأة التوتر الحاد ظهرت في جرحى الحرب، وكانت تتملكهم حالة الاستسلام الهادئ، أو يصابون بفقد الذاكرة، أو بعجز يقعدهم عن استعمال أطرافهم، أو بنوبات من الغيبوبة . ولقد نجح بافلوف في تجارب متكررة في إثبات أنه يمكن تكييف الكلب مثل الانسان على كراهية من كان يحبهم سابقا، أو حب من كان يمقتهم قبل ذلك (نصر، 1988) .

يؤكد بافلوف إن الإنسان "كبير الشبه بالكلب"، ولكن كان ذلك خطوة إلى الأمام . ورغم أن الإنسان أكثر بكثير من الكلب، لكنه مثل الكلب يقع في مجال التحليل العلمي. فالإنسان آلة بمعنى أنه نظام معقد يسلك بطرق لها مبادئ وقوانين، غير أن التعقيد فيه تعقيد غير عادي (اسكنر، 1980) . والواقع أن الجوع يلعب دورا أساسيا في عملية غسيل المخ، لأن الإنسان لا يستطيع أن يستمر في حياته العادية دون أحوال بيولوجية معينة، منها الغذاء اللازم لبناء خلايا الجسم وتجديدها . ولقد استخدم التجويع بهذا المعنى كعنصر من عناصر غسيل الدماغ، إذ كان يعطى للسجين ما يكفيه من أطعمة تمكنه من البقاء على قيد الحياة وليس بالكمية التي يتطلبها الجسم لجعل ذهنه يؤدي وظائفه بدرجة كافية (نصر، 1988). ويمكننا القول بثقة بأن مساهمة بافلوف التي ترجع لهذه المرحلة الباكرة من تطور علم النفس تصف بدقة متناهية التزاوج الوثيق بين علم النفس والتحكم بالجملة، والاقتران اللصيق بين علم النفس والتطبيق الأكبر أي بصورة "ماكروية" في السجون، وفي الاستجواب أو الاستنطاق، وفي انهيار المقاومة النفسية، وفي المخابرات بقصد "التلاعب التحكمي"، كما يعبر ادوارد سعيد.

فالطعام لا يكون معززا إلا في حالة الحرمان، ومن يحتج شيئا للأكل فقد يحس بأجزاء من تلك الحاجة، كوخزات الجوع مثلا . ومن يحتج إلى الدفء فمن المفروض أن يشعر بالبرد . ومن الممكن أيضا الشعور بالظروف المرتبطة بالاستجابة القوية الاحتمال إلى جانب الشعور بجوانب من المناسبة الحالية الشبيهة بالجوانب التي كانت موجودة في مناسبات ماضية كان السلوك فيها معززا . ولكن الرغبة في شيء ليست شعورا به، وليس الشعور هو السبب الذي يجعل المرء يتصرف للحصول على ما يريد (اسكنر،

1980) . إن النظرة البافلوفية في مجال التحكم يبدو أنها قد فهمت فهما صحيحا في أمريكا وأثرت تأثيرا عملاقا في أبحاث علم النفس بلا ريب . وبمجيء السلوكية، خاصة، مساهمة اسكنر، حدث تعديل في المناخ السيكولوجي العام وعلاقته بالتحكم بمزيد من تكنولوجيا السيطرة على السلوك بواسطة السيطرة على البيئة، ومهما يكن فإن قدرة بافلوف البحثية الفائقة هي التي حتمت هذا التعديل، أو بلغة أصح التغيير .

وإن النتائج التي توصل لها بافلوف كانت لها تطبيقات في كيفية إحداث انهيار للمقاومة النفسية للسجناء، وكان علماء النفس العسكريون (أنظر بلوش وجيرالد، 1987) يعتقدون، منذ أمد طويل، أن الطريقة الأكثر فاعلية في كسر مقاومة السجين للاستنطاق هي إجباره على تسبب الألم لنفسه، ومن هنا جاءت تقنية جعل السجين يقف، وقد باعد بين ساقيه، قبالة حائط يستند إليه - منحنيا - على رؤوس أصابع يديه، لفترات طويلة. ولاشك في أن تغطية العينين، ومنع السجين من النوم، والتبدلات الكبيرة في حرارة الزنزانة، وإخضاع السجين ل "ضجيج أبيض" بشكل دائم، كلها من الأمور التي تسرع في انهيار مقاومته . واستخدمت نتائج أبحاث علم النفس بفعالية في مجال الاستجواب . وهناك اعتقاد بأن التقنية السوفيتية في مجال التحكم في العقل تعتمد اعتمادا كليا على عملية الضغط النفسي المكثف والكشف على نقاط الضعف في الإنسان . وبعد فترة من القلق المستمر، وبتطبيق بعض الأساليب الأخرى يبدأ الاستجواب . ومن المحتمل أن يتحطم الإنسان تلقائيا وبدرجة ملموسة نتيجة القلق والتفكير الطويل فيما يعترف به، ويصبح في حالة يأس وتعاسة . وغالبا ما يناله الضعف والوهن نتيجة هذه الآلام الطويلة وما يصاحبها من ضعف فسيولوجي بحيث يصبح عقله ملبدا بالغيوم، فلا يستطيع أن يميز أي شيء يهبط إلى قراره نفسه أو أي إيحاء يقدم إليه بواسطة الإجبار أو الحيلة .

إن عملية كسر مقاومة السجين من خلال عملية الضغط النفسي أو الحرمان الحسي كان لها دورا في التطبيقات العملية أو الميدانية في حالات الاستنطاق أو الاستجواب. واستخدمت هذه التقنيات في المعتقلين والسجناء أو الأسري أو العملاء.

لقد وصف بيتر واطسون (1978) في كتابه "الحرب على العقل" تقنية سلوكية وضعت تحت الممارسة بواسطة الشرطة والأمن أثناء عملية الاستجواب. بواسطة استخدام تقنية الاشتراط الاستجابي يمكن تعديل سلوك المعتقل أو السجين بواسطة العقاب والثواب حسب المبادئ التي وضعها الآسر. مثلا، يمكن إعطاء السجين طعام عندما يتحدث عن الموضوعات العامة التي تهم المستجوب. وبهذه الكيفية يمكن أن يتحدث عن موضوعات بعينها أكثر من غيرها. وفي كل مرة يقول شيئا يوافق عليه المستجوب يقول للسجين "صحيح" أو يعطيه شكلا من أشكال التشجيع. وتدريجيا يتم تضييق مجال الاستجواب ويتحدث السجين تبعا لذلك عن الأشياء التي يريدها المستجوب (بكسر الواو).

ضحايا الحرمان الحسي في "غرفة النوم"

نال دونالد كميرون دبلومة علم النفس الطبي عام 1925. ويعتبر علم النفس الطبي أحد أفرع علم النفس الحديث ويرتبط بتطبيقات علم النفس في مجال الطب. وكتب كميرون عن الفصام من حيث الأعراض والعلاج، وعن زملة الأمراض الذهانية والتي تتسبب بواسطة التغيرات الفيزيائية الحادثة في الدماغ. وكان كميرون مبهورا عن الكيفية التي تعمل بها الذاكرة. أين موقع ذلك في الذاكرة ؟ وما هي التغيرات الحادثة أثناء هذه العملية؟ وما هي ردود الفعل البيولوجية التي تسمح لنا بإعادة تذكر المواد المختزنة؟ وكان لكميرون اهتمام خاص بالمنهج الكيميائي أو الكهربائي والذي يستخدم لعلاج الاضطراب العقلي الشديد أو يستخدم في العلاج النفسي لإزالة دفاع المريض. ويساعد ذلك المنهج المعالج في معرفة ذكريات ومشاعر المريض التي لا يستطيع التعبير عنها بصورة طبيعية. ووصف كميرون استخدام بعض الأدوية مثل بينزيدرين، والكافيين والكحول وأميتال الصوديام والكزكايين.

كما طور كميرون برنامجا كان هدفه إنتاج "فقدان ذاكرة فارقي". ويعتقد بأنه إذا مسحت ذاكرة الفرد كلية وفي حالة رجوعها تكون النماذج المرضية أقل تذكرا مقارنة

بالأشخاص العاديين. ويتم تشكيل ذلك البرنامج في ثلاثة عمليات ومن خلالها يفقد المريض تسلسل الأحداث الزمنية والمكانية. ويعتبر ذلك التشكيل اضطرابا شديدا للذاكرة بحيث تصعب عملية قياسه. ويعبر كميرون عن النتائج التالية ربما يتعرض المريض لفقدان اللغة الثانية أو معرفته بحياته الزوجية، ربما لا يمشي من غير مساعدة، أو يأكل، ربما يظهر شهوة جنسية مزدوجة. وتتصف اتصالاته بالقصر ونادرا ما تكون عفوية، وتكون الاستجابة للأسئلة غير مشروطة بتذكر الماضي أو توقع المستقبل. وهو متحرر كلية من الاضطرابات الانفعالية، وهو يعيش في مساحة ضيقة من الزمن والمكان (وينستين، 1990). وعموما تطورت هذه الأبحاث الفظيعة في سلسلة من المراحل.

بدأت أولآ الأبحاث على المحرومين من أحد الحواس الخمسة ودراسة الإدراك والمعرفة تحت تأثير المعمل أو الرقابة، ثم أبحاث عزل الحيوانات والتأثير السلوكي عليهم ثم اكتشاف التكوين الشبكي في المخ وأثره على الانتباه واليقظة في الإنسان وقد أدى تجميع هذه الدراسات إلى نشأة نظرية هيب في وظيفة الجهاز العصبي المركزي وأهمية التأثير الحسي الخارجي على تكامل وسلامة هذه الوظيفة وأدى ذلك إلى دراسة الحد من التأثير الحسي في معمل هيب في جامعة مكجيل بمونتريال وقد ساعد على تهيئة الجو لهذه الدراسة، وانتشار النتائج وتقبلها في دائرة العلماء، أنه حدث في هذا الوقت "عهد مكارثر" تقارير غسيل المخ لأسرى الحرب في كوريا، والخوف من ظهور أساليب جديدة في الحرب لتغيير العقل البشري والتحكم في وظائفه وأن تنبؤات أوريل 1984 عن العالم قد تكون حقيقة وانتشرت بعد ذلك معامل الحرمان الحسي في كافة بلاد العالم وظهرت نتائجها المذهلة (عكاشة، 1986).

قام هيب، واحدا من علماء النفس العظام، بدراسة أثر الحرمان الحسي البصري والصوتي واللمسي. وتم دفع 20 دولارا للطلاب في اليوم لقضاء جزء من الوقت في كبينة عازلة للصوت. وكان الطلاب في حالة من الإتكاءة في سرير بحيث تغمض الأعين بدرع من البلاستيك، ويتم وضع الأيادي في أنبوب لعدم استخدامهما في اللمس، وتغطي الآذان بسماعة الرأس والتي ينبعث منها طنين متكرر . ويظل الطلاب في هذه الحالة

الساكنة ولا يسمح بـالتحرك إلا في حـالات الأكل أو الـذهاب للحمام. وعـادة مـا يتحمل معظم الطلاب هذه الإجراءات ليومين أو ثلاث أيام، وكان أقصى وقت هو ستة أيام. وأظهرت التجربة بأن أثر العزلة الحسية كان مروعا بالنسبة لـ 22 طالبا. وعمل الملل على عدم الاستقرار وعدم القدرة على التركيز، وتم شل القدرة على حل المشاكل، وبدأت عملية الهـلاوس البصريـة واضطراب عملية الوعي بالجسم، وتم تطور الإحساس بانفصال الطلاب من أجسادهم (وينستين، 1990).

ورفض ستة من المتطوعين الاستمرار في تجربة الحرمان الحسي بعد أن تـم وصفها بالنسبة لهم وحتى قبل أن يذهبوا للغرفة. ولم يستمر 11 من 22 من المتطوعين لمدة 24 ساعة التي وعدوا بأن يظلوا كحد أدنى في التجربة. وذكر أربعة من الطلاب بأن بقائهم في الكبينة كان عبارة عن شكل من أشكال "التعذيب". وبالنسبة للجزء الخاص بغسيل الدماغ ذكر 14 من المتطوعين بأنهم يفضـلون السماع لأي شيء بـدلا مـن الصمت الشديد في حالـة الوحدة (كولينز، 1988). وتشمل التغيرات السلبية الحادثة للحرمان الحسي على عدة جوانب. فعند البدء في التجربة يشعر الفرد بالاسترخاء ويتطلع بنشوة للفرصة التي ستتيح له الحرية من المؤثرات الخارجية، ولكن بعد فترة زمنيـة بسيطة يجد الفرد صعوبة شديدة في التفكير الموجه المنطقي، إذ يبدأ في السرحان، وبعد فترة يشعر بالملل، وتتناوب فترات من النوم واليقظة، وعندما يفشل في النوم يزيد الملل والريبـة، ويشعر بالإثارة العصبية، والرغبة في الحركة، والتوتر الشديد، مع الاكتئاب والبحث عـن وسيلة لتنبيه ذاته. وأثناء بحثه عن منبه خارجي، يبدأ في الإحساس بكل المؤثرات والاحساسات الداخلية في الأحشاء المختلفـة، مما يجعله يفقد القدرة على الإحساس بصورة وبحدود الجسم ويبدأ في المعاناة مـن أعـراض اختلال الذات وتبدأ المخاوف في صورة غامضة غريبة وتنتهي بالهلاوس السمعية والبصريـة والحسـية، وهنا يبدأ الفرد المهيأ وراثيا بعدم التكامل أو اضطراب الشخصية في إظهار أعراض عقلية واضحة (عكاشة، 1986).

فوض هيب بالقيام بتجارب عن الحرمان الحسي لخدمة المؤسسة العسكرية كجزء

من بحث عن غسيل الدماغ. وكان متكتما في البداية ولا يريد أحد أن يعرف بأمر هذا التفويض. ولكن الطلاب الذين أجريت عليهم التجارب ليسوا تحت أي التزام بالصمت عما جرى بالنسبة لهم و للخبرات الغريبة التي مروا بها. وعرف بعض الصحافيين بهذه التجارب وكتبوا عنها تقارير إخبارية وبدأت عملية التخمين عنها. ولكن قام هيب بنجاح بتغطية هذه التجارب التي قام بها من غير أن يذكر النتائج المرعبة عن تغيير الاتجاهات. وبرر بأن التجارب أجريت لدراسة الضغوط التي تجابه الأفراد الذين يؤدون أعمال مملة وروتينية لساعات طويلة مثل الذين يتابعون شاشة الرادار أو الطيارين الذين يطيرون لساعات طويلة. ولقد عملت هذه القصة المحبكة على منع معرفة الحقيقة من الخروج لمدة عامين. ولكن في عام 1958 حاول الدفاع عن نفسه قائلا " لقد تعلمنا أشياء لها قيمة من خلال دراسة غسيل الدماغ" (كولينز، 1988). ولكن صحيح جدا بأنه قد تم تطوير أعمال أخرى في عملية الحرمان الحسي في الولايات المتحدة. وكان مبعث الاهتمام العالي هو معرفة اثر الطيران الفضائي بالنسبة للطيارين وذلك بسبب الخبرات الرتيبة في الكمامة، بالإضافة لأهمية الحرمان الحسي في الاستخدام في عمليات الاستجواب. ولقد تم تلخيص هذه الأعمال في ندوة عقدت في جامعة هارفارد عام 1958.

إن هدف علماء العلوم السلوكية والجواسيس هو التأثير على سلوك الأفراد-والتغيير العقلي والمتنبأ أو التحكم في السلوك الإنساني، وتقليص عمق الاكتئاب أو برمجة الجاسوس . وبالنسبة لهؤلاء العلماء فإن الدماغ عبارة عن "غرفة سوداء" يخفي الأفراد فيها أنفسهم الحقيقية، ولهذا يجب فتح هذا الصندوق بقوة. ويبرر هذا الاتجاه عمليات الغزو المتكررة لحياة الأفراد لخدمة الصحة العقلية أو الحرب الباردة. إن التكتيكات والتقنيات المستخرجة من علم النفس والطب النفسيـ تعتبر أكثر تأثيرا، وأكثر قربا للأشياء المخفية، وأكثر علمية. ولقد تم تقديم ورشة متقدمة عن الدماغ بالنسبة للأفراد الذي يديرون برنامج "مكولترا" التابع للمخابرات الأمريكية وذلك بالرغبة في استخدام أي نوع من المعرفة للقيام ببعض العمليات المخابراتية (كولينز،

1988). وتمت عدة محاولات لكشف "الغرفة السوداء" من خلال العلاج بالنوم في "غرفة النوم".

جاء الدكتور الإيراني حسن عزيمة من فرنسا للمستشفى الذي يعمل فيه كميرون في كندا. وأتى معه بتقنيات "العلاج بالنوم" الذي تم تطويره سابقا في الاتحاد السوفيتي وقرر كميرون بأن مرضاه يمكن أن يكونوا حقلا جيدا للتجريب. وفي عام 1955 قام عزيمة بتكييف هذا العلاج في كندا لكيما ينسجم في بيئته الجديدة. ويتكون العلاج من تقديم كمية من الأدوية للمريض في فترات متواصلة تؤدي لتطور نمط من النوم شبيه بالنوم الطبيعي. وبهذا يمكن أن ينام المريض من 20-22 ساعة يوميا لعدة أسابيع. واستخدم عزيمة بعض المرضي كعينة تجريبية لمحاولة فهم العمليات الدينامية النفسية وإنتاج صراعات تحتية. وتم عزل المرضى في حالة من الحرمان الحسي من يوم إلى سبعة أيام، ثم زاد كميرون هذه الفترة لمدة 16 يوم. وفي ملفه الشخصي زاد الفترة إلى 33 يوم. وعرض كميرون نتائج مشابهة لتلك التي توصل لها هيب في عملية العزلة الحسية للعينة الاختيارية لفترة اقل من الزمن. ويقول كميرون بأنه في حالة إعطاء المريض فترة زمنية محددة معروفة بالنسبة لديه في حالة العزلة الحسية غالبا ما يتسامح مع التجربة بصورة أفضل من حالة عدم معرفة طول الفترة (وينستين، 1990).

وعرض كميرون أكثر من 50 شخصا للتجارب الخطيرة جدا عن الحرمان الحسي. وطبقا للملاحظات الموجودة في الأضابير الطبية والتي بقيت بعد موت كميرون فإن إحدى مريضاته صمدت 101 يوم من "التأثير الإيجابي عن الوعي". وحبس كميرون مريضة أخرى 35 يوم في حجرة صوتية لا ينفذ إليها النور. وبهدف محي كل ما تم تطبيقه من ذاكرة المرضى قام كميرون بتخديرهم معطيا إياهم أدوية قوية المفعول ومخدرات. أما ريتا تسيميرمان التي جاءت للمعالجة فقد جعلها تغط في حلم استمر 56 يوما. وأجبر كميرون روبير لوجيتو على النوم لمدة 23 يوما ولا يستطيع لاحقا أن ينام أكثر من 3 ساعات في اليوم كما تعرض لحالة من الاكتئاب وكان يعاني من نوبات الخوف الشديدة كما فقد الذاكرة نهائيا. وبعد خروجه من المستشفى جاء إلى فانكوفر ونام تحت

أحد الجسور لأنه نسي نفسه ولم يعد قادرا على التعريف بنفسه. كما فقد جان شارل الذاكرة والقدرة على تركيز الانتباه والاتصال مع الحياة بشكل كامل. لقد احتفظ فقط بالذكريات الدقيقة حول بعض المشاهد من إقامته في المستشفى والشبيهة لحد بعيد بلقطات من أفلام الرعب.

ومن أجل التأثير على الضحايا أحب كميرون بصورة خاصة استخدام الصدمة الكهربية. ولكن بدلا من استخدامها مرة واحدة في اليوم كان يعرض مرضاه للصدمة عدة مرات في اليوم. كما رفع النبضات الكهربية إلى 20-30 مرة بالمقارنة مع زمن التأثير المسموح به أما التيار الكهربائي فقد استقر على الرقم 110-150 فولت. فالإنسان الذي تعرض لتلك الآلام كان يشعر باختصار أنه يجلس على كرسي كهربائي لكنه بقى حيا. بيد أن وقف صراخ المرضى كان مستحيلا حيث كان مسموعا حتى من خلال الجدران العزلة والسميكة للغرف الخاصة. وعرضت هذه التجارب السيكولوجية القاسية مرضى كميرون إلى ضرر لا يمكن إصلاحه. لقد جاء هؤلاء المرضى للمستشفى للعلاج ولكن أصيبوا بعد دخولهم المستشفى بعلل جديدة وغالبا ما كانت أخطر من الأولى (أنظر مجموعة مؤلفين، 1990).

ألف كولينز (1988) كتابا مثيرا بعنوان "في غرفة النوم" وهو يحكي قصة رائعة ومروعة في نفس الوقت عن تجارب المخابرات الأمريكية عن غسيل الدماغ المرتبط بالحرمان الحسي ـ في كندا. وبحثت المخابرات الأمريكية عن استخدامات هجومية عن التحكم في السلوك. وتبعا لذلك حاولت المخابرات فك رموز الدفاعات العقلية للعملاء من الأعداء حتى تتم عملية برمجتهم والقيام بعمليات حتى ولو كان ذلك ضد رغبتهم أو ضد قوانين الطبيعة الأساسية مثل الحفاظ على الذات. وتريد المخابرات الأمريكية بذلك الاقتراب من الباحثين في الطب النفسي وعلم الأعصاب، وعلم النفس وكل حقل له علاقة بالسلوك الإنساني. ومع عملية الاقتراب يقدم الدعم المالي السخي للقيام بالأبحاث المروعة. فيا ترى ماذا يجري في غرفة النوم هذه؟ نحاول أن نعرض بتفاصيل الكيفية التي تتم بها عملية النوم وتقنيات الاستيقاظ والأدوية المقدمة للشخص المنوم.

وتم وصف ذلك بدقة في دفتر إجراءات مستشفى ألان التذكاري بمونتريال في كندا تحت عنوان "روتين العلاج-العلاج بالنوم" وذلك في يونيو 1964. قامت لجنة العلاج بالمستشفى بوضع برنامج محدد لذلك اشتمل:

(أ) تقنيات الاستيقاظ الثلاث

(1) يستيقظ المريض 3 مرات في اليوم الواحد : الساعة 8 صباحا، و2 ظهرا و8 مساءا.

(2) أثناء فترة الصحو يقاس النبط، وضغط الدم قبل أن يتحرك المريض من السرير للنظافة أوالتوليت أو إعطائه العلاج.

(3) يعطى الأكل حسب الرغبة. وكان الحد الأدنى المسموح به للسعرات الحرارية هو 1500 بينما كان الحد الأدنى للسوائل 2000 يوميا.

(4) ويشمل الدواء سيكونال 100 مج، ونيمبيوتال 100 مج، وصوديام أميتال 150 مج، وكلوربرومازين 50 مج، ويمكن إضافة فينيرقين 50 مج. ويجب أن تكيف كمية الدواء حسب درجة استيقاظ المريض. كما يجب تجنب النوم العميق.

ب. فيتامين ب وج (كبسولة بيمينال 1 يوميا) وفيتامين ج 100 مج يوميا

ج. حليب ماقنيسيا 30 سي سي مع تسكين ليلي.

د. انيما إذا لم تكن هناك حركة للامعاء لمدة ثلاث أيام.

هـ. كاثيتيرايز إذا لم يكن هناك تبول لمدة 12 ساعة.

و. إذا كان هناك أرق أو قلق للمريض أثناء الليل يعطى 50 مج من الكلوربرومازين أو 100 مج من البرومازين.

ز. يتم تغيير وضع المريض بعد كل 2-3 ساعة كما يعطى أكسجين بنسبة 5% من اكسيد الكربون وذلك إذا كان التنفس قليلا.

ح. ترفع الأرجل في السرير قليلا، وإذا كان هناك نوم عميق يمكن إضافة حركات أو دلك خفيف للرجل.

ط. في حالات ظهور الثرومبوفليبايتز يجب طلب استشارة شعبة الدم (أنظر كولينز، 1988).

ربما تحكي قصة فتاة برمودا قصة غسيل الدماغ المروعة بالنسبة للإنسانية (كولينز، 1988). وأصبحت هذه الفتاة من جراء عملية الحرمان الحسي أكثر طفولية وحاول كميرون تسكينها ولكنها عانت من تسمم الباربتيوريت. كما حاول معها الصدمة الكهربية ولكن سلوكها الطفولي أصبح أكثر وضوحا. ووصلت الفتاه لمرحلة الإشراف الكلي أي تحتاج لمساعدة مستمرة من حيث لبس الملابس والأكل والنظافة وقدت عملية التمييز بين العلاج والتجريب في محاولة كميرون لعلاجها. وحاول كميرون ترقية العلاج مع فتاة برمودا بعمل إشارات بالنسبة لها أثناء حالة النوم. ولكن استجابت بصورة بطيئة لهذه الإشارات الصوتية. وأصبحت أكثر عدوانية عندما تصحو من النوم وكثيرا حاولت أن تدمر مصدر الصوت المنبعث. ووصلت هذه العدوانية ذروتها في ستة أيام من بداية فترة العلاج. وبعد نهاية اليوم العاشر من الحرمان الحسي لم تصبح الفتاه مضطربة فقط بواسطة الصوت إنما بدأت تكرر الصوت نفسه. وتم تصحية فتاة برمودا بعد 25 يوم من حالة النوم المتواصل وعندما انفجرت غضبا للمرة الثانية تم إرجاعها لحالة النوم لثلاث أيام أخرى. وعندما تم تصحيتها للمرة الأخيرة كانت هادئة الأعصاب وأنها تريد الذهاب إلى منزلها في برمودا. ورغم هذه الفظاعة تحدث كميرون عن هذه الحالة مبتهجا وعن الحس الباطن كمنهج علمي. وحاول كميرون أن ينهي قصتها نهاية سارة ولكن الحقيقة أظهرت العكس. إذ أصبحت الفتاه عدوانية ومعادية لوالدها وفي هذه المرة كذلك لأمها والتي بدأت تهددها بالقتل. وبالرغم من كل هذه الفظاعة يقول كميرون "سوف نستمر في إجراء هذه العينة من التجارب للاستماع للأسطوانة بواسطة مرضى آخرون في غرفة النوم".

تساءل "وينستين" ابن "كميرون" عن نوع التجارب التي أجراها والده عن المرضي العاجزين في مستشفى ألان التذكاري . وعموما كانت حياة كميرون متمركزة حول النجاح والشهرة، ولقد عقد العزم على عملية التميز. ونشأ كشخصية متسلطة، وكان

طمبتهجا بقوته لاتخاذ كثير من القرارات التي تؤثر على الآخرين، من الزملاء والمرضى على السواء. إن هذه الحاجة للتسلط يجب أن تكون مضبوطة عندما تكون مرتبطة بالرغبة في بالنجاح. وكان كميرون غير متسامحا في نقاط الضعف في الآخرين و دفعته أعراض المرضى للقيام بإجراءات تعمل على تقليص السلوك الهجومي. كيف يمكن تفسير استخدامه للإجراءات القاسية بالنسبة للمرضى الذي يعانون من أمراض غير حادة لا تتجاوز المرحلة الأخيرة في مرض الفصام. وكثيرا ما عبر كميرون بأنه ينوي تسلق الجبل الذي مات من أجله. إن تسلق قمم جديدة كان قوة مسيطرة في حياته، ولكن تسلق ذلك الجبل على ظهور الضحايا من مرضاه لخدمة المخابرات الأمريكية.

الباراسيكولوجيا والمخابرات

عرفت الباراسيكولوجيا بأنها "الدراسة العلمية للظواهر الخارقة" (ثالبورن، 1984)، بينما عدل التعريف من جهة ثانية بأن الباراسيكولوجيا هي الدراسة العلمية لظواهر معينة تبدو خارقة أو يحتمل أن تكون خارقة (بالمار، 1986)، وأصطلح تعبير "بساي" على الظواهر التي يهتم بدراستها علم الباراسيكولوجيا من قبل ثوليس (1942) . وأجري أول بحث تجريبي رئيسي في الباراسيكولوجيا عام 1917 من قبل جون كوفر في جامعة ستانفورد الأمريكية. ولكن البحث العلمي في هذا المجال لم يبتدئ بشكل متواصل إلا في عام 1927 حين تم تعيين عالم نفس الاجتماع وليم مكوجال في جامعة ديوك في ولاية كارولاينا الشمالية، رئيسا لقسم علم النفس فيها وانتقال عالم بيولوجيا النبات جوزيف راين الذي يعتبر المؤسس الحقيقي للباراسيكولوجيا وزوجته إلى القسم نفسه. إن أحد أسباب دفع الباراسيكولوجيين في هذا الاتجاه المختبري هو أن اهتمامهم الرئيسي لم يكن الدراسة العلمية المجردة للظواهر الباراسيكولوجية ولكن "السيطرة" على هذه الظواهر لخلق قدرات باراسيكولوجية (حسين وفتوحي، 1995) .

ويرى الباراسيكولوجيون أن من أفضل أساليب اختبار ظواهر الإدراك الحسي الفائق حاليا هي تلك التي تستخدم ماكينة خاصة اسمها "مولد الحادثة العشوائي"

التي صممها خصيصا لهذا الغرض الفيزيائي هلموت شمدت حين كان يعمل في مختبرات بوينغ للبحث العلمي. وتحتوي هذه الماكينة على أربعة مصابيح يضاء أحدها ويكون على الشخص الذي تختبر قابليته أن يحدد المصباح الذي سيضاء بضغط الزر المقابل له. وصمم شمدت هذه الماكينة بشكل يضمن أن تكون هناك احتمالية متساوية لكل مصباح بأن يضاء (شمدت، 1969). وكما في حالة تجارب التحريك الخارق فإن حصول الشخص على نتائج تزيد عما هو متوقع لأن يحدث بالصدفة حسب قوانين الاحتمالية يعتبر مؤشر على حدوث ظاهرة بساي (حسين وفتوحي، 1995).

تتداخل الباراسيكولوجيا مع علوم راسخة مثل الفيزياء والرياضيات والطب النفسي وعلم الأعصاب وغيره من العلوم. وهناك علوم أخرى تحمل مصطلح "ما وراء" أو "خارج" مثل ما وراء الفيزياء، وما وراء الأحياء، وما وراء الطب. وهناك بعض المهتمين بهذه العلوم في الجامعات الغربية لدراسة هذه الظاهر مثل "معهد الباراسيكولوجيا" في أوترخت بهولندا، و"معهد الباراسيكولوجيا" في موسكو. كما تكونت بعض الجمعيات المهتمة مثل "جمعية الباراسيكولوجيا" التي تأسست عام 1957 والتي تعقد مؤتمرات عامة تناقش فيها القضايا الملاحظة أو المدروسة. كما توجد "مؤسسة البحث الروحي" المتخصصة في تحقيق الظواهر غير المألوفة. وتنشر بعض الدوريات مثل "المجلة الأوربية للباراسيكولوجيا" و"المجلة الدولية للباراسيكولوجيا". وتهتم هذه الجمعيات أو المجلات بدراسة ظواهر مختلفة خارج نطاق الإدراك العادي مثل التخاطر، والجلاء البصري، والغيبوبة، وإسترجاع الماضي، والبعد الرابع أو علم الدالة والإنباء بأحداث المستقبل. وتستخدم مناهج تتلاءم مع طبيعة هذه الظواهر المدروسة (أنظر عبيد، 1990).

ومن أبرز موضوعات الباراسيكولوجيا المدروسة موضوع "التحريك الخارق" وهو تحريك أجسام من دون لمسها بشكل مباشر باليد أو بأحد أجزاء الجسم الأخرى ولا باستخدام أية واسطة معروفة لنقل التأثير إلى الجسم كالإستعانة بآلة ما . كما درس كذلك الإدراك الحسي الفائق، والاستشعار، والروح الضوضائية، والخروج من الجسد

والاستجلاب، والتكوين (أنظر حسن وفتوحي، 1995). كما درس كذلك موضوع "التخاطر" أو "التراسل العقلي" وهي القدرة على معرفة ما يجول بداخل وعي إنسان ما من أفكار أو من مشاعر. وأثبتت الدراسات بأن عملية الإدراك في هذه الحالة مستقلة في جانب عن المكان، وفي جانب آخر عن الزمان. وهناك ثلاثة حالات للتخاطر وهي: حالات تخاطر متعاصرة، وحالات تخاطر تنبؤية، وحالات تخاطر عن الماضي. وجرت بعض الاختبارات لدراسة التخاطر حتى في بعض الجامعات العريقة مثل جامعة هارفارد في أمريكا، وكيمبردج في بريطانيا، ومعهد الهندسة العسكرية في سويسرا. ولقد تبين بأن لها استخدامات حربية لذلك هناك تنافس بين الولايات المتحدة والاتحاد السوفيتي سابقا في دراستها خاصة التخاطر من بعد الذي يرتبط بدراسة القطع الحربية وبعض الغواصات. ويتفاءل تشارلي روز عضو اللجنة المختارة لشؤون المخابرات في الكونجرس الأمريكي أن احتمال وقوع حرب "الظواهر الخارقة" هي احتمال حقيقي، وقد يستدعي في يوم ما تبني برنامج سريع يشبه "برنامج مانهاتن" الذي أدى إلى تصنيع أول قنبلة ذرية في العالم. ولقد توقع تارج وهارادي في كتابهما "سباق العقل" أن يرث سباق التسلح (عبيد، 1990).

وهناك عدد من التجارب المجراة عن الباراسيكولوجيا مثل تجارب الرؤية الثانية وهي التي يستطيع بها الأفراد الذين وهبوا قدرات ذهنية خارقة وصف أماكن بعيدة لم يشاهدوها من قبل وأن يصفوا أحداثا تجري في مكان آخر يبعد عنهم آلاف الأميال. واستخدمت وزارة الدفاع الأمريكية أشخاص يتمتعون بهذه القدرات الخارقة لاكتشاف مخابئ صواريخ إم إكس النووية. و تمكن البعض بالفعل من اكتشاف مواقع هذه الصواريخ. وذكر ماكريه أحد المهمتين بذلك بأن التجربة كانت حلقة من سلسلة تجارب تقوم بها وكالة المخابرات المركزية، والجيش والبحرية، وسلاح الجو، ومشاه البحرية، ووكالة الفضاء، ووكالة المخابرات الدفاعية التابعة للبنتاجون، ودائرة التحقيق الفدرالي وشعبة مكافحة المخدرات. وذكر بأن وزارة الدفاع الأمريكية تنفق حوالي 6 مليون دولار سنويا على التجارب المتعلقة بالباراسيكولوجيا. أما وكالة المخابرات المركزية

فتنفق على هذا النوع من التجارب عبر معاهد خاصة تمولها الوكالة. وتقوم إسرائيل بتجارب مماثلة في هذا الحقل وبعض منها يستخدم لمعرفة ما يجري في الجيوش العربية.

في كتابه عن "الحرب الذهنية الخارقة"، يتحدث مارتن ايبون على أن السوفيت اضطروا لتكثيف أبحاثهم في حقل الباراسيكولوجيا حين رفعت إدارة الكي جي بي إلى الكرملين تقريرا خاصا مفاده أن البحرية الأمريكية قامت بإجراء تجارب متقدمة في حقل التخاطر. وذكر ماكريه أن السوفيت يتعاملون مع حقل الظواهر الخارجة عن الحواس بمنتهى الجدية والاهتمام وأنهم أحرزوا نجاحا في تطبيقات هذا العلم في مجال السيطرة على الإنسان من مسافة بعيدة بطريقة الريموت كنترول أو التحكم من بعد. كما جرت محاولات عن ظاهرة التنويم المغناطيسي من بعد ومقتضاها حيازة القدرة على تنويم شخص يكون في مكان بعيد، وغير متوقع حدوث التنويم. كما أعلن السوفيت عن اختبارات التخاطر التي جرت بين موسكو ونوفوسيبيرسك في سيبيريا على بعد ثلاثة آلاف كيلومتر. ولقد نجح نيكولايف في تمييز 12 بطاقة عليها رسوم مختلفة تمييزا صحيحا من بين 20 بطاقة أثناء إزاحة النقاب عنها. وتمت عملية ملاحظة التغيرات الفسيولوجية والأمواج العقلية الحادثة بالنسبة لنيكولايف (عبيد، 1990).

واهتمت المخابرات الأمريكية بدراسة بعض مجالات الإدراك خارج نطاق الحس منذ عام 1973. ومن بين ذلك ما يعرف بالاستبصار والتخاطر (مجموعة من المؤلفين، 1990). ومن التجارب التي أجريت اختبارات للتخاطر داخل الغواصة النووية نوتيلوس في سرية تامة وبأمر من ادارة البحرية الأمريكية، والتخاطر الذي جري بين سفينة الفضاء أبوللو 14 وبين مركز المراقبة (عبيد، 1990). وكلفت بعض مستخدمي المديرية العلمية-التقنية بالتعامل مع مختبرات الأبحاث العلمية التي اهتمت بدراسة هذه المسألة وحثهم على إمكانية استخدام هذه الظاهرة للأغراض الاستخبارية. ولقد تردد بعض عملاء السي آي أي إلى الحفلات المثيرة التي يقيمها الإسرائيلي أوري هيلير الذي أظهر للجمهور قدرته على تحويل ملاعق الطعام والشاي من مسافة بعيدة وتوقيف الساعة عن العمل وغير ذلك من الخدع. ولقد اقترح عملاء المخابرات بأنه ما

دامت النبضات التي يشعها الدماغ تستطيع توقيف عقارب الساعة فمن المحتمل أن تعطل أجهزة الكمبيوتر عند العدو. إن تخريب أجهزة الكمبوتر في البلدان الأخرى هو فقط أحد مهام التخاطر المحتملة. وعرضت إدارة التخريب والتجسس الآمال المعلقة على التخاطر في العديد من المجالات منها اختبار نزعة العملاء للاستمرار في تنفيذ مهام المخابرات الأمريكية، وقراءة الشفرة من خلال جدران خزانات الفولاذ، والاطلاع بهذه الطريقة على الوثائق السرية والبحث عن المواقع العسكرية.

وعرض الفنان إنغو سوان مواهبه الغريبة، وأطلقوا عليه اسم الاحداثيات الجغرافية-خط العرض الجنوبي 49 درجة و20 دقيقة وخط الطول الشرقي 7- درجة و14 دقيقة. أخفى سوان عينيه وصمت فترة طويلة مركزا أفكاره. وتزايد التوتر الذي انعكس على وجهه أكثر فأكثر حتى أصبح مخيفا. وبعد برهة من الزمن بدأ سوان التكلم وطبقا للاحداثيات المعطاه وصف بدقة وبشكل خارج عن نطاق الإدراك الحسي محطة الإرصاد الجوية السوفيتية-الفرنسية التي لم يسبق له أن رآها فوق جزيرة كيرهيلين في منطقة القطب الجنوبي. حضر هذه الحفلة ممثلون من وكالة المخابرات المركزية. إن إمكانات كهذه لها مجال كبير في عالم المخابرات حيث تختصر مساحة كبيرة من الوقت والجهد والمال. وعموما حاولت الوكالة تكييف كل اكتشاف علمي جيد وذلك للاستفادة منه في عملية جمع المعلومات وتفسيرها وهو هدف الاستخبارات المركزي.

ودخلت وكالة المخابرات في مجال دراسة التخاطر عام 1976 عندما كان جورج بوش مديرا للوكالة. دعا بوش ايدغار ميتشل مؤسس معهد العلوم الحديثة في سانفرنسسكو الذي أحدث البحث في مجال العلوم النفسية لعقد ندوة بحث في مقر السي- أي أي حول موضوع "استخدام التخاطر في العمل الاستخباري". وبحضوره تبرعت العديد من المنظمات العلمية بالأموال المخصصة للنشاط العلمي في هذا الميدان. ولقد خصص مبلغا لإعداد موضوع "الآلية المجهولة لنقل المعلومات البيولوجية". وإن بحث هذه "الآلية المجهولة" هو استخدام بديل لمصطلح التخاطر والذي كان أشبه عند بعض العقلانيين بفكرة الغيب. نتيجة لذلك تم استبدال المصطلح. وربما كان

سبب الخجل لا يكمن في عدم الرغبة بالاعتراف بأن الهيئات الحكومية الجديرة بالاعتبار تهتم بالأشياء المريبة والغريبة، بل إن الهدف الرئيسي للبحث في ميدان التخاطر يقود إلى زرع الموت والدمار بفعالية أكبر. وليس عبثا استخدام هذه الجملة من المصطلحات مثل "السلاح المميت"، و"الإبادة"، و"القدرة على التدمير" وغير ذلك أثناء وصف القدرات الكامنة للتخاطر في وكالة المخابرات الأمريكية.

مقياس وكسلر للذكاء: العضلة التحتية للمخابرات

تطور علم النفس كثيرا في الحرب العالمية الأولى والثانية من خلال حركة القياس النفسي ـ. وصمم اختبار ألفا 1917- 1918 وأعقبه اختبار التصنيف العام الذي اعتمد على قدرات ثرستون الأولية الأربع والتي يتوقع أن تقيس النجاح العسكري. وطور كل من الجيش والبحرية نسخة منفصلة من اختبار التصنيف العام. وأصبحت الخدمات المدنية الأخرى تحتاج لقياس القدرات والاستعداد. وما بعد سنوات الحرب احتاجت الصناعة للاختبارات التي أخذتها من علماء النفس، كذلك احتاج لها علماء النفس الاكلينيكيون. وصمم المهندسون الماكينات لكيما تتناسب مع مشغليها من الميكانيكيين ويتطلب ذلك اختبارهم لمعرفة ماذا يناسبهم وما لا يناسبهم، ويقوم أصحاب العمل باختيار المشغلين وذلك بقصد تدريبهم لاستخدام الآلات (بورنج، 1957). و شرع علماء النفس في استخدام مهاراتهم في حل المشكلات العملية الملحة التي خلقتها الحرب العالمية الثانية. فإن تعبئة المدنيين في قوة محاربة على درجة عالية من الكفاءة الآلية قد تضمن مهام اختيار الأفراد لما يصلحون له على نحو لم يسبق لضخامته مثيل وطلب من الأخصائيين النفسيين اختبار قدرات المجندين وتحديد أهليتهم لكافة أنواع المهام ابتداء من طياري المقاتلات إلى الطهاة. كذلك فإن التطورات الهندسية الحديثة كحلول عصر السفر في الفضاء والأساليب الجديدة في استكشاف قيعان البحار إنما تتطلب اختبارات لقياس الاستجابة للتغيرات في قوة الجاذبية والانعزال الحسي والتوترات الأخرى غير المألوفة (فلوجل،1988).

وكان لعلماء النفس بوكالة المخابرات الأمريكية دورا كبيرا في تطوير أبحاث القياس النفسي ـ (ماركس، 1979). مثلا، قام جتنقر، أحد عباقرة علم النفس الذين يعملون في المخابرات، بخلق نظام فريد لقياس الشخصية وللتنبؤ المستقبلي بالسلوك. وسمى جتنقر هذا الخلق "نظام قياس الشخصية" والمشهور عند المخابرات باسم "باص". وتكمن أهمية نظام "الباص" بأنه يتوجه لفهم طبيعة العلاقة بين ضابط المخابرات الأمريكي والعميل الأجنبي وهذا ما يقع في قلب عملية التجسس . واستخدم نظام الباص كذلك لمعرفة استجابة الأفراد بعد تناول كمية من الكحول. وتم استدعاء جتنقر أثناء أزمة الصواريخ الكوبية من قبل البيت الأبيض لكي يقدم مشورة عن كيفية رد فعل خروشجيف عن الضغوط الأمريكية. وكان لجتنقر حب استطلاع غير عادي عن دراسة الشخصية وكان يقضي ـ ساعات طويلة في تطوير نظامه، كما كان له وسواس بهذا النظام.

وبدا جتنقر في عمل هذا النظام قبل أن يلتحق بوكالة المخابرات الأمريكية عام 1950. وكان قبلها الموجه للخدمات السيكولوجية في مستشفى نورمان في أوكلوهاما. وحور جتنقر مقياس وكسلر لخدمة أهداف المخابرات ولاحظ تفوق الطباخين في اختبار المدى العددي التابع للمقياس والذي يقيس قدرتهم على تذكر الأرقام . ويتكون هذا المقياس من سلسلة من الأرقام الطردية والعكسية يطلب من المفحوص تذكرها وهو مقياس للذاكرة السماعية قصيرة المدى فضلا عن قياس الانتباه. كما لاحظ جتنقر فقر أداء غاسلي الصحون في تذكر الأرقام. ولاحظ كذلك بأن للطباخين سمات شخصية مختلفة عن تلك التي بالنسبة لغاسلي الصحون. ويمتاز الطباخون بالمحافظة على درجة عالية من الفعالية في بيئة مربكة ومشتتة للانتباه أثناء نبيح الزبائن باستمرار لطلبات طعام جديدة. ويحافظ هؤلاء الطباخين على هدوئهم بالاعتماد على مصادرهم الداخلية وعموما يقفلون أو يعزلون أنفسهم من الفوضى التي حولهم. ولقب جتنقر هذه السمة الشخصية الخاصة ب "التوجيه الداخلي" وهي عبارة عن الدمج النفسي بحيث يصبح الفرد هادئا. ومن جهة أخرى ليس لغاسلي الصحون القدرة على عزل أنفسهم من البيئة الخارجية وسمى تلك السمة "التوجيه الخارجي" . ويقول جتنقر بأنه إذا وجد درجات

عالية في اختبار المدى العددي لأي فرد يمكنه أن يقوم بحكم أولي عن شخصية ذلك الفرد (ماركس، 1979).

وبجانب سمة التوجيه الخارجي والتوجيه الداخلي، قام جتنقر بتحديد نوعين أساسين من السمات الشخصية الذين يمكن قياسهما بمقاييس وكسلر الفرعية الأخرى. واعتمادا على نتائج الفرد في اختبار رسوم المكعبات يستطيع جتنقر أن يحدد ما إذا كان الشخص "منظم" أو "مرن". وحسب وجهة نظره، فلدى الشخص المنظم القدرة على التعلم بالحفظ ولكنه عادة لا يفهم ما تعلمه بينما الشخص المرن يفهم الشيء قبل أن يتعلمه. ولكن المساهمة الأصيلة التي قدمها جتنقر ترتبط بالبعد الثالث للشخصية والذي يكشف فيه كيف يستطيع الأفراد تكييف سلوكهم الاجتماعي على متطلبات الثقافة التي يعيشون فيها. ووجد جتنقر بأنه يستطيع قياس هذا البعد الخاص بالتكيف بمقياس ترتيب الصور وهو من الاختبارات العملية أو الأدائية التابعة لمقياس وكسلر للذكاء وسمى هذا البعد " الدور التكيفي" أو "الدور التنظيمي". فالأشخاص بصورة طبيعية يميلون للأول ويتجاهلون الثاني. إن السؤال الهام ما علاقة النتائج التي توصل لها جتنقر عن أبعاد الشخصية بأعمال المخابرات؟

إن أفكار جتنقر الغريبة هذه يبدو أنها تعمل في المخابرات. ويستطيع جتنقر النظر في أداء الفرد في أي اختبار فرعي في مقياس وكسلر للذكاء وتبعا ذلك بإمكانه أن يقدم معلومات عن نقاط الضعف وكيف يمكن تحويل ذلك الشخص لجاسوس لوكالة المخابرات. وتبين لدى بعض ضباط المخابرات كيف يمكن استخدام نظام الباص في القبض على العملاء. نتيجة لذلك تم إعطاء جتنقر الوقت والدعم المالي لتحسين نظامه تحت رعاية جمعية البيئة الإنسانية. وأعتبر ضباط المخابرات بأن نظام الباص انتصارا عظيما للمخابرات لذلك يجب أن تستمر عملية تطويره. بالرغم من أن جتنقر عالم نفس كامل الدوام في وكالة المخابرات الأمريكية ولكنه عمل تحت تغطية مظلة جمعية البيئة الإنسانية. وفي عام 1962 حول جتنقر ومساعديه قاعدتهم من رئاسة جمعية البيئة الانسانية في نيويورك إلى مؤسسة تابعة لوكالة المخابرات الأمريكية أنشأت خصيصا

لهم في واشنطون وسميت "شركاء القياس النفسي". وعمل جتنقر رئيسا لهذه الشركة وتعمل هذه التغطية المخابراتية على تقديم خدمات لوكالة المخابرات في الخارج. وافتتح جتنقر شخصيا فرعا للشركة في طوكيو والذي تحول مؤخرا إلى هونج كونج وذلك لخدمة محطات المخابرات في الشرق الأدنى. بينما يقوم بقية علماء النفس وعددهم 15 في مكتب واشنطون بتغطية بقية أنحاء العالم، ومن بينه العالم العربي، بواسطة إرسال متخصصين في القياس في فترات قصيرة.

وتعاونت المخابرات الأمريكية مع الحكومة الكورية لتأسيس وكالة المخابرات الكورية، وطلبت محطة سيول من رئاسة المخابرات في أمريكا إرسال خبراء قياس نفسيـ لاختيار كادر جديد من ضباط الشرطة والحربية (ماركس، 1979) . واستخدم مقياس وكسلر الكوري المعدل على 25 - 30 ضابطا وتمت كتابة تقرير في نصف صفحة عن كل فرد يتضمن نقاط القوة والضعف والقدرة على اتباع النظام، والإبداع، والاضطرابات النفسية، والدافعية. وقدمت نتائج الاختبارات السيكولوجية للسلطات الكورية التي اختارت المجموعة المناسبة بناء على توصية الخبير النفسيـ التابع للمخابرات الأمريكية. وفي عام 1966 عمل ضباط المخابرات مع أحد علماء النفس في اختيار ضباط وحدة الشرطة في ارجواي وفي قسم مكافحة الإرهاب الذي يحارب عصابة حركة تومباردو . وطبق مقياس وكسلر على 20 مرشحا، وأوصت الدراسة بتقديم توجيه صارم للمجموعة المرشحة. ويبدو أن مساعدة علماء النفس في عملية اختيار ضباط الشرطة السريين في كل من كوريا وأرجواي لم يكن القصد منه هو مجرد اختيار رجال المباحث والمستجوبين الممتازين في هاتين الدولتين وإنما المقصود منه تحديد عينة الأشخاص الذين يمكن أن يستسلموا في المستقبل للمخابرات الأمريكية. وتوضح عملية التعاون هذه نوعية التبادل والاتصالات بين علماء النفس في المركز الأمريكي وفي اللاغرب . وقد يتم التساؤل عما إذا كانت هناك علاقة بين علماء النفس في أمريكا وعلماء النفس في العالم العربي؟ وبدقة أكبر من غير تحفظ بين سيكولوجيي المخابرات الأمريكية وسيكولوجيي المخابرات العربية ؟

وتم صرف آلاف الدولارات من قبل جمعية البيئة الإنسانية وهي جمعية بحثية تابعة لوكالة المخابرات الأمريكية وأموال أكثر من قبل عقود القياس النفسي. وكلها عبارة عن تمويل من المخابرات وذلك لتحسين وتمديد نظام الباص. مثلا دفعت الجمعية مبلغ 40000 دولارا بالنسبة لديفيد سوندرز من خدمات الاختبار التربوي وذلك لإيجاد علاقة بين نماذج الدماغ ونتائج اختبار المدى العددي وبذلك ساعد جتنقر بتطبيق النظام في دول أخرى. وأدرك جتنقر بأن اختبارات وكسلر الفرعية لها تحيزات ثقافية وكان لليابانيين توجيها داخيا في شخصياتهم خلافا للتوجيه الخارجي لشخصيات الروس. وتبعا لذلك تم تكييف النظام الأمريكي أو تصميم نماذج محلية من نظام الباص بالنسبة للأمم المختلفة في العالم. ويوضح ذلك التقييم الوعي بالبعد عبر الثقافي في تطبيقات علم النفس خارج بلد المنشأ وكما يعبر في ذات الوقت على أعداد أدوات أكثر فعالية لخدمة المخابرات في كل الأماكن.

وجد بعض علماء السلوك دعما من جمعية البيئة الإنسانية خاصة من كان لهم انطباع جيد عن نظام الباص. فمثلا، قام عالم النفس روبرت هايد بجعل هذا النظام جزءا رئيسيا من أبحاثه. وكان يطبق بصورة روتينة مقياس وكسلر لمفحوصيه قبل أن يقدم لهم الكحول وذلك كجزء من جهود وكالة المخابرات الأمريكية في معرفة رد فعل الأفراد عن الكحول. قام هايد ببناء غرفة للتجريب في مركز بوتلر الصحي وذلك بدعم من المخابرات الأمريكية. وبهذه الغرفة جهاز لعبة الكرة والدبابيس، ولعبة السهام المريشة (الدارت). ومن الخلف توجد مرآة يستطيع علماء النفس من خلالها ملاحظة ترنح السكرى وكتابة ملاحظات دقيقة عن رد فعلهم للكحول. وجد المراقبون، ومن غير غرابة، أن سلوك الأفراد الذين يتسمون بالتوجيه الداخلي يكون أكثر انسحابا بعد شراب كمية من الكحول بينما يصبح أصحاب التوجيه الخارجي أكثر ثرثرة ومفرطين في كمية الشراب. وبذلك كان جتنقر قادرا بأن يعمل تعميمات عن الكيفية التي يستجيب بها أصحاب التوجيه الداخلي وأصحاب التوجيه الخارجي للكحول. يستطيع جتنقر من خلال معرفة أداء الأفراد في اختبار المدى العددي في مقياس وكسلر

أن يتنبأ عـن رد فعل الأفراد للكحول. ووجـد هايـد وهارولـد مـن مستشفى جبل سـيناء نفس الملاحظات التي سجلها جتنقر (ماركس، 1979).

وشجع جتنقر علماء النفس الذين استلموا دعما ماليا مـن جمعيـة البيئـة الإنسانية بـأن يطبقوا مقياس وكسلر للأفراد وأن يرسلوا له النتائج. وبذلك استطاع جتنقر أن يبني قاعدة معلومات فريدة من نوعها عن كل مراحل السلوك الإنساني. مثلا، أرسل لـه مـارتن أورن مـن جامعـة هارفارد درجات الأفراد الذين كانوا في حالة مـن التنويم المغناطيسي ـ ويستطيع جتنقر مـن خـلال هذه الدرجات أن يميز بين الأشخاص الذين كانوا في حالة من التنويم من الذين لم يكونوا في حالة تنويم مغناطيسي. وجمع جتنقر درجات مقياس وكسلر مـن مجموعـات مختلفة شملت رجال الأعمال، والطلاب، وعارضي الأزياء، والأطباء. وتبعا لذلك استطاع الحصـول عـلى درجـات 29000 فـرد بحلـول السبعينات وكان مرفق مع كل نتيجة معلومات بيوغرافية. ووجـد جتنقر بأنه لـيس هنـاك نتـائج متشابهة في مقياس وكسلر لأي فردين في كل العينة المجموعة.

كما كانت المقاييس النفسية أكثر الأدوات استخداما في المجال العسكري كذلك كانت أكثر الأدوات استخداما في مجال المخابرات. واستخدم مقـياس وكسلر لـذكاء الراشدين بفعاليـة لخدمـة أغراض المخابرات في داخل وفي خارج أمريكا. ويعتبر هذا المقياس أحـد العضلات التحتيـة التـي تـم استعراضها بقوة وفعالية في جمع المعلومات للمخابرات من جهة، ومن جهة أخرى جمع المعلومـات من المخبرين أنفسهم بصورة مستورة . وعندما يتم تجنيد بعض العملاء الأجانب لعمليات التجسس لصالح المخابرات الأمريكية وعادة مـا يجلس العميل لأداء مقياس وكسلر الكامل ويقـوم مكتب واشنطون بتحليل نتائج العميل في المقياس وتقارن نتـائج وكسلر بمكشاف الكـذب ونتـائج اختبـار الشخصية . وأجريت الدراسات الارتباطية بـين نتـائج مقاييس الـذكاء ونتـائج مقاييس الشخصية بالنسبة لاختيار ضباط وعملاء المخابرات والمجندين في الجيش الأمريكي. وفضلا عن ذلك ساعد علماء النفس الأمريكان في عملية اختيار الضباط في كثير مـن الـدول غير الغربية. ولقد ازدهرت أبحـاث مقاييس وكسلر للذكاء

دون هوادة، وكذلك كشف علاقتها الارتباطية مع بعض المقاييس الأخرى، خاصة التي طورتها المخابرات لأغراض الحرب الباردة .

وكان اهتمام جتنقر منصبا على كل أوجه أو سمات الشخصية، ولأنه يعمل لصالح المخابرات الأمريكية كان يؤكد على الأشكال المنحرفة. وكان مهتما بصورة خاصة بنتائج الأفراد المتمردين الـذين يرفضون قيم مجتمعاتهم. ويأمل جتنقر بأن يحدد الخصائص العامة للأفراد الـذين أصبحوا خائنين لحكوماتهم وذلك بواسطة دراسة درجات المرتدين أو المنشقين من المخابرات في دولهم والذين جاءوا للغرب. وإذا تم تحديد هذه السمات فإن ذلك يمكن رجـال المخابرات مـن دون شـك بـأن ينظروا لهؤلاء كعملاء مستقبليين لوكالة المخابرات الأمريكية. وقام مشروع جمعيـة البيئـة الإنسانية في مستشفى لونيا في متشجان بتطبيق مقياس وكسلر على مجرمي الجنس. وأظهرت نتائج هـؤلاء بـأن الأفراد الذي لهم دوافع جنسية غير قابلة للتحكم لهم نماذج شخصية مختلفة عـن الأفراد العاديين. ولقد سافر جتنقر للساحل الغربي وذلك لتطبيق مقياس وكسلر للذكاء لمجموعة مـن الشـواذ جنسيا واللوايطة والشراميط (القحبات) تحت رعاية جورج وايت في سانفرانسسكو.

قدم نظام الباص سواء استخدم مباشرة أو بصورة غير مباشرة أداه سيكولوجية فعالـة لوكالـة المخابرات تساعد على قراءة أفضل بالنسبة للأفراد (الجواسيس) الذين يتعاملون مع المخابرات خارج أمريكا. وعـادة مـا يرسـل عملاء الوكالـة في المحطـات الخارجيـة نتائج البـاص مـع نتائج التقيـيم السيكولوجي غير المباشر إلى واشنطون، وتبعا لـذلك يقرر قسـم شئون الأفراد هـل يحاولون أو لا يحاولون تجنيد هؤلاء العملاء. وذكر أحد علماء النفس بوكالة المخابرات الأمريكية بأن نظام الباص يزود بمعلومات هامة عن كيفية ابتزاز الأفراد. مثلا، إذا كانـت نتـائج الفرد مشـابهة لنتـائج مجرمي الجنس فإن ذلك يشير لرفع الراية الحمراء لهذا الفرد. وبذلك يقدم نظام الباص أكثر الأسـلحة فعاليـة للهجوم على الأفراد الذين يراد ابتزازهم. ويقول عالم نفس آخر بأن أي فرد دائما لـه شيء مـا يريده وبواسطة الباص تستطيع أن تعرف ما هو هذا الشيء. وليس بالضرورة

أن يكون هذا الشيء هو الجنس أو الشراب المسكر، ربما يكون وضع أو اعتبار أو الأمان. ويضيف عالم نفس آخر بأن الباص يتيح معرفة "النقاط الرخوة في الفرد".

ومن المجالات الأخرى التي اهتمت بها جمعية البيئة الإنسانية (ماركس، 1979) أبحاث خط اليد، وتم توظيف نتائج تلك الأبحاث كملحق بالنسبة لنتائج الباص، وتم دعم بحث عن المطبوعات الألمانية في هذا المجال، وهناك اهتمام خاص بهذا الموضوع في ألمانيا أكثر من الاهتمام به في الولايات المتحدة . وتم توظيف نتائج دراسات خط اليد مع نتائج نظام الباص ونتائج مقياس وكسلر . وليس من السهولة إجراء مقياس وكسلر الكامل على دبلوماسي روسي في أمريكا أو أي فرد آخر كان هدفا للمخابرات. ولذلك تلجأ المخابرات لدرسات سيكولوجية بصورة غير مباشرة.

وفي الحرب العالمية الثانية واجهت المخابرات الأمريكية مشكلة في دراسة شخصية هتلر وطلب من أحد العلماء عمل صفحة نفسية عن القائد الألماني . وتم كذلك توظيف تقنيات التحليل النفسي لفهم شخصية هتلر ومعرفة نقاط ضعفه التي يمكن استغلالها . وبرزت فكرة لدى بعض علماء النفس بأن هتلر ربما تكون له ميول أنثوية وتم اقتراح محاولة لوضع هرمونات انثوية في طعامه . وتم بالفعل عمل تحليل لكل المعلومات المجمعة عن هتلر بواسطة المخبرين مع عينة من خط يده وسلوكه ونماذج تفكيره التي تتطابق مع الخصائص المجمعة لنتائج عينة من 29000 الذين اجروا اختبار وكسلر . ويسمى ذلك في علم نفس المخابرات بالقياس غير المباشر. وذكرت الشرق الأوسط (2001) نقلا عن الواشنطون بوست أن ملفات وكالة المخابرات المركزية التي تم الكشف عنها خلال أبريل 2001 كشفت عن معلومات مثيرة من ملف هتلر اقتباسا من تقرير للدكتور فردناند ساوبروتش، أحد المقربين من هتلر،الذي قال في عام 1937 أنه ظهر على الدكتاتور الألماني علامات على جنون العظمة وأنه حالة بين العبقرية والجنون ومن المحتمل أن يصبح أكثر المجرمين جنونا في العالم. ولكن تلك المعلومة لم تصل إلى علم الحكومة الأمريكية إلا في ديسمبر 1944 عندما أبلغ شخص الواقعة إلى مسؤول في مكتب الخدمات الاستراتيجية وحيث كانت تلك الصفات التي أشار إليها الطبيب قد أصبحت واضحة

سيكولوجيا الجنس والمخابرات

تعمل بعض الحسناوات اللآئي سخت عليهن الطبيعة بجمال أخاذ ومع ذكاء وقاد و في ظل الأنشطة المخابراتية السرية على إدارة رؤوس كثير من الرجال حافظي أسرار الدول. ففي الليالي الحمراء إذ ترمي الفتيات اللعوبات الصنانير الحادة التي تتخطفها الأدمغة والتي يصعب حينها أن تكون حافظة للأسرار. وسوف نقدم في هذا الجزء من الدراسة مصطلح "المناكحة المعلوماتية" والذي نعني به تقديم خدمات جنسية مقابل الحصول على المعلومات. إن الجاسوسة التي تعمل في مجال هذه المناكحة، فمن ناحية سيكولوجية، عليها ألا تتورط في علاقة عاطفية مع فريستها كما عليها أن توازي بين عملية جمع المعلومات وبين الاستجابة الجنسية المقيدة لدوافع ضحيتها. وتبعا لهذا الفهم فإن الجاسوسة الموهوبة جمالا وذكاءا هي التي تتعلم كيف تعطي بمقدار للحصول بلا مقدار من المعلومات. ويمكننا أن نعطي مثالا أخر يقرب الفهم بخصوص سيكولوجيا التوازن فمثلا، الجاسوس الذي تم غرسه في خلية لتجارة المخدرات فعليه أن يتعامل مع تجار المخدرات كتاجر مخدرات ومع المخابرات كضابط مخابرات وألا يتورط فعلا في تجارة المخدرات أو استلام رشوة حقيقية إلا بسبب جمع المعلومات. كما يوضح ذلك فلم "أرض الخوف" الرائع والذي كان بطله الممثل القدير أحمد زكي.

إن علاقة الجنس بعلم النفس أو بصورة معكوسة علاقة علم النفس بالجنس، وعلاقة الجنس بالمخابرات علاقة لا يخطئها التمحيص الدقيق، أو حتى الملاحظة العابرة . ويتعزز علم النفس المخابراتي بوقود ذكوري قد يكون ساديا لا يجد تنفيسا حقيقيا إلا في أنوثة مازوكية وحينها تتجاذب أقطاب المغناطيس المتنافرة في نوع من المناكحة التي تتوفر فيها عناصر التضاد والطباق والمقابلة المكمل بعضها للبعض الآخر . قد تقوم بعض المومسات اللآئي تدربن بتكنولوجيا السلوك في الغواية المستميلة وعلاقتها بالغة التعقيد بالمعرفة وتؤدي إلى مناكحة وحشية باطشة يستخدم فيها العدوان النفسي الضاري، والعدوان الجسدي المروع في بعض الأحيان بصورة مفترسة وعاتية . ونجدد التساؤل كيف تعمل هؤلاء الحسناوات الفاتنات في حفظ التوازن المزدوج والدقيق ما بين العاطفة والمهنة ؟

واستخدم الجنس، ويستخدم بفعالية، في عمل الاستخبارات وعن طريقه يمكن تدجين وابتزاز العملاء أنفسهم لحد الانهيار النفسي، وكما عبر غونكورت (1960، اسكنر، 1980)، "يستطيع المرء أن يدجن شعبا كما يدجن الأسود بالاستمناء" . وفي ظل الاستخبارات قد يتساءل أحد بصورة غير مستورة كم من حسناء ألمانية، أو إنجليزية، أو روسية، أو أمريكية، أو إسرائيلية نذرت جسدها وأظهرت شبقها لتقديم خدمات جليلة لبعض العرب في الأماكن أو المناصب الحساسة؟ ولقد اقتضى ترتيب الجنسيات تبعا لتطور التراتيب في تطور علم النفس وعلاقته بالمخابرات، وإن "المناكحة المعلوماتية"، تقع في قلب عملية التجسس والحرب الباردة . وقد أدت هذه المناكحة لعشرات الاغتيالات فمثلا صار ضحيتها يحيى المشد، العالم والعبقرية الفذة، الذي كان يعمل في المفاعل النووي العراقي والذي سافر لفرنسا لاستلام بعض المواد المشعة . وفي إحدى فنادق باريس العامرة باستخباراتها الإسرائيلية زهقت روحه بهدوء وببراعة مع حسناء فرنسية، أو "مومس فاضلة" .

نحاول في الجزء التالي أن نقدم بعض النماذج عن توظيف النساء أو بلغة أدق توظيف الجنس في أعمال التجسس. وسوف نقدم بعض الأمثلة من كوبا، والفليبين والعراق والمخابرات الأمريكية ونقدم بعض التفاصيل من الأساليب الموسادية في المناكحة المعلوماتية. أوردت مجلة "دير شبيجل" الألمانية قصة الحب بين الزعيم الكوبي الثائر فيدل كاسترو وصديقته الألمانية الفاتنة ماريتا لورينتز عملية المخابرات الأمريكية. وفقا للمجلة بدأت علاقة كاسترو مع ماريتا في 28 فبراير 1959 عندما رست الباخرة الألمانية "برلين" في ساحل خليج هافانا بكوبا. ولم يسبق لكاسترو أن كان على متن هذه الباخرة الفاخرة فقرر تأدية زيارة لها. وكان القبطان يغط في نومة القيلولة تاركا قيادة الأمور لابنته ماريتا (19 سنة) حينما صعد كاسترو إلى السفينة ورحبت به ماريتا بالقول "أنت الآن على الأراضي الألمانية" فأجابها كاسترو بالقول "نعم، لكنك في مياهي الاقليمية". وعرف رئيس حرس كاسترو أن شيئا يجري بين رئيسه وابنة القبطان لأنها كانت معجبة بالمقاتلين. وحسب دعواها فإن كاسترو عرض عليها العمل لديه كسكرتيرة وأنه سأل عن عنوانها قبل سفرها.

وأرسل كاسترو فيما بعد رئيس حرسه إلى نيويورك حيث كانت عائلة لورينتز تقيم ليصطحب ماريتا. وطلبت الأخيرة ليلة واحدة للتفكير ثم غادرت بعدها إلى هافانا في اليوم الثاني لتقضي سبعة اشهر "ساخنة" فيها. ثم حدثت القطيعة عندما كانت ماريتا حاملا من كاسترو في الشهر الخامس وأجبرها الحرس الكوبي على الإجهاض. وفي هذا الأثناء حاول طرفان التقرب إلى عشيقة كاسترو "السي آي ايه" و"المافيا" بغرض اغتياله. وتولى فراك الضابط بالمخابرات والمشرف على ماريتا مهمة إقناعها على اغتيال كاسترو. وتم تسليم أقراص السم إلى جون روزيلي من المافيا وذلك في فندق فونتين بلو في ميامي والذي سلمها بدوره إلى ماريتا التي كادت أن تنجح في اغتيال كاسترو. ولكن اقتادها رجال كاسترو إلى غرف فندق هافانا وهي تحمل الأغراض السامة في علبة مرهم إلا أنها قذفت بها في التوليت قبل حضور كاسترو "لأن الحب كان أقوى". وتقول ماريتا أن غرفة فندق هافانا شهدت حينها آخر فصل في الحب بدلا من آخر فصل في الجريمة (أنظر الشرق الأوسط، سبتمبر 2000).

كثيرا ما تجند المخابرات بعض الفاتنات من عارضات الأزياء والراقصات وسيدات الجمال بقصد المناكحة المعلوماتية. فمثلا، قامت جماعة أو سياف المشهورة في الفليبين بعدة عمليات اختطاف ناجحة دوخ بعضها العالم. ولعبت هذه الجماعة بأعصاب الكثير من الأفراد والجماعات. وقدمت الكثير المجهودات لحل أزمة الرهائن ومن بينها المجهود الكبير لسيف الإسلام القذافي. ومن المجهودات الطريفة المقدمة إعلان كبير المفاوضين الفليبينيين روبرتو افتتانو، عن تقديره للعرض المقدم من نجمة السينما الفليبينية "مارينيلا موران" على زعيم جماعة أبو سياف الدينية "غالب إندانج"، تمضية أسبوع كامل من اللذة مقابل الإفراج عن الرهائن الفليبينيين الذين تحتجزهم المجموعة في جزيرة جولو بجنوب الفليبين. وقالت النجمة موران "أريد المساعدة على إعادة السلام إلى بلادنا، ولذلك أنا مستعدة لأن أعرض عليه أسبوعا من اللذة يفعل خلاله كل ما يشاء في مقابل الإفراج عن جميع الفليبينيين الذي يحتجزهم (الشرق الأوسط، أغسطس 2000).

واتهمت صحيفة "صندي تلجراف" البريطانية في مقال لها النظام العراقي بإرسال عميلات مدربات إلى لندن لاختراق أوساط المعارضة واغتيال المنشقين. وفي رد فعل على هذه المقالة قالت وزارة الخارجية البريطانية "أن أحداثا من هذا النوع وقعت في الماضي في لندن وفي بلدان غربية أخرى". وأشارت الصحيفة إلى أن استخدام النساء كعميلات وضع الأجهزة الأمنية في حالة تأهب قصوى. وأوضحت الصحيفة أن غالبية النساء اللواتي يتم إرسالهن يمارسن مهنة الرقص أو التمثيل. وطبقا للصحيفة فإن العملية التي تحمل اسم "صقر" أطلقت رسميا في السادس من يوليو عام 2000 أثناء اجتماع للمسؤولين عن الأمن والاستخبارات العراقية (البيان يوليو 2000). وفيما بعد اتهمت الراقصة الشهيرة ملايين بالتجسس لصالح المخابرات العراقية.

وفي المخابرات الأمريكية وعن طريق جمعية البيئة الإنسانية تم دعم دراسة سيكولوجية تتعلق بمقارنة نتائج خط اليد (القرافولوجي) ونتائج مقياس وكسلر للذكاء على عينة من عارضات الأزياء، واللوطية والساحقات. ويذكر أحد علماء النفس المتقاعدين من وكالة المخابرات الأمريكية وهو جيمس كيهنر بأنه سافر إلى نيويورك عام 1969 لتطبيق مقياس وكسلر لممرضة أمريكية نذرت جسدها لخدمة بلدها. وكان عالم النفس بالمخابرات يريدها أن تنام مع عميل روسي. إما أن يقع الروسي في غرام هذه الممرضة الأمريكية ومن ثم يرتد من المخابرات السوفيتية أو يمكن ابتزازه بفضيحة جنسية. ويريد كيهنر أن يرى ما إذ استطاعت هذه الممرضة أن تنام معه من غير أن تتعلق به عاطفيا. ويقول كيهنر بأنه أصبح مشمئزا من تقنيات الوقوع في الشرك وخاصة بعد مشاهدة فيلم جنسي عن أحد العميلات تنام في السرير مع مجند مرشح. ويقول بأن مجموعة من ضباط المخابرات الميدانيين يجدون بهجتهم من هذه الأعمال المثيرة وباستخدام كمرة خفية لتصوير اللقطات المفضلة بالنسبة لهم. إن تقنيات الجنس التي تطورت في البيت الآمن في موكلترا بنيويورك وسان فرانسسكو كانت مفيدة في الاستخدام في العمل المخابراتي. وبمجرد أن يكشف نظام الباص عن مجند له إمكانيات عقلية غير مستقرة فيقترح العملاء بضرورة ترويده وكسره. وبواسطة منهج السقاطة

يوضع هذا العميل تحت مظلة الضغط حتى تتم عملية إسقاطه ومـن ثم قطع الخيوط التي تربطه بدولته.

إن استخدام النساء شائع في كثير من الأعمال ولكن يبدو أنه ليس هناك من يجيده أكثر من المخابرات الإسرائيلية. وتلعب المناكحة المعلوماتية دورا هاما في أعمال الموساد الميدانيـة والتـي علـى درجة عالية من الستر. وعادة ما يتم تدريب المرشحين الجدد على كيفية توظيف الجنس في أعمـال جمع المعلومات أو التجنيد بعد الابتـزاز. وفي مبنـى قيادة الموساد بإسرائيل هنـاك مـا يسـمى بـ "الحجرة الصامتة". وهناك شبه اتفاق بين رجال الموسـاد أن يقيمـوا اتصالات جنسية. ويذكر أحد مرشحي الموساد "ما خيب أملـي أننـي اعتقدت عنـد حضوري إلى هنـاك أني أدخل معبد إسرائيل المهيب فإذا بي في سدوم وعمورة". وكان كل شخص في الموساد مرتبط بشخص آخر من خلال الجنس والذي يشكل نظاما متبادلا من الخدمات المتبادلة، أنا أدين لك، وأنت تدين لي. أنت تساعدني وأنا أساعدك.

كانت أغلب السكرتيرات في مبنى الموساد على درجة عالية من الجمال، وهـذا أحـد شروط اختيارهن وقد يصل الأمر حـد الطلب إليهن أن يكـن "جـاهزات للاستعمال" كي يتمشى ذلك مـع العمل. وكان بعض العملاء لهم سطوة غير عادية على النساء فوصف أحدهم "كان جذابا للنساء كالمغناطيس". ويصف أحد مشكلات الخيانة الزوجية في الموساد "هذا هو الشخص الذي تأمنه علـى حياتك، لكن يجدر ألا تأمنه على زوجتك، فقد تكون في بلد عربي، في الوقت الـذي يقـوم فيـه بإغواء زوجتك. واصبح من المألوف جدا إذا ما تقدم شخص للعمل في المتسادا أن يطرح هذا السـؤال" لمـاذا أنت من ذوي القرون؟" أي الـذي تخـدعهم زوجاتهم. وكـان لـدى بعض رجال الموسـاد عـدد مـن الخليلات وتستخدم شقق هؤلاء الخليلات كبيوت مأمونة، يقيم عملاء الموساد بالمبيت في كل ليلة في شقة مختلفة (استروفسكي وهوي، 1990).

وفي الموساد لا يمكن تصور الأهمية التي يلعبها الجنس في حياة الكاتسا (جامع المعلومات). فعامل عدم اليقين يعني الحرية المطلقة. فإذا ما التقى الكاتسا بمجندة

123

وأراد أن يقضي نهاية الأسبوع معها، فالأمر سهل لأن زوجته اعتادت على حقيقة غيابه عن البيت. وهذا النوع من الحرية مرغوب فيه. والطرافة الحقيقية أنك لا تستطيع أن تصبح كاتسا في الموساد ما لم تكن متزوجا، و لا يمكنك السفر إلى الخارج، وهم يقولون أن شخصا غير متزوج سوف يسعى للعبث مع الفتيات وقد يلتقي بواحدة تكون عميلة مزورة. هذا في حين أن الجميع كانوا يعبثون، مما يجعلهم عرضة للابتزاز. وتوجد منطقة على طول الشاطئ الشمالي من تل أبيب اسمها تل برباخ، حيث تقف بنات الهوى في انتظار زبائنهن من الرجال الذين يأتون إلى هناك بسياراتهم، ويأخذوهن خلف الكثبان الرملية لعمل أشياء معينة، وينطلقوا بعدها بسياراتهم. لذلك قرر أحد عملاء الموساد أن يستخدم معدات التصوير الليلية في التقاط بعض الصور الفاضحة. وبالطبع، حسب تفكير الموساد،، فإن التقاط مثل هذه الصور قد يكون وسيلة إقناع قوية في تجنيد العملاء.

ففي سيكولوجيا الاستخبارات الإسرائيلية تم تكريس انتباه خاص للأفخاخ الجنسية، حيث تلتقط صور لنساء شابات في أوضاع مثيرة، وتستخدم لابتزاز الأشخاص المطلوب منهم التعامل مع الجهاز. وتم تحذير النساء بعدم التردد على محلات الألبسة ومؤسسات التجميل التي لا يعرفن أصحابها لاحتمال وجود كاميرات مخفية في غرف تغيير الملابس أو مخدرات تستخدم ضد النساء. كان التهديد بنشر تلك الصور سلاحا قويا في مجتمع مسلم تقليدي. ويمكن أن يستغل الشين بيت الزيارات التي يقوم بها المواطنون العرب إلى مركز الإدارة المدنية لتلقي تصاريح المرور. وكان الشين بيت يعتمد طريقة إظهار أن السجين الفلسطيني أو الموقوف قد أصبح مخبرا، وذلك بتعريضه لانتقام زملائه السجناء (بلاك وموريس، 1992). ولقد تم تركيب بعض الصور الجنسية الفاضحة بصورة فائقة بهدف الابتزاز أو المساعدة في جمع المعلومات. ولقد تم تصوير بعض القادة العرب من خلال عملية التلاعب بالأفخاخ الجنسية . وتلعب هذه العمليات الابتزازية وفق نشاط رجال الكاتسا، وتبعا لسيكولوجيا الجنس، دورا مركزيا في الحرب النفسية.

وهناك رواية عن مسؤول كبير في إحدى الدول العربية تم تصويره في الفراش مع غانية تم تجنيدها لهذا الغرض، وطلب منها أن تتخذ أوضاعا معينة بحيث تظهر الصور وجه المسؤول وأكثر ما يمكن من التفاصيل. ثم قامت الموساد بعد ذلك بعرض دليل مغامراته الماجنة ووضعوا الصور أمامه على منضدة وهم يقولون "قد ترغب في أن تتعاون معنا". لكن بدلا من أن يكون رد فعله الصدمة والخوف أعجب المسؤول بالصور وقال "هذا رائع"، "سأأخذ صورتين من هذا الوضع وثلاث صور من ذاك؟ وأضاف أنه يرغب في عرضها على جميع أصدقائه؟ ولا داعي للقول أن تلك الطريقة في تجنيده قد فشلت تماما.

التنويم المغناطيس والمخابرات

استخدم التنويم المغناطيسي في الاستخبارات عند بعض الدول على نطاق واسع (بوست، 1990؛ ماركس، 1979؛ وين، 1983)، وإن احسن الأسرار في بعض الأحيان قد تستحضر عن طريق تنويم شخص والطلب إليه الإتيان بالجواب . وليس هناك تقنية في مجال التحكم العقلي جذبت الانتباه العام أكثر من التنويم المغناطيسي (عالم الجواسيس، 1991) . وكان أول من توصل إلى إيجاد حالة النوم الهادئ "الغيبوبة" وهي الحالة التي تعتبر جانبا أساسيا في التنويم المغناطيس هو المركيز بيسجور أحد تلاميذ مسمر، فبينما كان يحاول إحداث الهزة العصبية الهستيرية العادية لشاب راعي غنم يدعى فيكتور باستخدام طريقة التنويم بالتأثير المغناطيسي، اكتشف المركيز أن فيكتور راح في نوم هادي لم يستيقظ منه إلا بعد وقت طويل، ولم يستطع فيكتور أن يتذكره بعد أن أفاق لنفسه . وحالات فقدان الذاكرة هي حالات شائعة من حالات الغيبوبة العميقة، وهي حالات لا يستلزم الإيحاء بها للشخص المنوم، ولكنها حالات تعتبر نتيجة تلقائية لحالات الغيبوبة العميقة، فإذا لم تكن حالة الغيبوبة عميقة بالدرجة الكافية وجب على المنوم أن يوحي إلى الشخص المنوم بضرورة نسيان كل ما حدث، وعادة ما تطاع مثل هذه الأوامر بسهولة. ولذلك فإن هناك استمرار بين اللحظة الأخيرة قبل أن يروح الشخص المنوم

في غيبوبة، وبين اللحظة الأولى عندما يستيقظ وهو لا يذكر تماما أي شيء حدث بين اللحظتين (نصرـ
1988).

وهناك طريقة تقليدية ينوم عن طريقها الإنسان مغناطيسيا وذلك عن طريق الأفعال المنعكسة الشرطية التي تحولت في الإنسان منذ أن كان طفلا بالنسبة للنوم، وذلك بأن يرقد الشخص على ظهره على سرير ومخدة ناعمة منخفضة في حجرة دافئة ومظلمة بعض الشيء، ولا بد من إزالة كل أعراض وبواعث القلق التي يحسها الشخص قبل بداية التنويم، وذلك من خلال مناقشة الشخص وتهدئته ثم يبدأ التركيز على أي شيء، بأن يثبت عينيه على قلم أو محبرة ويبدأ المنوم المغناطيسيـ في الإيحاء للشخص بالنوم، وعندما تبدأ العينان في الإغلاق يستمر المنوم المغناطيسيـ في الإيحاء بنوم أعمق كأن يوحي بثقل الجسم والأطراف وهدوء معدل التنفس تماما كما يحدث عندما ينام الإنسان نوما طبيعيا. وهناك ثلاثة طرق للإيحاء (أ) الإيحاء المباشر تحت التنويم (ب) الإيحاء غير المباشر تحت التنويم (ج) الإيحاء بعد التنويم. وتشمل الظواهر النفسية للتنويم زيادة قابلية الإيحاء، والإلفة مع المنوم المغناطيسيـ وفقدان الذاكرة المصاحب للتنويم العميق والقدرة على الاتصال بالعقل الباطن (عكاشة، 1986). ولكن اختلفت الآراء حول نسبة الأشخاص الذين لهم قابلية للتنويم المغناطيسي.

قام هلقارد وزملائه في جامعة استانفورد بتطوير مقياس لإيحاء التنويم المغناطيسيـ من خلال وضع معايير محددة لتقييم استجابة الأفراد لبعض المطالب تحت حالة التنويم المغناطيسيـ مثل "لا يمكن أن تفصل يدك" و "لا يمكن أن تقول اسمك". وتوصل هلقارد إلى أنه بين 5-10% من الأفراد لهم قابلية عالية للتنويم المغناطيسي، ونفس النسبة تقاوم بكلية عملية التنويم المغناطيسيـ بينما يقع بقية الأفراد بين المجموعتين. وهناك مجموعة من الأفراد يمكن أن تنام مغناطيسيا بكل بسهولة. ولكن قال بروفسر باربر من جامعة كاليفورنيا بأن كل فرد قابل للتنويم وأن الأفراد الذين يقاومون التنويم لم يقاوموا التنويم نفسه إنما يقاوموا الوسائل التقليدية المستخدمة فيه. إذ يرفض بعض الأفراد النغمات البطيئة والمتكررة مثل "سوف تشعر بأنك سوف تنوم" و"سوف تقفل

عينك". وحسب اعتقاده بأنه إذا تبنى الخبير الـذي يقـوم بعمليـة التنـويم وسـائل غـير تخاطبية وغير تسلطية سوف يكون هناك نجاح للتنـويم المغناطيسيـ الكامـل بنسـبة 100%. فقد أجري بروفسر باربر نفسه تجربـة للتنـويم المغناطيسيـ نـوم فيهـا 27 فـردا وعرضـهم جميعـا لإثارة كهربائية مؤلمة في الأسنان . ولم يشعر كل الـ 27 بأي نوع من الألم كما أوضحت النتائج.

وفي أواخر الأربعينات اختبرت وكالة المخابرات المركزية المنوم المغناطيسيـ وجربت اجتماع مخدرين مثل سيكونال ونبتوثال الصوديوم ويتبعهما امفتامين قـوي مثل دكسرـين أو ديزوكسـين. وكانت الفكرة وراء ذلك هي المحافظة على عالم متألق من الشعور واللاشعور. وتم تعليـق زجاجـات تحتوى على مخدرات تدخل عن طريـق الأوردة، ولهـا سـاعد وصمامات للـتحكم في حجـم التـدفق بحيث يمكن المحافظة على الشخص في الحالة المرغوبة والمطلوبة. وأدى هذا البحث المثير في عمليـة التحكم بالسلوك إلي اختبار الهروين والمورفين والميثادون والكوكايين وحامض اللسـيرجيك . وتم بحـث "مخدر الحقيقة" وهو المخدر الذي يوصل إلى الحقيقـة أو إلى اعـتراف صـريح مـن قبـل المسـتجوب. وعندما تستعمل المخدرات مع التنويم المغناطيسي والإكراه، فلن يحفظ الشخص المستجوب بـأي سر لفترة طويلة (بوست، 1990) .

وحلم بعض الأفراد باستخدام سـاحق لقـوة التنـويم المغناطيسيـ لإجبـار الآخـرين لتنفيـذ أوامرهم. وحاولت وكالة المخابرات الأمريكية أخذ هذا الحلم في الأيام الأولى للحـرب البـاردة مأخـذ الجد باستخدام التنويم المغناطيسي. وناقش مجموعة من الخبراء المهنيـين بـأن التنـويم المغناطيسيـ يقود لاكتشافات عظيمة في عالم التجسس. وأثار التنويم المغناطيسي فضول أول عـالم نفـس في وكالـة المخابرات الأمريكية وهو موريس آلان والذي قرأ كل ما وجـد عـن التنـويم المغناطيسيـ كمـا ذهـب لنيويورك لورشة مع أحد خبراء التنويم المغناطيسي. وحكى هذا الخبير لألان عدة حكايـات كيـف أنـه يستخدم التنويم المغناطيسي في غواية النساء. ومن بين الحكايات التي ذكرها كيـف انـه اقنـع امرأة تحت مظلة التنويم المغناطيسي بأنه زوجها وأنها شديدة الحاجة إليه. إن هذه العينة من

الخداعات لها مكانها في العمليات السرية. وقام آلان بكتابة تقرير لمرؤوسيه عن التنويم المغناطيسي وإدعاء الخبير بأنه قضى- خمس ليالي في الأسبوع خارج المنزل في حالة من الاتصال الجنسي مع هذه المرأة المنومة مغناطيسيا (ماركس، 1979).

وتعمق آلآن في دراساته عن التنويم المغناطيسي- في مكتبه بوكالة المخابرات الأمريكية. وطلب من السكرتيرات صغار السن في وكالة المخابرات للبقاء بعد الدوام وذلك بهدف القيام بالتنويم المغناطيسي هادفا بذلك أن يقمن بما يريده منهن. وكانت له بعض السكرتيرات اللائي يسرقن الملفات ويقمن بتسليمها للغرباء كلية وبذلك نقضن أهم قاعدة أمنية أساسية في وكالة المخابرات الأمريكية. وبعملية التنويم المغناطيسي جعل هؤلاء السكرتيرات يسرقن من بعض البعض ويحرقن الملفات. وجعل إحداهن تحضر لغرفة نوم أحد الغرباء ومن ثم كانت في حالة من النوم العميق. وتؤكد هذه العينة من الأنشطة السيكولوجية بأن الأفراد تحت حالة التنويم المغناطيسي- يمكن استمالتهم وابتزازهم من قبل المخابرات. وغالبا ما تكون هؤلاء السكرتيرات على أهبة الاستعداد لتقديم خدمات للزبائن بغرض جمع المعلومات في حالات الصحو وحالات الغيبوبة على حد السواء.

قام عالم النفس جوتيب وزملائه بمواصلة جهود آلان وعمل تجارب عن التنويم المغناطيسي- لمدة عامين لخدمة المخابرات الأمريكية. وقاموا ببعض التجارب الأساسية في المكتب كما كان يفعل مورس آلان ولكنهم فيما بعد تركوا معظم العمل لمرشحي الدكتوراه في جامعة مينسوتا. فمثلا، حول سيرس مشروع دراسته التابعة للمخابرات الأمريكية لجامعة دينفر وذلك للعمل مع الطلاب لمعرفة طبيعة التنويم المغناطيسي. وكان من بين الأشياء التي يبحث عنها هل يمكن للمنوم أن يخلق شخصية منفصلة تماما؟ هل بمقدور الشخص الذي أرسل في مهمة سرية لا يتذكر عنها شيئا إلا إذا تم تصحيته من النوم بواسطة خبير التنويم المغناطيسي؟ وقام جوتيب باستدعاء سيرس بعمل تجربة عن التنويم المغناطيسي لمجموعة مختارة من ضباط وكالة المخابرات الأمريكية. وكان مورس آلان يريد أن يؤدي "التجربة الإنتهائية"، ربما يقصد بها تجربة

حتى الموت، ليعرف ما إذا كان الفرد الذي حدثت له عملية فقدان ذاكرة في التنويم المغناطيسي يمكنه أن يتحمل العذاب. وناقشت وكالة المخابرات الأمريكية أعمالا مشتركة في التنويم المغناطيسي مع أحد الاستخبارات خارج أمريكا. وتحت مظلة حرية الحصول على المعلومات حاول ماركس (1979) تتبع عملية قيام تجارب التنويم المغناطيسي واختبار العقاقير بالتعاون مع المخابرات الأجنبية ولكن رفضت وكالة المخابرات الحصول على هذه الوثائق. وكان تبرير المخابرات بأن معرفة هذه الوثائق ربما يكشف عن مصادر ومناهج وكالة المخابرات الأمريكية وذلك معفى بواسطة القانون.

وسأل مكتب مكافحة التجسس في واشنطون محطة المخابرات الأمريكية في مدينة مكسكو للبحث عن مرشح مناسب لتجربة تنويم مغناطيسي سريع. وقام المكتب بترشيح أحد العملاء والذي عمل السوفيت على أن يكون عميلا مزدوجا بصورة واضحة. وبالفعل سافر أحد خبراء مكافحة التجسس من مكتب واشنطون وكذلك مستشار في التنويم المغناطيسي من كاليفورنيا وذلك للقيام بتجربة التنويم المغناطيسي- وأوصي مسئولو مشروع مكولترا، ومن بينهم عالم النفس جتنقر، بإستخدام التنويم المغناطيسي في تجارب عمليات الاستخبارات. فمثلا، كان هناك عميل هام مزدوج يعمل في الخارج ذكر لرئيسه في المخابرات بأنه خائف من الرجوع لبلده ثانية وبأنه لا يتحمل عملية الاستجواب العنيفة من قبل حكومته والتي تتم عادة عند عودة رجال المخابرات من الخارج. وطبق عليه رجال المخابرات في واشنطون تقنية التنويم المغناطيسي مع بعض العقاقير وذلك لتغيير اتجاه العميل. ويأملون بذلك بأن يعطوا العميل حصانة تمكنه من تحمل الأسئلة العنيفة في حالات الاستجواب. وكانت هناك ثلاث أهداف لمشروع مكافحة التجسس وهي (1) إحداث التنويم المغناطيسي بصورة سريعة بالنسبة لأشخاص غير عالمين بذلك (2) خلق حالة من فقدان الذاكرة المحتملة (3) زرع إيحاء متحمل وخلق بعد تنويمي مفيد عمليا في الفترة التي تلي حالة التنويم المغناطيسي. ولم تسمح وكالة المخابرات الأمريكية بالحصول على الوثائق الخاصة عن "التجارب الحقلية" عن الهدفين الآخرين وهما مدماكان رئيسيان في مشروع "مرشح منشوريا".

أشارت عدة كتب عن محاولة تطبيقات المخابرات الأمريكية لتقنية التنويم المغناطيسي كوسيلة لبرمجة القتلة أو في إرسال رسائل سرية للغاية والتي تنسى بمجرد استلامها (وين، 1983). ومن بين هذه الكتب "المتحكمون في العقل" لسشيلفين وابتون، و"عملية التحكم في العقل" بواسطة بوارت، و"البحث عن إنسان منشوريا" لماركس. وتم التساؤل هل من الممكن إقناع الأشخاص تحت تأثير التنويم المغناطيسي بارتكاب الجرائم بما يتعارض مع أخلاقهم ومعتقداتهم ؟ وفي إحدى التجارب التي أجريت على جندي أمريكي وضع في حالة غيبوبة كاملة في حضور ضباط برتب كبيرة من الجيش، ووقف ضابط برتبة عقيد أمام الجندي وعلى مسافة 10 أقدام منه ثم وضع الجندي حينئذ في حالة غيبوبة، ووجه إليه هذا الإيحاء : "سوف تفتتح عينك بعد دقيقة . سوف ترى أمامك جنديا يابانيا، إنه يمسك بالسونكي، وهو يستعد لقتلك إذا لم تبدأ بقتله، عليك أن تخنقه بيدك" وفتح الجندي عينيه، وبدأ يزحف للأمام ببط وأخيرا قفز قفزة سريعة وأوقع الضابط، وبدأ يضرب رأسه ويخنقه بيديه. وتطلب الأمر ثلاثة رجال من المخابرات لشده وإبعاده عن الضابط، ولم يعد إلى هدوئه إلا بعد أن استطاع المنوم أن يرسله في سبات عميق . وقال الضابط أن هجوم الجندي عليه لم يكن تمثيلا، وأنه كان من الممكن أن يقتله أو يصيبه بإصابات خطيرة لولا أن هب الآخرون لإنقاذه . ولما كان ضرب ضابط في الجيش مخالفة خطيرة فإنه يتضح لنا أن خبير التنويم المغناطيسي الماهر يستطيع بسهولة أن يؤثر على الفود المنوم ويحثه على الإتيان بأعمال خطيرة (نصر، 1988). يبدو أن علماء النفس بالمخابرات يحلمون أو يبحثون عن مقدار أكبر وأروع من التحكم وتشكيل سلوك الإنسان كسلوك الآلة . وتوضح التجربة التالية حالات الغيبوبة التي يمكن أن توظف بصورة درامية في أعمال المخابرات .

وتنبأ بعض الخبراء بأن تقنية التنويم المغناطيسي سوف تقود إلى تقدم هائل في مجال التجسس . ووضح بأن الأفراد تحت عملية التنويم المغناطيسي يمكن أن يتعرضوا لحالات من الشبهة والفضيحة والابتزاز . وتم إجراء إحدى التجارب المروعة عن التنويم المغناطيسي سميت ب"مرشح منشوريا" أو "القاتل المبرمج" . وقام خبير التنويم

المغناطيسي في المخابرات بعملية تنويم لإحدى السكرتيرات في حالة من الغيبوبة العميقة وطلب منها الاستمرار في النوم حتى يأمرها بطريقة أخرى، ثم قام في نفس الوقت بتنويم سكرتيرة ثانية وأوحى لها بأنها لا يجب أن تتردد في القيام بعملية قتل، وترك مسدسا بالقرب منها فما كان من هذه السكرتيرة إلا أن أخذت المسدس وأطلقت النار على صديقتها النائمة مغناطيسيا . وعندما قام الخبير بإيقاظ القاتلة من غيبوبتها كانت قد أصيبت بحالة من فقدان الذاكرة وأنكرت أنها لم تقتل أحد .

وتم التساؤل من قبل الخبير النفسي إلى أي حد يمكن أن يقوم التنويم المغناطيسي بنفس النتائج المذهلة والدراماتيكية في عمل المخابرات ؟ وهل يمكن أن يحدث خبير التنويم المغناطيسي شخصية منفصلة تماما بالنسبة للعميل ؟ وإلى أي حد يمكن إرسال العميل في مهمة لا يتذكر عنها شيئا حتى يرجع ويوحي إليه المنوم بأن دوره قد انتهى ؟ وإلى أي حد يمكن خلق "مرشح منشوريا" الذي يقوم بعملية قتل مبرمج في أي مكان في العالم ثم لا يعرف من أمره بذلك في حالة انتهاء مهمته؟

علم النفس المخابراتي وتقييم العقول الخطيرة

تعين وكالة المخابرات الأمريكية بعض علماء النفس وذلك لدراسة وتقييم بعض الشخصيات الخطرة التي تهدد سلامة الرؤساء وكبار المسئولين (أنظر موراي، 1998). مثلا، لقد تخرجت مارجريت كوجينس بشهادة الدكتوراه في علم النفس الإرشادي من الجامعة الكاثوليكية الأمريكية، واتصلت بوكالة المخابرات الأمريكية بغرض الحصول على عمل. وبعد عدة اجتماعات معها منحت وظيفة إرشادية في وكالة المخابرات. وتبعا لذلك وجدت كوجينس في عمر 30 سنة، على حد تعبيرها، نوع العمل السيكولوجي الذي أحست بأن مقنع بالنسبة لها. ويقع على عاتق كوجينس، وهي رئيسة الأبحاث السلوكية في المخابرات الأمريكية، مع زملائها مسئولية كبيرة في حماية سلامة رؤساء الولايات المتحدة والرؤساء الزائرين للولايات المتحدة. مثلا، لقد قتل ضابطان أمريكيان من الشرطة بواسطة متهم سابق وبعد أن تمت دراسته والتحقيق معه بواسطة المخابرات

اتضح بأنه شخصية خطيرة . ويحاول مكتب الأبحاث السلوكية في المخابرات من منع وقوع هذه العينة من الحالات المأساوية. وتقول كوجينس أنها تستلم آلافا من الحالات في السنة وذلك للتحقيق السيكولوجي وعادة ما تؤخذ أي حالة بصورة جادة، من فرد يكتب رسالة حب هائمة، ولفرد تم إيقافه في المطار لأنه يحمل أسلحة متوجها لواشنطون، لسكير في الحانة يقول "أريد أن أقتل الرئيس" وتضيف كوجينس نحن قلقون لكل هذه الحالات. ويتطلب عمل الاستخبارات من العملاء بأن تكون لهم قدرة دقيقة الملاحظة.

وتطبق كوجينس نفسها عيونها الحادة في بحثها السلوكي وعندما تستدعى لاستشارة ما فإنها مع مجموعتها تصمم وتجري أبحاثا عن التقييم والتحكم في السلوك العدواني. كما تساعد عملاء المخابرات في كيفية استخدام معلومات ونظم الصحة النفسية في تحديد مدى خطورة بعض الأفراد. بالإضافة لذلك، تساعد العملاء على تنسيق برنامج تقيم عملية الصحة النفسية والعلاج بالنسبة للمحتاجين إليه. إن الإرشاد الذي تقدمه كوجينس مع زملائها يعتبر شيئا نافعا للعملاء الذين يواجهون حالات يومية تحتاج لاتخاذ قرار صعب حول هؤلاء الأشخاص الذين يشكلون خطرا على سلامة القادة. ويصف راندي رتو رئيس الأكاديمية الأمريكية لعلم النفس الشرعي بأن كوجينس عالمة نفس بالمخابرات وهي براجماتية أو عملية جدا. ويحتاج رجال المخابرات، بدلا عن التنظير، إجابات واضحة وسريعة ولشخص يرشدهم ماذا يفعلون هنا وهناك. وربما يكون من الصعوبة بمكان أن تجد إجابة مباشرة من بروفسر علم النفس في الجامعة ولكن كوجينس كانت مهيئة تماما بأن تقدم هذه الإجابات التي يحتاجها رجال المخابرات. وفضلا عن ذلك تقدم كوجينس الدعم اللازم لرجال المخابرات الذين يجرحون أثناء تأديتهم لواجبهم. وتذكر بأنه عمل خطير، مثلا، لقد فقدت وكالة المخابرات الأمريكية ستة أشخاص في انفجار أوكلوهوما.

من ناحية تاريخية، قامت وكالة المخابرات بالاهتمام والتركيز على الصحة العقلية عام 1980 وذلك عندما أنذر رجال المخابرات بأن هناك تقديرات عالية للمرضى النفسيين بين الأفراد الذين يهددون الشخصيات القومية. ونموذجا واحد من هذه

الحالات المفاجئة هو محاولة اغتيال الرئيس ريقان في مارس 1981 بواسطة جون هينكلي . لقد أظهرت سجلات وكالة المخابرات الأمريكية بأن 50% من الأفراد الذي كانوا محط انتباه رجال المخابرات إما أن يكونوا مرضى نفسيين بالفعل أو أن لهم مرض نفسي في تاريخهم النفسي. وغالبا ما كانت كوجينس تسأل أسئلة عامة من قبل رجال المخابرات مثلا، "في ماذا يستخدم هذا الدواء؟"، أو سؤال آخر مثل "تردد هذا الشخص كثيرا لمدة 20 عاما على المستشفي النفسي هل يمكن أن تراجعي كل المعلومات التي لدينا وماذا يجرى في داخل هذا الشخص؟" وربما ترشد كوجينس هؤلاء العملاء بأن يتحدثوا مع زميل المتهم أو إحالتهم لمصادر أخرى مساعدة في الصحة النفسية. وإذا اتضح بأن الشخص يشكل فعلا خطورة على الشخصيات القومية غالبا ما تستجوبه المخابرات لمنع أي عدوان ولتأكيد سلامة الشخصيات القومية. وكان غالبا ما ينتهي التحقيق بدخول هذا الشخص للمستشفى النفسي أو يقدم له برنامج علاجي بدلا من الاعتقال.

واحدة من الأبحاث الهامة التي أجريت بواسطة كوجينس هو كشف شخصيات الزوار الذين يقتربون من البيت الأبيض والذين يودون مشاهدة الرئيس الأمريكي وتمت إحالتهم بواسطة رجال المخابرات للتقييم السيكولوجي نسبة لبعض أعراض المرض النفسي- البادية عليهم. ولكن أطلقت المصحات النفسية معظم هؤلاء الذين تم تقييمهم. ولكن تم اعتقال 11% وذلك للدخول بصورة غير قانونية للبيت الأبيض. وكان معظم هؤلاء من خارج منطقة واشنطون وتردد آخرون للمرة الثانية للبيت الأبيض مما حدا برجال المخابرات بإحالتهم للمرة الثانية للتقييم السيكولوجي . ووصت الدراسة بأهمية العمل المشترك بين المخابرات الأمريكية وبين الصحة النفسية وذلك لربط هؤلاء الأشخاص بالعلاج النفسي المنتظم. وفي بحث آخر بحث كوجينس مع زملائها لماذا يتردد المعالجون أو ممارسو الصحة النفسية من كتابة تقارير عن هؤلاء الأشخاص الذين يهددون سلامة الشخصيات القومية. وأظهرت الدراسة بأن هناك 12% فقط من التقارير السيكولوجية التي أتت من المعالجين النفسيين. ودرست كوجينس

اتجاهات كيفية كتابة التقارير لـ 592 من الممارسين للعلاج النفسي في أمريكا. وذكرت بأن معظم المعالجين كانت لهم معرفة قليلة بعمل المخابرات. وتبعا لذلك قدمت كوجينس عدة أوراق بحثية في مؤتمرات عن الصحة النفسية وهي تعمل كذلك مع المجموعة رقم 41 في الرابطة النفسية الأمريكية والخاصة ب"الجمعية الأمريكية لعلم النفس القانوني". وهي تدرب كذلك عملاء وكالة المخابرات الأمريكية في أساسيات الخدمات النفسية. وتقول مفتخرة نتحدث عن أنفسنا كأسرة واحدة في المخابرات الأمريكية لأننا مرتبطين ببعض كمجموعة مهنية". وتخلص كوجينس قائلة "أني محظوظة لأني أحب ما أقوم بعمله".

تقانة التجسس وتعزيز استقبال الحواس

تزامنت التطورات الكبيرة في مجال علم النفس بتطور آخر في مجال التقنيات التي تستخدم في عمل المخابرات والتجسس . وقد استخدم المخبرون والجواسيس الكثير من الأدوات الدقيقة والمذهلة والتي نشاهدها في المسلسلات وفي الأفلام بقصد جمع المعلومات، ومعرفة الأسرار، وفي الاغتيالات، وتعزز هذه التقنيات الإمكانيات المحدودة للحواس الإنسانية . ويراد لهذه الحواس أن تعمل بفعالية وبصورة خارقة. لقد بات السمع والنظر العاديين غير كافيين . وصارت الحاستان مدعومتان بالآلات الدقيقة (بوست، 1990). يرتبط عمل الاستخبارات بصورة أساسية بعملية جمع المعلومات. ومن ناحية سيكولوجية تستقبل المثيرات من البيئة الخارجية بواسطة الحواس الخمس. وتحول الأسباب الأمنية أو القانونية من عملية جمع الكثير من المعلومات التي يحتاجها عميل المخابرات. لذلك تحتاج عين وأذن وأنف وجلد وربما لسان الجاسوس لتقانة تزيد من عملية تعزيز فاعلية أو تدعيم هذه المستقبلات الحسية.

تقوم المديرية العلمية التقنية التابعة لوكالة المخابرات المركزية بالاستطلاع عن طريق الوسائل التقنية أيضا وتنظيم الدراسات العلمية الضرورية والتحقيقات وتوطيد العلاقة مع المشاريع الصناعية التي تقوم بتصنيع التوصيات الخاصة. ووظيفة هذا الفرع

هو جمع وتحليل المعلومات العلمية-التقنية المكشوفة. فمن أجل تصنيع وإنتاج الوسائل التقنية الضرورية للمخابرات تقوم المديرية باجتذاب عدد كبير من الشركات الصناعية الكبيرة والصغيرة. يعتبر تصنيع الأجهزة التي تستخدم للتأثير على الجملة العصبية عند الإنسان وإنتاج جميع الوثائق المزورة الممكنة والضرورية لتغطية عملاء ومؤسسات وكالة الاستخبارات المركزية واختيار أنواع مختلفة من الأسلحة الضرورية لتنفيذ تلك العمليات السرية أو غيرها المجال الهام لنشاط الفرع العلمي-التقني. ويوجد في هذا الفرع العلمي مركز لتحليل المعلومات الخاصة بالأنظمة الصاروخية الفضائية الأجنبية ولتحليل صور المخابرات الفتوغرافية الملتقطة بواسطة عملاء المخابرات (مجموعة من المؤلفين، 1990).

مثلا، صنع علماء التقانة في المخابرات الأمريكية الوسائل المهيجة والمزعجة والمسببة للإحساس الكريه والتي تهدف لإفشال المظاهرات والاجتماعات وغير ذلك. وكتب فيليب ايجي في كتابه "خلف كواليس السي آي أي" إن فرع التجهيزات العملية في مديرية العمليات ينتج بعض الوسائل والأدوات المختلفة لهذه الأغراض. ومن الممكن أن نرش في مكان الاجتماع البودرة الناعمة العديمة اللون التي تلتصق بالتربة وتصبح غير مرئية ولكنها تنتشر بعد ذلك في الهواء من تحت الأرجل إلى جانب الغبار وتفعل نفس مفعول الغاز المسيل للدموع. ولكن الشيء الرئيسي في أجهزة الدمار هذه هو وسائل إبادة الإنسان المخيفة. لقد صممت بعض الأدوات المخيفة للمجرمين. ومن الممكن أيضا إضافة مادة عديمة الطعم والرائحة إلى الطعام حيث تسبب احمرار شديدا للجسم البشري ويمكن لعدة نقاط من سائل شفاف أن تثير عند الإنسان رغبة لا تقاوم في الكلام ناسيا الحيطة والحذر.

اخترع جراهام بل الهاتف عام 1868 . وتطور الهاتف وأصبح أكثر الآلات الإلكترونية انتشارا في العالم. كما أصبح هدفا أساسيا للذين يرغبون في الاطلاع على أسرار وخصوصيات الآخرين . ويمكن التصنت على المحادثات الهاتفية التي تجرى في الغرفة التي يوجد فيها الهاتف. وتستعمل كذلك تكنولوجيا الحقيبة السوداء في الواقع أقل مما

يظهر في روايات وأفلام التجسس - : أفلام جيمس بوند - وتستعمل أيضا في العالم الرمادي وهو العالم الذي تكون فيه الفوارق ضبابية بين الإرهابي والمقاتل من أجل الحرية وبين الجاسوس والخائن . ويتضمن عمل الحقيبة السوداء ثلاثة أنواع : السطو، وتدمير الممتلكات، والاغتيالات . وتطورت تقنيات أخرى للتجسس مثل زرع أدوات استرقاق السمع مثل الميكرفون البلوري، وشرائط التسجيل، وأدوات الاسترقاق الراديوية، وتعديل التردد . كما استخدم علم الإخفاء والذي يحتوي على الشفرة والرموز، وآلات الخفاء مثل اللغز والارجوانة (بوست، 1990).

ومن الأدوات البدائية للاتصالات الحبر السري مثل الحبر العضوي، والحبر الكيميائي المشع، وحبر الرصاص الفرعي، والميكروفيلم والنقاط الصغيرة (بوست، 1990). إن تكنيك الكتابة السرية واحد في كل أرجاء العالم. إذ يقوم الجاسوس بكتابة الرسالة الأصلية كتغطية. ثم يكتب رسالته على القسم الأعلى من الرسالة الأصلية، باستخدام ورقة كبون خاصة لا لون لها، والتي تقوم بدورها بطباعة الكتابة على الرسالة. ثم يقوم مستلم الرسالة بتظهير الكتابة التي لا لون لها، وتتم هذه العملية باستخدام معامل كيميائي معين يبرز الكتابة ويجعل قراءتها ممكنة. وما لم يكن هذا المعامل معروف بشكل صحيح تبقى الرسالة عصية على الكشف. أما الصور المجهرية فهي طريقة أخرى للاتصال بين العميل والمسئول عنه. إذ يتم هنا تصغير الصور إلى نقطة مجهرية لا تشاهد بالعين المجردة. وعادة ما يتم إخفاء هذه النقاط تحت الطوابع، وفوق علامات التنقيط في الرسائل المطبوعة على الآلة الكاتبة، أو تحت لاصق غلاف الرسائل (رايت، 1988).

ربما كانت الطائرة الملقبة "بحمامة عصرية" هي أغرب وأذكى وسائل نقل الوثائق والمعلومات . وكانت تلك الطائرات صغيرة بحيث لا يلتقطها رادار ولا تراها العين المجردة ويستحيل إيجادها بعد أن تحط على الأرض . ولقد أطلق جنود فرنسيون أعيرة على حمام طائر واكتشفوا أنه يحمل آلات تصويرية موجهة نحو الأرض، بحيث تلتقط صورا واضحة أثناء تنقل الطائر . لقد أعطت هذه الأدوات رخصة للأيدي الشريرة

لاستخدامها بالنسبة للأعداء وربما الخصوم أو المعارضين . وحمام النصف الثاني من القرن العشرين هو طائرات يقودها جواسيس الجو (عالم الجواسيس، 1991) . لعبت استخبارات الجيش الإسرائيلي خلال حرب الاستنزاف 1968-1970 دورا مساندا هاما في تزويد رجال الكوماندوز الإسرائيليين والطيارين بلوائح للأهداف المصرية. وأثبتت نجاحها في إعطاء المعلومات وتسهيل تدمير جسر نجع حمادي ومنشآت الكهرباء. وفي ذلك الوقت بدأت استخبارات الجيش الإسرائيلي تطور الطائرات الموجهة دون طيار التي تحمل كاميرات تصوير لمراقبة خط الجبهة دون أن تعرض حياة الطيارين الغالية لخطر الأسلحة الأرضية. بدأ الرائد مردخاي بريل من أمان العمل بهذا المشروع وأقنع رؤساءه بشراء ثلاث طائرات-ألعاب- تقاد عن بعد من صنع الولايات المتحدة الأمريكية. وفي أثناء تجربة هذه الطائرات التي يبلغ عرض كل منها 1,5 م، فوق بطارية مدفعية مضادة للطائرات تبين أنه يصعب إصابتها بالنيران الأرضية. وكانت العملية الأولى في صيف 1969 فوق المواقع المصرية قرب الإسماعيلية ناجحة جدا. لم يطلق المصريون النار على الطائرة وعادت إلى قواعدها حاملة صورا واضحة. كذلك نفذت رحلة أخرى فوق مواقع الجيش العربي في وادي الأردن وكانت ناجحة أيضا. فيما بعد أصبحت الطائرات الموجهة دون طيار ذات مدى أطول وجهزت بكاميرات تلفزيونية وغدت المصدر الأساسي لمعلومات أمان عن المواقع العسكرية المعادية.

ولقد دبر دلاس رئيس المخابرات المركزية الأمريكية للموساد أحدث ما توصل إليه العلم من معدات مثل أجهزة التنصت والتتبع، وآلات التصوير عن بعد، ومجموعة أخرى من الآلات أعترف هارئيل رئيس المخابرات الإسرائيلية بأنه لم يكن يتصور وجودها. وأقام دلاس وهاريل أول "قناة خلفية" للمخابرات بين جهازيهما يستطيعان خلالها تحقيق اتصال هاتفي سري في الحالات الطارئة. وتجاوزت القناة كفاءة القنوات الدبلوماسية المعتادة مما أثار حفيظة كل من وزارة الخارجية الأمريكية ووزارة الخارجية الإسرائيلية. ففي إسرائيل هناك مدرج تتجمع فيه العائلات في يوم المخابرات لإحياء ذكرى الموتى وبعد ذلك يزورون متحف النصب التذكارية الحافل بالمقتنيات :

جهاز إرسال في قاعدة مكواه وميكروفون في غلاية للقهوة وحبر خفي في زجاجة عطر، وجهاز التسجيل الذي سجل سرا محادثة مهمة بين العاهل الأردني الملك حسين والرئيس المصري جمال عبد الناصر كانت نذيرا بحرب الأيام الستة. وقد نالت قصص الرجال الذين استخدموا تلك المعدات بكفاءة منقطعة النظير حولتها إلى أسطورة فكان يشير إلى الزي التنكري الذي ارتداه يعقبوئيه عندما تسلل إلى الأردن داخلا إليها وخارجا منها حتى اعتقل وأعدم في عمان عام 1949 أو جهاز اللاسلكي البلوري الذي استخدمه ماكس ببنت وموشيه مرزوق لإدارة أنجح شبكات الموساد في مصر قبل أن يموتا ميتة بطيئة وأليمة في السجون المصرية (ثوماس، 1999).

نتيجة لدقة الاختيار وللتدريب العالي بالنسبة للجواسيس الإسرائيليين وترقية حواسهم فقد تمت عملية اقتباس وتكييف الأساليب الأمنية المختلفة في العالم. وللاستخبارات الإسرائيلية امكانيات هائلة في عمليات النسخ والتقليد. فيمكنها أن تصنع أمثلة مماثلة من الأقفال المحكمة الصنع كما يمكن تزييف جوازات السفر بنفس المواصفات الأصلية. وتفرض بعض الدول الحظر على بيع الأسلحة لإسرائيل مثل فرنسا لأنها تعلم أنها في اللحظة التي تتحصل على السلاح فإنها تصنع نسخة منه. ومازالت إسرائيل تجهد للحصول على الأسلحة والتكنولوجيا المتقدمة سرا وبطرق غير قانونية، وتحاول منع أعدائها من الحصول عليها. جاء في أحد تقارير المخابرات الإسرائيلية وصف لحادثة مميزة وهي عندما كان عملاء مكتب التحقيق الفدرالي يزرعون أجهزة تنصت في سفارة عربية في واشنطون حيث التقوا بفريق إسرائيلي كان قد أنهى للتو العمل نفسه. ومع عملية الالتقاء بين عملاء المخابرات الأمريكية وعملاء الموساد لم تكتشف أجهزة الأمن في السفارة العربية هذه الأجهزة المزروعة. يؤمن علماء النفس بالدور الفاعل لعلم النفس في كسب الحرب الباردة. وتبعا لهذا الفهم فإن كثير من المخبرين وعلماء النفس يؤمنون بفضائل الأدوات الصغيرة لا المسدسات. وإن حاسة السمع والبصر والشم والتذوق تحتاج لهذه الأدوات الصغيرة بقصد تعزيزها وتقويتها وزيادة فعاليتها وبلغة أخرى، زيادة حدتها لكيما يترجمها الدماغ بصورة أكثر وضوحا.

وفي السنوات الأخيرة تطورت شبكة الانترنيت بصورة كبيرة في إسرائيل، خاصة إذا علمنا باستقبال إسرائيل لآلاف المهندسين من روسيا وقسم كبير منهم في تخصص الرياضيات والمعلومات التقنية. واصبح الكمبيوتر يحتل مساحة كبيرة من اهتمام الشباب ووقتهم في عملية الإبحار اللامحدود وبلا شواطئ. وفي مايو 2001 كشف الموساد بأن لديه دائرة تكنولوجية خاصة وإذ أعلن عن حاجته لعاملين خبراء. وأثار نشر الخبر الاستغراب إذ أن عمل الموساد يتم في غاية السرية، أكثر من أي جهاز أمني آخر، إلا أن رؤساء المؤسسة ردوا الانتقاد بالقول أنهم يديرون سياسة انفتاح تؤدي لتقريب المؤسسة من الجمهور وفي هذا عناصر تعزيز للثقة من جهة وتقوية للمؤسسة من جهة أخرى. وتجاوب حوالي 1000 خبير الكتروني ممن يعملون في صناعة التكنولوجيا العالية في إسرائيل مع دعوة الموساد للعمل بها. وتتراوح أعمار الغالبية من المتقدمين بين 24-35 سنة من الذكور والإناث من خريجي معاهد علم الحاسوب الذين فصلوا من أعمالهم في الأشهر القليلة من جراء الأزمة التي يعانيها فرع التكنولوجيا العالية في جميع الدول المتطورة في العالم. فقرر الموساد استغلال هذا الوضع لجذب أفضل الطاقات والخبرات. وإزاء تجاوب 1000 خبير مع دعوة الموساد يتوقع أن تجرى الاختبارات السيكولوجية لانتقاء أفضل الخبراء من هذه المجموعة (أنظر الشرق الأوسط مايو 2001).

وفي أغسطس من عام 2000 بدأت السلطات الكندية تحقيقات واسعة بشأن معلومات حول قيام الموساد بسرقة برنامج كمبيوتر كندي للتجسس على السفارات والمنظمات العربية في كندا وقد سرقت معلومات إلكترونيا في غاية الحساسية من أجهزة كمبيوتر هيئة الاستخبارات السرية الكندية. ونفذت العملية عن طريق "بوابة كمين" وضعه الموساد في برنامج كمبيوتر في إطار عملياته الدولية (توماس، 2000). وبعد شهرين من ذلك اشتعلت "حرب المواقع" على شبكة الانترنيت بين الإسرائيليين ومؤيديهم من جهة والفلسطينيين واللبنانيين ومؤيديهم من جهة أخرى وذلك خلال انتفاضة الشارع الفلسطيني عقب زيارة شارون للمسجد الأقصى. وكان الموقع الإسرائيلي الذي تنطلق منه الهجمات موجود في الولايات المتحدة، وبالمقابل شن اللبنانيون والفلسطينيون

هجوما مضادا طال على الأقل 14 موقعا إسرائيليا. ولكن طمأن خبراء الحاسوب في إسرائيل المكاتب الحكومية إلى أن القصف لن يمس "المواد المصنفة" السرية للوزارات. وثمة من يعتقد أن الحرب قد تنتقل إلى مرحلة أكثر شراسة يستخدم فيها سلاح الفيروسات وسلاح "حصان طروادة" وهو عبارة عن رسالة بالبريد الإلكتروني تبدو بريئة في مظهرها لكنها تخفي في داخلها ما يمكن أن يعطل جهاز الكمبيوتر (الحياة، أكتوبر 2000).

وبالفعل رد اليهود على مظاهرات بعض الجماعات الإسلامية في شوارع لندن والمدن الأخرى وتعليقهم شعارات ولافتات تحتوي على آيات قرآنية وأحاديث تدعو إلى "قتل اليهود" بإطلاق مجموعة من الطلبة اليهود على مواقع الإسلاميين حيث تم تدمير أكثر من عشرة من هذه المواقع. ونجح الفيروس في تدمير بعض المواقع التابعة لحزب الله اللبناني وحركة حماس الفلسطينية. وقال عمر بكري، زعيم جماعة المهاجرين، أن الفيروس اليهودي دمر 4 مواقع تابعة لجماعته تضم ملفات تحتوي على فقه الجماعة وأسماء أعضاء الجماعة. وأضاف أن اسم الفيروس "بلان كولمبيا" يصبح فاعلا بقوة غير عادية بعد تسلمه رسالة إلكترونية باسم أحد أصدقائه الإسلاميين في أمريكا وأعتقد أنها رسالة عادية، ولكن بعد أن فتحها وجد بالبنط العريض "مع السلامة فلتذهب يا عمر إلى الجحيم" (الشرق الأوسط، أكتوبر 2000).

وتخضع بعض برنامج الكمبيوتر المستخدمة على نطاق واسع بين أوساط العرب للقانون الإسرائيلي مثل برنامج ICQ . ويتيح هذا البرنامج لمشتركين اثنين على شبكة الانترنيت من التحادث صوتيا أو كتابيا وكثيرا ما يستخدم في المحادثات البذيئة. ويتطلب هذا البرنامج إنزاله من شبكة الانترنيت والتوقيع الكترونيا على اتفاقية مع الشركة المنتجة للاستفادة منه مجانا وعلى أن يخضع هذا الاتفاق للقانون الأمريكي أو الإسرائيلي حيث ينص "إذا لم تكن مواطنا أمريكيا فسوف تخضع هذه الاتفاقية للقوانين الإسرائيلية". وتستمر الاتفاقية "أنت توافق على أن محكمة تل أبيب هي السلطة القضائية المخولة حصريا بالبت في أي إدعاء أو خلاف مع الشركة". ولقد أضافت أحد المجلات العربية

بصورة ساخرة "عزيزي المستخدم العربي العاشق للبرنامج انتبه إلى تصرفاتك وكن مهذبا أثناء استخدامك لهذا البرنامج الممتع وإلا فقد تجد نفسك فجأة بين أيدي الموساد مشحونا إلى تل أبيب كي تمثل أمام محكمتها العادلة".

وإن جزءا من تقانة التجسس التي تستخدم لترقية سيكولوجيا الحواس أصبحت تعرض اليوم في بعض المتاجر الخاصة والتي يطلق عليها "متجر التجسس" (Spy Shop)، كما توجد بعض هذه التقانة فيما يعرف بشركات الأمن. وتوجد هذه المتاجر في كثير من المدن الغربية الكبيرة وبعض العواصم الأخرى. وعموما هناك أدوات متوفرة في هذا السوق وكثير منها يستخدم للتنصت. وتساعد في عمليات تدعيم الحواس ويمكن توظيفها في الصوت أو الصورة أو البصمة أو الشم أو الذوق. ولا يتطلب شراء تلك الأدوات تراخيص أو واسطة للحصول عليها. فكل شخص يمكن أن يغتنيها وحتى لا يسأل الشخص عن بطاقة هويته. فهناك تصريح قانوني لهذا السوق ومن حقك أن تشتري منه. وكثير من هذه الأدوات لا يكلف سوي القليل من المال. قد تستخدم بعض هذه الأدوات في مجالات أخرى غير التجسس الرسمي من قبل وكالات المخابرات. قد يستخدمها البعض لمراقبة العمال والموظفين في الشركات وربما يستخدمها بعض آخر لمراقبة الزوجة أو العشيقة وربما تستخدم لملاحظة سلوك الخادمة مع الأطفال أو تستخدم في مراقبة المكالمات. وقيل بأن أكثر المترددين على أسواق تقانة التجسس هم من العرب ولكن التقانة المشتراه لا تستخدم للتجسس على الأعداء إنما لأغراض أخرى ومعروفة. عموما يتجه العالم نحو العلم والتقانة والمعلومات ويبدو أن أننا سوف نكون في هذا القرن تحت رحمة تقانة التجسس من جهة ورحمة مخالب علم النفس من جهة أخرى!

دعم المخابرات الأمريكية للبحث السيكولوجي

ذكرت جريدة "رولنق استون" أو "الصخرة المتدحرجة" الأمريكية في عددها الصادر في يوم 18 يوليو 1974أن وكالة المخابرات الأمريكية تستخدم بعض المنظمات الخاصة

للقيام بدراسات نفسية لبعض العملاء الجدد والقدامى في مجال التجسس. ويؤكد جتنقر أن "شركة زملاء القياس النفسي" التي تتخذ من واشنطون مقرا لها، تعتمد اعتمادا كليا على دعم المخابرات الأمريكية وتقوم الشركة بتقييم الأشخاص، ولا تستهدف الشركة المواطنين الأمريكان . ولا يرى جتنقر أن هناك مشكلة أخلاقية في دراسة نقاط الضعف في الناس ولاسيما إذا كان ذلك يساعد المخابرات الأمريكية في الحصول على معلومات هامة . واعترف جتنقر بأن شركته قد قامت بالفعل بعدة أبحاث لصالح وكالة المخابرات الأمريكية لتطوير بعض الاختبارات النفسية المتحررة من التحيز الثقافي . وتم تطبيق هذه الاختبارات على عينة من الأجانب من غير علمهم بأن اختبارهم كان لصالح المخابرات الأمريكية . وقامت الشركة كذلك بتطوير نظام لتدريب رجال المخابرات في كيفية إجراء ملاحظات سيكولوجية مفيدة بالنسبة للأجانب . وأنشأ جتنقر "شركة زملاء القياس النفسي–" لتقديم خدمات نفسية للشركات الأمريكية في الخارج . و قام جتنقر شخصيا، كما ذكرنا سابقا، بافتتاح فرع للشركة في طوكيو وانتقل ذلك الفرع إلى هونج كونج لخدمة محطات المخابرات الأمريكية في الشرق . وعمل 15 متخصصا في القياس النفسي– على إجراء عمليات القياس في بقية أنحاء العالم .

ومولت وكالة المخابرات الأمريكية عدة أبحاث سيكولوجية تحت غطاء المنظمات مثل جمعية البيئة الإنسانية في نيويورك، والتي تأسست بواسطة هارولد وولف من جامعة كورنيل، ومؤسسة جيسشيكتار للبحث الطبي، ومؤسسة جوسيا ماسي في واشنطون. وكانت هذه المؤسسات الثلاث هي مؤسسات خاصة من غير علاقة مباشرة مع وكالة المخابرات الأمريكية، ولكن تأسست جمعية أبحاث البيئة الإنسانية تحت التوجيهات المباشرة للوكالة (كولينز، 1988). ويقوم برنامج التدريب والاختيار بإدارة معظم ميزانيات العلوم السلوكية. وبلغ دعم هذه البحوث حوالي 400 مليون دولار عام 1987 (أليويسي، 1987). ويذهب هذا الدعم لمعامل الجيش والبحرية وقوات الدفاع الجوي لدعم البحث الداخلي والخارجي. وكان هدف مجهود البحث والتطوير هو إنجاز مهارات وقدرات جديدة، ويتطلب ذلك الاختراع و الإبداع .

فالاختراع هو تطوير معارف جديدة بينما الإبداع هو تطبيق هذه المعارف. وشمل الدعم البحث، وتطوير الاكتشافات، والتطوير المتقدم، والتطوير الهندسي والإدارة. وكان واحدا من الأبحاث المرتبطة بهذا الدعم هو "الجندي الأمريكي". ويوظف معهد البحث العسكري للعلوم السلوكية والاجتماعية حوالي 200 من باحثي علم النفس. ويقوم المعهد في فيرجينيا بأبحاث في ثلاثة معامل هي: القوة العاملة والنظم والتدريب فضلا عن البحث البحت. ويمكن متابعة أبحاث هذه المعامل في "التقرير السنوي للبحث البحت" ووثائق "برنامج البحث والتطوير".

قام وولف بتأسيس جمعية البيئة الإنسانية كمظلة بالنسبة للمخابرات الأمريكية وذلك من أجل القيام بأبحاث سيكولوجية عن التحكم العقلي ونتيجة لذلك وجد دعما ماليا من المخابرات. ويعتقد بأن مرض الدماغ مثل الشقيقة أو الصداع النصفي يقع بسبب عدم الانسجام بين الفرد وبيئته. وكتب وولف لوكالة المخابرات الأمريكية بأن المشكلة التي يواجهها المعالج هي نفس المشكلة التي يواجهها المستجوب الشيوعي. فالاثنان يودان إرجاع مرضاهم لحالة انسجام الفرد مع بيئته بغض النظر عن المشكلة ما إذا كانت صداع أو معارضة آيديولوجية. ويعتقد وولف بأن آثار الفائدة بالنسبة لأي تقنية جديدة في الاستجواب تساهم في علاج المريض. واتباعا للنموذج السوفيتي يعتقد وولف بأنه يمكن أن يساعد مرضاه بوضعهم في حالة من العزلة ومن خلالها تسهل عملية خلق نماذج سلوكية جديدة. وبالرغم من أن الأسلوب الروسي غير عملي فيعتقد وولف بأنه يصل بسرعة لنفس النتيجة بواسطة الحرمان الحسي والذي تحدثنا عنه سابقا. وأخبر وكالة المخابرات بأن غرفة الحرمان الحسي لها أسباب طبية صادقة كجزء من العلاج الذي يريح أعراض الصداع النصفي ويجعل المريض أكثر استقبالا لإيحاءات المعالج النفسي. ولذلك اقترح ضرورة بقاء المريض في حالة الحرمان الحسي حتى يظهر رغبة متزايدة للتحدث. ويعتقد بأن المعالج يمكن أن يوظف مواد من خبرته الماضية للمساعدة على خلق ردود فعل نفسية داخلهم. وتعتمد هذه الإجراءات بصورة أساسية على المنهج الستاليني (أنظر ماركس، 1979).

يبدو أن هناك قطعة من المتاهة تحتاج للتثبيت في مكانها الصحيح. لقد رأينا التطبيقات المروعة للعلوم السلوكية في غرفة كميرون الشهيرة في مستشفى ألان التذكار بمونتريال. كيف اختير نفساني من كندا بواسطة وكالة المخابرات الأمريكية ليستلم مبلغا ماليا من أجل دعم أبحاثه؟ بدأت التجارب الرسمية في عملية التحكم في الدماغ في الولايات المتحدة عام 1950 عندما وافق مدير وكالة المخابرات على تأسيس مشروع سمي رمزيا "بلوبيرد" أي "العصفور الأزرق" وكانت أهدافه كالآتي: للكشف على وسائل لحماية عملاء المخابرات بعدم استخلاص أي معلومات منهم بواسطة أشخاص غير مصرح لهم بوسائل معروفة. وللبحث على إمكانيات للتحكم في الأفراد بواسطة تطبيق تقنيات خاصة في عملية الاستجواب، ولدراسة تعزيز الذاكرة ولتأسيس وسائل دفاعية لمنع التحكم العدواني في عملاء المخابرات. ولتقييم الاستخدامات الهجومية لتقنيات الاستجواب غير التقليدي ويتضمن ذلك التنويم المغناطيسي والعقاقير. ووجد كميرون دعما ماليا سخيا من المخابرات الأمريكية لأبحاثه في "غرفة النوم".

تطور برنامج "مكولترا" في عام 1953 وهو برنامج سيكولوجي بحثي رئيسي آخر مدعوم من قبل لوكالة المخابرات الأمريكية عن تصميم بعض العقاقير للتأثير على السلوك. واستمر هذا البرنامج لعشرين عاما. وكانت القوة الدافعة خلف هذا البرنامج هو ريتشارد هيلمز. ولقد ذكر بأن جزءا من وظيفة البرنامج هو غرز أو ازدراع الإيحاءات والأشكال الأخرى من التحكم في الدماغ. وانتقل البرنامج من الاختبار المعلمي بالنسبة للحيوان إلى الاختبار الميداني بالنسبة للإنسان، واستخدام العقاقير التجريبية لأشخاص غير معروفين. ولقد كان مدى هذه التجارب السيكولوجية التي طورتها المخابرات الأمريكية مروعا وساحرا في نفس الوقت. وعلى الأقل لقد مات البعض من جراء هذه التجارب، وربما مات آخرون، وعاش الكثير منهم في حالة من المس، وعاش البعض باضطراب عملية التفكير. وكانت هذه المعلومات مخفية عن العامة حتى الثلاثاء 2 أغسطس 1977 عندما نشرت "نيويورك تايمز" مقالة في صفحتها الافتتاحية بعنوان " مؤسسات خاصة استخدمت بواسطة المخابرات الأمريكية للتحكم في السلوك" .

وقدم وولف مشروعا بحثيا لاكتشاف وسائل تستخدم بصورة واسعة العمليات الثقافية والاجتماعية في البيئة الإنسانية من أجل العمليات السرية. مثلا، قام وولف في عام 1955 بدمج دراسته المدعومة من قبل المخابرات الأمريكية في مشاريع جمعية البيئة الإنسانية وهو رئيسها. ولقد غيرت الجمعية اسمها عام 1961 باسم "صندوق البيئة الإنسانية". ومدد وولف مجهوداته بأن تهتم الجمعية بالدراسات والتجريب في العلوم السلوكية. وكانت واحدة من المسائل التي اهتمت بها وكالة المخابرات الأمريكية هو ما قاله هينكل بأن "الصينيين قاموا بعملية تنظيف العملاء في الصين". وتود الوكالة بأن تأتي ببعض الصينيين بغرض تحويلهم لعملاء لأمريكا. ووافق وولف على قبول هذا التحدي. وبناءا على ذلك اقترح بأن المجموعة البحثية في كورنيل عليها أن تخفي أهدافها الحقيقية تحت مظلة بحث "الأسباب البيئية للمرض" بين اللاجئين الصينيين. و دفعت وكالة المخابرات الأمريكية دعما ماليا للمشروع كما قامت بتوفير 100 لاجئ صيني لغرض تنفيذ المشروع البحثي. وتم بالفعل دراسة كل هذه العينة في داخل الولايات المتحدة الأمريكية (ماركس، 1979).

وكان واحدا من الموضوعات التي تم الانتباه لها هي المجازفة الأمنية المخابراتية التي ترتبط بتجميع مجموعة من العملاء المحتملين في المستقبل في مكان واحد. وبالرغم من ذلك قررت وكالة المخابرات الاستمرار في ذلك المشروع. وقال وولف بأنه سوف يختار أفضل العملاء من بين هؤلاء الصينيين. وسوف تقدم جمعية البيئة الإنسانية هؤلاء المرشحين من العملاء زمالات وسوف تخضعهم لمجموعة من المقابلات المكثفة فضلا عن مواقف مثيرة للضغوط. وكان كل ذلك للبحث عن سمات شخصيات هؤلاء العملاء ومعرفة التشريط السابق الحادث لهم، والدافعية الحالية وذلك للتنبؤ بكيفية عملهم في المآزق المستقبلية التي ربما تواجههم مثل وجود أنفسهم للمرة الثانية في الصين كعملاء أمريكيين. ويأمل وولف بتشكيل هؤلاء العملاء الصينيين الذين لهم الرغبة في العمل لصالح وكالة المخابرات الأمريكية. وخطط وولف بدعم كل عميل بتقنيات تجعله يصمد أمام أشكال الاستجواب العدواني الذي يتوقعونه بعد عودتهم

للصين. ويريد قادة وكالة المخابرات بتشكيل هؤلاء العملاء وذلك لخلف دوافع قوية تجعلهم كتماء ولا يتأثرون في زلات الزمن والهجوم السيكولوجي بواسطة العدو. وبكلمات أخرى، يريد عملاء المخابرات الأمريكية بغسيل دماغ هؤلاء الصينيين وذلك من أجل حمايتهم المستقبلية ضد عمليات غسيل الدماغ الصينية.

ومن بين المشاريع البحثية التي دعمتها وكالة المخابرات الأمريكية عن طريق جمعية البيئة الانسانية مشروع روتجارز خارج كورنيل (ماركس، 1979). وبين عام 1955-1958 دعمت المخابرات بحثا عن مجرمي الجنس من المرضى النفسيين في مستشفى لونيا شمال غرب ديترويت. وكانت هناك فرضية مثيرة للاهتمام بهذا المشروع البحثي وهي إن المتحرشين بالأطفال والمغتصبين لهم تاريخ قبيح مدفون عميقا داخلهم. إن أي تقنية تعمل بالنسبة لمجرمي الجنس بالتأكيد لها نفس التأثير على العملاء الأجانب. ولقد قام علماء النفس وأطباء النفس المرتبطين بمستشفى الصحة العقلية في متشجان وأنظمة المحاكم في ديترويت باختبار المارجوانا على بعض المرضى بعلمهم أو من دون علمهم واختبار المارجوانا لوحدها أو مرتبطة بالتنويم المغنطيسي ـ وتم بالفعل اختبار 26 من مجرمى الجنس تحت قانون ولاية متشجان. واستمرت عملية البحث تحت مظلة جمعية البيئة الإنسانية وعبر القنوات الأخرى. وكتب أحد ضباط وكالة المخابرات الأمريكية بأنه يجب أن تعطى جمعية البيئة الإنسانية مكانة رفيعة في مجتمع البحث لكي تكون فعالة كمظلة بحثية للمخابرات. وفي ذات الوقت إعطاء الحرية بالنسبة لعملاء وكالة المخابرات الأمريكية لشراء أي أبحاث أكاديمية يمكن أن تساعد في العمليات السرية للمخابرات. وتبعا لذلك شراء أي عالم نفس وعندما تتم عمليات الشراء يبدو أن العالم يصبح جاسوسا حتى ولو بصورة غير مباشرة.

علماء نفس جواسيس وعلماء نفس في خدمة المخابرات

لم يقتصر دعم جمعية البيئة الإنسانية للأبحاث داخل الولايات المتحدة بل كانت هناك قاعدة بأن تقترب وتفاتح الجمعية أي عالم أكاديمي في أي مكان في العالم . ولمتابعة

التطورات الهائلة في العلوم السلوكية فإن ممثلي رابطة البيئة الإنسانية كانوا يقومون بزيارات منظمة للأفراد الذين استلموا دعما ماليا من الجمعية . واصبح هؤلاء البروفسيرات المشهورين علماء جواسيس للمخابرات الأمريكية (ماركس، 1979). بالإضافة لذلك فقد تم توجيه دعم المخابرات المادي إلي بعض علماء النفس وبرفقة بعض ضباط المخابرات للقيام بعملية تقييم سيكولوجي سري لبعض القادة الأجانب خارج أمريكا (رولنق ستون، 1974). ومن علماء النفس الذين وجدوا دعما مباشرا أو غير مباشر من وكالة المخابرات الأمريكية أو من جمعية البيئة النفسية التابعة لها كمظلة بروفسر روجرز، وبروفسر مارتن أورن، وبروفسر اسجود، وبروفسر كميرون، وبروفسر كيلمان، وبروفسر مظفر شريف، وبروفسر آيزنك، وبروفسر اسكنر. وهنا يجب التمييز ما بين مجموعة "علماء النفس الجواسيس" الذين يعملون بدوام كامل في المخابرات الأمريكية وبين "علماء النفس في خدمة المخابرات" وهم الذين وجدوا دعما ماديا من المخابرات لتطوير أبحاثهم في الجامعات والمراكز البحثية.

وعندما خرجت جمعية البيئة الإنسانية من كورنيل اصبح وولف رئيسا لها بينما هينكل نائبا للرئيس. وكان جوزيف هينسي رئيس مستشفى نيويورك - مركز كورنيل الطبي في مجلس هذه الجمعية. واستمر اهتمام آلان دوليس بأعمال الجمعية وحضر الاجتماعات الأولى لمجلس الجمعية. وشملت عضوية المجلس عام 1957 جون وايتهورن رئيس قسم الطب النفسي في جامعة جونس هوبكينز، كما شمل كذلك كارل روجرز بروفسر علم النفس المشهور من جامعة ويسكونسون بالإضافة إلى أودلوف بيرلي رئيس الحزب اللبرالي في نيويورك. وساهمت وكالة المخابرات الأمريكية بمبلغ 300000 دولار لدعم أبحاث وولف عن الدماغ والجهاز العصبي المركزي. وحسب شهرة وولف استطاعت وكالة المخابرات بأن تتصل بأعمدة الأكاديميين في العالم. واستفاد شخص آخر من دعم جمعية البيئة الإنسانية هو كارل روجرز والذي طلب منه وولف بأن يكون عضوا في مجلس الجمعية. وأصبح روجرز فيما بعد مشهورا بنزعته الإنسانية في علم النفس وبمنهجه غير الموجه في العلاج النفسي.

وكان هدف العلاج المركز حول العميل هو كسب العميل تبصرا في أحواله ويقوم بتفسير سلوكه بدلا من أن يقوم له بها المعالج نفسه، كما يسمى هذا الأسلوب أحيانا بغير الموجه لأن المعالج لا يحاول أن يوجه انتباه العميل إلى مواضيع معينة (وذلك مثل علاقته مع زوجته أو إلى خبرات طفولته) إن هذا الأسلوب لا يحاول أن يربط بين مشاكل العميل وخبراته الطفولية. أنه بدلا من ذلك يوجه اهتمامه إلى اتجاهات العميل وسلوكه الحاليين. ولذلك فالمعالج النفسي- وفق هذا الأسلوب لا يهمه معرفة تاريخ الفرد السابق، و لا يرى ضرورة للقاءات الأولى التي هدفها التعرف على العميل. إن مسئولية حل المشاكل طبقا لهذا المنهج تقع على عاتق العميل، ولذا فإنه حر في أن يحضر للعلاج متى شاء وإن يتركه في الوقت الذي يراه مناسبا. إن العلاقة بين الطرفين تقوم على الثقة، ويستطيع العميل أن يتكلم عن خبراته ومشاعره دون خوف أو تهديد. وعندما يتم بناء الجسور بين الطرفين وتوضيح الأسلوب الذي ستسير المعالجة بموجبه، فإن العميل هو الذي يقوم بكل الحديث المطلوب (عدس وتوق، 1986).

وكان ليس لدى روجرز أي مانع في خدمة المخابرات الأمريكية من خلال تطبيقات علم النفس بل كان فخورا لدعم الجمعية له كاستشاري لها. قال روجرز ليس لديه شيء يرتبط بالأنشطة السرية للمخابرات الأمريكية ولكنه طلب عملية فهم تلك الخدمة في أجواء الخمسينات. يقول روجرز "إننا نعتقد بأن روسيا هي العدو" و"نحن نحاول أن نعمل أشياء مختلفة وذلك من أجل ألا تكون لروسيا اليد العليا". واستلم روجرز جائزة مهنية هامة بانضمامه لمجلس جمعية البيئة الإنسانية. وعرفه جيمس منرو، المدير الادراي للجمعية، بأنه في حالة قبوله للعمل سوف يستلم منحة من جمعية البيئة الإنسانية. ويقول روجرز "إن ذلك يروق لي وذلك لأني واجهت مشاكل في الحصول على دعم". إن حصولي على 30000 دولار يجعلني أتحصل على دعم آخر من روكفيلر وإن آي أم اتش. ويشعر روجرز بالامتنان من الجمعية لمساعدته في الحصول على دعم ولكنه أكد بأنه ليس لوكالة المخابرات أي جهد في بحثه. لقد شك جون جتنقر بأن أبحاث روجرز عن العلاج النفسي- الموجه تعطي تبصرات عن مناهج الاستجواب

ولكن حقيقة أن الجمعية لم تعطي روجرز الدعم المالي نسبة لمحتوى أبحاثه. ولكن يؤكد هذا النوع من الدعم على دوره كمستشار لوكالة المخابرات وحسب وثائق الوكالة يتيح الدعم حرية الوصول إلى أبحاثه عن العلاج النفسي. وفوق كل ذلك يسمح الدعم المالي استخدام اسم روجرز من قبل وكالة المخابرات. وكان مجرد وجود روجرز في المجتمع الأكاديمي يخفي التدخل المباشر بالنسبة لضباط المخابرات (ماركس، 1979).

اتجه تفكير العلماء إلى استخدام التغيرات الفسيولوجية في التحقيق الجنائي، وأحدث هذه الأجهزة هو جهاز كاشف الكذب الذي يسجل حركات التنفس والضغط والنبض والفعل السيكوجلفاني في آن واحد للمقارنة بين التسجيلات المختلفة وضمان الدقة في الحكم بقدر المستطاع، كذلك أمكن الاستعانة برسام الدماغ الكهربائي، ومن والوسائل الأخرى لكشف الكذب أو حمل المتهم على الاعتراف استخدام بعض العقاقير مثل السكوبولامين وأميتال الصوديام وهما مواد مخدرة تضعف من مقاومة الشخص وتجعله لا يقوى على إخفاء الحقيقة، واثر هذه المواد شبيهه بأثر التنويم المغناطيسي (عكاشة، 1986). واستلم عالم النفس مارتن أورن من جامعة هارفارد منحة مالية لدعم بحثه عن التنويم المغناطيسي. وإشارة لاحقة للكرم والثقة قدمت له جمعية البيئة دعما آخرا بمبلغ 30000 دولار من غير هدف محدد. واستخدم جزء من هذا الدعم لأبحاث جهاز "مكشاف الكذب" أو "كاشف الكذب". وبناءا على هذا الدعم السخي يؤكد أحد ضباط مشروع مكولترا "يمكننا الذهاب إلى أورن في أي وقت".

لقد لفت انتباه جون جتنفر - عالم النفس كامل الدوام بالمخابرات الأمريكية وهو عضو كذلك في جمعية البيئة الإنسانية- مقالة كميرون عن "المحرك النفسي" ونتيجة لذلك تمت مقابلته. وفي نفس العام قام بولدوين والذي تم تمويله كذلك من قبل المخابرات في أبحاثه عن الحرمان الحسي بزيارة كميرون في مونتريال لمناقشة موضوع "تقنيات العزلة" وبعد ثلاثة شهور من هذه المقابلة استلمت جمعية البيئة طلبا لدعم بحثي من المستشفى الذي يعمل به كميرون. وكان عنوان الطلب " أثر الموجات الصوتية المتكررة على السلوك الإنساني". وتشمل الإجراءات المذكورة والمتبعة (1) ترويض أو

إنهاك النماذج النامية من سلوك المريض بواسطة صدمات كهربائية كثيفة (2) التكرار المكثف (16 ساعة إلى 6-7 أيام) بالنسبة لموجات صوتية مرتبة سلفا (3) وضع المريض في عزلة أثناء فترة التكرار المكثف (4) قمع أو كبت فترة الحركة وذلك بوضع المريض في حالة من النوم المستمر لمدة 7-10 أيام متواصلة. ويقول جتنقر في شهادته "أنه بعام 1962 و1963 فإن الفكرة العامة عن غسيل الدماغ هي عملية لعزلة الإنسان، والمحافظة علية خارج دائرة الاتصالات، ووضعه خارج دائرة التحكم، ووضعه تحت ضغط مستمر وذلك بهدف المقابلة والاستجواب" (وينستين، 1990).

ويفيد وضع بروفسر جارليس اسجود ويحسن من تغطية أعمال الجمعية ولكن أبحاثه ذات فائدة مباشرة للمخابرات ونتيجة لذلك دفع مشروع مكولترا مبلغا كبيرا للحصول على أبحاثه. و في عام 1959 أراد أن يدفع بأبحاثه للأمام عن الكيفية التي يعبر بها الأفراد في مجتمعات مختلفة عن المشاعر نفسها حتى في حالة استخدامهم كلمات أو مفاهيم مختلفة (ماركس، 1979). ووضع اسجود مقياسا هاما في علم النفس الاجتماعي عن التمايز السيمانطيقي. وكان يهدف من هذا المقياس قياس المعاني والمفاهيم والتحليل السيمانطيقي إلا أنه استخدم فيما بعد لقياس الاتجاهات. ويرى اسجود أن لكل لفظ أو تصور نوعين من المعنى: أولهما المدلول المادي ويقابل المصدق في المنطق أي الشيء الذي يصدق ويشير إليه اللفظ وثانيهما المعنى الإنفعالي الوجداني أو البطانة الوجدانية للفظ. والمدلول الأخير هو الذي يحدد اتجاه الشخص نحو الموضوع ويرى اسجود على أن الباحث النفسي- أن يركز على المعنى الوجداني ويستخدم لقياس شدة هذا المعنى مقياس التدرج. وانتهى اسجود في ابحاثه إلى العوامل الآتية: عامل القوة، وعامل الحسن والقبح، وعامل النشاط والخمول (الشيخ، 1992).

وأصبح اسجود عام 1963 رئيسا للرابطة النفسية الأمريكية. و كتب اسجود عن "إطار مفاهيمي مجرد" ولكن رأى ضباط المخابرات في أبحاثه "صلة مباشرة" للعمليات السرية. ويعتقدون بأنه يمكن تحويل نتائج أبحاث اسجود "لقيم وأدوار سرية" وبطريقة فعالة في الدعاية الخارجية. وقدمت أبحاث اسجود أداة تسمى "تمييز المعاني" لاختيار

الكلمات المناسبة في لغة أجنبية لنقل معنى محدد. ونال اسجود أكبر دعم مادي سخي لأبحاثه من جمعية البيئة الإنسانية. وكتب مباشرة لوكالة المخابرات الأمريكية عن دعم لأبحاثه وبناءا على ذلك اتصلت به مباشرة جمعية البيئة بدون تردد وقدمت له مبلغ 192,975 دولار لأبحاثه لمدة خمس سنوات. وسمح له هذا الدعم بالسفر بصورة واسعة وتمديد أبحاثه إلى 30 ثقافة مختلفة. وبالإضافة لذلك استلم مبلغا آخر لإكمال مشروع بحثه وشكر جمعية البيئة الإنسانية للمنحة السخية التي قدمتها له والتي لعبت دورا كبيرا في تقدم أبحاثه. وبدأ اسجود أبحاثه عبر الثقافية عن المعاني قبل استلامه الدعم المالي من جمعية البيئة الإنسانية ولكن كان دعم الجمعية له بمثابة تأكيد عن استمرارية أبحاثه بطريقة تناسب أهداف وكالة المخابرات الأمريكية.

ولعبت المخابرات الأمريكية (ماركس، 1979) دورا كبيرا في تطوير بعض الأبحاث عبر الثقافية في علم النفس، مثلا أبحاث القدرة على فهم المعاني، والتعبير عن المشاعر، والحساسية الثقافية، وتقنين الاختبارات المنحازة ثقافيا ودراسات البناء الاجتماعي والاتجاهات داخل وخارج أمريكا. وقد لعبت عملية التطوير هذه دورا أساسيا في تدعيم علم النفس عبر الثقافي خاصة . فهناك الافتراض القائل بعدم صلاحية علم النفس الغربي للتطبيق في الثقافات الأخرى ما لم تجر عملية تعديل أو تكييف أو تقنين صارمة له في المجتمعات والثقافات غير الغربية. واستوعب جتنقر بأن مقاييس وكسلر الفرعية للذكاء وهي منحازة ثقافيا وقاد ذلك إلى عمل نماذج معدلة من "نظام الباص" لكي يناسب الأمم المختلفة في العالم . بالإضافة لذلك فقد تم تشجيع العلماء السلوكيين للبحث عن شيء يمكن أن يغيظ الحساسية الثقافية لليابانيين . وقد تم الاقتراح بأنه لا يوجد شيء مخجل للجندي الياباني أكثر من حركة بطنه أثناء السير ومن ثم تم إنتاج تكنيك لخفض الروح المعنوية للفرد الياباني. واستلم بروفسر كيلمان أستاذ علم النفس بجامعة هارفارد منحة من جمعية البيئة لنشر كتاب يسمي السلوك العالمي عام 1960.

قام مظفر شريف بأبحاث ممتازة عن علم النفس الاجتماعي. فقد نال الماجستير من جامعة استانبول بتركيا، كما درس في جامعة هارفارد حيث نال درجة ماجستير ثانية

عـام 1932. وقـام بالتـدريس في جامعـة انقـرا بتركيـا. وألـف عـددا مـن الكتـب مـن بينهـا سيكولوجية المعايير الاجتماعية والجماعات في حالة الانسـجام والتـوتر. ونتيجـة لجهـوده الأصـيلة في علـم الـنفس الاجتماعـي نـال جـائزة كـيرت لـوين التذكاريـة عـام 1967، وجـائزة الرابطـة النفسـية الأمريكية للمساهمة العلمية الممتـازة عـام 1968، وجـائزة التميـز في علـم الـنفس الاجتماعـي عـام 1978. وعمومـا تركـزت اهتماماتـه البحثيـة في دراسـة البيئـة الاجتماعيـة وتكاملهـا مـع الظـاهرة السيكولوجية، وكيفية تشكيل الجماعات (كورسيني، 1984).

ومن بين الجماعات التي اهتم مظفر شريف بدراستها هي جماعات العصابات. نتيجة لذلك قدمت رابطة البيئة النفسية دعما ماليا إليه ولزوجته لبحـث سـلوك العصـابات وسـط الأطفـال مـن خلال دراسة البناء الاجتماعي، والاتجاهات بالنسبة للعصابة، وكيفية تحويل السلوك الـلا-اجتماعـي، أو السلوك المعادي للمجتمع لسلوك بناء . واستخدمت نتائج عمليات شريف في عمليـات المخـابرات السرية. وربما كان الهدف من أبحاثه هو كيفية تحويل المهارات والقدرات الفائقة في سلوك العصـابة لمهارات أكثر فائدة لأغراض المخابرات. كما قدمت جمعية البيئـة الإنسـانية منحـة ماليـة إلى جامعـة استانبول في تركيا وذلك لدراسة أثر الختان على الأطفال الأتراك . وأظهرت نتائج الدراسة بأن الأطفال يتم ختانهم بين عمر 5 - 7 سنوات وترتبط عملية الختان في ذهن الأطفال بآثار نفسـية مـع أعـراض الانسحاب وينظر الأطفال لهذه العملية المؤلمـة كعمليـة عدوانيـة (مـاركس، 1979). ولا نـدري هـل كانت هذه المنحة مقدمة إلى مظفر شريف أم بواسطته لجامعة استانبول؟

إندلعت أحد الفضـائح في تركيـا في بدايـة عـام 1985 (مجموعـة مـؤلفين، 1990)، إذ تمكـن الصحفيون الأتراك من الحصول على معلومات مثيرة مفادهـا اسـتخدام الأفـراد الأتـراك أيضـا كعينـة تجريبية في مجال التحكم في العقل. وتبين أن "الصـندوق العلمـي لمعهـد الأمـراض الكيمائيـة" الـذي أسسه بروفسر الأمراض العقيلة توران ايتيل في عام 1971 في منطقة هايريتيب التابعة لاستانبول قـد أجرى اختيارا لبعض الأدوية التي تؤثر

على الدماغ بالنسبة للمتطوعين الذي استدرجوا لهذه الغاية وكذلك على المرضى الذين كانوا موجودين في مستشفى الأبحاث العلمية. ومن المعلوم أيضا أن مثل هذه الأبحاث قد أجريت في المؤسسات الطبية الأخرى المرتبطة بالصندوق. ولكن نتيجة للسرية التامة لهذه التجارب حتى موظفو الصندوق أنفسهم، بإتثناء المبتكرين لم يكونوا يعرفون ما هي طبيعة هذه المستحضرات. ومن أجل السرية التامة نفذت هذه المؤسسات برامج البحث وفقا للمبدأ الذي أسموه بـ "الإعماء المزدوج". والحقيقة أنه لا الإنسان الذي قدم العقار ولا الإنسان الذي تناوله لا يعلمان أي شيء عن هدفه ووظيفته.

ويعيش توران، الذي أنشأ المعهد، في أمريكا ويعمل في كلية الطب في نيويورك ولكنه يزور تركيا من وقت لآخر. وشارك في كانون الثاني في ندوة البحث العلمي التي كان موضوعها سيكولوجيا أعداء النظام الاجتماعي القائم في تركيا. ولقد أخضع هذا المعهد للتجارب حوالي 100 فرد وأصيب العديد منهم بعد خروجهم بأمراض مختلفة ولا يزالون يعانون منها حسب ما وضحت التقارير. وأما الفضيحة التي انكشفت في تركيا كم جراء ذلك، أجبرت السلطات على التدابير لكتم الحادثة. وأعدت مديرية الصحة في استانبول تقريرا إلى وزارة الصحة التركية حول نشاط الصندوق المذكور، ولكن التقرير تحول إلى "سري" وأخفي عن أوساط الرأي العام. وتذكر هذه التجارب التركية تماما في مجملها بالتجارب الفظيعة التي أجراها كميرون في مستشفى ألان التذكاري في كندا لخدمة أغراض المخابرات بصورة عامة، والحرب الباردة بصورة خاصة.

يعتبر ايزنك واحد من علماء النفس الكبار في بريطانيا وقدم مساهمات كبيرة في مجالات شتى في علم النفس. وتعلم في برلين وغادر ألمانيا عام 1934 لأسباب سياسية. نال درجة الدكتوراه عام 1940 والتحق بعدها بجامعة لندن. وقام بتأسيس قسم علم النفس في معهد الطب النفسي (كورسيني، 1984). و تم بلورة وتطوير مصطلح "العلاج السلوكي" بواسطة ايزنك في نهاية الخمسينات. وكتب عن الانبساط والانطواء عام 1970، والأساس البيولوجي للشخصية عام 1967، والشخصية والفروق الفردية عام 1985. كما طور مناهج لقياس الشخصية من بينها "قائمة آيزنك للشخصية" (قريقوري،

1989). ونشر آيزنك حوالي 600 ورقة علمية في دوريات علم النفس، والأحياء والجينات ودوريات أخرى. وغطت اهتماماته البحثية نظريات الشخصية والذكاء والاتجاهات الاجتماعية والسياسية والعلاج السلوكي والدافعية (كورسيني، 1984). يحتاج البحث السيكولوجي الكبير الذي قام به ايزنك لعملية التمويل. فلقد قدمت جمعية البيئة الإنسانية التابعة للمخابرات الأمريكية منحة مالية إلى ايزنك عالم النفس البريطاني بجامعة لندن لمشروع أبحاثه عن الدافعية والتي لها علاقة بأعمال المخابرات السرية (ماركس، 1979).

ولد اسكنر عام 1904 ودرس الأدب ليكون روائيا وجرب حظه فيه لسنوات وتحول عنه لدراسة علم النفس وتعلم بجامعة هارفارد وعلم بها. والسلوكية عند اسكنر ليست مجرد نظرية في علم النفس ولكنها منهج وفلسفة ورؤية شاملة. وهي كعلم لا تعتمد التنظير وينصرف اهتمام اسكنر فيها إلى وصف السلوك أكثر من شرحه أو تفسيره، وعنده أن الإنسان ليس أكثر من آلة كأي آلة أخرى، ويتصرف من خلال قوانين ومبادئ وأساليب، وبتأثير من قوى متغيرات ومنبهات خارجية (الحفني، بلا تاريخ). ويكشف ماركس (1979) إن جمعية البيئة الإنسانية وهي جمعية استخدمتها وكالة المخابرات الأمريكية كمظلة لتقديم الدعم للأبحاث السلوكية قد دعمت أبحاث اشهر سلوكي في العالم وهو اسكنر من جامعة هارفارد الذي قام بتدريب الحمام لتوجيه القنابل أثناء الحرب العالمية الثانية. واستلم اسكنر مبلغا كذلك لدعم مدخلات البحث الذي قاد لنشر أهم كتاب ألفه هو"ما بعد الحرية والكرامة" والذي ترجم للعربية بعنوان "تكنولوجيا السلوك البشري". ووصف اسكنر في كتابه بصورة رائعة كيفية برمجة السلوك وتغيير العقل وذلك بتغيير البيئة.

وتؤكد بعض المصادر بأن هذه العينة من الدعم المادي الذي تقدمه وكالة المخابرات الأمريكية "تشتري القانونية" بالنسبة لجمعية البيئة الإنسانية وتجعل مستلمها شاكرا ومقدرا للجمعية. وجعل هذا الدعم سببا بالنسبة لعملاء المخابرات الأمريكية في جمعية البيئة الإنسانية بالاتصال هاتفيا باسكنر أو أي مستلم آخر بأن يعمل ويوظف عقله في مشكلة محددة. ولمتابعة تطورات هذه الأبحاث السلوكية كان ممثلو جمعية البيئة الانسانية

في زيارة مستمرة لمستلمي الدعم المالي وذلك للتأكد من عملية تقدم أبحاثهم. وتبعا لذلك أصبح بعض الأساتذة والأكاديميين الكبار علماء وجواسيس. وساعد دعم جمعية البيئة الرفيع عملاء وكالة المخابرات الأمريكية بوجود مدخل مناسب بالنسبة لعلماء العلوم السلوكية والذين ليس لهم علاقة بجمعية البيئة الانسانية. ويمكن ذلك الدعم عملاء المخابرات من الدخول لمكتب أي عالم ويمكن القول له "عليك الاتصال فقط باسكنر " كما يقول أحد متقاعدي برنامج مكولترا. ويضيف كذلك "ليس لدينا تردد من عمل ذلك".

وعموما يمكن القول بأن جمعية البيئة الإنسانية كانت بمثابة نافذة لوكالة المخابرات الأمريكية لعالم البحث الفظيع في العلوم السلوكية. ونتيجة لذلك ليست هناك ظاهرة تكون سرية أو بمثابة لغز تهرب من عملية البحث أو النظر من قبل جمعية البيئة الإنسانية، ما إذا كانت عملية إدراك فوق الحواس أو ساحر أفريقي. وباستثمار مبلغ 400000 دولار في السنة بالنسبة للأعمال الرائدة التي قام بها رجال أمثال كار روجرز وجارليز اسجود ومارتن أورن لقد ساعدت جمعية البيئة على تحرير العلوم السلوكية من عالم الفئران والجبن. وبواسطة قوة الدفع هذه من قبل وكالة المخابرات الأمريكية ومن قبل القوى الأخرى انفتح الباب على مصراعيه. وعمل دعم وكالة المخابرات الأمريكية على تغيير العالم الأكاديمي من غير شك ولكن لا يمكن القول لأي حد. وكان رجال المخابرات الأمريكية في مقدمة الزمن وبدءوا التحرك قبل تأسيس المداخل أو المدارس السيكولوجية الجديدة. ففي عام 1963 جمعوا كل شيء من قراءة الكف والإدراك دون الواعي. ولقد خدمت جمعية البيئة أهدافها ولذلك يجب أن يستثمر الدعم المالي بصورة أفضل في مكان آخر. نتيجة لكل ذلك قام ضباط المخابرات الأمريكية بتحويل المشاريع البحثية ذات الفائدة لقنوات مظلية أخرى بينما تركت بقية المشاريع تموت بهدوء. وبنهاية عام 1965 عندما اكتملت بقية المشايع البحثية والتي تجاوز بعضها الكثير من الحدود الأخلاقية أو الخطوط الحمراء ذهبت جمعية البيئة الإنسانية مع أدراج الريح.

البحث السيكولوجي وتجاوز الحدود الأخلاقية

إن طرق تغيير السلوك بواسطة تغيير العقل، على حد تعبير اسكنر (1980)، قلما تغفر حينما تكون فعالة بشكل واضح، حتى حين يكون من الواضح أن التغيير موجه إلى العقل فقط، إننا لا نصفح عن تغيير العقول حينما يكون الخصمان غير متكافئين ؛ فذلك "تأثير غير ضروري" . كما لا نصفح عن تغيير العقل خفية . فإذا كان الشخص لا يستطيع رؤية ما يعمله الشخص الآخر في تغيير عقله، فإنه لن يستطيع النجاة منه أو القيام بهجوم مضاد عليه ؛ إنه يتعرض لتأثير "الدعاية" . وإن الذين يتغاضون عن تغيير العقول، حسب كلمات اسكنر، يحرمون عملية "غسيل الدماغ" ولذلك سبب بسيط، هو أن السيطرة هنا واضحة . ومن الوسائل الشائعة في "غسيل الدماغ" حالة بغيضة قوية (مثل الجوع أو فقدان النوم) تم تخفيضها لتعزيز ودعم أي سلوك "فيه موقف إيجابي" نحو نظام ما سياسي أو ديني، ويبنى "الرأي" المرغوب فقط عن طريق تعزيز ودعم البيانات المؤيدة المرغوبة . وقد لا يكون هذا الإجراء واضحا للذين يستخدم عليهم، ولكنه واضح جدا للآخرين بحيث لا يمكنهم تقبله كطريقة مسموح بها لتغيير العقول.

إن الطرق المتعددة لتغيير السلوك بتغيير العقول ليست مباحة فحسب، ولكنها تمارس بقوة من جانب حماة الحرية والكرامة . هناك الكثير مما يمكن أن يقال دفاعا عن تقليل التحكم الذي يمارسه أناس آخرون، ولكن هناك إجراءات أخرى لا تزال تفعل، والشخص الذي يستجيب بطرق مقبولة لأشكال التحكم الضعيفة ربما كان قد تغير بواسطة طوارئ وظروف لم تعد فعالة . وحين يرفض حماة الحرية والكرامة الاعتراف بتلك الإجراءات وهذه الظروف فإنهم يشجعون إساءة استعمال الممارسات التحكمية، ويسدون التقدم نحو تكنولوجيا للسلوك أجدى وأكثر فعالية (أسكنر، 1980) . وعندما كان اسكنر يتربع على عرش السلوكية في قمة افرست ومع بلورة أفكاره في التحكم في السلوك عبر التحكم في البيئة تزامن ذلك مع تكوين المخابرات الأمريكية "الجمعية البيئة الإنسانية" لدعم أبحاث علم النفس ويمكن أن نتأمل في "بيئة" اسكنر وتشكيل

السلوك و"بيئة" المخابرات لأغراض دعم أبحاث علم النفس لتعزيز الحرب الباردة .

وكان خطاب كميرون أمام رابطة الطب النفسي- الأمريكية عام 1953 معبرا عن ارتباطه بالحرب الباردة وعن اهتمامه بموضوع الشيوعية. وأخذ الفرصة كذلك ليعبر عن اهتمامه الخاص بموضوع المكارثية. ويتمنى كميرون باستخدامه للعلم بتشكيل نظام عالمي جديد من غير هستريا، ومن غير شمولية يسارية أو يمينية. ويكون علماء السلوك تبعا لذلك التشكيل هم القيادة لوضع هذا النظام من حالة الفوضى. وربما يتم التساؤل هل هذه الاتجاهات هي التي دفعته لتغيير السلوك؟ وقامت المخابرات الأمريكية بتمويل أبحاث غسيل الدماغ في الفترة بين 1957-1960، واستمر العمل حتى 1963 . وتمت عملية غسيل الدماغ على الأقل إلى 100 مريض وفقا لإجراءات وضعها أشهر نفساني كندي. علينا التفهم بأن أعمال كميرون هذه هي خارج حيز الأشياء المقبولة ليس في الطب فحسب بل في القانون (وينستين، 1990). وعموما كان منهج كميرون أقرب "للعذاب النفسي-" منه "للعلاج النفسي" (كولينز، 1988). ورأينا التطبيقات الفظيعة لتجارب الحرمان الحسي في غرفة النوم الشهيرة تلك والتي تجاوز فيها كميرون كل الحدود الأخلاقية والإنسانية.

يعتبر كميرون مواطنا أمريكيا تحدث ضد المكارثية في وقت كانت فيه خطورة للتعبير بذلك. وخاطب رابطة الطب النفسي الأمريكية عن خطورة "التحكم العقلي" عام 1953 معبرا أنه ليس هناك شيء أكثر خطورة بالنسبة للإنسانية أكثر من تعلم كيفية التحكم في تطور الشخصية. وكذلك كيف يمكن السيطرة في القوى الدينامية الجماعية قبل أن نطور نظاما قيميا قادرا على التعامل مع هذه المواقف. ويقول كميرون نحن كأطباء نفسيين لنا مسئولية "أخلاقية" لرفاهية المرضى. إن معرفتنا بالطبيعة البشرية وتقنياتنا لكشف دوافع وذاكرة الأفراد إذا تم تشويهها تصبح أكثر أسلحة موجهة ضد كرامة الإنسانية. ويفهم كميرون جيدا بأن أدوات الطب النفسي الجديدة تصبح خطرة إذا وقعت في اليد الخطأ ولكن لم يشك في نفسه بأن أياديه هي الصحيحة. إن نفس هذه الأيادي هي التي حاولت بصورة منظمة تطبيق تقنيات غسيل الدماغ بصورة مروعة

بالنسبة لمرضاه وبذلك يريد أن ينال جائزة نوبل في الطب (كولينز، 1988). وبوسعنا التساؤل هل كان كميرون كمعالج نفسي له أي مسؤولية أخلاقية في ممارسته للعلاج النفسي؟

نحاول في هذا الجزء من الدراسة أن نقتبس بعض الفقرات من الحدود الأخلاقية للتجريب والإرشاد والعلاج النفسي من خلال بعض الإعلانات العالمية والجمعيات وأخلاقيات الإرشاد النفسي- والميثاق الأخلاقي للمشتغلين في علم النفس في أحد الدول. يقول كلاود بيرنارد 1865 يمكن إجراء التجارب على الإنسان، ولكن في حدود. ومن واجبنا ومن حقوقنا إجراء التجارب على الإنسان عندما تكون لإنقاذ حياته، ولعلاجه وإعطائه فوائد شخصية. فإن مبادئ الطب الأخلاقية تحتوى على عدم إجراء أية تجارب عندما تكون مؤذية بالنسبة لديه في أي حدود حتى ولو كانت النتائج لتقدم العلم لصحة الآخرين. ويقول إعلان جنيفا 1948 للرابطة الطبية العالمية "لا يسمح للمعالج تحت أي ظروف لعمل أي شيء يمكن أن يضعف المقاومة الجسدية أو العقلية للإنسان إلا في حالة بعض الأسباب المهنية المحددة لمصلحة المريض. وعلى المعالج أن يكون حذرا في نشر الكشوف البحثية". وهناك عدة معايير في علم النفس وتطبيقاته في مختلف المجالات. وتراعي هذه المعايير في عمومياتها إنسانية وكرامة الفرد المستفيد من تطبيقات علم النفس. فلكل فرع من أفرع العلوم السلوكية خاصة تلك التطبيقية ميثاق أخلاقي أو إعلان محلي أو إقليمي أو عالمي.

اعتمدت الجمعية العالمية للطب النفسي في عام 1977 إعلان هاواي الذي تضمن خطوطا إرشادية للأخلاقيات المطلوبة في ممارسة الطب النفسي، ولقد أعيد تحديث هذا الإعلان في فينا عام 1983. وينص الإعلان بأن يتذكر الطبيب النفسي أن هناك حدودا أخلاقية بينه وبين مريضه ويجب أن يكون التزامه المبدئي الأول هو احترام المرضى والاهتمام بمصلحتهم والتعامل معهم كبشر- متكاملين. وعلى أطباء النفس أن يستشيروا العائلة أو يبحثوا عن لجنة قانونية مناسبة لحماية الكرامة الإنسانية والحقوق القانونية للمرضى، ويجب عدم إعطاء علاج ضد إرادة المرضى إلا إذا كان توقف العلاج

سيعرض حياة المريض أو المحيطين للخطر، وفي كل الأحوال يجب تقديم أفضل علاج متاح بالنسبة للمريض.

وحسب إعلان هاواي يعتبر البحث العلمي الذي لا يتم وفقا للقواعد العلمية هو عمل غير أخلاقي ويجب اعتماد النشاطات العلمية من لجنة مؤسسية مناسبة تحكم على الجوانب الأخلاقية للنشاط، ويجب أن يتبع أطباء النفس القواعد الدولية والمحلية المنظمة للتعامل في الأبحاث العلمية. ويقوم بعمل الأبحاث ويديرها الأفراد المدربون على عمل الأبحاث دون سواهم، ولأن مرضى النفس معرضون بشكل خاص ليكونوا موضوعا للبحوث فيجب الوضع في الاعتبار محاذير كثيرة لحماية تفردهم واستقلالهم. وأخيرا لن يشارك أطباء النفس بأي عملية تعذيب بدني أو عقلي حتى لو حاولت السلطات إجبارهم على المشاركة في مثل هذه الأعمال (الثقافة النفسية، 1999).

ومن أخلاقيات مهنة الإرشاد النفسي ما يلي (أنظر عمر، 1999). (1) كل شخص له الحق في أن يحترم وأن تحفظ كرامته باعتباره كيان إنساني حر (2) كل شخص له الحق في استخدام المصادر والموارد المتاحة والمشروعية لتطوير نفسه ونمو ذاته وإدارة شئون حياته دون تدخل من أي أحد يعرقل سيرته (3) كل شخص له الحق في حرية اختيار طريقة وأسلوب حياته وكيفية تحقيق أهدافه بما لا يضر الآخرين وفقا لنظام القيم السائد في المجتمع (4) كل شخص له الخصوصية الخاصة به والتي يجب ألا يقتحمها عليه أي فرد كان (5) كل شخص له الحق في التمتع بسيادة القانون والاستفادة من المعايير الأخلاقية التي تحكم وتنظم العلاقة بينه وبين مرشده النفسي- بما يكفل له السرية التامة في تعامله معه (6) كل شخص له الحق في الاطلاع على حقوقه كمرشد، حيث يعتبر طرفا أساسيا في العملية الإرشادية بما يجعله واعيا لسلوكياته وسلوكيات مسترشده (7) كل شخص له الحق في إبداء الشكوى إلى المسؤولين إذا شعر بأي خلل مهني في علاقته الإرشادية مع مرشده النفسي بما يكفل له ويضمن له سلامة هذه العلاقة من أي شوائب غير أخلاقية قد يتعرض لها وقد تضره.

ويقول الميثاق الأخلاقي للمشتغلين بعلم النفس بأن يلتزم الأخصائي النفسي

بصالح العميل ورفاهيته ويتحاشى كل ما يتسبب بصورة مباشرة أو غير مباشرة في الإضرار به. ويسعى الأخصائي النفسي إلى إفادة المجتمع ومراعاة الصالح العام والشرائع السماوية والدستور والقانون. ولا يستخدم الأخصائي النفسي أدوات أو أجهزة تسجيل إلا بعد استئذان العميل وبموافقته. ولا يجوز نشر الحالات التي يدرسها الأخصائي النفسي أو يبحثها أو يعالجها أو يوجهها مقرونة بما يمكن الآخرين من كشف أصحابها منعا للتسبب في أي حرج لهم، أو استغلال البيانات المنشورة ضدهم. وإذا ظهر احتمال وقوع أضرار نفسية أو اجتماعية أو جسمية بسبب الدراسة فعلى الأخصائي النفسي أن يتوقف عن العمل لحين مراجعة خطته وإجراءاته للتأكد من أن النتائج المتوقعة تستحق الاستمرار فيها. ويحصل الأخصائي النفسي على إخطار كتابي بموافقة العميل على كافة الإجراءات العلاجية وأن يعلن العميل فيها أنه أحيط علما بالمعلومات الجوهرية الخاصة بعلاجه. وفي حالة استمرار الأخصائي النفسي في انتهاكاته الأخلاقية أو ارتكابه لفعل أخلاقي لا يمكن السكوت عليه، فعلى الآخرين إبلاغ لجنة المراقبة الأخلاقية في الجمعية والرابطة للتحقيق وذلك للتوصية باتخاذ الإجراءات المناسبة وتقدير مدى حجم الضرر الناجم وتوقيع ما تراه مناسبا من عقوبات (فرج، 1995).

يبدو أن بعض التجارب التي قامت بها المخابرات الأمريكية وخاصة تجارب كميرون قد تجاوزت كل الحدود الأخلاقية التي رسمتها الإعلانات العالمية والروابط وأفرع علم النفس على المستوى العالمي والاقليمي التي ذكرت أعلاه. وكشف مقال نشر في جريدة "نيويورك تايمز" في 2 أغسطس 1977 (وينستين، 1990) بعنوان "مؤسسات خاصة استخدمت بواسطة المخابرات الأمريكية للتحكم في السلوك" عن مشروع سري استمر لمدة 25 عاما وصرف فيه مبلغ 25 مليون دولار صمم للبحث على تطوير مناهج للتأثير على الذاكرة، والتفكير، والاتجاهات، والدافعية، وغسيل الدماغ. وكشفت التقارير عن استخدام 185 من الباحثين غير الحكوميين في 80 مؤسسة. وارتبط بذلك المشروع 44 كلية وجامعة، و15 مؤسسة للأبحاث و12 مستشفى وعيادة، و3 مؤسسات قانونية تستخدم كأماكن لإجراء التجارب.

إن واحدة من الأمور الهامة المتعلقة بالبحث العلمي هي المنظمات الممولة للأبحاث والحدود الأخلاقية لمشروع البحث وعن سلوك الباحث. وأشار كوبر بأن وكالات الحكومة الكندية التي مولت أبحاث كميرون عملت اللازم "في سياق الوقت لتأكد بأن أعماله معقولة بينما تعللت المخابرات الأمريكية بأنها مولت مشاريع بحثية جارية أجريت بواسطة باحث مرموق. وتبعا لذلك بررت الحكومتان بأن الوكالات الممولة لها مسئولية أخلاقية محدودة للأعمال المدعومة من قبلهما. وربما يصعب علينا فهم هذه الحجة. إذا قمت مثلا بتأجير قاتل محترف لقتل شخص ما هل أكون غير ملوم؟ أنا أعرف سمعته، وأدفع لخدماته، إنه يقوم بعمل أنا أريده أن يعمل بالرغم من أنه عمل شيطاني. وتبعا لهذا الفهم فقد بحثت المخابرات الأمريكية عن كميرون وقامت بتمويله من عام 1957 حتى عام 1960 وذلك لمعرفة المخابرات الجيدة بان أبحاثه تتعلق بغسيل الدماغ. وكانت التجارب غير أخلاقية من بدايتها ولكن لم تثار مسألة الأخلاق على الإطلاق.

يحتاج التجريب إلى تمويل، وبالرغم من أن مرضى كميرون قد دفعوا فاتورة علاجهم ولكن ذهب هذا المبلغ إلى المستشفى. نتيجة لذلك هناك ضرورة لمصادر للدعم الخارجي لاستمرارية العمل. ومن هذا قد اتضح التشابك أو التداخل بين أعمال كميرون وبين الحرب الباردة في الخمسينات. وظهرت أول ورقة بحثية لكميرون عام 1956 في "المجلة الأمريكية للطب النفسي-"، وكانت الرسالة الرئيسية لهذه الورقة هو أنه يمكن التأثير في السلوك بالتعرض لرسائل مسجلة وذلك جعله في محط انتباه المخابرات الأمريكية. والسؤال المحير لماذا اهتمت المخابرات الأمريكية بهذه الورقة؟ وتقع الإجابة في موضوع غسيل الدماغ والذي وصل قمته في الحرب الكورية. وكان موضوع غسيل الدماغ مثيرا في الإعلام الأمريكي وتم توظيفه لإثارة الرأي العام ضد الشيوعية. وأصبحت المسألة عقلانية في تطور البحث الكيميائي والسيكولوجي المستخدم في تقنيات الاستجواب (وينستين، 1990).

ليس هناك من شك أنه من غير دعم أو تمويل للبحث لا يمكن لكميرون أن يقوم

بتجاربه في غرفة النوم. وكتب كميرون لوولف رئيس جمعية البيئة الإنسانية بأن المساعدة التي وجدها منهم في السنوات الأخيرة كانت لا تقيم بثمن، وكان كل الـذين ارتبطـوا بهذا البحث المثير لهم ثناء خاص للجمعية. وبالنسبة لجمعية البيئة الإنسانية كجمعيـة ممولـة لا تهتم بمسألة الحدود الأخلاقية أو تراقب أعمال كميرون إذا سبب ذلك حـوادث عقليـة لمرضـاه مـن أجـل تقنيـة غسيل دماغ مثالية. وإن الشيء الوحيد الذي يمكن أن يوقف دعم الجمعيـة إذا لم يتوصل إلى نتائج فعالة. وبالنسبة للمخابرات الأمريكية فإن "المنفعة" من البحث هي الكل.

في تقديري، إن تطبيقات علم النفس سلاح ذو حدين يمكن أن يطبق بصورة رائعة في رعايـة الأطفال، وفي تعليم التلاميذ، وفي علاج المرضي، وفي دور المعوقين، وفي تدريب الطيارين والملاحين، وفي دراسة العقول الخطرة وفي عمليات التشخيص والاختيار والتصنيف فإن ذلك يعمل على بناء الفرد أو الجماعة من دون شك. ولكن عندما يطبق بصورة فظيعة ومروعـة في عمليـات القتـل المبرمج، وفي دراسة أثر العقاقير الخطيرة، وفي عزل المريض حسيا لدرجـة مسح الـذاكرة كليـة أو إصابة الإنسـان بالهلاوس السمعية والبصرية فإن ذلك تطبيق لتدمير فعالية الإنسان من غير شك. فنلاحظ الفرق بين أن تساعد وتعالج شخصا مريضا بالفصام وبين أن تصيب وتدمر شخصا سليما بالفصام! فالأول مـن غير شك يزيد من كفاءة الإنسان ويكون حينها تطبيق علـم الـنفس بصورة "خيرة" بينما في الثانيـة بصورة "شريرة". فيعتمد التطبيق على نوعية الخبير الذي يستخدم علم النفس. وقد يبقى هناك عالم ضبابي أو رمادي بين التطبيقات الخيـرة والتطبيقـات الشريـرة. ومهمـا يكـن يقـول اسكنر (1980) في كتابه الشهير ما بعد الحرية والكرامة بأن تكنولوجيا السلوك تعتبر مـن الناحيـة الأخلاقيـة محايـدة . ويمكن استخدامها من جانب المجرمين أو القديسين وليس في أي منهج شئ يقرر القيـم التـي تحـدد استعماله.

162

خلاصة

نخلـص في هـذا الجـزء مـن الدراسـة بـأن بافلوف اسـتطاع إدخال الكلـب في المعمـل دارسـا بـذلك الاستجابات الشرطية وطور بذلك نظرية التعلم الكلاسيكي ونال بعدها جائزة نوبـل في الفسـيولوجيا، واستطاع اسكنر إدخال الحمامة في صندوقه الشهير ثم درس السلوك الإجرائي في المختبر واشتهر بـذلك كأعظم سلوكي في تاريخ علم النفس. وبعد إكمال عملية التعلم والتـدريب لم تطق هـذه الحيوانـات الأقفاص والمعامل والغرف المحددة لها فخرجـت إلى رحـاب أوسـع . فـتم تـدريب الحمامـة لتوجيه القنابل لخدمة أغراض الدفاع في الحرب العالمية الثانية بواسطة اسكنر الذي طالـب بعلـم تكنولوجيا السلوك كعلم موضوعي تماما كالعلوم البيولوجية والفيزيائية. وكان لنتائج هـذه التجـارب تطبيقـات في أعمال المخابرات. وكان للمخابرات البريطانية دور عريق في العمليات المستورة ربما كانـت الأعـرق بين أجهزة المخابرات في العالم . وأنشأت وحدة "العمليات النفسية" لتنظيم الدعاية لـدعم الحمـلات العسكرية وبالرغم من أن الوحدات القتالية للحرب النفسية قد تكون صغيرة من حيث العـدد فـإن الجيش البريطاني يتوقع لنفوذها أن يكون واسع النطاق.

وقام السوفيت بعملية غسيل الدماغ بذات كيفية التشريط التي قام بها بافلوف في تجاربـه الكلاسيكية على الكلاب. وكان هناك ضحايا لعمليات غسيل الدماغ المروعة خاصة في غرفة النوم. كما أجريت تجربة القاتل المبرمج من خلال عملية التنويم المغناطيسي، واستخدم نظـام البـاص ومقيـاس وكسلر بفعالية في اختيار أقلام المخابرات في داخل وخارج أمريكا. واستخدمت تطبيقات علم النـفس في الحرب النفسية في أزمة وحرب الخليج الثانية، خاصة في الحملات الإعلامية النفسية. وقام علمـاء النفس بالمخابرات الأمريكية بتقييم الشخصيات الخطيرة التي تهدد سلامة القـادة. ولم تكتمـل هـذه التطبيقات الكبيرة لعلم النفس من غير توظيف تقانة التجسس الدقيقة التـي تـدعم عمـل الحـواس بفعالية.

إن الدعم المالي والفني والعلمي من جانب المخابرات قد طور علم النفس بدون

شك . فنال أباطرة علم النفس في مختلف التخصصات ومن أعرق الجامعات دعما سخيا من المخابرات بعلم ومن غير علم للقيام بالأبحاث ولحضور المؤتمرات ونشر المطبوعات وكتابة التقارير حول علم النفس والقادة في العالم . إن عاملي المخابرات ليس لديهم معايير وقواعد، أو بلغة أدق أخلاق في أعمال التجسس كما ليست هناك قواعد ومعايير وأخلاق في تطبيقات علم النفس كما هي موضوعة في أخلاقيات ممارسة علم النفس. لقد تجاوزت المخابرات والروابط السيكولوجية الكثير من الحدود الأخلاقية باسم التحكم فإذا وصلت التجارب المجراة لحد الموت عادة ما يتم العمل خارج أمريكا بصورة سرية تامة .

وفي السنوات الأخيرة تبلورت بعض الاتجاهات عن خطورة التطور العلمي الهائل في تكنولوجيا التحكم في سلوك وعقل الإنسان. إن علماء النفس مطالبين بالتقدم في أبحاثهم واكتشاف الجديد وكلما زادت درجة التحكم في نوعية التكنولوجيا المنتجة إن قرار استخدامها سيكون خارج يد علماء النفس . فمن الصعب الآن إرجاع الكلب والحمامة في أقفاصها. لقد أصبحت تطبيقات علم النفس شائعة الاستخدام، وبعضها ربما بصورة وحشية في المستشفيات والسجون ومراكز الشرطة، والمعتقلات، والبيوت الآمنة، وبيوت الأشباح، وأوكار المخابرات. وفي تقديري، إن السلاح النفسي ـ في الوقت الراهن ربما يكون أهم من السلاح النووي أو البيولوجي أو الكيميائي وذلك لأنه يخاطب عملية التحكم في "الروح" أو "النفس" أو "العقل" أو "السلوك". وبدأت أمريكا، بصورة خاصة، في فهم أهمية هذا السلاح وتبعا لذلك توظيف أدوات علم النفس لأغراض الدفاع والسيطرة على العالم وبذلك اكتملت الحلقة بين علم النفس الذي يهدف للتحكم في سلوك الإنسان وتفكيره وهدف المخابرات في التحكم بالجملة على المستوى العالمي. ولكن لا يكتمل الحديث عن تطبيق وتوظيف علم النفس للأغراض الدفاعية بصورة هائلة ومروعة من غير الحديث عن مخالب المخابرات الإسرائيلية: "أمان" و"الشين بيت" وفوق كل ذلك "الموساد".

الفصل الرابع

مخالب علم النفس والمخابرات الإسرائيلية

علم النفس في إسرائيل

منذ عام 1930 هاجرت مجموعة من علماء التحليل النفسي اليهود من ألمانيا النازية للاستقرار في فلسطين . ومنذ تلك المرحلة المبكرة كانت هناك بعض الأنشطة السيكولوجية، مثلا، فقد عمل ماكس ايتنقون على إنشاء جمعية فلسطين للتحليل النفسي . وتمت أول محاولات لإدخال علم النفس في الجامعة العبرية بالقدس وكان سيجموند فرويد عضوا في مجلس هذه الجامعة. وتم ترشيح كيرت لوين لرئاسة قسم علم النفس بالجامعة. وبمرور عام 1936 تم تأسيس معهد التحليل النفسي- بواسطة ايتنقون كما تم تأسيس كرسي فرويد للطب النفسي في الجامعة العبرية بمباركة من أنا ابنة فرويد، وأصبحت القدس حينها مركزا رئيسيا لتقدم التحليل النفسي على المستوى الفكري والبحثي .

وتم تأسيس أول قسم لعلم النفس في إسرائيل عام 1957 في القدس وفي عام 1958 تم تأسيس قسم علم النفس في جامعة بار علان بينما تم تأسيس أقسام علم النفس في جامعتي تل أبيب وحيفا عام 1966 . وكان علماء النفس في إسرائيل منظمون منذ تأسيس الرابطة النفسية الإسرائيلية عام 1957 وكان عدد الأعضاء حينها 170 عضوا . ومنذ عام 1955 شارك 100 من علماء النفس في المؤتمر القومي لعلم النفس بينما شارك 1000 في المؤتمر العشرين عام 1985 (بن عري، وعمير، 1986) . وانضمت الرابطة النفسية

الاسرائيلية إلى الاتحاد الدولي للعلوم السيكولوجية منذ عام 1951 (روزنزويج، 1982) .

هناك حوالي 45 عضو هيئة تدريس في قسم علم النفس بجامعة تل أبيب وهي أكبر الجامعات الإسرائيلية في عام 1999. كما هناك 48 طالب دكتوراة و397 طالب ماجستير و786 طالب جامعي في علم النفس. وتشمل تخصصات أعضاء هيئة التدريس بالتقريب كل أفرع علم النفس المعاصر. ومن بين الاهتمامات البحثية الحالية لأعضاء هيئة التدريس: الإدراك والسيكوفيزياء، وعلم النفس العصبي، والعمليات العقلية في الانتباه والذاكرة، والذاكرة الإنسانية، والعمليات الاستدلالية والإدراك الاجتماعي، وميكانزمات الدماغ في الذاكرة والانتباه، والذكاء الاصطناعي، والتفكير الاستنباطي، والسيكوفارماكولوجيا، والسيكونيوروامينولوجيا، والسيكوبيولوجيا. ويلاحظ بأن هذه التخصصات هي جزء من علم النفس الصلب.

ومن الأبحاث الأخرى نموذج الحيوانات في الصرع، والنماذج الحيوانية في الاضطرابات العصبية، والألم، والقلق، والتوتر والتكيف، والاضطرابات الوسواسية القهرية، واضطرابات الكلام واللغة، والفصام، والنوم عند الأطفال، والأسرة والاكتئاب، والانفصال وقلق الموت، والتوحد، وعلم نفس الطفل الإكلينيكي، و نظريات التعلق، وعلم النفس الصحي، وعلم النفس الطبي، وعلم نفس الشيخوخة، والإرشاد المهني، والمروة، والموهبة والإبداع، والعلاقات الاجتماعية، وإتخاذ القرار، والحكم تحت الضغوط، والتمثيل الاجتماعي، والصراع وحل الصراع، وقياس الشخصية، والتأثير الدائم للمحرقة اليهودية، وعلم النفس الإعلامي، والعدوان الاجتماعي، والعدوان السياسي والإرهاب. يلاحظ بأن هذه الموضوعات البحثية كتلك الموجودة تماما في أروقة علم النفس الحديث في الغرب، وليس هناك اهتمام عند علماء النفس العرب بمعظم هذه الموضوعات.

تعتبر أقسام علم النفس في إسرائيل من أكبر الأقسام العلمية في الجامعات الإسرائيلية . ولا يقبل في هذه الأقسام إلاّ هؤلاء الطلاب الذين لهم تحصيل دراسي عال، وقدرات عقلية عالية . ويكون معدل الرفض في بعض أقسام علم النفس 14 من 15 مرشح للقسم. وبلغة أخرى، يقبل طالب واحد بين كل 15 مرشح . وإن الحاجة

الكبيرة لخدمات علم النفس في المجتمع الإسرائيلي ترتبط بالحاجة الماسة لدراسة علم النفس. ويسمح ذلك باختيار الطلاب من ذوي القدرات العالية لبرامج البكالريوس في الجامعة والتي يتبعها اختيار الطلاب من ذوي القدرات العالية لبرامج الدراسات العليا. وساعد كل ذلك على إنتاج مهنيين أعلى من المتوسط في علم النفس مما يجعل بأن هناك إنتاج سيكولوجي عال من جانبيه التطبيقي والعلمي. وتعمل كل من الحاجة والقدرات والإنتاج على استقرار المستوى الرفيع لعلم النفس في المجتمع الإسرائيلي وربما يعمل على زيادته . في الوقت الراهن أصبح علم النفس واحدا من أكثر المهن المرغوبة في إسرائيل. ولفترة طويلة من الزمن كانت تفضل الأم الإسرائيلية أن يكون ابنها طبيبا أو على الأقل محاميا، ولكن حاليا انضم علم النفس لهذا النادي الرفيع (بن عرى، وعمير، 1986).

وتجرى الأبحاث السيكولوجية في إسرائيل في عدة معاهد عامة خارج إطار الجامعات مثل معهد جتمان للبحث الاجتماعي التطبيقي، ومعهد حداسة للتوجيه المهني، ومعهد دراسات التعليم في الكيبوتز، ومعهد حريتا للبحوث في العلوم السلوكية . وخلال الثمانينات كانت هناك تطورات كبيرة في أبحاث علم النفس منها تأسيس برامج لعلم النفس الصناعي في معهد حيفا للتقانة، وبرنامج للدراسات العليا في جامعة بن قوريون . ويقدم برامج الماجستير والدكتوراة في علم النفس في كل من جامعة تل أبيب، وجامعة حيفا، وجامعة بار علان، والجامعة العبرية. وتمول كل أبحاث علم النفس في إسرائيل من الميزانية العامة. ويعمل علماء النفس الصناعيين في قوات الدفاع الإسرائيلية، وفي المؤسسات الخاصة ببناء معايير للاختيار المهني، وفي تطوير إجراءات التدريب والتقويم.

إن قوة إسرائيل ذات وجهين: القوة العسكرية والمناعة الاقتصادية لمواجهة أعباء الأمن الثقيلة وكانت قوة إسرائيل مرهونة بنوعية وكفاءة وكمية الأسلحة المتوفرة لديها (رابين، 1993) نتيجة لذلك تعمل أفضل العقول المتخرجة من أقسام علم النفس في قوات الدفاع الإسرائيلية والتي بها وحدتين لعلم النفس . تهتم إحدى الوحدتين بعلم

النفس الصناعي، وتهتم الأخرى بالصحة النفسية للجنود . ومنذ تأسيس قوات الدفاع هناك تأكيد على الجوانب الخاصة بالحاجة الماسة للخدمات المهنية لعلماء النفس . وكان أول هذه الخدمات هو ترقية نوعية الأفراد، وترقية المؤسسة العسكرية وذلك نسبة للقلة العددية للجيوش الإسرائيلية مقارنة بجيوش الجيران (العرب) وتبعا لذلك فقد تم اعتبار الخدمات المهنية والتوجيه النفسي المقدم بواسطة علماء النفس ضرورة وبرهن على أهميته كعامل خطير بالنسبة لقوات الدفاع الإسرائيلية . وكانت هذه الخدمات السيكولوجية محط تقدير واحترام من قبل القادة والتي تم استغلالها لأقصى حد ممكن . وتضمنت وظائف الخدمات السيكولوجية القياس والاختيار العام، والتشخيص المحدد للوحدات الخاصة، وتطوير وتطبيق التقنيات الفريدة للتدريب والتي تضمنت تدريب القادة، وقياس الروح المعنوية، وتقييم المناخ العام للمؤسسة العسكرية، وتطوير تقنيات التدخل في أوقات الأزمات.

وساعدت عدة عوامل على تطور أبحاث علم النفس في إسرائيل . ومن بين ذلك إن الروابط السياسية والتاريخية الوثيقة بين إسرائيل والولايات المتحدة وكذلك بالنسبة للدول الغربية الأخرى جعلت إسرائيل من عدة نواحي امتدادا للغرب (لونر، 1980) . وكما هناك علاقات متداخلة بين علم النفس في إسرائيل وبين التاريخ السياسي والاجتماعي لليهود. وكانت مجموعة المهاجرين لإسرائيل من ألمانيا النازية مجموعة مشردة جسديا، وفاقدة للهوية عقليا، وقلقة بإفراط، ولم يتبقى في قلوبها اعتقاد في الإنسانية ومع قليل من الأمل للمستقبل (عمير، وبن عري 1981) .

في تقديري، بهذه الخصائص الجسدية، والعقلية، والعاطفية، والمستقبلية التي تمت إعاقتها بفعل النازية يتطلب ذلك إيجاد نوعية محددة من علم النفس يستجيب لمساعدة هؤلاء الأفراد والجماعات . وعمل علم النفس المناسب لهذه الفئة بدون شك على تطور العلم من ناحية نظرية وتطبيقية يستخدم بفعالية في بناء الذات المشردة، والفاقدة للهوية، والفاقدة للاعتقاد في الإنسانية من جهة ومن جهة ثانية يستخدم بفعالية في صياغة أدوات مناسبة للبقاء في محيط عدائي . ونتيجة لذلك تمت صياغة الكثير من

أدوات الحرب النفسية الفعالة مع الأعداء والتي تعمل بدورها على تهديم ذات الآخرين . ومن ناحية سيكولوجية، يمكن القول كان اليهود ضحية لإسقاط النازية الألمانية عليها عملية التعذيب البشع بفعالية وأسقطت إسرائيل نفس عملية البشاعة في حربها النفسية الضروس مع العرب.

إن أحد المظاهر الفريدة لقوات الدفاع الإسرائيلية هو توظيف علماء النفس كاختصاصيين وكمستشارين في كل المستويات القيادية . وهناك قسم خاص للأبحاث السيكولوجية في قوات الدفاع الإسرائيلية قام بإجراء أبحاث واسعة عن كثير من الجوانب السيكولوجية للجيش . وتشبه هذه الوحدة في أنشطتها المؤسسات الشبيهة للقوات المسلحة في الولايات المتحدة الأمريكية . ولأسباب واضحة، ليس من الممكن توضيح نوعية الأبحاث السيكولوجية التي تجرى في هذه الوحدة (بن عري، وعمير، 1986). وإن دائرة البحوث في وزارة الخارجية ودائرة البحوث في الموساد تقدمان فعلا تقديراتهما إلى جانب تقديرات الاستخبارات العسكرية في المواضيع المتعلقة بتقدير الوضع القومي ومواضيع الإنذار المسبق. وهكذا أصبحت في جهاز الاستخبارات الرسمية علاوة على "طباخي المعلومات، و"ضباط الدراسات"، و"مستهلكي المعلومات"، و"متخذي القرارات"، هناك طبقة رقية لكنها ذات أهمية، ألا وهي "مقدمو المعلومات"، أي الأشخاص الذين من واجبهم عرض المعلومات الرسمية أمام صانعي القرارات (النير، 1986).

فيا ترى إلى أي درجة تجرى تجارب غسيل الدماغ أو تطبق مقاييس الذكاء والشخصية في إسرائيل؟ وكيف تتم دراسة شخصيات القادة العرب، ودراسة الجيوش العربية؟ وكيف يتم التدريب السيكولوجي لقادة الجيش الإسرائيلي والطيارين والملاحين وسائقي الدبابات وقاذفي القنابل؟ وكيف توظف تقنيات الحرب النفسية وتجنيد العملاء الفلسطينيين والعرب؟ وكيف يتم اختيار وتدريب الجواسيس في إسرائيل؟ وكيف تكسب الموساد حربها مع الأعداء عن طريق شعارها الدائم "عن طريق الخداع"؟ وكيف تقوم المخابرات الإسرائيلية بالتخطيط والتنفيذ بالنسبة للعمليات

الميدانية المستورة؟ وكيف توظف إسرائيل الجمعيات السيكولوجية لخدمتها؟ وكيف تستغل الخلافات داخل العالم العربي؟ وما هو مفهوم الإرهاب من ناحية سيكولوجية؟ كيف تتم عمليات الاغتيال التي تقوم بها الموساد؟ وما هو موقف علم نفس السلام من الصراع العربي الإسرائيلي؟

إن قوانين إسرائيل المتشددة في الرقابة العسكرية على مواد الاستخبارات في إرشيف الحكومة تضمن التقليل من تسرب المعلومات. لذلك هناك صعوبة في إجراء دراسة جدية حول هذا الموضوع. ويؤكد مائير هاميت رئيس الموساد "هناك أمور من الأفضل أن تظل سرا كما كانت". ولذلك يصعب علينا معرفة الأبحاث السيكولوجية التي تجري لأغراض دفاعية في إسرائيل لعدم نشرها. ولكن سوف نحاول كشف جزء ولو يسير من ظلال تطبيقات هذه الأبحاث في ظل العلاقات الإسرائيلية العربية. وبوسعنا التساؤل ما هي العلاقة بين "سرية" الأبحاث المجراة في قوات الدفاع الإسرائيلية و"سرية" أعمال المخابرات الإسرائيلية؟

الاستخبارات الإسرائيلية

تعود جذور الاستخبارات الإسرائيلية إلى زمن طويل، منذ أن بدأ بعض الهواة في جمع المعلومات لمليشيا الهاغانا في فلسطين في الثلاثينيات إبان الحكم البريطاني. بينما ولد جهاز الأمن العام الإسرائيلي (شيروت هابيتاشون هاكلالي، أو شاباك أو شين بيت) في 30 يونيو 1948، سماه بن غوريون "الشاي الداخلي". وبقى الشين بيت تابعا من الناحية الإدارية للجيش الذي كان يؤمن التغطية والخدمات والترقية والرواتب. وفي أوائل عام 1950 أصبح الشين بيت تابعا لوزارة الدفاع. وتوزع عمل الجهاز ما بين مكافحة التجسس والتخريب الداخلي مع إعارة انتباه خاص للأقلية العربية. وأنشأت الموساد في 2 مارس 1951 بناء على أمر من بن غوريون. ولكن بدأ عمل الموساد في 1 أبريل 1951 وكان مؤسسه ومديره الأول روفين شيلوخ.

وسمي الموساد أساسا هاموساد ليتوم (مؤسسة التنسيق) وفي عام 1963 أعيدت

تسميته هاموساد لمودين التفاكيديم ميوهاديم (أي مؤسسة الاستخبارات والمهام الخاصة). وشعار الموساد الدائم هو "عن طريق الخداع، سنقوم بالحرب". أما اليوم فإن الاستخبارات العسكرية (أمان) والموساد والشين بيت تتألف من آلاف العناصر وتنفق مئات الملايين من الدولارات كل سنة للدفاع عن إسرائيل في وجه أعدائها والحصول على أسرارهم واختراق مراكز القرار الكبرى في البلدان المعادية (أنظر بلاك وموريس، 1992). وينفق الموساد من اجل استمرار عملياته في أنحاء العالم مئات الملايين من الدولارات شهريا للحفاظ على "أصوله" وسداد نفقات المتطوعين وإدارة المقار الآمنة وتقديم العون اللوجستي وتغطية تكاليف العمليات (توماس، 1999).

يعتبر جهاز الموساد أحد أكثر أجهزة الاستخبارات غموضا في العالم، وتحيطه السلطات الإسرائيلية- أو بالأحرى هو يحيط نفسه- بكتمان شديد، لدرجة أن اسم رئيس الجهاز لا يعلن إلا بعد أن يصبح (الرئيس السابق للموساد). وهذا الجهاز أشبه بجبل الثلج لا يظهر منه سوى بعض النشاطات التي ليس في الإمكان إخفاؤها، مثل عمليات الاغتيال والنسف والتخريب والتي تصل إلى الصحف بسبب آثارها المادية الواضحة، أو لأن الموساد نفسه قد سرب أخبارها استكمالا للهدف منها، أي الإثارة الدعائية والنفسية (الكيالي، 1999). يعرف الإنسان الحاجة الماسة للأمن، كما يعلم بوجود مؤسسة اسمها الموساد. أنها لا توجد رسميا في إسرائيل لكن كل إنسان يعرف عنها. أنها الخلاصة-قمة الكومة. ويدرك الإنسان أنها مؤسسة سرية جدا، وبمجرد أن يدعى للانضمام إليها يعمل ما يطلب منه عمله، لأنه يعتقد أن وراءه شكلا من السحر المفرط الذي سوف يفسر له في الوقت المناسب (أنظر استروفسكي وهوي، 1990).

يقع مبنى الموساد المرتفع بلونه الرمادي الفاتح في شارع الملك شاءول وعلى حد تعبير مائير "إذا كان ذلك يجعل المرء أكثر طولا يبدو أكثر طولا، فلا باس بهذا، كما أنه يضاعف الخوف بالطبع في نفوس أعدائنا". لقد قاوم مائير عاميت منذ تولي منصبه على رأس الموساد كل المحاولات الرامية إلى تحويل الجهاز إلى نسخة من المخابرات الأمريكية (سي آي أي) أو المخابرات السوفيتية (كي جي بي). وكان هذان الجهازان تستخدمان

مئات الآلاف من المحللين والعلماء وخبراء الإستراتيجية والمخططين لـدعم جهـود العمـلاء الميدانيين. وكان لدى العراق وإيران ما يقدر بعشرة آلاف عميـل ميـداني. بـل أن المخابـرات الكوبيـة (دي جي آي) لديها ما يقرب من ألف جاسوس. لكن مائير أصر عـلى أن لا يتجاوز إجمالي العـاملين الدائمين بالموساد 2100 فرد. ويتم اختيار كل مـنهم بعنايـة بحيـث يكون متعـدد المواهب، فالعـالم يجب أن يكون قادرا على العمل الميداني عند الاقتضاء، والعميل الميـداني يجب أن تكون لديه القـدرة على استخدام مهارات متخصص لتدريب الآخرين. أما هـو فلـن يكون بالنسبة لهـم إلا "ميميـون" وهي كلمة عبرية معناها بالتقريب "الأول بين أكفاء" (توماس، 1999).

تجتمع المنظمات الاستخبارية العسكرية الإسرائيليـة مـرة في كـل عـام للتخطيط للأحـداث القادمة. ويوجد ثلاثة أنواع من مصادر تزويد المعلومات الاستخبارية: هومانت او تجمع استخباري والمكون من أشخاص مثل كاتسات الموساد الذي يعملون بالتعاون مع عملائهم المختلفين، واليـنت أو الإشارات، وهـي مهمـة تقـوم بهـا الوحـدة 8200 التابعـة لأسـلحة اسـتخبارات الجيـش الإسرائيلي، وسيجنت أو التجمع الاستخباري من وسائل الإعلام العادية.

ويتم تصنيف العملاء في المخابرات الإسرائيلية عـلى أسـاس إنجـازهم خـلال العـام المنصرم. ويحمل كل عميل اسمين رمزيين. اسما للعمليات، واسما للمعلومات. وتقارير العمليات التي يصنفها كاتسـات الموسـاد لا يطلـع عليهـا زبـائن الاستخبارات. وعـلى ضـوء هـذه التقـارير، يصنف زبـائن الاستخبارات العملاء بمراتب من الألف إلى الياء. ولا ينال أي عميل المرتبة (أ) حتـى وإن كـان مـؤهلا لها، أما المرتبة (ب) فتعني مصدرا موثوقا جدا، والمرتبة (ج) متوسط، والمرتبة (د) خـذ كلامـه بحـذر، أما المرتبة (هـ) فتقول لا تتعامل معه. وكل كاتسا يعرف مرتبـة عملائـه ويحـاول أن يحسـن تلـك المرتبة. وتبقى مرتبـة العميـل عـلى مـا هـي عليـه طيلـة العـام ويدفع لـه بحسب مرتبته (أنظـر اوستروفسكي وهوي، 1990).

هناك رموز أو دلالات سيكولوجية كثيرة في أنشطة الاستخبارات الإسرائيلية.

وتنعكس هذه الدلالات حتى في الأعمال الفنية وفي التعبيرات المستخدمة. مثلا، الدلالة السيكولوجية لمبنى الموساد العالي الذي يضاعف الخوف في نفوس الأعداء. وكذلك يوجد في إسرائيل 1500 نصب تذكاري للمظليين والطيارين وسائقي الدبابات والمشاه. وتحيي النصب التذكارية ذكرى الموتى في خمس حروب تقليدية واسعة النطاق. يقف النصب داخل محيط معسكر التأهيل ويتكون من عدة مباني بحوائط خرسانية وكتلة من حوائط بالحجر الرملي تتجمع على هيئة "مخ بشري". وتم اختيار هذا الشكل لأن "الذكاء" هو كل ما يعنيه العقل البشري وليس شكلا برونزيا يقف وقفة بطولية. يحي النصب التذكارية حتى الآن ذكرى 557 من رجال دوائر رجال المخابرات الإسرائيلية ونسائها، منهم 71 عملوا في الموساد. وهؤلاء ماتوا في صحارى العراق وجبال إيران وغابات أمريكا الجنوبية وأدغال أفريقيا وشوارع أوربا. وحاول كل منهم بطريقته أن يحيا بشعار الموساد "عن طريق الخداع تنتهي الحرب".

ألف جوردون توماس كتابا عن المخابرات الإسرائيلية بعنوان " جواسيس جدعون: التاريخ السري للموساد "، وجدعون هو البطل الذي ورد اسمه في العهد القديم الذي أنقذ إسرائيل من قوات أكبر حجما منها باستخدام "ذكائه" أحسن استخدام. وتحاول المخابرات الإسرائيلية دراسة حتى الموجودات أو المعلقات في مكاتب رؤساء الدول العربية. مثلا، فالرئيس حافظ الأسد يضع في مكتبه بدمشق صورة واحدة كبيرة للموقع الذي انتصر فيه الصليبيين في عام 1187 وأدى إلى إعادة القدس للعرب. "وبالنسبة لمائير عاميت، فإن ولع الأسد بالصورة له دلالة سيكولوجية بالنسبة لإسرائيل فهو ينظر إلينا بالطريقة التي نظر بها صلاح الدين إلى الصليبيين. وهي أنه لابد من قهرنا في نهاية المطاف. وهذا الطموح يشترك فيه الكثيرون ومنهم من يزعمون أنهم أصدقاء لنا. وهؤلاء بالأخص يجب أن نكون منهم على حذر" (أنظر توماس، 1999)

أصبحت أجهزة الاستخبارات الإسرائيلية مثل أجهزة الاستخبارات في المجتمعات الديمقراطية ماهرة في إنشاء روابط مع الصحافيين الذين يسربون بأي قدر ولو بسيط من المعلومات السرية المتسربة حول عالم المخابرات (بلاك وموريس، 1992). وللموساد

علاقات واسعة مع كل أو معظم أجهزة المخابرات في العالم من السي- آي أي في أمريكا، والكي جي بي في روسيا، وإم آي 5 وإم آي 6 في بريطانيا، والبوندسامت في ألمانيا، ودي جي أس في فرنسا. وتمتاز إسرائيل بتفوقها في الاستخبارات البشرية وهي أقدم طريقة تجسس وتبقى، على الرغم من الأقمار الاصطناعية والكمبيوتر الذي يحلل الرموز وبعض التكنولوجيا المتقدمة في السنوات الأخيرة، أفضل طريقة لمعرفة العدو وماذا يخطط وبماذا يفكر، وهي أفضل إنجاز إسرائيلي في ظروف ولادة الدولة ومشاكلها الراهنة وغير العادية. ولعبت صفات البراعة والخيانة والقساوة دورها في التاريخ كما كان لها دور بدرجة أقل أو أكثر في عمل أجهزة الاستخبارات والأمن. يمكن تضليل العملاء "بأعلام خاطئة" وتجنيدهم وابتزازهم والضغط عليهم. يمكن أن يقبض العملاء الأموال ثمنا لخدماتهم، ويمكن أيضا قتل الأعداء الخطرين دون وازع أخلاقي وبث الإشاعات والأكاذيب داخل الوطن وفي الخارج. وفي معظم الأحيان يكون نفي الأخبار غير قابل للتصديق.

سيكولوجيا اختيار وتدريب جواسيس الموساد

هناك مستوى عال لعلم النفس في الجامعات الإسرائيلية وفي مراكز الأبحاث. كما رأينا عملية الانتقاء الصارمة لطلبة علم النفس في جامعة تل أبيب وفي عملية الانتقاء الأكثر صرامة في اختيار طلاب الدراسات العليا في علم النفس لدرجتي الماجستير والدكتوراة. وعادة ما يجد الموهوبين من الخريجين فرصا للعمل في الوحدات البحثية الحساسة. وتوجد في قوات الدفاع الإسرائيلية وحدتين لعلم النفس: وحدة علم النفس الصناعي ووحدة الصحة النفسية للجنود. كما يوجد في المخطط التنظيمي لجهاز الموساد وحدتين لعلم النفس. هناك "وحدة علم النفس" والتي كما يبدو في المخطط لها علاقة برئيس العمليات ورئيس الخدمات ولها علاقات متداخلة ومعقدة مع التكنولوجيا والوثائق والأبحاث والتاريخ والإدارة من جهة، ومن جهة أخرى لها علاقة مع البريد، والاتصالات، والخدمات الخاصة، والكمبيوتر والارتباط مع الداخل. أما الوحدة الثانية

لعلم النفس بالموساد هي "وحدة الحرب النفسية" والتي لها علاقة برئيس العمليات ومنظمة التحرير الفلسطينية ولجنة المحررين. ويبدو أن الوحدتين من خلال المخطط التنظيمي للموساد تلعبان دورا استراتيجيا في عمليات الموساد الميدانية وفي عملية الاختيار والتدريب بالنسبة للجواسيس.

في تأريخ علم النفس لقد تطورت الكثير من المقاييس السيكولوجية لخدمة الجيوش في ألمانيا والاتحاد السوفيتي وفي بريطانيا وأمريكا. وفي إسرائيل تستخدم أدوات علم النفس بفعالية في عملية اختيار وتدريب الجواسيس. وذلك من خلال تطبيق بعض الاختبارات السيكولوجية الخاصة بالقدرات العقلية والسمات الشخصية والمزاجية للمرشحين. فأعمال التجسس تتطلب مهارات سيكولوجية محددة ويجب كشفها وصغلها لكي تكون أكثر فعالية. ففي مدرسة التدريب التابعة للموساد تجرى المقابلات الصارمة والدقيقة لاختيار أفضل الجواسيس. كما تتم عملية صياغة الجواسيس وفق برامج صارم لعمليات التشكيل والقولبة بالنسبة للتفكير والسلوك الذي ينسجم مع أعمال التجسس. ويتدرب الجواسيس كذلك على الكيفية التي يعبرون بها عن مهنتهم، واكتساب الملاحظة الدقيقة والتدريب على الحس الأمني، والاهتمام بالتفاصيل الدقيقة. كما يتدرب الجواسيس على عمليات الستر والتغطية والتعقب وكيفية تجنيد العملاء وكيفية حماية الذات وتوظيف سيكولوجيا الجنس في الأعمال الميدانية بغرض الابتزاز أو جمع المعلومات. ونحاول في الجزء اللاحق من الدراسة تتبع الكيفية التي يتم بها اختيار وتدريب الجواسيس.

في كيفية اختيار الجواسيس للموساد تتم عملية تطبيق صارمة لبعض الاختبارات السيكولوجية في سلسلة من المراحل ولفترة طويلة من الزمن (انظر استروفسكي وهوي، 1990). فمثلا، في المراحل الأولى غالبا ما تقدم اختبارات بخصوص المسح العام ومن ثم تقدم اختبارات متقدمة للغربلة. ويعتبر اختبار بقع الحبر من الاختبارات الإسقاطية الشائعة الاستخدام في المخابرات الإسرائيلية لدراسة السمات الشخصية والمزاجية. كما تم تطبق مقاييس الاتجاهات النفسية بالنسبة للجواسيس خاصة اتجاهاتهم

عن القتل. ومن بين الأسئلة المقدمة للمرشح : هل تعتبر قتل شخص ما من أجل بلادك شيئا سلبيا؟ هل تشعر أن الحرية مهمة؟ هل يوجد شيء أهم من الحرية؟ وتعتبر المعلومات المجموعة من هذه الاختبارات ذات فائدة كبيرة في التنبؤ بشخصية الجاسوس. ومن الاختبارات السيكولوجية الأخرى المطبقة للمرشحين الجدد هي "اختبار العلاقات الاجتماعية" والتي تقدم كل أسبوعين حيث يسجل كل مرشح قائمة بالأشخاص المشاركين في الدورة ويرتبهم حسب الأفضلية من نواحي مختلفة مثل: العمليات، وإمكانية الوثوق به، والاعتماد عليه، ومصادقته، ودرجة مودته، وما إلى ذلك.

وفي مرحلة تالية من الاختبارات والتشخيص تكون مقرونة بمقابلات يحضرها الخبراء النفسيين كمراقبين صامتين. ويوصف عمل المخابرات من قبل الذين يقومون بالتدريب بأنه "عمل صعب وخطير" وإذا فشل المرشح في الاختبارات السيكولوجية سوف لا يستمر في إجراء المقابلات النهائية. وفي مرحلة تالية متقدمة من سلسلة الاختبارات السيكولوجية يقول أحد مرشحي الموساد "أتممت اختبارين على مكشاف الكذب، وكان يطلب من المجندين دائما ألا يكشف الواحد منهم شيئا عن نفسه للآخرين- كان الشعار: "أبق نفسك لنفسك". لقد رأينا في الفصل الثاني كيف أن المخابرات الأمريكية قد أجرت سلسلة من أبحاث مكشاف الكذب والذي يعتبر أحد الاختبارات الهامة في عالم التجسس.

إن خبراء الموساد وخبراء التجنيد والاختيار بصورة خاصة يختارون الجواسيس المناسبين وليس بالضرورة أفضل الناس- يوجد فرق كبير، فمعظم الذين يقومون بالاختيار أشخاص ميدانيون يبحثون عن مواهب محددة، لكنهم لا يكشفون ذلك. وفي مرحلة تالية من الاختبار السيكولوجي يقول الجاسوس استمر الفحص ثلاثة ساعات، وفي إحدى النقاط، عندما كنت اوجه أسئلة، مال أحد الممتحنين نحوي بدفتر ملاحظاته وقال "أرجو المعذرة، ما اسمك؟" ويعتبر هذا السؤال مقياسا لفحص التركيز الفكري وعلى الجاسوس أن يكون حذرا باستمرار. وتكمن أهمية هذا السؤال بأنه يجب على الجاسوس ألا يذكر اسمح الحقيقي لأحد. وترتبط عملية الاختبار

السيكولوجي بعمليات ميدانية وكان المدرسين في مدرسة تدريب الموساد "يريدون تصرفات فورية إلى حد ما، إلا أنهم أرادا كذلك أن يكون لكل مرشح خطة أساسية للعمل بدلا من أن تمثيل التعبير العربي "على باب الله" أي أن كل ما سيحدث سوف يحدث، فلنتوكل على الله ". ولقد كشفت الفحوص النفسية بأن أحد المرشحين مثلا، يخاف الأماكن المغلقة أو الضيقة، كما يكره الهوام والصراصير والديدان والجرذان، بل لا يحب أن يسبح في بركة بسبب جميع تلك المواد اللزجة الرطبة في قاعها.

يتطلب النظام أخذ مرشحين مناسبين كبداية، ثم مع الوقت وعن طريق دورة منسقة جيدا من دعاية غسيل الدماغ، التوصل إلى صياغتهم في قالب معين، وكما يقولون، إذا أردت أن تهرس بندورة فإنك تأخذ الحبات الناضجة، ولماذا تأخذ حبة خضراء؟ صحيح أن بالإمكان هرسها لكن ذلك أصعب. ويتعلم الجواسيس كيف يعبرون عن مهنتهم الجديدة في حالة تساءل الآخرين. تابع الرئيس كلامة للمرشحين "عليكم أن تخبروا أصدقاءكم أنكم تعملون في وزارة الدفاع وأنكم لا تستطيعون التحدث عنها، سيرون أنكم لا تعملون في بنك أو مصنع. يجب أن تعطوهم جوابا وإلا سوف يسببون لكم المشاكل بفضولهم، لذلك فإن هذا ما ستقولونه لهم. أما بالنسبة للأصدقاء الجدد، فلا تتخذوهم دون إذن، هل هذا مفهوم". ويحذر الرئيس من استخدام الهاتف "يجب ألا تستعملوا الهاتف للتحدث عن أعمالك وإذا أمسكت واحدا منكم يتكلم من بيته عن المكتب سأعاقبه عقابا شديدا، لا تسألوني كيف أعرف ما الذي تتكلمون عنه في الهاتف من بيوتكم، أنني مسؤول عن الأمن في المكتب وأعرف كل شيء وإذا كان هناك شيء احتاج إن أعرفه، سأستعمل أية وسائل متاحة لأي إنسان لأعرفه". تستخدم الموساد جهاز كشف الكذب أو ما يسمى بالمفضاح إذ يقول رئيس الأكاديمية "مرة كل ثلاثة أشهر ستقدمون امتحان جهاز كشف الكذب، وبعد ذلك كلما عدتم من رحلة من الخارج أو بعد أية فترة تقضونها خارج إسرائيل سيطلب منكم تقديم الامتحان" ويضيف موعدا "لكم الحق أن ترفضوا تقديمه، مما يعطيني الحق في إطلاق النار عليكم".

تعتبر الملاحظة نقطة البداية في علم النفس (هلقارد واتكنسون واتكنسون، 1969)

كما تعتبر دقة الملاحظة البداية الحقيقية في أعمال التجسس وجمع المعلومات وكتابة التقارير عنها. ويطلب من مرشحي الموساد الجدد تسجيل ملاحظاتهم عن أعمال فجائية واقعة أمامهم. فمثلا أثناء فترة الدراسة في مدرسة التدريب حوالي نهاية الأسبوع الأول أعلن ريف أن المرشحين سيتعلمون الأمن الشخصي، وما كاد يبدأ محاضرته حتى رفس باب الغرفة بضجيج واقتحمهما رجلان كان أحدهما يحمل مسدسا ضخما من طراز "النسر" والآخر مدفعا رشاشا، وأخذوا فورا بإطلاق النار. انكب الضباط المرشحون على الأرض لكن ريف وران أس سقطا على الجدار الخلفي مضرجين بالدماء. خلال لحظات خرج الرجلان واستقلا سيارة وغادرا المكان كنا في حالة صدمة مخيفة، ولكن قبل أن يبدي المرشحين أي رد فعل وقف ريف وأشار إلى جيري أس، أحد الضباط المرشحين وقال"حسنا، لقد قتلت الآن، أريدك أن تصف من قام بقتلي وتذكر عدد الرصاصات التي أطلقت، وأية معلومات قد تساعدنا على تعقب القاتلين". وفيما بعد قال لهم رئيس إدارة العمليات "سنشرح لكم الهدف من هذه التمثيلية التحذيرية، أننا نقوم بمعظم أعمالنا في أقطار أجنبية، وبالنسبة لنا، فإن كل شيء هو إما عدو أو هدف، ولا شيء ودي. أنني أعني ما أقول".

وتم عرض فيلم بعنوان "رئيس على شعيرة بندقية" وهو دراسة مفصلة لحادث اغتيال الرئيس الأمريكي جون كندي يوم 22 نوفمبر 1963. وكانت نظرية الموساد هي أن القتلة من عصابات المافيا وليس لي هارفي اوزوالد. ويعتقد الموساد بأن الرواية الرسمية عن الاغتيال كانت اختلاقا خاصا لا يمت إلى الحقيقة بصلة. ولتأكيد نظريتهم فقد أعادوا تمثيل العملية ليروا ما إذا كان في مقدور قناص يحمل معدات أفضل بكثير مما كان لدى اوزوالد، وإن كان يستطيع ضرب هدف متحرك من المسافة المسجلة ومقدارها 88 ياردة، فلم يستطع.

ويتدرب الجواسيس على الحس الأمني وتوقع الخطر الدائم وضرورة الاهتمام بالتفاصيل الدقيقة مهما كانت تافهة. وكان وقت الدورة مقسما إلى أربعة مواضيع رئيسية "الناكا" (طريقة كتابة التقارير الموحدة للموساد)، و"آبام" (أمن عمليات

الاستخبارات) والأمور العسكرية والغطاء. ويتدرب الجواسيس على الكيفية التي يتعاملون بها في جمع المعلومات وهو هدف المخابرات المركزي. وتبعا لذلك تريد المخابرات من مخبريها إعطاء تفاصيل كاملة بالجملة وبالقطاعي، وبكلمات أخرى، بالصورة الكاملة والتفاصيل الدقيقة. ففي الأيام التي كانت تشهد الإعداد لحرب الأيام الستة في عام 1967 كان هناك أما فرد ميداني من قبل الموساد أو مرشد مجند من قبل الموساد في كل قاعدة جوية وكل قيادة عسكرية في مصر. وكان هناك عدد لا يقل عن ثلاثة من هؤلاء في مقر القيادة العامة في القاهرة وكان هؤلاء من ضباط الأركان الذين أغراهم مائير هاميت بذلك أما كيف تمكن من ذلك فقد ظل سرا لا يبوح به إذ كان يقول: "هناك أمور من الأفضل أن تظل سرا كما كانت". وكانت تعليماته لكل مرشد وكل فرد ميداني هي نفس التعليمات وهي أنه يريد "الصورة كاملة" وعلاوة على ذلك يريد "التفاصيل الدقيقة". فما هو عدد الخطوات التي يخطوها الطيار من ثكنة إلى الميس لتناول طعامه؟ وما هو الوقت الذي يضطر ضابط أركان لقضائه حبيسا لزحام الطرق الذي تشتهر به القاهرة؟ وهل لأحد القادة العاملين في التخطيط عشيقة؟ لقد كان عاميت وحده هو الذي يفهم تماما كيفية الاستفادة من هذه الأمور التي لا رابط بينها؟

كما تتم عملية تدريب مرشحي الموساد على أعمال التغطية أو كما تعرف بالستر. التي كان يدرسها ضابطا تجنيد العملاء وجمع المعلومات وإن معظم العمليات التي يقوم بها رجال الموساد تتم تحت الغطاء. فالجاسوس لا تتقدم من شخص ما ويقول له : مرحبا، إنني أعمل في الاستخبارات الإسرائيلية وأريدك أن تعطيني معلومات أعطيك نقودا مقابلها. فضابط جمع المعلومات يتوقع منه أن يكون متعدد البراعات، هذه هي العبارة الجامعة- تعدد البراعات. فقد يعقد الجاسوس ثلاثة اجتماعات في يوم واحد، وفي كل منها يكون شخصا آخر، وهذا يعني شخصا آخر كليا". كما يقضي الجاسوس وقتا طويلا للتمرين على التغطية، فضلا عن ذلك يدرس مختلف المدن عن طريق ملفات المكتبة ويتعلم كيف يتحدث عن مدينة معينة كما لو عاش فيها طوال حياته، كما

يتعلم بناء شخصية وانتحال مهنة في يوم واحد. وكان واحدا من الأشياء المتعلمة كيفية عدم إعطاء معلومات كثيرة بسرعة تزيد عما يجب. وكان تسفي جي 42 وهو عالم نفس وأول مرشح يتعرض لهذا التمرين.

وبعد إكمال التدريب على عمليات التغطية أو الستر يتعلم المتدربين كيفية التعقب بصورة غير لافتة للنظر. أولا يكون التعقب في مجموعات، ثم فرديا، وكيفية الاندماج واتخاذ مواقع مناسبة والاختفاء، والفرق بين الملاحقة في منطقة سريعة ومنطقة بطيئة، ومفهوم المسافة والزمن، أي تعلم قياس المسافة التي يقطعها شخص ما في وقت معين". إن الشيء الذي لا يريد الجاسوس أن يعلمه إن كان فعلا متعرضا للتعقب هو أن يفقد متعقبيه، وإذا فقدهم كيف يستطيع التحقق من ذلك؟ وكيف يعرف إن كانوا يتعقبونه إذا جاءوا ثانية، لكي يوقف جميع نشاطاته المخططة، وقد يذهب حتى للسينما. وبدأ أحد المدرسين يشرح للمتدربين ما تعلماه "والآن بعد أن تعلمتم كيف تحمون أنفسكم، فإنكم تتعلمون كيف تجندون الآخرين. تأتون إلى مكان بعد التأكد من نظافتكم وتبدؤون بالتجنيد. وبعدها تكتبون التقارير بالأسلوب الذي تعلمتموه، كما تتعلمون كيف تستفيدون من المعلومات من الدك المتواصل للمعطيات التي تلقيتموها". وعند هذا الحد بدأتم في شق قشرة البيضة، على حد تعبير موسى.

يتعلم المرشحون الجدد من المدربين في مدرسة الموساد كيفية تجنيد العملاء في المخابرات الإسرائيلية. وعموما، من ناحية سيكولوجية، تراعى نقاط الضعف في الشخص الذي يراد تجنيده. وتدرس جيدا السمات الشخصية والمزاجية لهذا الشخص قبل عملية الاقتراب منه. وهناك ثلاثة صنانير رئيسة للتجنيد: المال والعاطفة، سواء كانت الانتقام أو الايديولوجية والجنس. إن فكرة التجنيد لدى الموساد تشبه دحرجة صخرة عن تلة. وتستعمل كلمة "ليداردو" التي تعني الوقوف على رأس تلة ودحرجة جلمود من هناك. وهذه هي الطريقة التي يتم بها تجنيد العملاء. يتم أخذ شخص وجعله تدريجيا يقوم بشيء مخالف للقانون أو للأخلاق، ويتم دفعة منحدرا عن التلة. لكنه إن كان هذا الشخص على قاعدة راسخة فإنه لن يقدم المساعدة، ولا يمكن

استخدامه، والقصد كله هو أن يتم استخدام الناس، ولكن لكي يتم استخدامهم يجب قولبتهم، وإذا كان هناك شخص سعيد في حياته و لا يحب الشرب أو الجنس وليس بحاجة للمال، وليست لديه مشاكل سياسية فلا يمكن تجنيده، وما يمكن عمله هو التعامل مع الخونة، فالعميل خائن مهما كانت درجة عقلنته للأمر. لذلك تتعامل الموساد مع أردأ أنواع البشر. وقد تستخدم مهارات عالية وغامضة في كيفية استقطاب الجواسيس في دول الجوار. يحكي استروفسكي وهوي (1990) أنه قد عرض في التلفزيون المصري فيلما ناقدا للموساد بعنوان "الرجل ذو العينين المثيرتين"، ويحتوي على قدر كبير من المعلومات الداخلية، لكن بدلا من أن يثير الفيلم الناس فإنه أدى إلى تدفق المتطوعين على السفارة ممن يرغبون في العمل مع الموساد.

هناك أهمية سيكولوجية للتآزر البصري الحركي في كيفية التعامل مع السلاح وحماية الذات والاستهانة بالموت. وفي نفس الوقت كيفية التعلم على قبول الموت للآخرين وأن الغاية النهائية هي حماية الذات بلا إحساس بالعار أو الأنانية. لقد تم تدريب المرشحين على كيفية سحب المسدس أثناء الجلوس في مطعم إذا اقتضى الأمر، إما بالسقوط إلى الخلف على المقاعد وإطلاق النار من تحت الطاولة أو بالسقوط إلى الخلف ورفس الطاولة في نفس الوقت ثم إطلاق النار، وكل ذلك في حركة واحدة. ولقد تم التساؤل ما لذي يحدث لمشاهد برئ؟ يقول أحد المتدربين تعلمنا أنه لا يوجد مشاهد برئ في موضع يحدث فيه إطلاق النار، فالمشاهد سيرى موتك وموت شخص آخر، فإذا كان موتك، فهل تهتم إذا أصيب بالجراح؟ بالطبع لا. إن الفكرة هي البقاء- بقاؤك أنت. يجب أن تنسى كل ما كنت قد سمعته عن العدل. ففي هذه المواقف أما أن تكون قاتلا أو مقتولا، وواجبك أن تحمي ملك الموساد، أي أن تحمي نفسك، وبمجرد أن تفقد هذا تفقد عار الأنانية، حتى أن الأنانية تبدو سلعة قيمة-شيئا يصعب عليك أن تنفضه عنك عندما تعود إلى بيتك في آخر النهار. ويطبق أثناء عملية التدريب استبيان عن الاتجاهات خاصة عن القتل. ويعتبر ذلك في الموساد نقطة أساسية في أعمال الجاسوس الإسرائيلي، خاصة الذين يلتحقون بفرقة

الكيدون وهي الخاصة بالاغتيالات وتسمى كذلك "الحربة" أو وحدة الاغتيالات المسئولة عن الجواسيس.

عندما شكلت الوحدة 154 أنخرط في صفوفها شباب من اليهود الشرقيين يتكلمون العربية جيدا ولكن تأهيلهم لم يكن مناسبا. مع أن أفراد الوحدة كانوا يتلقون تدريبات قاسية في اللياقة البدنية ومناورات النار ودروس في المتفجرات والمواد التخريبية ورحلات لتحديد الاتجاه حتى أن بعض هذه التدريبات تقع داخل حدود بعض الدول العربية والغرض من ذلك هو غرس الثقة في نفوس أفراد الوحدة. وكان المقاتلون يتوجهون للسرقة بهدف المحافظة على روح الشد والتوتر وتفعيل التسلل حتى ولو كان بدافع السرقة. وتحولت هذه الوحدة إلى لصوص سرقوا لحوم الأغنام والأسمنت من غير حاجة. فمثلا، تنكر يهود باراك (رئيس الوزراء الإسرائيلي السابق) إلى عامل فني وفك لافتة طريق مضاءة لإطارات شركة اليانس. وإذا تمت السرقة بإذن وترخيص وحظيت بالثناء فإنها تتحول إلى عادة. وقد سرق باراك في مناسبة أخرى خزان الوقود الاحتياطي في سيارة قائد المنطقة الشمالية أنذال أفراهام يافي. وقد هاج اللواء وثار فتم الاعتذار له كما تمت إعادة الخزان. وكان أحد المشاركين في الوحدة يدعى رون ليفي الذي أصبح فيما بعد العالم النفساني المسؤول عن قسم الصحة النفسية في جيش الدفاع والذي عارض عمليات السرقة التي تحولت إلى روتين وعادة (زندر، 2000).

وتستغرق عملية إعداد المقاتل في وحدة الأركان عامين تبدأ بالتدرجات المتبعة في سلاح المشاه بالكامل مع التركيز على مجالات التوجيه. وإن الإعداد لأي عملية ذات هدف ينطوي على طابع استخباري. وتتسم طرق عمل أفراد الوحدة بالخداع والمراوغة، ولكل عملية خصوصياتها في ذلك. ففي عملية سابينا مثلا تنكر طاقم العملية بملابس الفنيين البيضاء، وفي عملية "ريعان الشباب" التي قتل فيها القادة الفلسطينيين في بيروت فقد نفذها زوجان بالزي المدني، أما عملية عنتبي فقد اعتمد التضليل فيها على تقليد ومحاكاة عيدي أمين، وقد وصف أحد قادة أفراد الوحدة نشاطها "بالمسرح".

وتجرى أيام البلورة والاندماج في وحدة الأركان في معهد وينغيت، و تشارك فيها وحدة الكوماندوز البحري 13 ووحدة الإنقاذ المحمولة جوا. ويتم تحديد أفراد المجموعة المتدربة ضمن مجموعة متميزة ومصنعة على أسس فنية ونفسية أولية ومستوى معدل طبي يجب أن يتجاوز درجة 72 . ومن بين البنود الصحية استبعاد بعض المتقدمين بسبب آلام الظهر والرؤية والقدم المنبسطة. ويخضع كل مرشح في المرحلة الثانية لمقابلة شخصية مع عالم نفساني للإجابة على سؤالين يتعلقان برغبة الشخص للالتحاق بالوحدة، وتقييم قدراته على العمل بجانب دراسة خلفيته الذاتية، وبالنتيجة فإن العالم النفساني قادر على تقييم قدرة المرشح على التفكير ومجابهة حالات الضغط (زندر، 2000).

في السابق كانت الموساد تقوم بإقامة شركات وهمية لجذب عملاء محتملين. وفي بناء لا يحمل إشارات في ضواحي المدينة كان مسؤول وحيد يسأل المرشحين إذا ما كانوا راغبين في مهنة ترضي الطموح إلى جانب خدمة البلاد والسفر المثير ولم يتم ذكر الموساد. وكانت الوكالة أحيانا تعتمد عميلا مزورا للتجنيد مستخدمة عميلا يبدو كأنه يعمل لبلد آخر. وكانت أحرص الأساليب الموسادية ما يعرف بالعبرية "هافير مفير هافير" أي "صديق يأتي بصديق". واعتمادا على شبكة صغيرة ولكن قوية من الأصدقاء القدامى، يقوم الجواسيس بتزكية أصدقاء أو أقارب بشكل غير مكشوف. ولكن بدأت مرحلة جديدة من مراحل التجنيد بوضع إعلانات في شبكة الانترنيت. وقد ظهر في أحد تلك الاعلانات أبواب حديدية وهي تفتح ببطئ ونقش عليها شعار الدولة، المينورا. ويقول الإعلان "الموساد يفتح أبوابه ويدعو المتقدم إلى مهنة مثيرة وإلى مستقبل خدمة في مجال عزيز علينا جميعا" (كلايدمان، 2000). وأن يكون المتقدمين تواقين إلى مهنة مشوقة، وعليهم أن يرسلوا سيرهم الذاتية من أجل الانضمام إلى وحدة خاصة تتطلب في الوقت نفسه قدرات وحماسا استثنائيين. وأشار الرئيس السابق للموساد اسحاق هوفي إن الفصائل الكبرى من الموساد تتشكل من خريجي جامعات "موهوبين ومتحمسين وتم اختيارهم بدقة" (البيان، يوليو، 2000).

ربما كانت المهنة مثيرة ولكن الموساد واجه في السنوات الأخيرة صعوبة في ملئ

شواغره. ومع تطور المجتمع ومع استمرار ازدهار صناعته التقنية المتقدمة يجد الإسرائيليون الشبان أن بريق وشهرة عالم "الدوت كوم" أكثر إغراء من تضحيات الموساد التي تتم بهدوء. وحيث لم يشعر الإسرائيليون بأنهم محاصرون من كل الجوانب. ونظرا للضغوط الواقعة على الوكالة لم يكن بوسعها أن تكون خجولة من حملة التجنيد هذه. وحتى وقت قريب تعتبر هوية رئيس الموساد من أسرار الدولة. ويقول شاباتي شافيت الذي عمل رئيسا للموساد من 1989-1996 "لقد اعتراني الذهول في بادئ الأمر، فقد كان جيلي يعتبر الموساد صندوقا أسود حيث كانت السرية وتقسيم العمل إلى دوائر صغيرة أهم ما يجري فيه" وقد اقتنع ما يجري عندما رأى أن جهازه المحبوب يواجه أزمة. ويقول "إن الموساد لا يقدر على الركود في الوقت الذي يتغير فيه العالم من حوله".

نسبة الذكاء 140 والغواصة الإسرائيلية دولفين

كان لابد لإسرائيل كي يتكامل دورها الاستراتيجي الصهيوني في المنطقة العربية وتصبح أداة محلية للإمبريالية الدولية وشريكا اصغر لها في المصالح الاقتصادية والاستراتيجية، من أن تعتمد على قواها العسكرية الذاتية في تنفيذ أهدافها الاستراتيجية هذه. لأن الاستعانة بقوى عسكرية خارجية لتحقيق كل مرحلة من مراحل التوسع أو الردع في مواجهة الدول العربية، يعرض في كل مرة المصالح الإمبريالية المباشرة للاصطدام مع القوى الوطنية العربية . و تستند عملية بناء القوة العسكرية الإسرائيلية الذاتية إلى نظرية الأمن الإسرائيلي التي تعد بمثابة العقيدة العسكرية العامة التي تحدد المبادئ العامة لاستخدام القوى العسكرية الإسرائيلية، عندما يتطلب الأمر، لتنفيذ الأهداف الاستراتيجية والسياسية للدولة الصهيونية. وتمشيا مع مبدأ التفوق النوعي والردع اللذين يشكلان ركنا أساسيا في العقيدة العسكرية الإسرائيلية واللذين فرضهما واقع الاختلال في المعطيات الاستراتيجية الأولية لميزان القوى الاستراتيجي العربي - الإسرائيلي، عملت إسرائيل على بناء قوة عسكرية تتمتع بتفوق كيفي، يتيح لها تعويض

النقص الكمي في الإمكانيات والمعطيات الإستراتيجية بالقياس إلى الإمكانيات والمعطيات المقابلة عربيا (أنظر عزمي، 2000).

ولعبت كل من البحرية الإسرائيلية والبحريات العربية دورا هامشيا في حروب 1948 و1956 و1967. ونتيجة لعملية إغراق المدمرة الإسرائيلية "إيلات" في 21 أكتوبر 1967، بثلاثة صواريخ سطح- سطح من طراز "ستيكس" أطلقت عليها من زورقي صواريخ مصريين من طراز "كومار" قرب بور سعيد، أخذت إسرائيل تعيد النظر ببنية قواتها البحرية من الأساس وتطويرها على أسس عملياتية جديدة. واتجهت نحو استبدال المدمرة بزوارق الصواريخ بمختلف أحجامها، فضلا عن تعزيز قوة غواصاتها، وجاءت حرب 1973 لتقرر مسار التطوير اللاحق للبحرية الإسرائيلية. وتتألف القوات البحرية الإسرائيلية الدائمة من نحو 6000-7000 فرد من بينهم 2000-3000 مجند، ويرتفع العدد إلى 10000- 12000 عند التعبئة العامة. وتوجد القواعد البحرية الرئيسية في كل من حيفا وأشدود وإيلات.

ذكرت صحيفة "جيروزاليم بوست" الإسرائيلية بتاريخ 3 يوليو 1998 عن امتلاك إسرائيل لغواصة "دولفين" وهي غواصة هجومية والتي تحمل 14 طوربيدا وعدد من صواريخ سطح – سطح التي يصل مداها إلى 130 كلم. وبدأت إسرائيل تتفاوض مع ألمانيا لبناء هذه الغواصات منذ عام 1988 ولكنها انسحبت من المفاوضات عام 1990 بسبب ارتفاع الثمن المطلوب لها. ثم تجدد المشروع في ظل احتدام حرب الخليج الثانية في عام 1991 عندما قام هانز ديتريش رئيس وزراء ألمانيا بزيارة إسرائيل وعاين موقع سقوط صواريخ "سكود" العراقية على "رامات جان" شمال شرق تل ابيب، حيث أعلن عزم ألمانيا على تزويد إسرائيل بغواصتين من فئة "دولفين" مجانا. وبالفعل تسلمت البحرية الإسرائيلية الغواصة الأولى عام 1997 . وبحصول إسرائيل على غواصات "دولفين" الحديثة ستكون قادرة على مواجهة تحديات القرن الواحد والعشرين في عمق البحر المتوسط حتى سواحل ليبيا وفي عمق البحر الأحمر.

وبعد عامين من ذلك أكدت صحيفة "الصن دي تايمز" الإنجليزية في عددها

الصادر يوم 18 يونيو 2000 في صفحتها الأولى موضوع الخوف من السباق التسلحي الجديد في الشرق الأوسط واختبار إسرائيل لصواريخ كروز التي تحمل الرؤوس النووية. ووفقا للصحيفة أكدت مصادر من الدفاع الإسرائيلي أنه بالفعل تم اختبار سري لغواصات دولفين في المحيط الهندي بالقرب من شواطئ سريلانكا وتضرب هذه الصواريخ أهدافا على بعد 930 ميل. وبهذا تكون إسرائيل هي الدولة السادسة في العالم من حيث ضرب الأهداف من صواريخ نووية من الغواصات. وتمنح هذه الغواصات إسرائيل العماد الثالث للتسلح النووي بعد الدفاعات الأرضية والجوية وذلك وفقا لمصدر إسرائيلي. و يعتبر هذا الاختبار النووي من الغواصة "دولفين" مصدرا للقلق في الدول المجاورة كما يعتبر في ذات الوقت فضيحة لألمانيا في دعمها العسكري لإسرائيل مما يخل بتوازن القوي في الشرق الأوسط. وقدمت هذه الغواصات تعويضا لإسرائيل وذلك لاستخدام العراق لأسلحة ألمانية الصنع أثناء حرب الخليج الثانية. وبالرغم من الحركة نحو عملية السلام لكن إسرائيل تخاف من تطور الأسلحة النووية في إيران والتي من المتوقع أن تطور صواريخا نووية هجومية خلال عامين كما تعتقد بعض مصادر الاستخبارات الإسرائيلية . الجدير بالذكر فإن إسرائيل لم تعترف بامتلاكها لأي برنامج نووي الذي كشفت عنه "الصن دي تايمز عام 1986 . فإن القوة التدميرية للغواصات الثلاث تقدم لإسرائيل ترسانة بحرية كبيرة مساوية لقدراتها البرية والجوية.

وذكرت صحيفة "الشرق الأوسط" العربية في عددها الصادر يوم السبت 19 أغسطس 2000 حصول إسرائيل على ثلاثة غواصات ألمانية الصنع قادرة على إطلاق رؤوس نووية وإصابة الأهداف على مسافة تصل إلى 900 ميل. وتعتبر غواصات "دولفين" من أكثر الغواصات تقدما من ناحية تقنية في العالم. ومن حيث الحجم، فهي ضعف الغواصة القديمة "جال" التي تمتلكها إسرائيل لأكثر من 23 عاما. ويصل طول كل غواصة من طارز "دوليفن" إلى 176 قدما. ويمكن لكل غواصة حمل 24 صاروخا من طراز "كروز" مجهزة برؤوس نووية كل واحد منها لديه قوة تدميرية أكبر من القوة التدميرية لقنبلة هيروشيما. وكان ثمن كل غواصة 200 مليون جنيه إسترليني ولكن تحصلت عليها إسرائيل

مجانا. وتم تجهيز الغواصات بشبكة كمبيوتر يطلق عليه "انهانسد بروميكس" الذي طورته شركة "انسلاو" الأمريكية وتحقق تلك الشبكة تميز واضح لإسرائيل في مجال الصواريخ النووية. ومن بين قدرات هذه الشبكة برنامج يطلق عليه "عبر الأفق" وهو يسمح لصواريخ كروز التي يتم إطلاقها من غواصة بإصابة هدفها على بعد 900 ميل.

وتجدر الإشارة إلى أن إخفاء النية الحقيقية لإسرائيل فيما يتعلق بالغواصة"دولفين" تطلب عدة رحلات سرية لمدير الموساد افريام هاليفي إلى كل من مدريد واشنطون. وساهم هاليفي الذي تولي رئاسة الموساد في إقناع الحكومة الإسرائيلية بضرورة تطوير قدرة نووية بحرية قادرة على تدمير الأهداف العسكرية في كل من إيران والعراق وليبيا. وطبقا لمصدر استخباراتي أمريكي كبير في واشنطون فقد كان هاليفي في كل اجتماعاته لتسهيل أي معارضة لحصول إسرائيل على غواصات نووية "يكذب وابتسامه على شفتيه ويبدو مخلصا كل الإخلاص". وبالفعل أجرت الغواصة "دولفين" تجارب لإطلاق الصواريخ بالقرب من المياه العربية وباستخدام برنامج "انهانسد بروميس" أصابت الصواريخ أهدافها في عرض البحر على بعد 900 ميل. وتم استكمال برنامج هذه التجارب في الوقت الذي فشلت فيه مفاوضات كامب ديفيد الثانية.

وقبل بداية رحلة الغواصة "دولفين" من ألمانيا في يوم 21 أبريل 2000 وصل أكثر من 100 بحار إسرائيلي إلى ميناء حيفا وهم أعضاء في مجموعة من القوات الخاصة معروفة باسم "القوة 700" وتلقت تلك المجموعة تدريبات خاصة للعمل في الغواصات النووية، وجرى جزء من هذا التدريب في الولايات المتحدة. وتم تقسيم رجال القوة إلى 35 ضابطا وجنديا لكل غواصة. وتحمل هذه الغواصات اسم كودي هو "القوة 700" وذلك نتيجة للمتوسط الذي أحرزته هذه المجموعة المختارة بعناية في الاختبارات السيكولوجية التي صممها علماء النفس في إسرائيل وبدرجات ذكاء بلغ عددها 700 نقطة. وتعادل هذه الدرجات نسبة ذكاء تتراوح بين 130-140. وبالإضافة لهذه المجموعة تم اختيار خمسة من الصفوة والمتخصصين بدقة متناهية لكل غواصة وهم مسؤولون عن صواريخ كروز التي سيتم تجهيز السفينة بها.

تعتبر نسبة الذكاء 140 التي بحث عنها علماء النفس في إسرائيل لإدارة طاقم الغواصة "دولفين" هي نسبة ذكاء عالية جدا حسب تصنيفات مقاييس الذكاء. فالشخص المتوسط في قدراته العقلية ينال حوالي 100 درجة في مقياس وكسلر لذكاء الراشدين مثلا. وكل من ينال 130 درجة وأكثر فهو "موهوب" أو "بارع" أو "عالي القدرات". وبذلك كانت قوات الدفاع الإسرائيلية تبحث على درجات أعلى من "الموهبة" أو "البراعة" أو "القدرات العقلية" تصل إلى 140 لقيادة الترسانة البحرية الجديدة. يبدو أن علماء النفس في إسرائيل، وتبعا لذلك أدوات القياس السيكولوجي المترجمة أو المكيفة أو المصممة، لا تبحث فقط عن أفراد أكفاء لإدارة الغواصة "دولفين 700" إنما يبحثون عن الأكثر كفاءة أو عن "ميمون" وهي كلمة عبرية تعني بالتقريب "الأول" بين الأكفاء.

وفي ألمانيا التي قامت ببناء الغواصة "دولفين"، وكما في إسرائيل كذلك هناك تطبيقات كبيرة وهامة للمقاييس السيكولوجية في الأغراض الدفاعية. وتطورت مقاييس الذكاء بغرض اختيار وتصنيف الجنود والضباط في الحربية ومن بينها مقايس وكسلر الشهيرة للذكاء. ففي المخابرات الأمريكية، مثلا تم اعتبار مقياس وكسلر من العضلات التحتية للمخابرات، واختيار رورشاخ في المخابرات الإسرائيلية، والاختبارات الموقفية والمنهج الشمولي في المخابرات الألمانية. لعلنا نتساءل عن المحاولات العربية الكثيرة التي تمت بخصوص "ترجمة" أو "تكييف" أو "تقنين" مقاييس وكسلر للذكاء هل كانت لها أي تطبيقات هامة واستراتيجية في المجال الدفاعي والأمني؟ مثلا لاختيار ضباط الشرطة العرب؟ أو ضباط السجون العرب؟ أو العاملين في شركات الأمن العربية؟ أو الملاحين في الطيران العربي؟ أو قاذفي القنابل في العسكرية العربية؟ وفوق كل ذلك لضباط السفن العسكرية الحربية والغواصات العربية؟

حرب الموساد النفسية "عن طريق الخداع"

كان الهدف الأساسي للصهيونية والدعاية الإسرائيلية وسائر أساليب الحرب النفسية

الاستراتيجية منها والتعبوية هـو جمع الشـتات اليهـودي وتوطينهم في فلسطين ثـم إنشـاء الكيـان واستمراره بالعدوان والاستيطان والتوسع . وتحقيقا لذلك استغلت واستفادت الحركة الصـهيونية في عملها الإعلامي الدعائي النفسي من كافة المدارس النفسـية الدعائيـة في التـاريخين القـديم والحـديث ومن التجارب المعاصرة كالتجربة النازية. وارتكزت الحرب النفسية الإسرائيلية على عدة مقولات مثل (1) مقولة الحق التاريخي وأرض الميعاد (2) مقولة العداء للسامية وتعرض اليهود للاضطهاد بسـبب عنصرهم السامي كما حدث في يد النازية (3) مقولـة الجـنس اليهـودي (شـعب اللـه المختـار) (4) مقولة الأمة اليهودية أو وحدة الـدين والقوميـة (5) مقولـة الصـحراء القاحلـة والأرض الخاليـة مـن السكان (أرض بلا شعب لشعب بلا أرض) (6) الجيل الجديد (الصـابرا) أو حـق الـولادة والأجيـال في فلسطين (7) مقولة إسرائيل الصغيرة (8) مقولة إسرائيل المكافحة من أجل البقاء والعيش (9) مقولة إسرائيل دولة حضارية في محيط متخلف (10) مقولة إسرائيل أداة متقدمة لحمايـة الغـرب. وتعتمـد منطلقات الحرب النفسية الإسرائيلية كذلك على مقولات أخـرى مثـل مقولـة خطر الإسـلام الزاحـف، ومقولة خطر العربي الثري الذي يملك مصادر الطاقة ويهدد الغرب ومقولة إسرائيل حامية الشرعية في المنطقة ومقاومة الإرهاب (أنظر الدباغ، 1996؛ 1998).

إذا تحرينا الدقة يبدو أنه ليس هناك من يستخدم بفعالية الحرب النفسية كـما تسـتخدمها إسرائيل في حربها ضد العرب . فهي تشن حربا نفسية ضروسا لا تبقـي ولا تـذر أي صـفحة نفسـية . ولأن إسرائيل كما يقال إحـدى الولايـات الأمريكيـة، فهنـاك علاقـة دافئـة بـين التطبيقـات الأمريكيـة والتطبيقات الإسرائيلية لعلم النفس . وقد يستحيل أحيانا تحديد ما هو أمريكي وما هـو إسرائيلي . يقول فيصل علاف إن الحرب النفسية الإسرائيلية هي الشكل العملي للدعاية الصهيونية الموجه ضد الشعب العربي والقوات المسلحة العربية، وذلـك بغيـة النيـل مـن الشـعب والجـيش وتحطيم إرادة القتال والصمود عند الجيش، لتتمكن إسرائيل بـذلك مـن حسـم الصـراع لصـالحها (نوفـل، 1986) . ويضيف غازي ربابعة أن إسرائيل تولي جهاز الحرب النفسية عناية كبيرة لا سيما وقت الحرب ضـد الجيوش

العربية بقصد التأثير على معنويات هذه الجيوش من خلال مختلف وسائل الإعلام والنشر(نوفل، 1986) .

وقد أدخلت إسرائيل على وسائل الحرب النفسية التي تشنها على العرب الكثير من المنجزات والوسائل الفنية، واعتمدت على معطيات علم النفس للتأثير في عقول الناس و نفسياتهم، وتحطيم معنويات المقاتل العربي من خلال زرع اليأس والقنوط عنده، وتصوير استحالة تمكنه من تحقيق أي تقدم أو نصر على الجندي الإسرائيلي. لذلك فهي تجمع معلومات حول شخصيات الزعماء ورؤساء الحكومات وزعماء المعارضة وقادة العمل السياسي، وكل ما يتعلق بالهيئات والتنظيمات السياسية ونظم الحكم والأحزاب السياسية وتأثيرها، ومدى الدور الذي تلعبه الأقليات (نوفل، 1986). وينتقل العنف النفسي- للخطاب، وفي رسم صورة العرب في المخيال الغربي، وحتى في المفاوضات وفي الدبلوماسية .

تسمى دائرة الحرب النفسية التابعة للموساد بـ (لاب). لكن إن أول نشاط في مجال الحرب النفسية يرتبط بإنشاء الوحدة 131 عام 1948 كوحدة سرية جدا داخل الفرقة السياسية تكون مهمتها تنفيذ عمليات التخريب وبث الدعاية السوداء خلف خطوط العدو. ونقلت الوحدة بعد الحرب إلى الجيش على الرغم من اعتراضات الفرقة السياسية لأن حجة الجيش كانت أن مهماتها تعتبر عسكرية. وكانت الوحدة الشقيقة 132 مكلفة بتنفيذ الحرب النفسية. قبل الثورة المصرية في يوليو 1952 بث عملاء هذه الوحدة دعاية مضادة للملكية في القاهرة. كان أحد مشاريعهم التافهة تركيب صورة للملك فاروق وهو في الفراش مع عاهرة. وكان الإسرائيلي إلياهو ناوي وهو عراقي المولد مسؤولا عن بث الدعاية السوداء في الإذاعة باتجاه الدول العربية (أنظر بلاك وموريس، 1992).

كان للخداع الاستراتيجي تاريخا طويلا وكبيرا في عالم المخابرات. وتبعا لذلك يعتبر أحدد العضلات التحتية التي تستخدم في الحرب. ولكن يبدو أن أكبر دور للخداع الإستراتيجي في الحرب النفسية فقد قامت به المخابرات الإسرائيلية و لاسيما إن شعارها

المركزي هو "عن طريق الخداع". وكان نجاح أمان الأساسي عام 1956 وهو في خطة الخداع الكبرى التي نفذت في النصف الثاني من شهر أكتوبر أي في الأيام الأخيرة التي سبقت الغزو، بالإضافة إلى تقديرها الدقيق لترتيب قتال الجيوش العربية. ونشرت أجهزة الاستخبارات إشاعات في أجهزة الإعلام وعبر العملاء في العالم العربي بأن الأردن وليس مصر هو هدف الهجوم الإسرائيلي. وتضمن الخداع أيضا معلومات مضللة حول دخول وحدات من الجيش العراقي إلى الأردن، وقيل للعديد من الاحتياطيين في الجيش الإسرائيلي إن حربا مع الأردن وشيكة الوقوع. وأعلنت القدس عدة مرات أنها تنظر إلى تحركات القوات العراقية باتجاه الأردن على أنها إعلان حرب. وبعد أن نشرت إشاعات من أن هذا قد حصل فعلا، تعزز الاعتقاد في الدول العربية وفي بعض العواصم الغربية بأن إسرائيل على وشك مهاجمة الأردن. وحينها قام الموساد بخداع جزئي وذلك بإشراف أيس هاريل شخصيا، وتضمن ذلك إرسال معلومات مضللة إلى المصريين عبر قنوات غير مشكوك بها، ربما أحد العرب المعروفين أو عميل سوفياتي في إسرائيل. واستمرت العملية لمدة أشهر ومع اقتراب موعد الهجوم الإسرائيلي مد هاريل هذه القناة بمعلومات قال عنها فيما بعد إنها كانت "العامل الأساسي في ثني المصريين عن تنفيذ هجمات جوية على المدن الإسرائيلية" (بلاك وموريس، 1992).

كان الموساد قد أنشأ إدارة جديدة وهي إدارة الحرب النفسية (لوح أما بيسكولوجيت) وكانت تلك الإدارة تعمل ليل نهار لإعداد ملفات عن الطيارين والأطقم الأرضية وضباط الأركان المصريين ومهاراتهم في الطيران وما إذا كانوا يشغلون مناصبهم بالكفاءة أو "بالواسطة" ومن منهم يشرب الخمر ومن منهم يتردد على المواخير أو يعاني من الشذوذ الجنسي(توماس، 1999). وكان مائير عاميت يقضي ساعات طويلة من الليل يتفحص تلك الملفات بحثا عن نقاط الضعف ومن يمكن ابتزازهم لإجبارهم على العمل لصالحه وكان يقول"لم تكن هناك مهمة تبعث عن الارتياح لكن عمل المخابرات يتسم غالبا بالقذارة". وبدأت عائلات عسكريين مصريين تتلقى خطابات من مجهولين مرسلة من القاهرة تكشف عن تفاصيل فاضحة عن سلوك الأب

الذي تحبه العائلة وأبلغ المرشدون تل أبيب بتفاصيل المشاكل الأسرية التي أجبرت بعض الطيارين على طلب إجازة مرضية. وبدأ بعض ضباط الأركان يتلقون مكالمات هاتفية من مجهولين تقدم تفاصيل عن الحياة الشخصية لزملائهم. وقد تسببت تلك الحملة التي نفذت بلا هوادة بلبلة واضحة بين العسكريين المصريين الأمر الذي حقق الكثير من الارتياح لدى مائير عاميت. وقد تم توظيف كل هذه الأنواع من الحرب النفسية القذرة في حرب 1967.

لقد طورت إدارة الحرب النفسية في الموساد قصة تغطية ملفقة في حادث محاولة اغتيال غولدا مائير في إيطاليا (استروفسكي وهوي، 1990). فقد اخترعت لاب قصة تغطية للإيطاليين ليعلنوها للناس، بينما قال لوكالات المخابرات البريطانية والفرنسية والأمريكية ما وقع فعلا. هناك قاعدة في المخابرات تسمى "قاعدة الطرف الثالث": إذا قامت الموساد، مثلا، بإعطاء معلومات لوكالة المخابرات المركزية، لأن بين الجانبين علاقات عمل جيدة، فإن السي- آي أيه لا تستطيع تمرير المعلومات إلى طرف ثالث لأنها جاءت من وكالة مخابرات أخرى. وبطبيعة الحال يمكن تجاوز القاعدة بإعادة صياغة بعض المعلومات ثم تمريرها. وتقول القصة التي اخترعتها دائرة الحرب النفسية في الموساد للاستهلاك العام في إيطاليا بأن الفدائيين، الذين حصلوا على الأسلحة من ليبيا، قد غادروا بيروت بالسيارة في أواخر كانون الأول 1972، وهم يحملون صواريخ ستريلا، ووصلوا إلى إيطاليا بقارب شحن وتوجهوا بالسيارة إلى روما، ربما في طريقهم لمهاجمة هدف يهودي في فينا. وقد تم القول بأن سبب هذا المسار الدائري هو أن دخول بلد أوربي غربي من بلد آخر اسهل من المرور عبر الجمارك لدى القدوم من بلد شيوعي. وقد قامت الشرطة الإيطالية في 26 كانون الثاني 1973 باعتقال الفدائيين "رسميا" بسبب نقل المتفجرات، وكانوا قد أوقفوا منه هجومهم الفاشل على المطار بينما كانت "لاب" تلفق قصة تغطية، والأمر الذي لا يصدق أن الشرطة الإيطالية أفرجت عن الفدائيين: اثنين في المرة الأولى، ثم ثلاثة آخرين فيما بعد.

ونشرت الاستخبارات الإسرائيلية عددا من الكتب وجندت عددا من الكتاب

الإسرائيليين، وأمدتهم ببعض الروايات والمعلومات حول نشاط الاستخبارات، ليتولوا صياغتها بالأسلوب الذي تهدف إليه، وهو إظهار التفوق العسكري الإسرائيلي ومقدرة وهيمنة جهاز الاستخبارات ومن هذه الكتب "تحطمت الطائرات عند الفجر"، و"الميراج ضد الميغ"، و"عين تل أبيب"، و"الهيمونية المشرف"، و"حرب الظلال"، و"ايخمان في القدس" وغيرها من الكتب التي تحاول التأثير على أفكار القارئ العربي وخداعه بمقدرة الاستخبارات الإسرائيلية وتفوقها . وليس أدل من ذلك من استغلال الاستخبارات الإسرائيلية لنموذج الجاسوس ايلي كوهين : فقد أصدرت الاستخبارات الإسرائيلية العديد من الكتب حول قصته، حتى غدا المواطن العربي يخشىـ من وجود المزيد من أمثاله في أكثر المراكز الحساسة في أقطاره . وقد قامت الاستخبارات الإسرائيلية بتنمية هذا الخوف وتغذيته، وإعادة طبع العديد من الكتب، واعتبرت قضية كوهين النابالم الفكري والسلاح السيكولوجي الفعال لإقناع العرب بأن الجواسيس الإسرائيليين منتشرون بينهم، ويعرفون أسرار أقطارهم أكثر مما يعرفون هم عنها (نوفل، 1986) . وغالبا ما تقع المبالغات الأسطورية للموساد في ظل الحرب النفسية نفسها. فبعد دخول القوات الإسرائيلية بيروت صيف عام 1982 سرت إشاعات حول عدد من الباعة والمشعوذين كانوا يظهرون على الدوام في شوارع بيروت وفي شارع الحمراء تحديدا ويعرفهم الناس جميعا، وكانوا في الواقع يحملون أجهزة اتصالات مع إسرائيل، واتضح أن ذلك وهم من الأساس وأنه جزء من الحرب النفسية الإسرائيلية وبحث في اللاوعي (زندر، 2000).

أصبحت دراسات "سيكولوجية الشعوب"، كما يقول عالم النفس حفني (1988)، سلاحا حربيا هاما وحاسما ونعني بالحرب هنا الحرب المسلحة لا ما يطلق عليه اصطلاحا الحرب النفسية، ولقد استخدم ضدنا هذا السلاح وعلى هذا المستوى بالتحديد في مواجهتنا مع إسرائيل عام 1967 وهو استخدام يستحق أن ننعم فيه النظر . ولم يكن ذلك الاستخدام سرا عسكريا استطاعت مخابرات العدو أن تظفر به منا . ولم يكن صاروخا ولا طائرة و لا قنبلة . ولم يكن سوى "سمة سلوكية " يكمن جذرها السيكولوجي

في أعمق أعماق تصرفاتنا اليومية البسيطة، أعني سمة التشاؤم والتفاؤل. لقد اعتدنا أن نكره من يأتي إلينا بخبر سيئ، وأن نتحاشاه ونتجنبه، ونشيح عنه بوجوهنا، ومن الناحية الأخرى فقد اعتدنا أن نكره أن نحمل نحن خبرا سيئا، وأن يتردد المرء منا كثيرا في أن يكون "نذير مشؤم". وسمة سلوكية أخرى تبدو أيضا وكأن لا خطر لها بل لعل البعض قد يعتبرها مدعاة للتفاخر، أعني الخوف المفرط من الوقوع في الخطأ . الخوف من المحاولة . ولكن فلننظر إلى قول موردخاي هود قائد الطيران الإسرائيلي وهو يتحدث مفسرا أقدامه على "المغامرة" بإرسال الطائرات الإسرائيلية كلها تقريبا لمهاجمة الطيران المصري تاركا إسرائيل دون غطاء جوي يقول : "لقد كان رأي خبرائنا أن الصورة لـن تكتمل أمام من يملكون حق التصرف من القادة العسكريين في مصر قبل نصف ساعة، وأنه سيمضيـ نصف ساعة آخر قبل أن يقرر هؤلاء القادة العسكريون ماذا سيفعلون، وهذه الساعة كانت كل آمالنا وعلى أساسها تم ترتيب كل توقيتات خططنا". لقد أقدم موردخاي على المغامرة، على حسب قول حفني، وأمامه هاتان السمتان السلوكيتان التباطؤ في إبلاغ الأنباء السيئة، والتردد حيال المواقف الجديدة .

استطاعت الموساد اختراق الولايات المتحدة عـن طريق التجسس الاقتصادي والعلمـي والتكنولوجيا (توماس، 1999). وكان رئيس منظمة المخابرات الداخلية الألمانية قـد حذر رؤسـاء الأقسام من أن الموساد هو الخطر الرئيس فيما يتعلق بسرقة أحدث أسرار الكمبيوتر في ألمانيا. وصدر تحذير مماثل من الإدارة العامة للأمن الفرنسي بعد اكتشاف عميل للموساد بالقرب من مركز تفسـير صور الأقمار الصناعية في كريل. وفي بريطانيا وضع جهاز مكافحة الجاسوسية في تقرير لرئيس الوزراء المنتخب توني بلير تفاصيل عن جهود الموساد للحصول على بيانـات علميـة وعسكريـة حساسـة مـن المملكة المتحدة. ويسري الحكم نفسه في حـق خبراء إدارة الحرب النفسية بالنسبة لكيفية إدارة الحملات النفسية. ففي عهد مائير عاميت أقامت الإدارة شبكة عالميـة مـن الاتصالات الإعلاميـة استخدمتها ببراعة فائقة. فحادث إرهابي سيؤدي إلى اتصال بصديق في منظمة إعلاميـة وإمـداده بخلفيات ذات أهمية كافية بحيث يمكن إضافتها للموضوع مما

يقدم التأثير الذي ترغب فيه الموساد. كما كانت الإدارة تلفق معلومات للملحقين الإعلاميين بالسفارات الإسرائيلية لنقلها إلى أحد الصحفيين أثناء احتساء شراب أو تناول طعام بحيث يمكن مشاطرة "سر" دون شكوك أو تلطيخ سمعة شخص وبدون أن يبدو هذا مقصودا. وعلى حين ظل جوهر هذه الدعاية السوداء دون تغيير فإن هناك فارقا جوهريا في الوقت الحالي وهو: اختيار الهدف أو الضحية. وبالنسبة لعاميت يبدو القرار في أحيان كثيرة مستندا إلى متطلبات سياسية مثل الحاجة إلى تحويل الانتباه عن مناورة دبلوماسية نفعية تعتزم إسرائيل القيام بها في الشرق .

ولقد خدعت الاستخبارات الإسرائيلية أمريكا من خلال أمر يتسحاق حوفي رئيس الموساد دائرة الحرب النفسية (لاب) بتلفيق سيناريو يقنع الأمريكيين بأن منظمة التحرير الفلسطينية كانت تعد للحرب، وليس السلام. والغرض من ذلك السيناريو أن يكون هناك تبرير لاجتياح الجنوب اللبناني من قبل إسرائيل. وقامت بالفعل دائرة الحرب النفسية بإعداد صور عن مخزون أسلحة العميد الخضرا قائد جيش التحرير الفلسطيني. وحيث أن هذا الجيش هو إحدى وحدات الجيش السوري فلم يكن مفاجئا أن يكون لديه مخزون من الأسلحة لقواته، لكن ذلك كان يمكن أن يفيد في تقديم "دليل" بأن جيش التحرير الفلسطيني يخطط لمهاجمة إسرائيل، رغم معرفة الموساد بالجهود المضنية التي يبذلها عرفات لتجنب الحرب. وعرضت دائرة الحرب النفسية وثائق أيضا لوكالة الاستخبارات المركزية التي تم الاستيلاء عليها من منظمة التحرير وتظهر خططا حقيقية لمهاجمة شمال إسرائيل. والواقع أن هذا ليس أمرا غير عادي ولا يعني بالضرورة التوعد بمهاجمتها. وتستطيع أن تجد في أية قاعدة عسكرية مثل هذه الخطط المفصلة. ولا فرق إن كانت منظمة التحرير تنوي تنفيذ هذه الخطط، أو أن تكون حتى قد صادقت عليها. لم يكن لدى الموساد أية نية في السماح لتلك الاعتبارات أن تقف في طريق خططها الشريرة. وحتى قبل بداية الأعمال العدائية، أعدت منشورات وصور جديدة، وأصبح من السهل تقديم وثائق مؤكدة عن "التهديد" الذي ينتظر إسرائيل من الفلسطينيين. ولقد مهد الطريق لاجتياح الجنوب اللبناني. ولعلنا نقف عن التطبيقات

الهائلة للأساليب التي تستخدمها إسرائيل في الحرب النفسية تيمنا مع شعار الموساد "عن طريق الخداع". ويستخدم الخداع بصورة أكثر فعالية في سيكولوجية الإرهاب وتنميط الآخر.

ويبدو أن هناك ثمة تعاون كبير بين المخابرات الأمريكية والإسرائيلية في رسم صورة بشعة للعرب في المخيال الأمريكي. وفي عام 1980 استيقظت أمريكا عن واحدة من الفضائح الكبيرة (أنظر نوفل، 1986). وكانت الفضيحة تحمل اسم "ابسكام". وهذه هي التسمية التي أطلقها مكتب التحقيقات الفيدرالي على العملية التي دبرها لعدد من أعضاء الكونجرس لإثبات قبولهم رشاوى من أجانب. وكان الأجانب شيوخا نفطيين من العرب، لكنهم كانوا مزيفين، أي أفرادا تابعين للمباحث، لعبوا على عدد من أعضاء الكونجرس دور شيوخ النفط. وبالفعل وقع بعضهم في الفخ، وخرجت المباحث تهلل لبراعتها. أبسكام هذه في أحد جوانبها على علاقة وثيقة بالحرب النفسية الأمريكية ضد العرب. وقد تساءل بعض الأمريكان العرب في بيان أصدروه فقالوا: ماذا كان يمكن أن يكون التأثير لو أن العملية أطلق عليها جوسكام (أي الخدعة اليهودية بدلا من الخدعة العربية)؟ عندئذ كانت ستنطلق صرخات مدوية وتلتمس المبررات الكاملة. إن قصة أبسكام موجز كامل لقصة الحرب النفسية على العرب. فلقد اعتبر المسؤولون عنها أن الاختيار الطبيعي لشخصية الرجل الذي يحاول أن يشتري مسؤولا أمريكيا بالنقود، والذي لا بد أن يلقي أبشع رد فعل ممكن من الرأي العام الأمريكي عندما تعلن الفضيحة، هو الشيخ العربي، وهذا الاختيار ما كان ليتم لولا أن هناك خلفية كاملة، سياسية وثقافية واجتماعية ونفسية، تخدم كراهية صورة الإنسان العربي في الولايات المتحدة.

وفي نوفمبر 200 صعدت إسرائيل حربها الإعلامية النفسية على الانتفاضة الفلسطينية بعد أن أشارت تقديرات المخابرات أن عمرها الزمني لن يكون قصيرا. وأوقفت إسرائيل تجديد بطاقات الصحافيين الفلسطينيين الذين يعملون لدى وسائل الأعلام الأجنبية المكتوبة والمسموعة والمرئية منذ اندلاع الانتفاضة. ويرجع السبب في ذلك لعملية

الانحياز الفلسطيني في تغطية الأحداث. وأعربت مصادر فلسطينية عن قلقها البالغ من هذا الإجراء الذي يهدف إلى قصر التغطية الإعلامية على صحافيين إسرائيليين. وفي أثناء الحرب توفي الصحافي الفلسطيني مدير مكتب وكالة "وفاء" الفلسطينية بنيران الجيش الإسرائيلي. ونشرت إسرائيل أنباء متضاربة عن وجود قنوات تفاوض سرية يجريها عرفات مع الإسرائيليين. ورأى إعلاميون في السلطة الفلسطينية أن هذه الأنباء جزء من الحرب النفسية التي تشنها إسرائيل لخلق حالة من الإحباط في الشارع الفلسطيني.

سيكولوجيا الإرهاب: الإمبراطور واللص

في السنوات الأخيرة، اصبح الاتهام بـ "الإرهاب" هو المبرر الذي تلجأ إليه الدول الإمبريالية الصناعية الغربية، بقيادة الولايات المتحدة الأمريكية، لقمع أية حركة تحررية، وطنية كانت أم اجتماعية، لا تتماشى أهدافها مع الخطط المعقدة والمتشابكة التي تستند إليها الإمبريالية العالمية في استنزافها لثروات وقدرات وطاقات العالم الثالث من أقصاه إلى أقصاه (الرزاز، 1987). وفي كتابه عن "الإرهاب الدولي الأسطورة" والواقع، تناول تشومسكي هذا الموضوع بالعرض والتحليل الرائع مبتدرا دراسته بقصة القرصان والاسكندر الأكبر والتي تعبر بدقة عن أهداف علم النفس الكبرى والصغرى الخاصة بالتحكم والإرهاب الدولي. يحكي القديس أوغسطين قصة قرصان أسره الاسكندر الأكبر، وسأله، "كيف تجرؤ على الاعتداء على الناس في البحار؟" فأجاب القرصان "وكيف تجرؤ أنت على العالم بأسره؟" إنني أقوم بذلك بسفينة صغيرة فحسب، فأدع لصا. أما أنت ولأنك تقوم بنفس الشيء بأسطول كبير فيدعونك إمبراطورا؟" ويعلق القديس أوغسطين على رد القرصان بأنه "رائع ودقيق".

ويرصد هذا الرد بشيء من الدقة العلاقات الراهنة بين الولايات المتحدة والعديد من القائمين بالأدوار الثانوية على مسرح الإرهاب الدولي. وبوجه عام، تلقي قصة القديس أوغسطين الضوء على معنى الإرهاب الدولي في الاستخدام الغربي المعاصر، كما تنفذ إلى لب ثورة الغضب إزاء أحداث إرهاب منتقاة، وهي الثورة التي يجرى

197

توجيهها الآن بمنتهى الخبث كستار للعنف الذي يمارسه الغرب . إن كلمة "إرهاب" تستخدمها الجيوش الأجنبية في إشارة إلى الأعمال التي توجه ضدهم من جانب السكان المحليين الذين يرونهم كقوات احتلال تحاول فرض تسوية سياسية كريهة تستند إلى الغزو الأجنبي - وهي في هذه الحالة "النظام الجديد" الذي تسعى إسرائيل لفرضه (تشومسكي، 1990) .

وأوضح بنيامين نتانياهو (بييت، 1986) في مؤتمر دولي للإرهاب عام 1986 بأن العامل المميز للإرهاب هو "القتل، والتشويه المتعمد والمنظم للمدنيين والذي يستهدف إشاعة الرعب" . ويلاحظ تشومسكي أن هذا المفهوم ينطبق على تونس، وعلى الفظائع الأخرى التي ارتكبتها إسرائيل على مدى أعوام، على الرغم من أنه لا ينطبق على معظم أعمال الإرهاب الدولي، ومن بينها معظم الهجمات الإرهابية العنيفة الموجة ضد إسرائيل (مثل معالوت، و مذبحة ميونخ، وهجوم الطريق الساحلي الذي وقع عام 1978 واستغل كذريعة لغزو لبنان) . وألف نتنياهو (1997) كذلك كتابا باسم "محاربة الإرهاب" وترجمه عمر السيد وأيمن حامد للعربية . وتقول جريدة "الشرق الأوسط" الصادرة في يوم الأحد 27 يوليو 1997 في عرضها للكتاب إنه يتخفى تحت مظلة المناقشة العالمية لقضية الإرهاب .

ويطرح نتانياهو في كتابه قضية الإرهاب عالميا ثم يفرق بين الإرهاب والجريمة المنظمة حيث الإرهاب يحمل في طياته أهداف استراتيجية سياسية محضة بينما تظل الجريمة المنظمة مدفوعة بتحقيق المكاسب المادية والثراء السريع غير المشروع، لذلك يتضاءل حجم الفزع والرعب الذي تسببه الجريمة المنظمة ذات الدوافع الفردية مقارنة بالإرهاب الذي يهدد المجتمع بأسره . ويطرح نتنياهو في نهاية الكتاب وصاياه العشرة التي يتمنى من خلالها القضاء على الإرهاب العربي الإسلامي على المستوي الإقليمي والدولي منها فرض عقوبات على الدول المصدرة للتكنولوجيا النووية للدول الإرهابية، وفرض عقوبات دبلوماسية واقتصادية وعسكرية على الدول الإرهابية نفسها، وإبادة البؤر الإرهابية الموجودة في الشرق الأوسط، وتجميد الممتلكات الخاصة بالدول

والمنظمات الإرهابية الموجودة في الغرب، وإحداث تغييرات تشريعية بحيث تتيح تعقب المنظمات المحرضة على العنف وشن عمليات أكثر تأثيرا ضدها، وملاحقة فعالة للإرهابيين، وعدم إطلاق سراح الإرهابيين السجناء، وتدريب قوات خاصة لمكافحة الإرهاب، وتثقيف الجماهير والتعاون في مجال الاستخبارات لمحاصرة الإرهاب.

وتظهر عملية المعايير المزدوجة والكيل بمكيالين مختلفين في مفهومي "الإرهاب" و"البطولة". إن نفس الموقف يكون له معنيين أو تفسيرين مختلفين ويعتمد ذلك على من قام به : "الأنا" أم "الآخر"؟ فالأول بطل بينما الآخر إرهابي. وبكلمات أخرى الأول "إمبراطور" والثاني "لص". يقول الشيخ (1992) حينما تدك طائرات إسرائيل بلد مسلم لم يحارب إسرائيل مثل تونس وتقتل جنسيات متعددة تصادف وجودهم حول مبنى لمنظمة التحرير الفلسطينية فإن هذا عمل بطولي وحينما يقوم أحد الفلسطينيين المطرودين والمسلوب منهم بلدهم بتفجير قنبلة على مقر لشركة طيران تنتمي للعدو الذي طرده وسلبه بلده، بدون أن يميز بين الجنسيات المختلفة فيما عدا تصادف وجودهم حول مقر هذه الشركة يعتبر هذا إرهابا دوليا يجب محاربته، وحينما تخطف إسرائيل أو أمريكا طائرة مدنية لتحقيق هدف لديها كالقبض على أعداء لها يعتبر عملا مشروعا و بطوليا، وحينما يقوم بذلك فلسطيني مطرود ومسلوب منه بلده ليس بهدف المطالبة بالقبض على شخص وإنما بالإفراج عن زملاء له معتقلين لدى العدو يعتبر هذا إرهابا وهمجية.

وإن الأعمال البربرية والوحشية التي تقوم بها إسرائيل لا تدخل ضمن مفهوم سيكولوجيا الإرهاب، بينما الأعمال الدفاعية القليلة التي يقوم بها الأفراد الفلسطينيون تدخل في صميم الإرهاب تتطلب ردا انتقاميا من إسرائيل. وقد تكون هذه الأعمال الانتقامية في أي مكان في العالم وفي أي وقت، ولأي مجموعة عربية، ويقصد بذلك سياسة التأديب الجماعي والمعمم والمعزز سيكولوجيا، وفي ذات الوقت، المرعب للجميع بلا حدود . وسوف نحاول في الجزء اللاحق انتقاء بعض الأحداث المعبرة عن كيفية توظيف سيكولوجيا الإرهاب من قبل المخابرات وخبراء الحرب النفسية في التعامل

مع الخصم وتنميطه بسمات لا يتصف بها والعمل على زيادة ارتباكه وكيفية تغيير التصورات والاعتقادات.

في 17 أبريل 1986 اكتشف أحد حراس الأمن لطائرة العال الإسرائيلية في مطار هيثرو في لندن كمية من متفجرات البلاستيك مخفية في قعر وهمي لحقيبة لامرأة ايرلندية حامل. كانت آن مورفي على وشك أن تستقل طائرة الجامبو المتوجهة في رحلة إلى تل أبيب. وكان هناك 375 شخصا على متن الطائرة، وكان صاعق هذه المتفجرة مخبأ في آلة حاسبة جيبية مقدمة من صديق مورفي وهو أردني يدعى نزار هنداوي الذي كان قد وعدها بأن ينضم إليها في إسرائيل ويتزوجها هناك. تم توقيف الهنداوي، وهو عميل المخابرات السورية، بعد ذلك وحكم عليه في أكتوبر التالي بالسجن 45 عاما وهو أطول حكم اتخذه القرار البريطاني. وقد حيكت نظريات حول مؤامرة مخططة، وذلك انطلاقا من الإثباتات المتوفرة واعتبر ما حصل أنه اكتشاف بالمصادفة يدل على كفاءة عالية في التدريب وعلى حالة الإنذار ضد الهجمات المحتملة على طائرات العال. وفي أكثر الروايات تطرفا قيل أن الموساد خطط للعملية من أجل إرباك سوريا ووضعها بمصاف "الدول الإرهابية" استنادا إلى هذا الرأي كان الهنداوي عميلا وأداه اختراق إسرائيلية داخل الاستخبارات السورية (بلاك وموريس، 1992).

فعندما لقي 230 راكبا مصرعهم في حادث تحطم طائرة تي دبليو ايه بالرحلة رقم 800 قبالة الساحل الجنوبي الشرقي للونج ايلاند في 17 يوليو 1996 بدأت إدارة الحرب النفسية بالموساد حملة تقترح أن الحادث من تدبير إيران أو العراق وهما رمزا الكراهية. وسرعان ما ظهرت آلاف التقارير الإخبارية التي استمرت ترديد هذه الرواية. وبعد قرابة العام وعقب إنفاق نحو 500 ألف دولار وعشرة آلاف ساعة عمل استبعد كبير المحققين في مكتب التحقيقات الفدرالي إف بي آى جيمس كالستروم وجود أي عمل إرهابي أو أي دليل على جريمة تستدعي اللجوء للقضاء وراء الحادث. وقال سرا لزملائه "لو كانت هناك طريقة للإيقاع بأولئك الأوغاد في تل أبيب لإهدار الوقت لنفذتها فورا. ويجب علينا التدقيق في صحة أي خبر يدسونه لأجهزة الإعلام". وعقب

التفجير الذي حدث أثناء دورة أطلانطا الأوليمبية تحركت إدارة الحرب النفسية مرة أخرى. فقد لفقت قصة مؤداها أن القنبلة "تحمل كل الدلائل" على أن من قام بصنعها تعلم مهاراته من صانعي القنابل في وادي البقاع اللبناني. وانتشرت القصة، واستطاع خبراء إدارة الحرب النفسية في إسرائيل في التأثير في الجمهور الأمريكي الخائف، لأسباب مقنعة، من شبح الإرهاب. وكان المشتبه فيه الوحيد هو حارس أمني سيئ الحظ في الدوره-لم تكن له علاقة بالارهاب الدولي- وعندما أعلنت براءته تلاشت القصة.

وكان عددا من الضربات التي تم الترويج لها كثيرا ضد رجال الموساد في ذلك الوقت عبارة عما كان يسمى :"الضجة البيضاء" المواد التي تنشر في الصحف، كثيرا منها كان من صنع الموساد لزيادة الارتباك في السجل العام (اوسترفسكي وهوي، 1990). وقد حدث مثال كلاسيكي في 26 كانون الثاني عندما تعرض رجل الأعمال الإسرائيلي موشى حنان ايشاي والذي تبني فيما بعد أنه أحد أعضاء الموساد باروح كوهين 37 سنة تعرض لإطلاق النار في أكثر شوارع مدريد ازدحاما، غران فيا، على أحد أفراد أيلول الأسود الذي يفترض أنه كان يتعقبه. لكن الحقيقة أنه لم يكن يتعقب أحد، فقد كان هذا ما أرادت الموساد من الناس أن يعتقدوه. والمثال الآخر مقتل الصحفي السوري خضر كنعو 36 عاما في تشرين الثاني 1972 الذي يقال بأنه كان عميلا مزدوجا وقد قتل عند باب شقته في باريس لأن أيلول الأسود كانت تعتقد أنه كان ينقل المعلومات عن نشاطاتهم إلى الموساد. لكنه لم يكن كذلك. لكن هذا ما ورد عن الجريمة في وسائل الإعلام. فمع أن الكثير يكتب عن العملاء المزدوجين إلا أن قلة منهم يصدق عليهم هذا الوصف.

وإن سيكولوجيا التحكم في الأفكار بواسطة الإعلام الأمريكي والإسرائيلي تقنع العالم تماما بأن الضحية الفلسطيني هو إرهابي بالدرجة الأولى بينما الإرهابي الإسرائيلي بالجملة هو بريئ يدافع عن نفسه . ويقول تشومسكي تحتدم المناقشة في الأوساط الإعلامية حول ما إذا كان من اللائق السماح للقراصنة واللصوص بالتعبير عن مطالبهم وتصوراتهم، فعلى سبيل المثال تعرضت شبكة "إن . بي . سي" لانتقادات عنيفة لإجرائها حديثا مع

المتهم بالتخطيط لعملية اختطاف السفينة "أكيلي لاورو" وبالتالي فإنها تكون قد خدمت مصالح الإرهابيين عن طريق السماح لهم بالتعبير الحر دون الرد عليهم، وهو ما يعد خرقا مؤسفا عن النظام المطلوب في المجتمع الحر الذي يعمل بشكل منضبط ... إن الرقابة الحرفية لا تكاد توجه في الولايات المتحدة، ومع ذلك فإن صناعة التحكم في الأفكار صناعة مزدهرة جدا، بل إنها صناعة لا غنى عنها حقا في مجتمع يعتمد على مبدأ القرار للنخبة والإقرار أو السلبية للعامة .

وعلم النفس الأمريكي به مساحة كبيرة جدا من التفكير السيكولوجي الحر من حيث المفاهيم والنظريات والأدوات والمناهج بالنسبة لعلماء النفس في الغرب ولكن في ذات الوقت يتأطر بدرجة كبيرة جدا في التحكم وفي درجة الحرية السيكولوجية المتاحة للآخرين. وبلغة أخرى، هناك تشكيل للأفكار وصياغة للأدمغة في ظل حدود الحرية المتاحة . وقد تعكس آراء المدرسة السلوكية في علم النفس هذه المقارنة المزدوجة . ويعتبر التحكم في الأفكار المطروحة في علم النفس ضمنيا . فالهندسة السيكولوجية الغربية تعمل بدقة في عملية اختيار وتطوير المفاهيم والأفكار وتصديرها للعالم، ومن ضمن ما صدر واختير الطريقة التي تمثل أو ترسم بها صورة الآخر .

فكما ذكرنا سابقا فإن إسرائيل أشبه بولاية أمريكية يسيطر اليهود أو الصهيونية العالمية على مجموعة كبيرة من الصناديق القومية، والصحافة، ووسائل الإعلام الأخرى فيها . وعن طبيعة النزاع الامبريالي ودور الأعلام الغربي في تمثيل الآخر في ظل الحرية السيكولوجية المقيدة، والعلاقات الخفية بين أجهزة الإعلام . يروي ادوارد سعيد (1997) بأنه قد حدث عام 1986، خلال البث والمناقشات اللاحقة لبرنامج وثائقي عنوانه الأفارقة، كانت ال بي . بي. سي أصلا قد كلفت بإعداده وقدمت معظم تمويله . وقد كتب السلسلة وسردها بصوته باحث متميز وأستاذ للعلوم السياسية في جامعة ميتشيغن هو علي مزروعي، وهو كيني ومسلم تسمو كفاءته ومصداقيته كجامعي ثقة من الدرجة الأولى على كل مساءلة وريبة . وكانت لسلسلة مزروعي مقدمتان منطقيتان: الأولى، أنه للمرة الأولى في تاريخ تهيمن عليه تمثيلات الغرب لأفريقيا يقوم أفريقي

بتمثيل نفسه وتمثيل أفريقيا أمام جمهور غربي، هو بالضبط الجمهور الذي قامت مجتمعاته لبضع مئات من السنين بنهب أفريقيا، واستعمارها، واستعبادها ؛ والمقدمة المنطقية الثانية هي أن تاريخ أفريقيا مكون من ثلاثة عناصر أو، بلغة مزروعي، ثلاث دوائر متحدة المركز : التجربة الأصلانية الأفريقية، وتجربة الإسلام، وتجربة الإمبريالية.

وكرد فعل للبرنامج الوثائقي الذي سرده مزروعي، يقول سعيد بداية، سحب "الصندوق القومي للإنسانيات" دعمه المالي لبث هذه السلسلة الوثائقية، رغم أن السلسلة بثت على قناة أل بي.بي .سي. على أي حال . ثم إن أل نيويورك تايمز، وهي الصحيفة الأمريكية الأولى، نشرت مقالات متوالية تهاجم السلسلة (في 14 أيلول، وفي 9 و 26 تشرين الأول، 1986) كتبها المراسل التلفازي (يومها) جون كوري . ولقد وصف ادوارد سعيد مقطوعات كوري "بأنها حمقاء عديمة الإدراك أو شبه هستيرية" . وأغلب ما فعله كوري هو انه اتهم مزروعي شخصيا بأنه يمارس الإقصاءات والتأكيدات العقائدية، من مثل أنه لم يذكر إسرائيل في أي مكان من عمله (في برنامج عن التاريخ الأفريقي قد تكون إسرائيل بدت لمزروعي غير ذات علاقة بالموضوع) وإنه يبالغ مبالغة ضخمة في شرور الاستعمار الغربي . وقد أفرد كوري في هجومه بشكل خاص "إحداثيات مزروعي الأخلاقية والسياسية"، في استبداله لبقة ملطفة غريبة تتضمن أن مزروعي ليس إلا دعائيا ميت الضمير .

وتلعب عمليات الاستجواب المستخدمة مع الفلسطينيين، خاصة المروعة، من قبل الأمن والاستخبارات دورا في تعزيز سيكولوجيا الإرهاب. فمثلا يحق لسلطات السجن الإسرائيلية أن تضع السجين في الانفراد حتى ولو لم يشأ السجين أن يوضع في الانفراد ولم يشعر بالخطر من أصحابه. قرر أحد المخبرين أن يصلح طريقه لكنه عوقب ووضع في الانفراد-وكان الدرس على الشكل التالي: "السلطات تنوي أن يبقى المتعامل متعاملا، وهي تريد أن تخفي الحقيقة عن المتعاملين من أن هناك مجالا للتراجع" . وفي عملية الاستجواب بغرض الحصول على المعلومات كان المحققون الإسرائيليون يرغبون في أي معلومات عن نشاطات منظمة التحرير الفلسطينية. إذا قال أحد أن مهنته

مدرس كان الإسرائيليون يضربونه أكثر من الآخرين ويقولون لـه "أنـت لم تعلـم طلابـك أي شيء جيد، أنك بكل بساطة نظمتهم سياسيا". إذا كان أحـد مـا يعمـل بائعـا كـان يسـمع "إن البـائع بحاجة إلى رأسمال وأنت حصلت عليه من الإرهابيين أو استدنته منهم". وكان المحققون الإسرائيليون يقولون للطلاب "الطالب بحاجة إلى المال كي يدرس. أنت حصلت عليه من الإرهابيين". وتعرض حتـى الصحافيون للضرب لأنهم يكتبون ضد إسرائيل (بلاك وموريس، 1992). وتذكر قصة الاستجواب هذه بقصة استجواب أخرى لأحد الفنانات وأحد الطبالين في أحد المعابر العربية ويرغبان في الحصول على تأشيرة دخول لدولة عربية. فسأل ضابط الأمن الآنسة عن مهنتها فقالـت "فنانـة" فسجل في طلب التأشيرة "قحبة"، بينما سأل الرجل عن مهنته فقـال "طبـال" فكتـب ضـابط الأمـن في طلـب التأشـيرة "قواد".

وبينما استخدم علم النفس في الحرب النفسية بين العرب والإسرائيليـين، وظـف جـزء آخـر من علم النفس في عمليات التعذيب، والردع النفسي- مـن خـلال الـتحكم وتغيـير الاتجاهـات . وتـم استخدام جزء كبير من التقنيات السـيكولوجية بواسـطة المخـابرات الإسرائيليـة في تعـذيب وإرهـاب السجناء الفلسطينيين . فقد استشهد اكثر من عشرين فلسـطينيا في السـجون الإسرائيليـة منـذ 1986 من عمليات التعذيب البشع بشقيه الجسدي والنفسي- وفي يـوم الخمـيس التاسـع مـن مـايو 1997 دافعت إسرائيل عن استخدامها للقوة بالنسبة للإرهابيين المشتبه فيهم وادعت أن هذه الممارسة لهـا ما يبررها من قبل جهاز الأمن لكي يتعامل مع أعمال التفجير والاختطاف التي يقوم بها الفلسطينيون . وفي يوم 8 مايو 1997 وقفت لجنة الأمم المتحدة ضد التعـذيب ببحـث سـجل إسرائيـل في تقنيـات التعذيب التي تستخدمها في الاستجواب مثل الرج الشديد، وتعـريض السـجناء للموسـيقى الصـاخبة لفترة طويلة وللهواء البارد مع ربطهم في أوضاع مؤلمة (وولكر، 1997) .

تكونت لجنة لاندو عام 1987 للتحقيق في الأساليب التي تتبعهـا المخـابرات في الاسـتجواب وتتكون برئاسة القاضي لاندو والرئيس السابق للموساد اسحق هوفي

وياكوف مالتز مراقب نفقات الدولة (بلاك وموريس، 1992). وكانت مهمة اللجنة: البحث في تقنيات التحقيق التي يعتمدها الشين بيت في التعامل مع "النشاطات الإرهابية المعادية" وإصدار توصيات للمستقبل. وجاء في تقرير اللجنة أنه منذ 16 عاما كان عملاء الشين بيت يكذبون دائما على محاكم البلاد حول اعترافات ينتزعونها من المشبوهين الفلسطينيين تحت الضغط الجسماني. وبدأت اللجنة أنها مهتمة بإعطاء الإثباتات الخاطئة للمحاكم أكثر من اهتمامها بالتعذيب والقسوة. ذكرت صحيفة الشرق الأوسط بتاريخ 11 نوفمبر 2000 نقلا عن وكالة رويتر تنديد منظمة العفو الدولية المدافعة عن حقوق الإنسان واتهامها للشرطة الإسرائيلية بانتهاك الإجراءات القضائية باعتقالها أطفالا فلسطينيين في منتصف الليل وإخضاعهم لاستجوابات وهم معرضون لضغوط نفسية قاسية ومروعة للغاية تشمل الصراخ في وجوههم وإهانتهم وتهديدهم وضربهم في بعض الأحيان.

ذكر في عام 1971 كان هناك تغيير جدي تمثل بادعاءات حول اعتماد وسائل عنيفة لانتزاع الاعترافات من المشبوهين بالإرهاب. وبدأ أن تعليقات التقرير حول استخدام القوة يبرئ من الاتهامات التي أطلقها منذ سنوات الفلسطينيون والمنظمات الأجنبية مثل الصليب الأحمر ومنظمة العفو الدولية، من أن إساءة المعاملة كانت روتينية تحت الاحتلال الإسرائيلي. وجاء في تقرير اللجنة "تتركز وسائل الضغط بأغلبها على الضغط النفسي وغير العنيف الذي ينتج عن استجواب مطول وعن استخدام الحيل ومن ضمنها الخداع. ولكن عندما لا تحقق هذه الوسائل هدفها لا يوجد أي طريقة سوى مقدار معتدل من الضغط الجسدي. وقال أحد ضباط الاستخبارات السابقين "يخطئ كثيرا من يظن أنه يمكننا أن نجري تحقيقات مريحة عندما نتعامل مع أناس مستعدين لقتل الرجال والنساء والأطفال. إن الشين بيت ليس فوق القانون، ولكن في بعض الأحيان عليك أن تنحرف عنه قليلا من أجل الوصول على الحقيقة".

استغلال الجمعيات السيكولوجية من قبل الموساد

لا يشكل اليهود في الولايات المتحدة أكثر من 3,5% من مجموع السكان الأمريكان ولكنهم يتمتعون بنفوذ كبير لأنهم مندمجون في الحياة السياسية ونسبة اشتراكهم في الانتخابات مرتفعة للغاية ويتولى اليهود رئاسة الصناديق التي تقدم التبرعات للمرشحين في الانتخابات وبسبب أسلوب الانتخابات المتبع في الولايات المتحدة فإن الأصوات اليهودية تتمتع بأهمية حاسمة في الولايات الكبيرة مثل نيويورك وكاليفورنيا ويمكن انتخاب الرئيس الأمريكي أو عدم انتخابه بسبب الصوت اليهودي (رابين، 1993). وتنعكس نفس المسألة على رئاسة الجمعيات السيكولوجية العالمية مثل الرابطة النفسية الأمريكية، والرابطة النفسية العالمية لعلم النفس التطبيقي، والجمعية النفسية البريطانية، والاتحاد الدولي للعلوم النفسية، والرابطة العالمية لعلم النفس عبر الثقافي. فمساهمة اليهود في نظريات وفي تأليف كتب علم النفس، وفي نشر المقالات العلمية، وفي رئاسة هيئات التحرير وفي مراجعة الأبحاث، وفي تنظيم المؤتمرات وفي دعم المؤتمرات هي مساهمة كبيرة للغاية كذلك. فصوت عالم النفس اليهودي يقرر من سيكون رئيسا لجمعيات عالم النفس الوطنية في الدول الغربية وجمعيات علم النفس العالمية.

ولعل الرابطة النفسية الأمريكية والرابطة العالمية لعلم النفس عبر الثقافي من أهم الروابط . إذا نظرنا للخريطة السيكولوجية لتوزيع علماء النفس العرب، فقد كان عدد المنتسبين للرابطة النفسية الأمريكية من الدول العربية لعام 1997هو 66 من أحد عشر دولة . مصر (17)، السعودية (13)، الإمارات العربية (11)، البحرين (5)، الأردن (5)، قطر (4)، سوريا (3)، الجزائر (3)، الكويت (2)، اليمن (2)، لبنان (1) . والجدير بالذكر إن عدد الإسرائيليين في هذه الرابطة هو 166عضوا نشطا . أي إن نسبة عضوية علماء النفس العرب لعلماء النفس الإسرائيليين هي4, 28% و71, 6% بالتتالي (علم النفس العالمي، 1997) . ويمكن أن نلاحظ الفرق الكبير بين عضوية أمة سكانها 250 مليون نسمة تقريبا تمثل ربع مشاركة أمة سكانها 5 مليون نسمة . وهذه المقارنة من ناحية عددية أو كمية لم نتطرق للناحية الكيفية أو النوعية.

خلال العشرة سنوات بين 1970 - 1980 ساهم 62 من علماء النفس الإسرائيليين في أبحاث عبر ثقافية نشرت في "المجلة العالمية لعلم النفس عبر الثقافي" بينما ساهم فقط 8 من علماء النفس العرب في تلك الفترة نفسها. ولقد تمت دراسة 12 مجموعة ثقافية في كل الدول العربية مجتمعة بينما تمت دراسة 39 مجموعة ثقافية داخل إسرائيل منها 12 مجموعة عربية . وتؤكد الأدلة المنشورة في الدوريات العالمية إنتاج علماء النفس الإسرائيليين لمجموعة هائلة من أبحاث علم النفس عبر الثقافي . وتعتبر إسرائيل الدولة الثانية في هذه الأبحاث على مستوى العالم بعد الولايات المتحدة وذلك من حيث كمية الأبحاث بينما تعتبر إسرائيل الأولى في هذه الأبحاث من حيث عدد علماء النفس في كل دولة (لونر، 1980).

ويعتبر العالم العربي أقل المناطق الثقافية إنتاجا للأبحاث عبر الثقافية. وتعتبر الرابطة العالمية لعلم النفس عبر الثقافي من أنشط الروابط في العالم ولها أهمية بالغة الخطورة بالنسبة لتطور علم النفس عبر الثقافات المختلفة . وقسمت هذه الرابطة العالم لمناطق جغرافية أو ثقافية مختلفة . فالشخص المسؤول عن العالم العربي هو إسرائيلي "شلوم شوارتز" من الجامعة العبرية بالقدس . ويرجع السبب في ذلك إلى نشاط الإسرائيليين في مجال الأبحاث عبر الثقافية وقدرتهم على التجمع وتوجيه المؤتمرات والجمعيات لأهداف الصهيونية بالجملة برؤوس عالية. ويلعب علم النفس عبر الثقافي دورا كبيرا في فهم سيكولوجيا المجموعات الثقافية والعرقية المختلفة لليهود ومحاولة تكيفها مع بعضها البعض ومع البيئة الجديدة.

وضمنت الرابطة النفسية الأمريكية في دليل سياسة مجلسها كل التصريحات والقرارات والبيانات التي تتعلق بالقضايا العالمية والتي تهم الرابطة، وتعكس هذه السياسة توثيق كل ما يخص موضوع حقوق الإنسان في العالم . ولعبت اللجنة الخاصة بالعلاقات الدولية دورا كبيرا في تطوير السياسة العالمية للرابطة النفسية الأمريكية. وفي عام 1975 و عام 1976 تبنى مجلس الرابطة النفسية الأمريكية القرارات التي تدين منظمة اليونسكو التي عملت على عدم مساعدة إسرائيل وإبعادها عن المشاركة في التجمعات

الإقليمية . وجادل مجلس الرابطة أن هذا القرار هو "انحراف خطير عن أهداف اليونسكو الأساسية" التي يتوقع منها تشجيع المشاركة والتعاون بين الأمم عبر التربية والعلم والثقافة . وفي عام 1977 قدم مجلس الرابطة إدانة ثانية لليونسكو في سياستها الرامية إلى مساواة الصهيونية بالعنصرية (نيمارك، 1997) .

بوسعنا التساؤل ما هو موقف علماء النفس العرب من أعضاء الرابطة النفسية الأمريكية حول هذه القرارات ؟ أهو الرفض أم الموافقة ؟ إذا كان الرفض فمن الذي وقف هذا الموقف ؟ يبدو أنه لم يرفع أحد من علماء النفس العرب حاجب عينيه لقول كلمة عن هذه القرارات، بينما ارتفعت أجفان علماء نفس آخرين بخيلاء وكبرياء . وتبعا للأجفان تكون هناك رؤوس منكفئة مطأطئة ورؤوس مرفوعة مزهوة . ونواصل التساؤل : من يتابع تحريك علماء النفس الإسرائيليين لهذه القرارات ؟ من يكافح لكي تكون للقضايا العربية مكان في دهاليز وأروقة هذه الجمعيات ؟ أم أن عضوية علماء النفس العرب في هذه الجمعية وغيرها من الجمعيات هي العضوية الصامتة أو الصماء ؟

وأصبحت إسرائيل مركزا للمؤتمرات العالمية منها مؤتمرات عن علم النفس الإكلينيكي، وعلم النفس المدرسي، وعلم نفس الطفل، والصحة النفسية، وفي بعض الموضوعات المحددة مثل العلاج تقنيات العلاج، والتكيف مع التوتر (بن عري، وعمير، 1986). وعقد في جامعة حيفا بإسرائيل مؤتمرا عالميا عن علم النفس بعنوان"علم النفس بعد سنة 2000" (علم النفس العالمي، 1999). وعقدت الجمعية الدولية لعلماء النفس اجتماعها السنوي العام 1975 في تل أبيب (حفني، 1991) وكان الموضوع الرئيسي لهذا الاجتماع هو الضغوط النفسية، والتوافق النفسي في الحرب والسلام وكان من بين المتحدثين الرئيسيين في هذا المؤتمر عالم النفس الاجتماعي الشهير لازاراس الذي اختار موضوعا لخطابه إلي المؤتمرين: "سيكولوجية المواقف العصبية ومواجهتها مع إشارة خاصة إلى إسرائيل" .

وحدد لازاراس موقعه منذ البداية قائلا أنني أخاطبكم اليوم من موقفين : أولا، كواحد من علماء النفس تركزت بحوثه وإسهاماته النظرية في مجال دراسة المواقف

العصبية، والتصرف حيالها، وثانيا، كأمريكي يهودي في أواسط العمر يشعر - شأن غالبية أمثاله - بتوحد كامل مع نضال إسرائيل القومي من أجل خلق وتأمين مكان ليهود العالم في مجتمع إنساني متسامح . ثم عرض لازاراس لرؤيته السيكولوجية للإسرائيليين مقررا أن الإسرائيليين كأفراد يواجهون ما يواجهه البشر عامة من أضرار، ومخاطر، ولكن الإسرائيليين - بالإضافة إلى ذلك- يعيشون في ظل توقع القتل أو فقدان الأحبة أو الأصدقاء نتيجة للحرب أو للأعمال الإرهابية. وثمة خطر مستمر لهجوم معاد قد يسبقه نذير وقد يكون مفاجئا ... ويعاني الإسرائيليون أيضا إحساسا مستمرا بالوحدة في عالم كاره أو غير مبال ... ولابد أن هذا الإحساس قد تزايد بحدة في الخريف الماضي حين تراجعت إحدى الحكومات عن مواقفها المؤيدة السابقة نتيجة القدرة الجديدة للدول العربية المنتجة للبترول على التحكم في أسعار وكميات تلك المادة الحيوية بالنسبة للعالم الصناعي، هذا بالإضافة إلى ما لاقاه ياسر عرفات من ترحيب حار في الأمم المتحدة وما تقرر بشأن طرد إسرائيل من اليونسكو، وكلا الأمرين نتيجة لسيطرة العالم الثالث على التصويت في هذه المؤسسات (أنظر حفني، 1991) .

يعبر المقتطف السابق بدقة متناهية عن طبيعة العلاقة بين منظمات علم النفس الأمريكية والمنظمات العالمية والصهيونية و إسرائيل . لقد اختارت الجمعية الدولية لعلماء النفس، متعمدة، إسرائيل لطرح أحد الموضوعات التي لها علاقة مباشرة بهذه الدولة . ويمكن أن نتأمل أن علماء النفس العرب الذين ينتمون إلى أمة تعدادها 250 مليون نسمة تقريبا وهم لا يؤثرون في قرارات هذه الجمعية، بينما علماء النفس الإسرائيليون ينتمون إلى أمة تعدادها حوالي 5 مليون نسمة استطاعوا تحديد مقر انعقاد الجمعية في إسرائيل وتحديد الموضوع المطروح، وتحديد علماء النفس المدافعين عن القضايا الإسرائيلية .

وقد يتساءل الفرد هل حضر أحد علماء النفس العرب من أعضاء الجمعية هذا المؤتمر في إسرائيل ؟ أو وجهت له الدعوة بالمشاركة ؟ أو قدم ورقة من غير مشاركة ؟ أو

عبر عن رفضه للمشاركة؟ وقد يطرح السؤال بصورة أخري : هل بالإمكان عقد الجمعية الدولية لعلماء النفس اجتماعها في الخرطوم أو دمشق أو طرابلس أو المنامة ؟ يبدو أن ذلك يثير حفيظة علماء النفس الإسرائيليين ويمكنهم التذرع بصعوبة حضورهم هذا المؤتمر في بيئة عدائية لإسرائيل . إن الإسرائيليين على حد تعبير لازاراس يعيشون في ظل توقع القتل، وماذا بالنسبة للفلسطينيين؟ قد يكون محيرا أن نجد إجابة لبعض هذه التساؤلات. لن نخطئ إذا قلنا بأن لازاراس يوظف بصورة سليمة أبحاثه السيكولوجية، وربما بصورة استراتيجية، لخدمة موقفين في نفس الوقت : موقفه كعالم نفس، وموقفه كيهودي أمريكي فيا ترى ما هو موقف علماء النفس العرب من توظيف علم النفس ؟

الشخصية العربية في الدعاية الإسرائيلية

هناك كتب وأبحاث وأعمال أدبية عن "شخصية" أو "صورة" أو "مشهد" أو "وجه" أو "وعي" أو "نمط" أو اتجاه" العربي في الكتابات الإسرائيلية منها على سبيل المثال لا الحصر " صورة العرب في نظر الصهاينة والإسرائيليين (برهوم، 1995)؛ صورة العربي في الأدب اليهودي (دومب، 1985)؛ الشخصية العربية في الأدب العبري الحديث (مزمل، 1986)؛ الشخصية العربية بين صورة الذات ومفهوم الآخر (يسين، 1981)؛ مشهد الفلسطينيين في النموذج الإسرائيلي الثقافي (حيدر، 1987)؛ الأنماط القومية كسلاح في الصراع العربي الإسرائيلي (سليمان، 1874)؛ اتجاهات الصهيونية نحو العرب (تيري، 1976)؛ الفلسطينيين في وعي الشباب الإسرائيلي (زريق، 1975). وكانت النتيجة النهائية لهذه الدراسات رسم صورة سيئة عن العرب. وتم تلخيص نتائج هذه الدراسات لمصلحة شركات البترول والهيئات التي لها أعمال مع العرب، والإرساليات، والرحالة والأكاديميين والحكومات ووكالات مخابراتها (مغربي، 1981).

احتلت الاستخبارات العسكرية (أمان) والاستخبارات الداخلية (الشين بيت) والاستخبارات الخارجية (الموساد) مواقع خرافية أو أسطورية بين أجهزة الاستخبارات

في العالم. ووفي تقديري، إن واحدا من نجاحات هـذه الخرافـة أو الأسطورة التي تحولت لحقيقة هو تطبيقات علم النفس بمستواه الشعبي والرسمي في فهم البنـاء السـيكولوجي للشخصية العربية. ويمكن القول بأنه أول كتـاب سيكولوجي واقعي يعالج الكيفيـة التي فهم بها العـدو الإسرائيلي سيكولوجيا الأفراد والجماعـات في البيئـة المحيطة هـو كتـاب "تيـودوت فيدميعوت" أي "وثائق وشخصيات". وهي أول محاولة جدية يقوم بها اليهود لتحليل دوافع وسلوك عـدوهم العربي ويعتبر مصدرا تاريخيا ثمينا. وعرض دانين في مقدمة الكتاب للأساس الاجتماعي للثورة بالنسبة إلى القرى والمجموعات والأفراد ذوي الروابط الريفية المتينة، وأشار إلى أن الصهاينة والبريطانيين بالغوا في الحديث عن كمية ومستوى الأسلحة والذخيرة في أيدي الثوار.

كتب دانين فيما بعد "لا يمكن إنكار حقيقة أن التدريب العسكري للعرب لم يكن بمستوى عال، كانت خبرتهم في الأسلحة الحديثة معدومة، واستغلوا التـدريب الطبيعي في القرية العربيـة، القتال من أجل البقاء، الثأر والقتال بالأيدي والكمائن والسرقة والانتقام وإتـلاف المحاصيل والطعن في الظهر والصيد وإطلاق النار على أهداف محددة". ويضيف دانين "نحن نعتقد أن أكثر الأسلحة فعالية ضد الثائر العربي هو معرفة عقليته وردود فعله المحتملـة عـلى مختلف المواقف. يجب أن نعرف طريقته في الهجوم والدفاع والتمويه والهرب، وحبه الطفولي للسلطة وقدرته عـلى الصـمود في وجه الرشاوى ومدى إخلاصه وميله إلى الجدل والتخلي عـن رفاقه وقت الشـدة، وتأثير النزاعـات الاجتماعية ومدى استعداده لخيانة رئيسه، وموقفه من عدوه ومن جاوره، وما هي قواعده القتاليـة، وما الذي يثير أعصاب المقاتل العربي، وما هي أكثر الوسائل فعالية في ضربه، ثم متى يكون الهجـوم عليه شخصيا فعالا، ومتى يكون الهجوم على أملاكه أفضل" (أنظر بلاك وموريس، 1992).

يقول عزرا "إنه علينا أن نحلل كل واقعة وكل حادثة، وأن ننظـر إلى عمـق الأشياء ولا نـرى كل شيء يلمع كالذهب". كانت طريقته تعتمد الأسلوب العلمـي والنقـدي، ولم يكتـف بالانطباعـات السطحية. ولقد اهتمت الاستخبارات الإسرائيلية بتطبيق كثير

من مبادئ علم النفس في الميدان. ولقد درست سيكولوجيا التعامل مع العرب ولقد اكتسب الجواسيس اليهود مهارات فائقة في فهم المجتمع العربي المحلي وفهم كيفية التعامل مع العرب وكيف يمكن توظيف عملية الفهم هذه في جمع المعلومات منهم. ولم يكن تدريب رجال الاستخبارات في المرحلة المبكرة على النواحي النظرية والاستراتيجية إنما كان التركيز على مسائل على فهم البيئة المحلية المرتبطة بالزراعة والأرض. ففي عام 1940 طلب دانين من ماشبيتز أن ينظم دورة دراسية لمسؤولي الشاي ومخاتير المستوطنات الريفية لتعليمهم كيفية التعامل مع المشاكل المحلية ومع جيرانهم العرب، قال ماشبيتز: "علمناهم اللغة العربية والتقاليد العربية المحلية ولم نعلمهم الاستخبارات، بل كيفية الحصول على المعلومات التي تساعدنا في حراسة الحقول، وكيف نعرف من يسبب لنا المشاكل كائنا من كان؟ وقد ركزنا على المشاكل المحلية وكنا نهتم أيضا بأمن المستوطنات (أنظر، بلاك وموريسن 1992).

ويشكل قولدمان الرئيس السابق للمجلس الصهيوني العالمي النظرة القومية. إذ يقول إن الشخصية الحقيقية وصعوبة الصراع العربي الإسرائيلي إنه بصورة أساسية مسألة سيكولوجية. ويتأثر العرب بصورة خاصة بالعواطف والمشاعر أكثر من العقل. أنهم "لا ينسون" و "يغفرون" ولهم ميول قوية لتجاهل الوقائع ويسهبون في الأوهام والخداعات (قولدمان، 1970). ويقول عالم النفس كابلويتز بنفس هذه النظر بأن رفض العرب الاعتراف بإسرائيل يرتبط بعدة نماذج ثقافية ومتطلبات تقدير الذات والتي تتضمن مراعاة الإنسانية، قبول الهزيمة، صورة المستسلم والحوار وجها لوجه (كابلويتز، 1976). وعموما تستخدم هذه العينة من الكتب والأبحاث والأعمال الأدبية بصورة مدروسة، وربما استراتيجية، كسلاح سيكولوجي خطير في تنميط صورة العربي بصورة أساسية ومحاولة تشويه وتدمير شخصيته وصورته ومشهده ووجهه وفي المقابل تحسين وبناء شخصية وصورة ومشهد ووجه الآخر اليهودي.

وعادة يرتبط التنميط بالمحكات التي يرتبط ويقوم عليها التعصب مثل القومية-الجنس - الدين ...الخ. حينما نتعامل مع شخص آخر فعادة ما نضع بعض الفروض

وتقوم هذه الفروض على أساس توقعاتنا لردود أفعال هذا الشخص، ووضع هـذا الشخص داخل فئة معروفة مـن البشرـ يسـاعد عـلى فهـم أقواله وتداعياته والتنبؤ بها. ويساعد التنميط الجماعات على عملية الانغلاق على النفس وتضخيم الفروق بـين عالمها وعوالم الجماعات الأخرى وبدلا من أن تبحث عن مظاهر التماثل تبحث وتضخم مظاهر الاختلاف. ويؤكد الفرد على السـمات التي تجعله ينظر إلى داخل جماعته باعتبارها أرقى من غيرها بينما نفس السمة داخل جماعة أخرى قد تقيم سلبيا (الشيخ، 1992). وتنعكس هذه المسألة بصورة معكوسـة في الصـورة التي يرسـمها أو يعززها اليهود لأنفسـهم "شعب اللـه المختار"، و"ميمـون" أو الأول بـين الأكفـاء وإظهار التفوق العسكري للجيش الإسرائيلي والتفوق المخابراتي للموساد.

مقارنة بهدم شخصية العربي مقابل بناء شخصية اليهودي صور وليم زيف (1976) اليهـود بأنهم متفوقون ومتميزون وأذكياء، وأنهم يعتبرون أفضل قوة مستعمرة على وجه البسيطة. ويقـرر جـاي جونين (1977)، عالم النفس اليهودي الأمريكي، في كتابـه "الهويـة اليهوديـة: منظـور نفسـي-اجتماعي" أنه استمرارا لتقاليد دينية وممارسات ثقافية واجتماعية ممتدة يفرق اليهود بـين أنفسـهم وبين غير اليهود، حيث أن اليهودي تقليديا يعبر عن نفسه بأنه يعمل عقله وفكره في المقـام الأول في حين أن غير اليهودي يمكن أن يقنع بالأعمال اليدوية التي لا يقبل اليهودي ممارستها باعتبارها مهينة له. ويري يـس (2001) إن التفرقـة الحاسـمة بـين اليهـود وبـين غـيرهم تعد أساسـية لفهـم أعمـاق الشخصية اليهودية و أبعاد الشخصية الإسرائيلية. وقد شكلت هـذه السـمة أساسا لإحسـاس اليهـود بالسمو إزاء غيرهم الأقل تعليما وثقافة وشعورهم بالدونية إزاء المعاملة الاجتماعيـة مـن الآخـرين . ودفعت هذه السمة هرتزل، مؤسس الحركة الصهيونية، أن يكتـب في يومياتـه يـوم 22 يوليو 1895 تحت عنوان "بحث في النفسية القومية" أن اليهود هم شعب محتقر تواقون للإحسـاس بالشرف والكرامة، ومن هنا وإذا استطاع شخص أن يعبأهم تحت هذا الشعار ويقـودهم لتبنـي آيدولوجيـة سياسية سوف يؤدي ذلك مع الزمن إلى إنشاء دولة إسرائيل التي سيحسـون تحت علمها بالشرف والكرامة (أنظر عابدين، 2000).

عموما يهدف الأسلوب الدعائي الصهيوني إلى تشويه ملامح شخصية الإنسان العربي والتي هي جملة الصفات والخصائص والسجايا والطبائع (الثابتة نسبيا) والتي تمثل القاسم المشترك بين العرب فتشير إلى نمطهم الاجتماعي المتميز ونموذجهم البشري المغاير لسواهم من الشعوب والأقوام. فأسلوب التشويه هو تنميط العربي أو نمذجته وصياغته بحيث تثير تلك الصفات والخصائص الكراهية والبغضاء عند الآخرين لمجرد استحضار هذه الصورة المنفرة عن العربي. وكانت صورة العربي بعد إنشاء الكيان الصهيوني 1948 (عدواني، جبان، وحاقد) وما بعد 1967 (إرهابي وغدار)، وما بعد 1973(الوحشية والابتزاز) وحتى تشيع الدعاية الصهيونية عبر أجهزتها كالموساد ومن خلال الروايات أن العربي الغدار اخترع الخنجر أداة الغدر الذي قلب موازين وقواعد لعبة الحرب التي ظلت تلتزم بسجايا القتال الموروثة عن فرسان القرون الوسطى، كما يتضح ذلك لدينا في رسمة غلاف كتاب ليون يوريس (الحاج) حيث جعل الخنجر جزءا من الصورة في محاولة للربط الوثيق بين العربي المسلم (الحاج) والخنجر الذي هو رمز الغدر والطعن في الظهر (أنظر ناصر 1984 في الدباغ 1998).

حاول أدير كوهين (1988) في كتابه "وجه قبيح في المرآة" أن يدرس الاتجاهات الفكرية لأطفال إسرائيل. وقد بينت دراسة إسرائيلية شملت 520 كتابا من كتب الأطفال للتعرف على طبيعة العرب وطبائعهم ووصفت 63% من الكتب العرب بصفات سلبية منها الخيانة، والكذب، والمبالغة، والمداهنة، والوقاحة، والشك، والوحشية، والجبن، والبخل، وحب المال، وسرعة الغضب، والتملق، والنفاق، والتباهي، والخبث، بينما بلغت نسبة الكتب التي أوردت صفات إيجابية 24% وهذه الصفات هي الاجتهاد، والشفقة، والصداقة، والشعور مع الآخرين، والجرأة. حين كانت نسبة الكتب التي لم تصف العربي بشيء 13%. وفي دراسة أخرى لمجموعة من 380 كتاب أظهرت بأن العرب فئة هامشية تهدد الوجود الصهيوني، وجد فيها 576 عبارة سلبية في وصف الإنسان العربي، منها متوحش، عدو، مخرب، مختطف طائرات وجاسوس. وتكمن خطورة هذه الأوصاف التى وردت في أنها تنقل إلى أطفال يمرون في مرحلة بناء

لصورة الآخر، ويتشكل الاتجاه العنصري وهو اتجاه عدائي من خلال عملية التنشئة التي تشارك فيها مؤسسات تربوية وثقافية واجتماعية عدة.

حاصرت إسرائيل العرب ومنعت عنهم التطور واصبح معظم العرب شغيلة للإسرائيليين. كما حافظت إسرائيل بصورة مدروسة على بقاء حياة العرب كما هي. ولقد كانت هناك دلالة سيكولوجية لهذه المحافظة. يقول ميوهاوس (دومب، 1985) بأن "العرب مهمون لنا نحن اليهود لأن روحهم وطريقة حياتهم مشابهة لحياة أجدادنا في عصور التوراة. الفلاحون أحفاد الكنعانيين هم أقدم سكان "ارتز إسرائيل" وهم الذين حافظوا تماما على العادات والخصائص القديمة التي نسيناها بسبب طول إقامتنا في المنفى.

وعموما إن الذين كتبوا عن العرب من الإسرائيليين لم يصوروا العربي كفرد سوي، سواء أكان ذلك على صعيد تكوينه الجسمي أو النفسي- والعقلي، واشتركوا في إعطاء قوالب جاهزة للإنسان العربي، وقد كان التنميط هدفهم الأول في استعراضهم رغبات العرب وخرافاتهم ومواقفهم من الحياة. فالعربي في القصص العبرية هو سارق، وكاذب، ومنافق، وذو وجهين، ومغتصب للنساء، ومعتد، ويفتقد المبادئ، توجهه غريزته الجنسية. وأنه لا يفي بوعده، ومحب للمال، ومرتش. وكتب ناتات شاحم في قصته "غبار الطريق" حين يسوق حديثا عن العرب يدور بين يهوديين، حيث يرد أحدهما في تعريف العربي أثناء الحديث "العرب مثل الكلاب، فإذا رأوا أنك مرتبك ولا تقوم برد فعل على تحرشاتهم يهجمون عليك، أما إذا قمت بضربهم فهم سيهربون كالكلاب. ويضيف آخر بأن أفضل عربي هو العربي من غير نقود (برهوم، 1995).

وفي رواية أجار "E Ajar بعنوان (Momo) 1978 وانه اختصار على اسم الرسول الكريم محمد حيث تدور أحداث الرواية حول امرأة يهودية تشرف على حضانة للأطفال غير الشرعيين ومن بينهم العربي محمد الذي ينشأ ليكبر ويعشق حاضنته وليعرف والده أمير النفط العربي فلا يكترث (فالعربي متوحش لا يعرف عاطفة الأبوة ولا القيم والأعراف) فومو هو نتاج الإسلام الذي يعتبره هذا المخرج دين البربرية والوحشية

(أنظر أبوغنيمة، 1984 في الدباغ: 1998). وفي الغرب كذلك، كانت تمثيلات العالم العربي وما تزال منذ حرب عام 1967 فظة، وتقليصية، وعرقية عنصرية، كما أثبت البحث النقدي في أوربا والولايات المتحدة بما لا يترك مجالا للريبة . لكن رغم ذلك تستمر في التدفق الأفلام والعروض التلفازية التي تصور العرب "راكبي جمال " دنيئين، وإرهابيين، و "شيوخا" أثرياء إلى درجة تثير الاشمئزاز . فعلى مدى عقود عديدة، ما تزال تشن في أمريكا حربا ثقافية ضد العرب والإسلام : وتوحي الشخوص الساخرة (الكاريكاتورية) العنصرية المروعة للعرب والمسلمين بأنهم جميعا إما إرهابيون أو شيوخ نفط، وأن المنطقة خراب قاحل شاسع لا يصلح لشيء إلا لجنى الأرباح أو الحرب (سعيد، 1997) .

نقلت صحيفة الوفد القاهرية المعارضة ترجمة عربية لحلقة من برنامج "صراحة في صراحة" للتلفزيون الإسرائيلي كان ضيفها عسكريا إسرائيليا متقاعدا يدعى ميشيل المز استعرض حياته في الجيش الإسرائيلي. وجاء في البرنامج حوار هاتفي بين المز وسيدة تدعى نيللي ايهود قالت أنها كانت تعمل في شبابها في السينما المصرية وأنها تعاونت مرارا مع الموساد. وأضافت أنها لم تكن وحدها التي "آمنت بالصهيونية وقضيتها بل كان هناك فنانات مصريات بينهن مريم فخر الدين، وهند رستم وبرلنتي عبد الحميد ونادية لطفي" وأخريات لم تسعفها الذاكرة للكلام عنهن. ونظمت ندوة بواسطة اللجنة المصرية للتضامن برئاسة الكاتب أحمد حمروش الأنباء التي نقلتها صحيفة الوفد. ودعا نبيل زكي إلي القيام "بهجوم مضاد" من جانب الفنانين والمثقفين العرب عن طريق التحرك لدعم الشعوب العربية في لبنان وفلسطين والعراق. وأشار إلى أن الفن كان دائما "رأس الحربة في العالم العربي ضد العدو الصهيوني"، ورأى كمال كما أن "الإسرائيليين يرددون هذا الكلام لمواجهة ما أحدثه مسلسل أم كلثوم الذي أذاعه التلفزيون المصري أخيرا من إيقاظ للوعي والشعور القومي" (أنظر الأيام، مارس 2000). ويقول السفير الفلسطيني سعيد إن إسرائيل "أرادت أن تخترق الوجدان العربي من أهم قطاع في المجتمع وهو الفن والفنانين" (الأيام، مارس 2000). عموما يمكن تفسير هذه الهجمة الإسرائيلية في مشروعها الرامي لتدمير الذاكرة العربية وتدمير كل

ما هو مرتبط بالوعي القومي العربي. وفي المقابل تعمل إسرائيل في بناء ذاكرة أفرادها وجماعتها بالتذكير المستمر بالمحرقة والاحتفاء بها من خلال المتاحف الشهيرة في إسرائيل وفي واشنطون.

عدو عدوي صديقي أو فرق تسد

تم توسيع قسم الأبحاث في استخبارات الجيش الذي أنشأه حاييم هرتزوع عام 1949 في أوائل الخمسينات، وضم مكاتب مختصة لكل دولة عربية. في عام 1951 و1952 اصدر القسم تقريرا طويلا بعنوان "الصورة الشاملة" وصف بالتفصيل الأوضاع السياسية والعسكرية للدول العربية ونواياها الحربية والطرق المحتملة لتقدم قواتها والأهداف التي يحتمل أن تطبق عليها في إسرائيل. وراقب الشين ميم 5 بقيادة شموئيل توليدانو الصحافة العربية ومحطات الإذاعة، وكان مسؤولا أيضا عن استجواب السجناء، وتولى قسم آخر استجواب المهاجرين اليهود القادمين حديثا من الدول العربية. عموما هناك اهتمام كبير من قبل المراكز البحثية الإسرائيلية بجمع ما يكتبه الباحثون العرب. وتعمل هذه المراكز خاصة في الدراسات الإستراتيجية وفق مخططات وزارة الدفاع الإسرائيلية. وبوسعنا التساؤل هل هناك اهتمام من قبل علماء النفس العرب بما يكتبه رصفائهم في إسرائيل؟ ويا ترى كيف يتعامل علماء النفس العرب في فهم سيكولوجيا التعامل مع العدو أو الخصم؟ أم لا يتعاملون معه كما يتعامل معهم؟ أو ليس هناك أهمية بمعرفة ذلك؟ أو من يحاول مجرد المعرفة هو عميل لهم؟ أم لم يجل بخلد علماء النفس العرب ذلك في مخيلتهم؟ ربما نحتاج لإجابة لهذه العينة من الأسئلة والأسئلة المشابهة الأخرى.

وتسعى الاستخبارات الإسرائيلية للحصول على معلومات دقيقة تساعدها على وضع خطط تعرضية تهدف إلى تحقيق التجزئة والتفرقة داخل الدول العربية، وشق الصف بين الدول العربية، وذلك بتغذية الأفكار الإقليمية، وتحريض الفئات الانفصالية واستثمار التناقضات المتعددة. وإن في مقدمة أهداف أجهزة المخابرات الأجنبية خدمة المصالح الاستراتيجية لدولها، والعمل على إضعاف الدول الأخرى، وإثارة النعرات،

ونشر الفرقة بين شعوبها، بهدف التمكن السهل من السيطرة على مقدراتها الاقتصادية والهيمنة عليها سياسيا (شيرونين، 1998). وحاولت أجهزة المخابرات الإسرائيلية أن توظف بصورة ذكية الخلافات العرقية بين مجموعات متباينة تعيش في العالم العربي. فإن إيذاء العرب من خلال عملية التشتيت هو خطوة استراتيجية هامة. وبذلك تريد تدمير حالة الوحدة إلى حالة من الشتات. مثلا، يصف الصهاينة العرب بأن لديهم شعورا بالكراهية العرقية لا يوجه إلى اليهود فحسب، وإنما هو موجه إلى كل الأقليات العرقية التي تعيش بينهم، كالأكراد والمسيحيين وغيرهم، وأن هذه الأقليات لا تشعر بالأمن (برهوم، 1995). نحاول في الجزء اللاحق من الدراسة أن نتتبع بعض القواعد التي تطبقها إسرائيل في تعاملها مع المجموعات العرقية المختلفة والاتصالات التي تمت مع بعض المجموعات وفق هذه القواعد. وتم تطبيق ذلك في الداخل في العلاقات بين الفلسطينيين، وفي الدول العربية بين المجموعات العرقية، وفي خارج هذا الإطار في العلاقات بين الحكومات والمعارضة.

واستغلت المخابرات الإسرائيلية التناقضات في دول كثيرة من العالم من بينها سريلانكا وعملت على اللعب على الحبلين على الحكومة السنهالية والمعارضة التاميلية الشرسة في نفس الوقت. كانت الموساد تعمل دائما وفق مصلحتها ولا تبالي إذا لحق الضرر بالآخرين. فالشعار الدائم هو "عن طريق الخداع". لقد ربط عملاء الموساد سريلانكا عسكريا بإسرائيل وذلك بإمدادها بمعدات جوهرية، ومن ضمنها قوارب لخفر السواحل، وفي نفس الوقت تم تزويد ثوار التاميل بمعدات مقاومة لتلك القوارب لاستعمالها في محاربة القوات الحكومية. كما ساعدوا سريلانكا على الاحتيال على البنك الدولي ومستثمرين آخرين بملايين الدولارات لدفع أثمان جميع الأسلحة التي كانوا يشترونها منهم. كما أن الإسرائيليين دربوا قوات مختارة من الطرفين دون أن يعرف أي منهما بالأمر. فمثلا قام الإسرائيليون بتدريب التاميل في قاعدة الكوماندوس (الصاعقة) البحرية الإسرائيلية، ويتعلموا التقنيات الخاصة بالاختراق وزرع الألغام والاتصالات وكيفية تخريب السفن المماثلة للزوارق. بينما تم تدريب السنهاليين في نفس

الوقت في إسرائيل في مكان آخر. ولقد تم تدريب المجوعتين في قاعدة كفارسركين دون أن يعرفوا بعضهم البعض. ونقل السنهاليون إلى القاعدة البحرية كي يتعلموا التقنيات التي علمها الإسرائيليون للتاميل (أنظر اوسترفسكي وهوي، 1990).

واستطاعت الاستخبارات الإسرائيلية منذ مرحلة مبكرة في تاريخ الصهيونية في فلسطين كذلك أن تثير الخلافات بين العرب، وتطبق قاعدة "فرق تسد" وتستغل بصورة سيكولوجية بارعة سوء العلاقات الشخصية بين الفلسطينيين أو الإغراء بتراخيص العمل داخل إسرائيل من غير أن تدفع مبالغ كبيرة لهؤلاء الفلسطينيين مقابل المعلومات التي يحصلون عليها منهم. ولقد عينوا مجموعة من المخبرين الفلسطينيين مقابل مبالغ رمزية. كتب دانين "كان المخبرون يتلقون الثناء منا وقليلا من المال، لأن المكافأة المالية لم تكن السبب الأساسي لعملهم معنا، فقد كان معظمهم مضطهدين من إخوانهم بسبب أعمالهم التجارية مع اليهود وخصوصا بيع الأراضي، ولهذا كان لديهم أسباب شخصية قوية من أجل التخلص من مضطهديهم. وكانوا جميعا خائفين على حياتهم، وطلبوا اللجوء إلينا في أثناء وقوعهم في الأزمات أو للدفاع عن قراهم وحاولنا استغلال هذه المواقف وبذلنا جهودا للتعرف على العرب الذين يحتاجون إلى مساعدتنا".

ويمكن القول بأن الاستخبارات المبكرة كانت تأزم من العلاقات بين الفلسطينيين من جانب، ومن جانب آخر كانت تعمل على خلق جو من حسن الجوار بين العرب وبين المستوطنين الجدد من اليهود. فقد كان دانين على حسب تعبيره يفضل تبادل الحديث مع فلاح فلسطيني بسيط أكثر من التحدث مع الباشوات الذين يعتمرون الطربوش ويرتدون الزي الرسمي. وكتب قائلا "كان اهتمامي الأول هو تخفيف الاحتكاك مع العرب، وبغض النظر عما كان يكتب في الصحف العربية وما يقال في خطب المساجد وصالونات السياسيين، فقد كنت أبذل الجهود لتخفيف أضرار المواجهة وتحسن العلاقات بين المستوطنات اليهودية والقرى العربية" (أنظر، بلاك وموريس، 1992).

استغلت المخابرات الإسرائيلية تطبيقات علم النفس الاجتماعي في الخلافات بين العرب والمجموعات العرقية الصغيرة التي تعيش في العالم العربي أو المجموعات غير

المسلمة من خلال قاعدة "عدو عدوي صديقي"، أو مبدأ "فرق تسد". في صيف عام 1948 كان شيموني وزملاؤه مهتمين كثيرا بالدروز، وهم طائفة صغيرة وكتومة يعيشون في جبال الجليل وسوريا. وكان المسؤولون الإسرائيليون يأملون بحشدهم ضد العرب سياسيا وعسكريا. وكان الدروز قد وضعوا في خانة الشعوب غير العربية وغير الإسلامية، واعتبروا من الأقليات الدينية التي كان يراها بن غوريون ومستشاروه، قبل إنشاء الدولة الإسرائيلية، على أنها حليف طبيعي لدولة "الأقلية" اليهودية في مواجهتها مع الأكثرية العربية المسلمة المحيطة بهم. واستخدم مفهوم "عدو عدوي صديقي" كأساس يوجه العلاقات الإسرائيلية مع المسيحيين الموارنه في لبنان، والأكراد في العراق، والمسيحيين والأرواحيين من الأصول الزنجية في جنوب السودان، وإيران غير العربي، والدروز داخل إسرائيل وخارجه. فيما بعد أصبحت الروابط مع الشعوب "المعادية للعدو" وكذلك البلدان المعادية له أيضا من المسؤوليات الأساسية للموساد.

وفي مصر حاولت الاستخبارات الإسرائيلية جمع قدر من المعلومات المتعلقة بالتناقضات داخل المجتمع (بلاك وموريس، 1992). وكانت يولاند هارمر أفضل من تجسس لصالح إسرائيل عام 1948 . لقد ولدت في مصر من أم يهودية تركية. ولقد جندها شيرلوك رئيس القسم السياسي لصالح القضية الصهيونية عندما إلتقاها في حفل كوكتيل عام 1945 أو 1946. وكانت ترتبط بفرقة الشئون العربية في القسم السياسي في الوكالة اليهودية، وبعد إعلان استقلال إسرائيل في مايو 1947 تابعت العمل بإشراف قسم الشرق الأوسط في وزارة الخارجية. كانت يولاند فتاة شقراء ترتدي أحدث الألبسة وحولت اسمها إلى اسم عبري (هامور) وتزوجت ثلاثة مرات قبل أن تكون خليلة لسلسة من العشاق ومنهم بعض أثرياء مصر وبعض النافذين، وأعضاء السلك الدبلوماسي. وتحت "الغطاء" كصحافية ساهمت في إعداد بعض المقالات عن الشؤون المصرية للصحف الباريسية، ودخلت بسرعة ودون جهد كبير في مجتمع القاهرة الراقي. وتضمنت اتصالات يولاند تقي الدين الصلح وهو المساعد الرئيسي لعزام باشا أمين عام الجامعة العربية ومحمود محلوف ابن المفتي الأكبر في القاهرة. وتطوع محلوف بإعطاء

معلومات "تخدم مصالحنا" على حسب تعبير شيرلوك، ولكنه كان يحتاج إلى 1000 جنيه مصري لتمويل حملته الانتخابية لعضوية البرلمان المصري.

وكان ليولاند أيضا علاقات مع أكبر صحيفة في القاهرة وهي الأهرام، أما الصلح والذي أصبح فيما بعد رئيسا للوزراء في لبنان فقد كان متيما بها. وأخيرا شك عزام باشا بأنها تعمل لصالح إسرائيل، وبعد ذلك ألقي القبض عليها في يوليو 1948 ولم تنفعها الأسماء الرمزية التي كانت تحتفظ بها لعشاقها وأصدقائها وعملائها. وأصيبت في السجن بمرض شديد ولكن أحدا لم يساعدها. وبعد شهر أطلق سراحها وطردت من البلاد. وفي أوائل عام 1949 أصبحت إحدى أكبر العاملين الرئيسيين في قسم الشرق الأوسط -جناح باريس. وحدد جناح باريس مهمته "بإقامة اتصالات مع الدول العربية من أجل متابعة التطورات واقتراح مفاوضات للسلاح والاتصالات مع جماعات المعارضة من أجل إحباط الجهد الحربي العربي".

الموساد والعلاقات السودانية الإسرائيلية

أجريت الاتصالات الإسرائيلية مع السودان الذي كان من المقرر أن يحصل على الاستقلال في يناير 1956، على حسب تقرير بلاك وموريس، حيث عقد جوش بالمون في سبتمبر 1955 محادثات سرية في استانبول مع قادة حزب الأمة المعارض والذي كان يدور في فلك البريطانيين، وأبدوا حماسهم لتقوية العلاقات مع الغرب وكانوا يعارضون التوجه السياسي المصري لبقية الأحزاب. وأحضر بالمون أحد هؤلاء القادة لمقابلة بن غوريون في أغسطس 1956 والذي قال فيما بعد " إنهم مسلمون ويتكلمون العربية لكن المصريين كانوا يعاملنهم بازدراء ويخططون للهيمنة عليهم". وفيما بعد غيرت إسرائيل سياستها السرية تجاه السودان. وفي الستينات قدم الموساد دعما محددا لثوار انانيا في جنوب السودان (بلاك وموريس، 1992). وعلى حسب تعبير توماس (1999) أنه بالفعل في عام 1962 توجه رئيس الموساد نفسه إلى جنوب السودان لمساعدة الثوار المنحازين لإسرائيل في صراعهم مع النظام القائم هناك.

ثار سكان الجنوب، وهم ليسوا عربا لكنهم من الأصول الزنجية، ضـد الحكومـة المركزيـة في الخرطوم، وفي السنوات اللاحقة واستنادا إلى الجنرال جوزيف لاقو قائد أنانيا، تلقوا أسلحة وأجهـزة اتصالات ومساعدات في التـدريب مـن الإسرائيليين. وأظهرت الوثائق التي استولى عليها الجيش السوداني من أنانيا، وفقا لبلاك وموريس (1992)، أن أشخاصا إسرائيليين قـد زاروا معسكرات الثوار مع أن المساعدات التي قدموها كانت قليلة نسبيا. وقال أحد الخبراء الغربيين فيما بعد " إذا تسبب أي أذى لأي بلد عربي فهذا يعتبر من وجهة النظر الإسرائيلية جيـدا...شريطـة أن لا تتعـرض المصالح الأخرى للأذى...وإلى حد لا يؤدي فيه إيذاء السودان إلى نتائج عكسية. كان واضحا للإسرائيليين أن الموقف الظاهر في تأييـد الجنوب وتقديم المسـاعدات للثوار سـيكون لـه وقـع الكارثـة في أفريقيـا السوداء".

وحسب تأريخ المؤرخ الإسرائيلي ووربيرج (1992) عن العلاقات السودانية الإسرائيلية أنه في مارس 1954 قامت السفارة الإسرائيلية في لندن بمجهود للبحث عن طرق جديدة لإضعاف أو تقويض المقاطعة العربية لإسرائيل. وربما يكون السودان الحلقة الضعيفة والسهلة الاختراق في منظومة الدول العربية. وقد فاتح موردخاي جازيت، السكرتير الأول في السفارة الإسرائيلية في لنـدن، وليـام مـوريس من القسم الأفريقي في وزارة الخارجية البريطانية لطلب مشورة عن جدوى تلك المحاولـة. وكـان في السودان قد انتصرت قوى الوحدة مـع مصر ـ في أول انتخابـات تجـرى في البلاد في نوفمبر- ديسمبر 1953. ولكن أرجعت مجموعة كبيرة من السودانيين وآخرين عمليـة الانتصـار إلى الرشـاوى الكبيرة من قبل مصر كما رفض هـؤلاء قبـول نتيجـة الانتخابـات كقـرار ديمقراطي حقيقي يعبر عـن أمـل السودانيين في الوحدة مع مصر. ونتيجة لذلك تظاهر عشرات الآلاف من الأنصار في الخرطوم تحـت شعار "السودان للسودانيين". وحاولت قيادة حزب الأمة تجـاوز ذلك المـأزق المتعلـق بالهزيمـة في الانتخابات بكل الوسائل. وكانت الحكومة البريطانية أول وأهم الحلفاء المحتملين لحزب الأمة وذلـك لمعارضتهم عملية الاتحاد مع مصر.

سافر الصديق المهدي، زعيم حزب الأمة، وفقا لووربيرج (1992)، وهو حفيد الإمام المهدي، للندن في يونيو 1954 برفقة محمد أحمد عمر محرر صحيفة حزب الأمة "النيل". وبالرغم من أن الزيارة كانت لمقابلة وزارة الخارجية البريطانية بخصوص استقلال السودان فقد قابلا كذلك اثنين من الدبلوماسيين الإسرائيليين في أحد فنادق لندن. وتم تنظيم اللقاء بواسطة بول وهو صحفي ويمثل رجل العلاقات العامة لحزب الأمة في لندن. وتساءل ووربيرج ماذا يأمل أن يجد حزب الأمة من إسرائيل؟ وكما ذكر سابقا فإن حزب الأمة كان يبحث عن حلفاء محتملين. وربما يساعد تأثير إسرائيل في لندن وخاصة في واشنطون حزب الأمة في تحقيق الاستقلال في السودان. ولقد أكد الصديق المهدي للدبلوماسيين الإسرائيليين بأنه بغض النظر عن الطبيعة الإسلامية لحزب الأمة فإن الدين لا يلعب دورا في علاقات الحزب الخارجية وتبعا لذلك تكون علاقات الحزب مع إسرائيل مقبولة بواسطة قاعدة الحزب في الريف السوداني. وذكر الصديق كذلك بأن الجالية اليهودية في السودان كانت تدعم حزب الأمة. ووعد رجلا حزب الأمة باستمرارية التجارة لاحقا بين السودان وإسرائيل والتي توقفت بسبب التدخل المصري.

ويضيف ووربيرج (1992) وفي اجتماع آخر قدم محمد أحمد عمر للدبلوماسيين الإسرائيليين قائمة من مطالب حزب الأمة والتي تتضمن قيام إسرائيل بعمل لوبي في الولايات المتحدة كما طلب دعما ماليا للمنافسة مع المصريين . وعندما يتم تحقيق الاستقلال في السودان سوف يعد حزب الأمة كحكومة مستقبلية للسودان باستمرارية التجارة مع إسرائيل. ولكن حذر موريس، من القسم الأفريقي بالخارجية البريطانية، حزب الأمة بأنه في حالة انكشاف المقابلة التي جرت بين حزب الأمة والدبلوماسيين الإسرائيليين للرأي العام سوف يؤثر ذلك بصورة سيئة في علاقة السودان بجيرانه. وذكر محمد أحمد عمر بأنهم لا يعيروا انتباها كبيرا لذلك التأثر وذلك لأن الدول العربية أظهرت تعاطفا قليلا لحركة استقلال السودان.

وذكرت صحيفة "السودان" الأسبوعية الصادرة في لندن بتاريخ 27 نوفمبر 1995

تحت عنوان "مفكرون إسلاميون يبحثون قضايا التسوية والتطبيع في إسرائيل" (سليمان، 1995) بأن مركز الدراسات الاستراتيجية بالخرطوم قد نظم ندوة حول تقييم عملية السلام الجارية الآن حول الصراع العربي الإسرائيلي وآفاق مواجهة التطبيع مع الكيان الصهيوني. وشارك في الندوة نخبة من المفكرين والسياسيين والمثقفين من السودان والعالم العربي. حيث تحدث في الندوة الأستاذ عبد المجيد زينات، المراقب العام لجماعية الأخوان المسلمين في الأردن، الذي قدم ورقة حول رؤية حركته للتطبيع وكيفية مواجهته، والمهندس ابراهيم غوشة، الناطق الرسمي لحركة حماس، الذي تحدث عن اتفاق أوسلو، والأستاذ محمد نزال، ممثل حماس بالأردن، والذي قدم ورقة حول اتفاق طابا، وتحدث إبراهيم المصري، رئيس تحرير مجلة "الأمان" اللبنانية، إلى جانب مشاركة شخصيات أكاديمية منها عبد الرحيم العكود عضو المكتب التنفيذي لجبهة العمل الإسلامي بالأردن، ودكتور سيف الدين محمد أحمد مدير مركز الدراسات الاستراتيجية بالخرطوم، ودكتور التجاني عبد القادر من شعبة العلوم السياسية بجامعة الخرطوم. وأكد المتحدثون في الندوة أن عملية السلام الجارية تمثل نهاية مرحلة الصراع بلا ثوابت وبداية عهد جديد في مسار النزاع العربي الإسرائيلي.

وكشفت مصادر دبلوماسية غربية ودوائر سودانية مطلعة أن اتصالات سرية بدأت أخيرا بين حكومة الانقاذ وإسرائيل جرى خلالها عقد لقاءات في 3 عواصم عربية بين مسئول سوداني وشخصيات إسرائيلية بعضها أعضاء في الكنيست، وذلك وفقا لما أوردته صحيفة الشرق الأوسط في عددها الصادر يوم الأربعاء 15 مايو 1996 (ميرغني ومجلي، 1996). وإن هذه اللقاءات أحيطت بتكتم شديد. ولم تكشف المصادر عما دار في اللقاءات إلا أنها لم تستبعد أن يتجه السودان نحو التطبيع مع إسرائيل. واستنادا إلى المصادر فإن أطرافا متنفذة في الحكم السوداني أبلغت رسالة إلى دوائر أمريكية مفادها أن السودان مستعد لبحث موقفه من إسرائيل وتأكيد دعمه لعملية السلام. وذكرت المصادر أن هذا الموقف السوداني نابع من قناعة لدى بعض أطراف الحكم في الخرطوم بأن المخرج للسودان من أزماته الحالية، خصوصا في علاقاته الدولية

وفي مشكلة مجلس الأمن الدولي بعد فرض العقوبات الدبلوماسية عليه يتمثل في التفاهم مع إسرائيل وبحث الموقف منها وتأكيد الالتزام بعملية السلام. ويذكر أن الدكتور حسن الترابي رئيس المجلس الوطني السوداني والأمين العام للجبهة القومية السودانية كان قد ألمح إلى قبوله بإمكانية التطبيع مع إسرائيل باعتبارها أمرا واقعا.

ووفقا لصحيفة "الخرطوم"الصادرة بتاريخ 2 يونيو 1996 (قلاب، 1996) ونقلا عن "افريكان كونفيدنشيال" أن محادثات سرية قد عقدت بين السودان وبعض الشركات الإسرائيلية من بينها شركة (لابلوش) وشركة أخرى كانت قد أجرت اتصالات مع شركة الصين الوطنية للتنقيب عن البترول في السودان. وتذكر صحيفة "الخرطوم" بأن الدكتور الترابي قد صرح أخيرا أيضا بأن السودان ليست لديه أية اعتراضات على أي دولة عربية تقيم أو تطبع علاقاتها مع إسرائيل في ظل اتفاقيات ومفاوضات السلام الجارية. ونوه غازي صلاح العتباني في الأردن بإمكانية دعوة رئيس الوزراء الإسرائيلي لزيارة الخرطوم مصحوبا بإقامة علاقات دبلوماسية مع إسرائيل في إطار ما وصفه بإغاظة إحدى دول الجوار (أحمد، 1996). وفي هذا المنحي، تذكر صحيفة الشرق الأوسط الصادرة بتاريخ 28 أبريل 1996 وفي مجال ما يمكن أن يفعله السودان لإزعاج مصر قال الدكتور العتباني، أنه بإمكان السودان لو أراد أن يهز العصا الحقيقية في وجه المسؤولين المصريين بأن يبادر لإقامة علاقات دبلوماسية مع إسرائيل واستقبال شمعون بيريز في الخرطوم ولكنه استدرك وقال: ولكن هذا لن يحصل إطلاقا ونحن ننتظر إلى هذه المسألة بمنتهى الجدية والخطورة والمسؤولية.

وأوردت صحيفة "المستقلة" الصادرة بتاريخ 19 أغسطس 1996 دعوة عدد من خبراء المياه بالسودان الحكومة السودانية إلى بحث إمكانية بيع المياه لإسرائيل من حصة السودان غير المستخدمة من مياه النيل، وتوقيع اتفاقات تجارية وتقنية ومالية لتطوير قدرات السودان في توظيف حصته من المياه للزراعة المحلية ولبيع الفائض منها لإسرائيل. وقال هؤلاء الخبراء أن مثل هذا التعاون يبدو للعامة خيارا مر وغير مناسب لحكومة إسلامية، ولكن الضرورة والكيد المصري السافر لإشانة سمعة السودان فتح

خط اتصال مباشر مع الدولة العبرية خاصة وهو يملك سلعة ثمينة وشحيحة في منطقة الشرق الأوسط بأسرها هي سلعة المياه. وعرض السودان بيع 4 مليارات متر مكعب من حصته غير المقبوضة من مياه النيل لإسرائيل ولمدة عشرين عاما قابلة للتجديد . وبعث البروفسير سر الختم الحسن، أستاذ الهيدرولوجي بجامعة الخرطوم مقالا للمستقلة تضمن تصورا كاملا لمثل هذا التعاون، معتبرا أنه قد يكون الأسلوب الأكثر نجاعة لوضع حد لما أسماه بـ "الفرعنة" التي يعاني منها السودان.

التقى الرئيس السوداني الفريق عمر البشير بمجموعة حوالي 40 من المهنيين السودانيين أغلبهم من أساتذة الجامعات والمستشارين والأخصائيين والمحاسبين بقصر ـ القضيبية إبان زيارته لدولة البحرين في مساء 13 يناير 2000. ولقد تحدث الرئيس في ذلك اللقاء حديثا بنبرة هادئة عن عدة موضوعات من بينها موضوع السلام في جنوب السودان والأسباب التي أدت لقرارات الرابع من رمضان وتطبيع العلاقات مع دول الجوار وتطوير العلاقات مع دول الخليج والاتحاد الأوربي، ومحاولة تحسين العلاقات مع الولايات المتحدة. وبعد انتهاء حديث الرئيس البشير لمجموعة المهنيين السودانيين فتحت بعض الفرص للأسئلة والتي تنوعت في صيغها ومضمونها. لقد سألت الرئيس بخصوص الجزء المتعلق بتطبيع علاقات السودان الخارجية. وذكرت بأن هناك عدة دول عربية طبعت علاقاتها مع إسرائيل والبعض الآخر في طريقه للتطبيع فهل هناك أي جهود حالية أو نوايا مستقبلية بخصوص تطبيع العلاقات بين السودان وإسرائيل؟ فكانت إجابة الرئيس محددة ولكن بنبرة أكثر وضوحا بأنه ليست هناك أي محاولة لتطبيع العلاقات في السر أو الجهر.

ويقول موريس من القسم الأفريقي للخارجية البريطانية "بأن للسودانيين عقلية محدودة أو ضيقة فإن القضية الفلسطينية بعيدة من اهتمامهم كقضية جواتمالا". بوسعنا التساؤل هل فعلا كما عبر موريس بأن للسودانيين عقلية محدودة أو ضيقة؟ وبأن قضية فلسطين كقضية جواتمالا بالنسبة للسودانيين؟ وهل لتلك النظرة أية علاقة لاحقة بنقل اليهود الفلاشا من السودان لإسرائيل؟ أم أن عملية نقل الفلاشا هي حدث عابر مقارنة

بموقف السودان الرسمي والشعبي من حرب فلسطين عام 1948 وحرب 1967؟ ولكن قبل أن ننتقل لموضوع ترحيل الفلاشا في عمليتي الموساد الشهيرتين "عملية موسى"و"عملية سبأ" سوف نبدي بعض الملاحظات حول اتصالات حزب الأمة السابقة.

من خلال قاعدة "عدو عدوي صديقي" أو "فرق تسد" تحاول إسرائيل، أو بلغة أدق المخابرات الإسرائيلية، أن تتصل بالمجموعات المختلفة داخل العالم العربي. وهناك عدة اتصالات جرت ما بين الموساد وحركة أنانيا في جنوب السودان من جهة، وما بين بن غوريون وأحد قادة حزب الأمة، وما بين اثنين من الدبلوماسيين الإسرائيليين واثنين من رجال حزب الأمة بلندن من جهة ثانية، وما بين شارون والرئيس نميري في كينيا من جهة ثالثة، وبين حكومة الإنقاذ وشخصيات إسرائيلية من جهة رابعة. فضلا عن ذلك يلاحظ بأن هناك اهتمام أكاديمي وبحثي جاد في إسرائيل بموضوع المهدية، وحزب الأمة، وطائفة الأنصار. أنظر مثلا مجموعة الأبحاث التاريخية الدقيقة التي قام بها جبرائيل ووربيرج. منها على سبيل المثال لا الحصر: "من الأنصار لحزب الأمة: السياسة الدينية في السودان 1914-1945(ووربيرج، 1973)، الأنصار في السياسة السودانية: الخيال والواقع (ووربيرج، 1979، 1981)، والاعتبارات الآيديولوجية والعملية المتعلقة بالرق في دولة المهدية والسودان الأنجلو- مصري 1881-1918(ووربيرج، 1981) والتدين الشعبي والقيادة القبلية في البناء الاجتماعي- السياسي لشمال السودان (ووربيرج، 1974).

لعلنا نتساءل هل الأبحاث أعلاه هي مجرد اهتمام أكاديمي بحت من قبل مؤرخ إسرائيلي أم هناك دوافع أخري لها؟ كتب جبرائيل ووربيرج أستاذ التاريخ بجامعة حيفا ومحرر مجلة "دراسات آسيوية وأفريقية" أربعة كتب عن تاريخ السودان فضلا عن أكثر من عشرين بحثا منشورة بالدوريات العالمية وبعض الدوريات الإسرائيلية. فلقد استمعت له يتحدث عن تاريخ السودان في "مؤتمر الدراسات السودانية" المنعقد في جامعة درهام ببريطانيا عام 1992، وكذلك في "مؤتمر الدراسات السودانية" المنعقد في مدينة بوسطن بالولايات المتحدة الأمريكية عام 1994. يعتبر ووربيرج مؤرخا غزير

227

الإنتاج وعميق التحليل لبعض الجوانب المتعلقة بتاريخ السودان. وربما يكون بعض المؤرخين السودانيين مجرد تلاميذ له.

يقول رفعت أحمد (1995) في كتابه الموسوم " وكر الجواسيس في مصر المحروسة" أن جبرائيل ووربيرج قد تولى رئاسة المركز الأكاديمي الإسرائيلي الذي يقع في 92 شارع النيل، شقة 33،الدقي، الجيزة بالقاهرة في أكتوبر 1984 حتى أبريل 1987 . ويعد ووربيرج من أبرز الخبراء الإسرائيليين في مجالات شؤون الشرق الأوسط بالتحديد مصر والسودان. وكان سفيرا سابقا لإسرائيل في مصر وكان على علاقة وطيدة بالموساد. وأدى تعينه في منصب رئيس المركز لصيحات الاستنكار لتاريخه المعروف في مجال جمع المعلومات لجهاز المخابرات الإسرائيلية كما كان نشيطا للغاية، وقام فور توليه رئاسة المركز باستقبال أعداد كبيرة من الباحثين القادمين إلى القاهرة لإعداد البحوث الخاصة بالمخابرات الإسرائيلية. وصار المركز الأكاديمي الإسرائيلي وكرا حقيقيا للجواسيس الذي يلتحفون في عباءة العلماء.

بوسعنا القول بأنه يمكن فهم الاتصالات التي جرت بين حزب الأمة وبين الدبلوماسيين الإسرائيليين في لندن في أجواء الخمسينات. فمن جهة تبحث إسرائيل عن محاولة لفك عزلتها من جيرانها بكل الوسائل وخاصة تطبيق قاعدة "عدو عدوي صديقي" أو سياسية "فرق تسد" كما ذكرنا في مقدمة هذا الجزء من الدراسة. وربما حاول حزب الأمة كذلك تطبيق نفس القاعدة مع خصومه في السودان من الاتحاديين. وربما تمثل الفكرة الاتحادية عند حزب الأمة استمرارية للاستعمار البريطاني المصري على السودان. فلابد من البحث عن دعم أو تحالفات لتقويض تلك الاستمرارية حتى ولو كانت مع إسرائيل. بوسعنا نتساءل هل كان حزب الأمة يتنبأ مسبقا بالاتصالات اللاحقة التي تجرى بين إسرائيل وجيرانها؟

ويمكننا كذلك فهم تلك الاتصالات في الأجواء الحالية في العالم العربي. فمنذ زيارة السادات المخذية لإسرائيل عند البعض أو الشجاعة عند البعض الآخر فقد تم ترتيب الكثير من الاتصالات بين العرب وبين إسرائيل. وتختلف نتائج تلك الاتصالات

من إقامة علاقات دبلوماسية كاملة كما في حالة مصر والأردن وموريتانيا، وإقامة علاقات طيبة مع دول المغرب، وتجارية مع بعض الدول العربية مثل عمان وقطر واتصالات جارية مع سوريا في نهاية التسعينات. ومن قراءة محصلة هذه الاتصالات يبدو التكهن باستمراريتها بصورة مستورة أو مكشوفة. وربما كان حل الصراع بين طرفي النزاع هو المخرج بالنسبة للكثيرين. و حينها ربما تتحول الحرب الساخنة إلى حرب باردة ويستقل فيها البعد السيكولوجي أيما استغلال من قبل الطرف الذي يعرف كيف يوظفه كما وظفت المخابرات الأمريكية ذلك في صراعها مع الاتحاد السوفيتي.

يلاحظ اهتمام كثير من الدوائر الأكاديمية الإسرائيلية بموضوع السودان ولاسيما بعد إنقلاب عمر البشير عند البعض أو ثورة الإنقاذ عند البعض الآخر. وهناك العديد من الأبحاث الجادة والاستراتيجية التي ربما تساهم في بلورة السياسة الخارجية لإسرائيل نحو السودان بواسطة خبراء متخصصين في الدراسات السودانية في جامعة تل أبيب، وجامعة حيفا، والجامعة العبرية بالقدس. وتشمل هذه الاهتمامات البحثية تأليف الكتب، ونشر المقالات، وكتابة التقارير، وتقديم المحاضرات، وعقد المؤتمرات فضلا عن جمع الكتب والوثائق والخرائط والصور عن السودان بمراكز الأبحاث الإسرائيلية. ومن بين الموضوعات المعالجة في هذه الأبحاث مثلا، "الهوية القومية في السودان" (ووربيرج، 1990)، والعلاقات الثنائية ما بين السودان وإسرائيل (ووربيرج، 1992)، والنيل في العلاقات المصرية السودانية (ووربيرج، 1991)، والشريعة الإسلامية في السودان التطبيق والنتائج 1983-1989(ووربيرج، 1990)، والديمقراطية في السودان: المحاولة والخطأ (ووربيرج، 1986)، الإسلام والدولة في عهد النميري (ووربيرج، 1985)، ترابي السودان: الثائر ذو الحديث الناعم (ووربيرج، 1995)، العامل الإثني في السياسة السودانية (شاكيد ورونين، 1988)، والحرب الأهلية في السودان: ما بين الأفريقية والعروبة والإسلام (رونين، 1995)، وضع السودان من سياسة السلام المصرية (رونين، 1980) والتقرير الاستراتيجي عن السودان (رونين، 1990، 1992).

لعلنا نتساءل ما هي دوافع الاهتمام الإسرائيلي بالسودان؟ ربما تتعلق الإجابة

بموضوع وصول الحركة الإسلامية للحكم في السودان، وموضوع مياه النيل، والتبادل التجاري. وبوسعنا التساؤل كذلك هل هناك أي اهتمام سوداني بخصوص إسرائيل؟ أو هناك مجرد رصد لهذه الاهتمامات البحثية؟ وماذا إذا تم وضع حد للصراع العربي الإسرائيلي وتم الانسحاب من هضبة الجولان وتم إعلان دولة فلسطين كما تمت ترتيبات أمنية بين إسرائيل وجيرانها "أصحاب الوجعة" للتعايش وحسن الجوار. هل يا ترى تستمر عملية الرفض والمعارضة كما في لاءات الخرطوم الثلاث في مؤتمر القمة العربي الشهير سبتمبر 1967أم يفكر السودان بصورة براغماتية ترتبط بمصالحه مع إسرائيل؟ وهل حينها ستكون هناك محاولة لتطبيع العلاقات التي ربما تبدأ في السر۔ وبعدها في الجهر؟ وتبعا لتلك المجريات هل كان تفكير حزب الأمة في اتصالاته مع بعض الأطراف الإسرائيلية صائبا ومتنبأ بمستقبل العلاقات مع إسرائيل؟ وهل تعكس عملية تهجير أو تهريب اليهود الفلاشا من السودان أي نوع من التفكير البراقماتي المصلحي في العلاقات السودانية الإسرائيلية؟ أم هي مسألة عابرة مقارنة مع موقف السودان الرسمي والشعبي من حروب فلسطين؟

"عملية موسى" و"عملية سبأ" لنقل اليهود الفلاشا

هناك عدة مصادر عن "عملية موسى" و "عملية سبأ" الخاصتين بتهجير اليهود الفلاشا من السودان لإسرائيل منها على سبيل المثال لا الحصر (استروفسكي وهوي، 1990؛ بلاك وموريس، 1992؛ برافيت، 1985؛ شارون، 1989، كرداوي، 1991)، وعموما كان هناك تعاون سري بين السي۔ آي أي والموساد وجهاز أمن الدولة السوداني في الموافقة على عملية التهجير الكبيرة للفلاشا من السودان (كرداوي، 1991). و يرتبط جزء كبير ومستور من عمليات التهجير الواسعة بشعار الموساد الدائم " عن طريق الخداع" يمكن تضليل السلطات السودانية. وقع بيجن وأنور السادات اتفاق السلام في عام 1979 المشهور باتفاق "كامب ديفيد". واقنع حينها بيجن السادات أن يكلم الرئيس نميري بشأن السماح للفلاشا بالطيران من معسكر للاجئين في السودان إلى

إسرائيل(استروفسكي وهوي، 1990). وعموما كان السادات ناجحا في مدخله للرئيس نميري كما كان النميري نفسه متعاونا وعلى جهاز أمن الدولة السوداني أن يغض الطرف عن هذه العملية (برافيت، 1985).

يذكر اريل شارون (1989) في مذكراته بأنه كان مهتما بتطوير سياسة خارجية في أفريقيا بعد زيارته للولايات المتحدة بغرض اجتماع سري مع الرئيس السوداني جعفر النميري لمناقشة قضايا استراتيجية في القارة الأفريقية. وتم تنظيم الاجتماع بواسطة ياكوف نمرودي وهو صديق لشارون والذي كان يعمل لفترة طويلة في المخابرات الإسرائيلية ومن بعد أصبح رجل أعمال عالمي. وكان الحلم الذي يراود نمرودي هو استخدام التعاون الاقتصادي لخلق مصالح مشتركة بين إسرائيل والدول العربية والذي ربما يقود بدوره لعملية السلام. وتم الاجتماع بالفعل بين شارون والرئيس نميري في كينيا في حضرة كل من نمرودي وعدنان خاشوقي. ومن بين المسائل الموجودة في أجندة النقاش بعض قضايا السياسة في أفريقيا، والنظام الماركسي في أثيوبيا، والمشاكل بين ليبيا وتشاد، ومن المشاريع التي طرحها خاشوقي تدريب بعض القوات الإيرانية التابعة لإبن شاه إيران في السودان. كما اقنع شارون الرئيس نميري بالاهتمام بموضوع اللاجئين من اليهود الفلاشا. ومنذ تلك الفترة بدأ الإعداد لعملية سرية ومعقدة ترتبط بتهجير هؤلاء الفلاشا لإسرائيل.

ويؤكد استروفسكي وهوي (1990) بأنه بحلول عام 1984 اصبح الموقف خطيرا بسبب الجفاف والمجاعة في أثيوبيا وتبعا لذلك تسللت مجموعات كبيرة من اللاجئين للسودان. وفي سبتمبر 1984 قابل اسحاق شامير نائب رئيس الوزراء الإسرائيلي جورج شولتز وزير الخارجية الأمريكي في واشنطون وطلب من الأمريكيين أن يستخدموا نفوذهم لدى مصر ودول عربية لإقناع النميري في السماح بعمليات إنقاذ على أساس أنها عمليات إغاثة دولية. وكان ذلك فرصة للتخلص من مجموعة من اللاجئين الأثيوبيين خاصة مع ظروف الجفاف والحرب الأهلية في جنوب السودان. واشترط السودانيون والأثيوبيون السرية المطلقة في تنفيذ هذه العملية.

وفي ذروة عملية الفلاشا كان هناك عشرون عميلا للموساد يعملون داخل السودان (بلاك وموريس، 1992). وكانت هناك شائعات قوية في بداية الثمانينات بأن الرجل الثاني في الموساد قد زار السودان وذلك لتأسيس علاقة مع عناصر بجهاز الأمن القومي السوداني. وفي الفترة نفسها ادعى أحد عملاء الموساد بأنه يعمل في منظمات الإغاثة جاء لمكتب معتمدية اللاجئين في الخرطوم حيث ذكر بأن لديه مجموعة من العمال في معسكرات اللاجئين حول القضارف. وذكر بأن ذلك يشكل عبئا على الحكومة السودانية وفي إمكانه أن يخفف ذلك العبء. وأوضح للمسؤولين السودانيين في المعتمدية بأن لديه 400 عقد عمل بالنسبة لهم في مدينة نيروبي بكينيا. وبعد مغادرته مكتب اللاجئين تم التأكد بأنه لم يكن عضوا في أي منظمة إغاثية.

وقام عميل الموساد بالاتصال بالمندوب السامي لشئون اللاجئين وأشارت بعض المصادر بأن بعض المسئولين في مكتب المندوب السامي خاصة أولئك الموجودين في القضارف ليس لديهم مانع في التعاون. وقام النميري بتغيير بعض المسؤولين في المعسكرات التي بها مجموعات الفلاشا واستبدالهم بمجموعة أخرى يعتمد عليهم. وجرت كل هذه العمليات بإقناع المخابرات السودانية (جهاز الأمن السوداني). و ساعد المكتب في تهجير مجموعات صغيرة من الفلاشا منذ عدة سنوات. وكان رئيس المكتب أثناء تلك الفترة هو إبراهيم سعيدي من مصر والذي كان متحمسا لاتفاقية كامب ديفيد. وكانت هناك إشاعة قوية بارتباطه بتسهيل عملية تهجير الفلاشا (أنظر، برافت، 1985).

رأينا في الجزء الأول من هذا الفصل من الدراسة كيف يتدرب المرشحون الجدد في الموساد على كيفية تجنيد العملاء في المخابرات الإسرائيلية. ويراعي هؤلاء الناحية السيكولوجية المتعلقة بنقاط الضعف في الشخص الذي يراد تجنيده أو ابتزازه أو تحييده أو معاونته. وهناك صنانير رئيسة للتجنيد من بينها المال. لذلك هناك حاجة للمال في السودان لشراء جوازات السفر للفلاشا، ولرشوة المسؤولين لمنح تأشيرات الخروج، ولابتعاد الوحدات العسكرية من المناطق الحساسة. ولكن أهم من ذلك هناك حاجة

للمال لاقناع ضباط ومسؤولي الأمن لغض الطرف عما يجري. ولا تشكل عملية سيولة المال للسودان أي مشكلة بالنسبة لترحيل الفلاشا. هناك عدد من رجال الأعمال اليهود الأوربيين والأمريكان من لهم مصالح في السودان ولهم تعاطف مع عملية تهجير الفلاشا. ولقد جاء المال مباشرة من ميزانية الموساد. وبين عام 1981 وصيف 1984 لقد تم صرف ملايين الدولارات في السودان لتسهيل عملية مرور الفلاشا من معسكرات اللاجئين بالقرب من القضارف إلى الخرطوم ومن هناك الطيران لمناطق مختلفة ومنها إلى إسرائيل (أنظر استروفسكي وهوي، 1990).

وعموما كانت تكاليف عملية تهجير اليهود الفلاشا كبيرة. إذ تم جمع 300 مليون دولار أمريكي لترحيل 8000 فرد ويشكل ذلك المبلغ عشرة مرات المبلغ المحدد من قبل الأمم المتحدة بالنسبة لإعاشة 600000 من اللاجئين الأثيوبيين في شرق السودان في عام 1985. وكان المبلغ المحدد لتهريب اليهودي الواحد من الفلاشا يساوي 10 ألف دولار ومبلغ إعادة التوطين في إسرائيل يساوي 25 ألف دولار. وكان جملة المبلغ المدفوع للحكومة السودانية حوالي 56 مليون دولار ولم يتضمن ذلك مبلغ 15 مليون بالنسبة لـ "عملية سبأ". وبالإضافة لتكاليف الترحيل، استخدم جزء كبير من المبلغ كرشاوى (كرداوي، 1991).

بالإضافة لـ "عملية موسى" التي نظمتها الموساد لتهجير الفلاشا كانت هناك "عملية سبأ" التي نظمتها السي آي أى و القوات الجوية الأمريكية لنقل الفلاشا من معسكر تواوا بالقرب من القضارف (أنظر برافيت، 1985). ويتمثل دور عملاء الموساد بشرق السودان من التأكد بأن الفلاشا في حالة من الانتظار في معسكر تواوا وتهيئهم للمغادرة والتأكد كذلك من أنهم فلاشا. وتم أخذ 481 من الفلاشا في ليلة 28 مارس 1985 من معسكر تواوا إلى 8 أميال شمال القضارف . وكانت هناك 6 من طائرات القوات الجوية الأمريكية التي طارت من قاعدة أمريكية بالقرب من فرانكفورت. وتم طلاء هذه الطائرات بلون الصحراء وذلك بغرض التمويه وعدم رؤيتها. ويذكر ذلك بما ذكرناه عن دور علماء النفس الكبير في الاتحاد السوفيتي بحماية مباني لينجراد العالية

والهامة من خلال عملية تمويه المباني. ولقد أخرت الرّياح الشديدة العملية حتى الساعة التاسعة مساء. وطارت الطائرات مباشرة من القضارف إلى قاعدة جوية إسرائيلية في ريمون في صحراء النجف. مع العلم بأن الاتفاق مع الرئيس نميري كان يمنع القيام بسفريات مباشرة بين السودان وإسرائيل. عموما لقد كانت"عملية سبأ" محكمة في تخطيطها وتنفيذها والتي تمت في سرية تامة. واندهش رجال الإغاثة في الخرطوم بعدم استمرارية عملية تهجير الفلاشا من مطار الخرطوم. وذكر أحد الدبلوماسيين في صحيفة "التايمز" بأنه لم يسمع أي همس لهذه العملية.

وخلال الأسبوع الأول من يناير 1985 أمر جورج بوش، الذي كان نائبا للرئيس الأمريكي، طائرات هيركوليز بالطيران إلى الخرطوم، بعد الحصول على موافقة النميري، حيث التقطت 500 من الفلاشا وطارت بهم مباشرة إلى إسرائيل. وقد ورد هذا الجزء من العملية في العديد من الكتب وروايات الصحف. وقد بقى الأمر سرا إلى أن أخبر يهودا دومينتر، وهو مسؤول كبير في الوكالة اليهودية المتحدة، محررا في صحيفة "ناكودا" وهي صحيفة صغيرة خاصة بالمستوطنين اليهود في الضفة الغربية بأن عملية الإنقاذ مستمرة. ولم ينه تلك العملية التي كان يتحدث عنها فحسب، بل والعملية السرية التي نظمتها الموساد على شواطئ البحر الأحمر. وبعدها تم التفكير والتخطيط في القسم المتخصص في العمليات السرية لإنقاذ اليهود من خلف خطوط الأعداء بتنفيذ العملية المشهورة والتي سميت "عملية سبأ". وتم جمع معلومات مفصلة عن السودان وتطورت فكرة مضللة للمسؤولين في السودان وهي إقامة نادي للغطس في البحر الأحمر.

تابعنا في الجزء الخاص بتطبيقات علم النفس في اختيار وتدريب الجواسيس ضرورة تعلم أساليب الستر والتغطية بالنسبة للعمليات الميدانية التي تقوم بها الاستخبارات. لقد أرسل يهودا جيل الذي يتكلم العربية، وهو أحد أكثر كاتسات الموساد خبرة إلى الخرطوم وانتحل صفة ممثل شركة سياحية بلجيكية ترغب في تنظيم رحلات سياحية يتمتع الرواد فيها بالغطس في البحر الأحمر، ومشاهدة الصحراء السودانية، وفي العادة،

لا يرسل كاتسات الموساد إلى بلدان عربية بسبب حجم المعلومات التي يطلعون عليها، وخوف من أن يؤدي القبض عليهم إلى إجبارهم على البوح بها للأعداء. لكن خطورة الوضع أجبرت الموساد على ركوب هذه المخاطرة. واقتصر عمل يهودا على الحصول على الأذونات اللازمة، والتي قد تتطلب تقديم رشاوى لعدد من المسؤولين للتعجيل بإجراءات ترخيص شركته السياحية. ثم استأجر منزلا في الخرطوم بحري وباشر عمله. وفي نفس الوقت طار أحد رجالات الموساد إلى الخرطوم ومن هناك إلى بورتسودان، ومن ثم قاد السيارة على طول الشاطئ إلى الرجل الذي يدير نادي الغطس الصغير. وشاء الحظ أن يكون الرجل قد مل المكان، وبعد مساومة مطولة وافق الرجل على الذهاب إلى بنما، وأصبح لناديه مالك جيد.

بدأ الموساد يرى في عملية سبأ "بساطا سحريا" آخر (وهي عملية إنفاذ شهيرة لليهود من اليمن في أوائل الخمسينات، حملتهم طائرات هيركوليز إلى إسرائيل). وقررت الموساد استخدام طائرات هيركوليز نفسها لإخراج الفلاشا جوا من السودان، لكن ذلك يتطلب توسع المخيم السياحي بشكل كبير للتغطية على العملية، وفي الوقت ذاته، رتب يهودا المسائل المتعلقة بتسجيل شركته الجديدة، وبدأ يعد لاستقدام أفواج سياحية لزيارة الموقع. كما قام بطباعة بعض النشرات الإعلامية عن المنتجع وتوزيعها على وكالات السفر والسياحة في أوربا. وقامت الموساد بتجنيد الطباخين ومدربي الغطس وباقي الطاقم اللازم لإدارة المنتجع، أرادوا أناسا يتحدثون الفرنسة أو الإنجليزية، ويفضل إن كان لهم إلمام بالعربية التي قد تمكنهم فهم المحادثات بين الدبلوماسيين والرسميين العرب الذين قد يحلون ضيوفا على المنتجع. كما تم جمع فريق من 35 إسرائيليا للإسراع بضبط أوضاع المنتجع.

ويذكر استروفسكي وهوي (1990) في كتابهما "عن طريق الخداع" بأن الموساد كانت تدفع مبالغ طائلة لرشوة المسؤولين السودانيين. وأحد هؤلاء الفريق عمر محمد الطيب، والذي كان مسؤولا عن الأمن في عهد الرئيس النميري. ويذكر أنه خلال هذه الفترة تم إرسال برقية لقيادة الموساد تفيد أن أحد المسؤولين السودانيين يريد دراجة

سباق مقابل المساعدة في نقل الوثائق للفلاشا. ولأن الأمر يبدو وكأن لا علاقة له بهذا الموضوع، فقد أربك هذا الطلب مسؤولي الموساد فردوا برسالة إلى حلقة الاتصال يطلبون توضيحا. وعادت الرسالة تؤكد أن المسئول يريد دراجة سباق. وقد حاول مسؤولوا الموساد تفسير ما يعنيه هذا، هل يريد وزن الدراجة ذهبا؟ هل هذه شفرة لا يعرفونها؟ فعادوا مرة أخرى يطلبون توضيحا، فجاءهم الجواب مرة أخرى دراجة سباق، ولا شيء سوى ذلك. عندما تأكدوا أنه يريد دراجة فقط، أرسلوا له واحدة من طراز "رالي" وكان ذلك أقل ما يستطيعون عمله.

وصلت في مارس 1984 الدفعة الأولى من السياح الأوربيين، وبدأ الحديث يدور بين الدبلوماسيين والمسؤولين السودانيين في الخرطوم عن هذا المنتجع الرائع على شواطئ البحر الأحمر. ومنذ افتتاحه حتى تاريخ مغادرة عناصر الموساد له، كانت جميع الغرف محجوزة بكاملها، وكان نجاحا تجاريا باهرا. المهم في الأمر لقد تم توظيف المنتجع كتغطية ممتازة لنقل الفلاشا عبر عملية النقل الجوي الصحراوية هذه دون صعوبات تذكر. وكانت تتم عملية النقل كل ليلة تقريبا وفي بعض الليالي كانت تقلع طائرتان أو ثلاث طائرات دفعة واحدة، بهدف إخراج أكبر عدد من الفلاشا في أقصر وقت ممكن. وفي فترة لاحقة وصلت رسالة من إسرائيل تحمل أوامر "بطي" الموضوع فورا. ولقد غادر بعدها يهودا، أحد كاتسات الموساد، الخرطوم إلى أوربا في أول طائرة ومن هناك عاد إلى إسرائيل. وبينما كان السياح نائمين في منتجع البحر الأحمر، حمل الإسرائيليون جميع معداتهم على ظهر إحدى السفن، ووضعوا سيارة لاندروفر وشاحنتين على متن طائرة الهيركوليز، وانسلوا بهدوء خارج البلد وذهبوا مع أدراج الريح (أنظر استروفسكي وهوي، 1990).

لم يلحظ أحد من أفراد جهاز الأمن السوداني القوي في عهد الرئيس نميري عملية هروب أعضاء الموساد من سواحل البحر الأحمر. فهل يا تري نتيجة لالتقاء آريل شارون، وزير الدفاع الإسرائيلي الأسبق بالرئيس نميري في كينيا بوساطة من تاجر السلاح عدنان خاشوقي في 13 مايو 1982 كان سببا في غض الطرف من جانب الأمن

السوداني؟ أم إن إقناع مناحيم بيجن للسادات بضرورة التحدث مع نميري واقناعه بموضوع ترحيل الفلاشا كان السبب في غض الطرف؟ أم أن الرشاوى الكبيرة التي تسلمها بعض أفراد الأمن كانت السبب في غض الطرف؟ أم أن العملية فعلا كانت سرية ومخططة وفق استراتيجية الموساد الدائمة "عن طريق الخداع" لا يمكن كشفها بسهولة؟ وعموما تبقى هذه الأسئلة مطروحة مع أسئلة أخرى هامة. هل كان النميري يعي النتائج الوخيمة لتهجير الفلاشا من السودان على مستقبل العلاقات السودانية العربية؟ وإلى أي مدى كان خوفه الأساسي من اكتشاف عملية تهجير الفلاشا من قبل خصومه السياسيين بالداخل من الأخوان المسلمين؟ بعد اغتيال السادات في نوفمبر اصبح الرئيس نميري من ناحية سيكولوجية، أقل نزوعا أو ميلا عن غض الطرف لعملية تهجير الفلاشا، وأصبح أكثر صعوبة في الإقناع، على حسب تعبير برافت (1985)، بل قام النميري بإيقاف عملية تهريب الفلاشا (كرداوي، 1991).

تساءلنا سابقا بأن أحد المسئولين السودانيين كان يريد فقط دراجة سباق من الموساد للمساعدة في نقل الوثائق للفلاشا. هل يعبر هذا الطلب البسيط فعلا كما ذكر موريس من القسم الأفريقي بالخارجية البريطانية بأن للسودانيين عقلية محدودة أو ضيقة! أم لا يعكس ذلك الطلب المحدود نوع العقلية الضيقة؟ ولكن قد نتساءل هل فعلا وقع هذا الحدث المتعلق بالدراجة؟ وما هي درجة هذا المسؤول السوداني الذي طلب دراجة السباق؟ وإذا حدث ذلك هل يريد هذا المسئول دراجة أم هي مجرد طعم (بضم الباء)؟ وإذا كانت حلقة الاتصال تعرف أن غاية المطلوب هو ببساطة دراجة سباق فهل يحتاج هذا الطلب إلى الرجوع إلى مسئول الموساد؟ ألم يكن توفير هذا الطلب في السودان دون الرجوع للموساد وتعريض العملية للمخاطر؟ ربما تبقى هذه الأسئلة وغيرها كذلك بلا جواب.

نال السودانيون حسب دراسة كرداوي حوالي سدس المبلغ المجموع لترحيل الفلاشا. ولعلنا نتساءل هل يبدو أن المستفيد الأول من عملية تهجير أو تهريب الفلاشا ليس السودان وإنما مصر- وذلك من خلال إقناع السادات للنميري ومن خلال الإشاعة

القوية بارتباط إبراهيم سعيدي من مكتب المندوب السامي لشئون اللاجئين بتسهيل عملية التهريب الجماعي لليهود الفلاشا لإسرائيل. يؤكد صلاح الدين كرار (2000) سفير السودان بالبحرين بأنه لم تثبت أن عملية ترحيل الفلاشا تمثل أي نوع من التفكير البراقماتي المصلحي في العلاقات السودانية الإسرائيلية. ولم يكن هناك اتصال مباشر وإنما تم الاتصال عن طريق وسيط وهو المستفيد الأول. وعموما كانت عملية ترحيل الفلاشا إرضاء لطلب مصر أكثر منها مراعاه لمصلحة السودان كما جرت العادة في ظل العلاقات المصرية السودانية. ولكن قد تكون هناك مصلحة شخصية استفاد منها البعض في أجهزة الأمن أو في الأجهزة السياسية في السودان.

الرئيس النميري وجرعة الدواء

هناك عدة تفسيرات محتملة لسقوط نظام مايو بالسودان، وبلغة أدق، سقوط الرئيس نميري. قد يكون تدهور الأحوال الاقتصادية والتي تتمثل في الضائقة المعيشية وانخفاض قيمة العملة السودانية والفشل السياسي الذي يتمثل في عدم تمكين نظام الاتحاد الاشتراكي أو تحالف القوى العاملة أحد الأسباب الرئيسية. وقد تكون هناك أعراض لسقوط النظام في بعض التحليلات السياسية تتمثل في التمرد في جنوب السودان عند البعض، وتدهور نظام الأمن، خاصة جهاز أمن الدولة عند البعض الآخر. ويرى البعض إن إعلان قوانين الشريعة الإسلامية كان أحد الأسباب. رغم أن النميري كان يعتقد بأن إعلان الشريعة سيكون سندا بالنسبة للنظام ويتوقع لهذا الإعلان أن يجمع مجموعة من الجماعات الإسلامية حوله. وربما تكون عملية إعلان الشريعة اثر مباشر لنشاط الجماعات الإسلامية، خاصة الأخوان المسلمين. وربما بعد تقلص دائرة نفوذ النميري وابتداء عزلة النظام تم الإيحاء بالنسبة للنميري بأن الشريعة هي الحل والمخرج. ولكن يبدو أن ذلك قد خلق إشكالات لاحقة لنظام مايو وربما يفسر ذلك بعملية التهرب الجزئي منها. ولعبت زيارة جورج بوش للسودان دورا كبيرا في إعطاء ثقة للفيف من الأكاديميين والمهنيين السودانيين برفع مذكرة للنميري تعبر عن تدهور الأوضاع

الاقتصادية والسياسية في السودان. وكتبت الصحف الأمريكية عن زيادة اشتعال الحرب في جنوب السودان وعن الفشل الاقتصادي وتكهنت بأن النظام أصبح في العد النهائي.

وربما ترتبط "عملية موسى" و"عملية سبأ" كذلك ببعد سيكولوجي في نهاية النظام المايوي. لقد انتهي مصير أنور السادات الذي وقع اتفاقية كامب ديفيد مع الدولة العبرية وطار ليخاطب الكينيسيت في إسرائيل ومن ثم لقي حتفه نتيجة لتعاونه مع العدو الصهيوني. ولعلنا نتساءل هل استثارت عملية اغتيال السادات دافع أو انفعال الخوف الحقيقي بالنسبة للنميري؟ وهل بدأ نميري يتساءل بان مصيره ربما يكون مصير السادات بعد اكتشاف "عملية موسى" في ترحيل الفلاشا إلى إسرائيل؟ وهل من ناحية سيكولوجية أصبح النميري فعلا شخصية مختلفة بعد عملية اغتيال السادات على أيدي الجماعات الإسلامية؟ وما هي سمات عدم الاتزان الجديدة في شخصية نميري؟ ولماذا بعد سنتين فقط من اغتيال السادات تم إعلان عملية تطبيق القوانين الإسلامية؟ وكيف تم ذلك التحول؟ ومن ناحية سيكولوجية، كيف تمت عملية الإيحاء بالنسبة للنميري بأن الشريعة هي الحل لمأزق النظام المايوي؟ ومن قام بعملية الإيحاء؟ وتحت أي الظروف الصحية بالنسبة للرئيس نميري؟ وهل كانت نوبة الضغط العالية التي اصابت النميري هي الظرف المناسب؟ هل هناك عوامل مساعدة لإتمام عملية الإيحاء؟ وهل كان النميري في حالة قوة أم ضعف أثناء عملية الإيحاء؟ وهل يقع ذلك، حسب لغة علم النفس، في دائرة التأثير على العقول، وبلغة أكثر وضوحا "غسيل الدماغ"؟

قام روسينثال (أنظر وين، 1983) بدراسة عن تغيير القيم الأخلاقية ولقد أظهر بأن المرضى الذين تحسنت حالتهم بواسطة المعالجين تم تغيير قيمهم في بعض الموضوعات مثل الجنس والعدوان والسلطة في اتجاه قيم المعالجين. ولقد عبر بيري لندن عن وجود التحكم العقلي قائلا بأن هناك أدلة في تقارير الأبحاث بأن المرضي يميلون لتقمص شخصية معالجيهم وتدريجيا يطورون قيما ذاتية شبيهة. ففي العلاج هناك شخص يقدم

المساعدة باستمرار وهناك شخص يتلقاها باستمرار، مما يجعل المريض ينظر للمعالج كسلطة أو نموذج أو مصدر إلهام. إن المعالج بصورة غير واعية يقوم بتشريط استجابات المريض بواسطة قبول أشياء محددة يقولها ولا يوافق على أشياء أخرى. وبهذه الطريقة يقود المعالج المريض للموضوعات التي يعتقد أنها مهمة يتحدث عنها ويركز على كلمات أو أفكار لها أهمية بالنسبة له. وإنها لنكتة قديمة (وهي صحيحة) بأن مرضى يونج يحلمون بأحلامه بينما مرضى فرويد يحلمون بأحلام فرويد بصدق. ولقد عبر سارجنت بأن القلق الذي يأتي مع المريض للعلاج يتفاقم أثناء العلاج كجزء من عملية اكتشاف الذات، وكعنصر هام عندما يتطور إلى ضغط لا يطاق يخلق حالة من الإيحاء بالنسبة للمريض (وين، 1983). وعادة ما يطلب المعالجين من هؤلاء المرضى أن يكونوا في حالة من الراحة وعدم إصدار قرارات رئيسية أثناء فترة العلاج هذه لأنها فترة استرخاء حقيقية.

يقول عبد العزيز وأبو رنات (1993) في كتابهما الموسوم "أسرار جهاز الأسرار" عن جهاز الأمن السوداني في الفترة من 1969-1985 أنه عندما أعلن الرئيس نميري تطبيق الشريعة الإسلامية لم يكن أحد من العاملين معه من وزراء وآخرين يظنون أن اللعبة قد بدأت تتغير. فقد تمكنوا أخيرا من معرفة كل أساليب الرئيس وطرقه، ولم يكن صعبا عليهم العمل معه أو الطبخ لما يودونه. ويريد الرئيس عمل هزة في الشعب الذي خملت حركته ويريد أن تكون هناك صحوة. مما لا شك فيه أن الرئيس نميري عندما أعلن القيادة الرشيدة والتي طلب فيها من المسئولين الإقلاع عن تعاطي الخمور والتمسك بالأخلاق، وكان نميري قد بدأ فعلا في تطبيق الأمر على نفسه. ويتمثل ذلك في مقولة عمر الحاج موسى الشهيرة نهاكم عن لعب الورق وشرب العرق واستباحة الجمال. وكان واضحا منذ بداية حركة هاشم العطا أن نميري قد أخذ خطا مغايرا للخط اليساري الذي كانت تتجهه ثورة مايو هذا الخط فيه الوجهة الدينية وملامح التصوف. إن الفترة بين قوانين سبتمبر 1983 وسقوط نميري في أبريل 1985 كانت فترة أقل من العامين. وكانت فترة ساخنة بحق. ليست ساخنة بسبب القوانين الجديدة فقط

إنما بسبب سخونة رأس الدولة وتناقض قراراته. عند سفر الرئيس نميري لأمريكا أصيب بنوبة ضغط عال عاد منها بعد إجراء جراحة في شرايين متصلة بالرأس وكانت الجراحة لنوع من الضغط العالي اشتهر به الحكام ورجال الأعمال وأصحاب المسئوليات الجسام.

يعود نميري إلى كرسي الحكم مرة أخرى وكان عليه أن يتعاطى عقارا معينا لهذا المرض. وكان هذا العقار قوي ويتم تناوله في أيام محددة من الأسبوع مرتين فقط. نصحه الأطباء عند تعاطي هذا العقار أن يخلد للراحة التامة. وألا يقوم بإصدار أي قرارات متعلقة بالعمل. ولقد أبدى أحد دبلوماسي السفارة الأمريكية انزعاجه الحقيقي من تحرك الرئيس نميري أثناء فترة العلاج وقال إن الرسالة التي حملها له الأطباء بأن يخطروه بأن هذا الدواء خطر وخطر جدا عليه وعلى الدولة. إذ عليه أن يخلد للراحة لأن هذا الدواء يجعل الجسم والعقل مسترخيا. عندما يحدث هذا الاسترخاء فإنه قطعا يكون في حالة أخرى. ويكون كمن يتخذ قرارا وهو نائم. وتوالت القرارات التي تتخذ في المساء وتلغى في الصباح. وكان معروفا على نميري في السابق أنه إذا اتخذ قرارا فإنه لا يتراجع عنه وكما كان يقول "إن الثورة تراجع و لا تتراجع". ولقد عرف من حول نميري بأنه يتعاطى علاجا معينا يجعله غير متزن في اتخاذ قراراته وبذلك عرفوا نقاط ضعفه. وقد كان هناك اتهام قوي للبعض بأنهم قد استغلوا لحظات ضعف الرئيس نميري لتنفيذ كثيرا من القرارات التي لم يبد في الأمر لهم يد فيها. وكان هناك استغلالا كاملا ومنظما لحالة الرئيس تلك من أطراف كثيرة ومتناقضة. وكانوا يمدونه بمعلومات يعلمون أنه لا يتخذ منها قرارا ويؤثرون عليه لاتخاذ القرار في أوقات الضعف وعند الساعات التي يكون فيها متأثرا بتعاطي الدواء (أنظر عبد العزيز وأبورنات، 1993).

لعلنا نتساءل من الدبلوماسي الأمريكي الذي أبدى انزعاجا من تحرك الرئيس نميري أثناء فترة العلاج؟ هل هو خبير في وكالة المخابرات الأمريكية؟ ومن الأطباء الذين أخطروا نميري بأن هذا الدواء خطر عليه؟ هل أطباء نفس بالمخابرات الأمريكية؟ وما هي عينة الدواء الذي يجعل الجسم والعقل مسترخيا؟ هل مثل أحد الأدوية المستخدمة

في "غرفة النوم" الشهيرة التي تحدثنا عنها في الفصل الثاني؟ وما هي علاقة الاسترخاء بموضوع النوم؟ هل نوما عاديا بتأثر كيميائي للدواء؟ أو نوما من نوع آخر؟ وكيف يكون الدواء خطر على الدولة؟ هل كانت النتيجة هي التغير في شخصية نميري من خلال القرارات الصادرة والمنفية في ذات اليوم؟ وذلك خلافا لمقولة نميري الشهيرة "الثورة تراجع ولا تتراجع"؟ وما لذي أحدث هذا التراجع؟ ما هي علاقة ضعف نميري بعد تناول الدواء وبين عملية تغيير التفكير الحادثة؟ هل لذلك علاقة بغسيل الدماغ؟ هل تمت وفق تقنيات علم النفس أو وفق عمليات التغيير الايديولوجي؟ عموما تحتاج هذه العينة من الأسئلة وغيرها لأجوبة.

رأينا كيف قام علماء النفس بوكالة المخابرات الأمريكية بعدة أبحاث لصالح المخابرات لتطوير بعض الاختبارات النفسية التي تم تطبيقها على بعض الأجانب من غير علمهم بأن اختبارهم كان لصالح المخابرات. ولاحظنا كذلك كيف تطورت أنظمة لتدريب رجال المخابرات في كيفية إجراء ملاحظات سيكولوجية مفيدة بالنسبة للأجانب. كما تابعنا كيفية توجيه دعم المخابرات المادي إلي بعض علماء النفس وبرفقة بعض ضباط المخابرات للقيام بعملية تقييم سيكولوجي سري لبعض القادة الأجانب خارج أمريكا وعادة ما يرسل عملاء الوكالة في المحطات الخارجية نتائج الباص مع نتائج التقييم غير المباشر إلى واشنطون. ويقال بأن زيارة جورج بوش للسودان في الأيام الأخيرة لفترة الرئيس نميري كانت مصحوبة بعالم نفس متخصص في سيكولوجية الشخصية لكي يقوم بعملية تحليل شامل لشخصية نميري ما إن كان يصلح في الاستمرار في الحكم أو لا يصلح. ويقال بأن التقرير السيكولوجي تضمن بعض سمات عدم الاتزان في البناء النفسي لشخصية نميري مما يعوق استمراره في الحكم، و حينها ذهب جعفر نميري مع أدراج الريح. طبقا لممارسات الموساد قد يذهب البعض بعملية ابتزاز وربما يذهب آخرون للمعاش وينتقل آخرون من مناصبهم ولكن البعض الآخر يذهب بموت بطيء كما أبطأ نميري عملية ترحيل الفلاشا، وأصبح أكثر صعوبة في الإقناع، وربما يذهب آخرون باغتيال مروع وبمخالب حادة أو أكثر حدة.

الاغتيالات المروعة بواسطة كيدون الموساد

تابعنا في الجزء الخاص باختيار وتدريب العملاء في مدرسة التدريب التابعة للموساد كيفية الاهتمام بعملية القتل. ويتدرب المرشحون على استخدام السلاح كما تعرض لهم نماذج حية لعمليات الاغتيال. وكان شعار الاستخبارات الإسرائيلية "لابد من قطع الرأس لإسكات الذيل عن الحركة". وعلى حسب قول ماركس (1979) استخدم علماء النفس في المخابرات عملية ترويد المجندين وكسرهم . ولقد ذكر كيهنر بأنه مهمته ترتبط بأكثر جانب سلبي في الحالة الإنسانية وهو عملية التدمير المخطط للأفراد. أولا عليك أن تري إمكانية تدمير الحياة الزوجية لأحد. وإذا كان ذلك ممكنا عليك أن تضع ضغوط عالية بالنسبة للفرد وذلك لكسره. وكذلك يمكنك بداية حملة إشاعات صغيرة حوله. ضايقه باستمرار، اصدم سيارته في حادث حركة. وكثيرا من هذه المسائل مدعاه للسخرية ولكن في مجموعها لها تأثيرات نفسية على كسره وترويده.

ويؤرخ بلاك وموريس (1992) أنه ما تزال التقارير السرية حول عمليات الخطف والاغتيال المصادق عليها بصورة رسمية في الفترة التي سبقت حرب 1948 موجودة، ويكشف ملف برقيات الموساد بين تل أبيب وبغداد لمحات مثيرة عن المشاكل والجهود الشاقة للعمليات السرية، وعن الرعب الذي يدب حين يعذب العميل ويتكلم تحت تأثير التعذيب، وهناك كمية من الوثائق المثيرة تعبر عن كمية ونوعية العمليات الاستخبارية. وتكشف سجلات استجواب المتسللين الفلسطينيين كيف كونت إسرائيل الصورة الواضحة عن أعدائها، وتكشف وثائق وزارة الخارجية كيفية تنكر الدبلوماسية لحقائق الاستخبارات عندما تتعارض مع الصورة الإعلامية للبلد.

وتعمل الكوميميوت، و التي ترجمتها "الاستقلال برأس مرفوع" : إنها موساد داخل جهاز الموساد، وهي دائرة شديدة السرية تعني بالمقاتلين من الموساد و"الجواسيس" الحقيقيين الذين هم إسرائيليين يرسلون إلى البلاد العربية بتغطية كاملة. وضمن هذه الدوائر توجد وحدة داخلية صغيرة تسمى "كيدون" ومعناها "الحربة"، مقسمة إلى ثلاثة أقسام، في كل واحد منها حوالي 12 رجلا هم القتلة، أو "يد العدالة الإسرائيلية

الطويلة" كما يطلق عليها لتحسين صورة عملهم البغيض. وفي العادة يوجد فريقين من هذه الوحدة يتدربان في إسرائيل ويكون الثالث في مهمة خارجها. وهم لا يعرفون شيئا عن باقي أقسام الموساد، و لا يعرفون أسماء بعضهم البعض الحقيقية. ومن جهة أخرى، يعمل المقاتلون بشكل زوجي. الأول هو مقاتل البلد الهدف وشريكه مقاتل البلد القاعدة. وهم لا يقوموا بأية أعمال تجسس داخل البلدان الصديقة مثل إنجلترا. لكنهم قد يديرون أعمالا تجارية مشتركة هناك. وعند الحاجة يذهب مقاتل البلد الهدف إلى البلد المستهدف مستغلا الشركة كغطاء له، في حين يقوم مقاتل البلد القاعدة بدور حبل السلامة ويوفر له مختلف أعمال الدعم.

وبعد الانتفاضة الفلسطينية عام 2000 أيقظ الموساد العملاء السريين المعروفين باسم "العملاء النائمون" في الضفة الغربية وقطاع غزة. ويطلق عليهم هذا الاسم لأنهم يكمنون فترات طويلة بدون أي نشاط حتى اللحظة المناسبة لاستخدامهم. وقد تلقي العديد منهم تدريبات خاصة من وحدات "الكيدون" وهي فريق الاغتيالات التابع للموساد. وفي الغالب هم من أصل عربي جرى تجنيدهم إما بالرشوة أو الإكراه. ويقع معسكر فرقة الكيدون في صحراء النقب. وكل أفراد هذه الفرقة في العقد الثاني من العمر وبينهم العديد من النساء. ويتم تدريب المجموعة على كيفية الطعن بحقنة قاتلة وسط الازدحام وكيفية جعل عملية الاغتيال كما لو أنها عرضية (توماس، 2000).

وفي عام 1975 قامت السن دي تايمز (وين، 1983) بنشر قصة عن تأسيس شعبة خاصة للتدريب لعملية الاغتيالات. وحضر المراسل بيتر واطسون مؤلف كتاب "الحرب على العقل" مؤتمرا ممولا من قبل حلف الناتو عن "الضغوط والقلق". وخاطب ثوماس ناروت من مستشفي البحرية الأمريكية في رئاسة الناتو في نابلس عن التكيف مع الضغوط ولقد استخدمت التقنية لتدريب الأفراد على التكيف مع ضغوط الاغتيال. و ذكر واطسون في كتابه بأنه تم اختيار بعض الرجال من السجن العسكري للقيام بعملية اغتيالات في السفارات الأمريكية في الخارج. وكانت رسالة الدكتوراة بالنسبة لناروت عن اكتشاف ما إذا كانت هناك أفلام خاصة تؤدي لإثارة القلق وما إذا كان

ذلك القتل يمكن التكيف معه بسهولة إذا طلب من الفرد القيام بأعمال عادية أثناء مشاهدة. وكان العمل الذي قام به ناورت للبحرية عن البحث عن وسيلة لإغراء الأفراد الذين لا يميلون للاغتيال يمكنهم القدرة على القيام بذلك تحت ظروف معينة. وكان المنهج الذي تم بحثه هو اختيار للأفلام التي تصور الأفراد الذين يتم تشويههم أو قتلهم بقساوة بهدف سلب الحساسية أو تحصين الفرد من هذه العملية.

وبالفعل تم اختيار مجموعة من عتاه القتلة في مستشفيات البحرية بواسطة علماء النفس في البحرية للتدريب على عمليات القتل. وشاهد هؤلاء القتلة سلسة من الأفلام الشنيعة والرهيبة والتي تستمر بصورة أكثر ترويعا وزعرا. ويجبر المدربون على مشاهدة هذه الأفلام وذلك بوضع الرأس لأعلى حتى لا يتحرك بعيدا وهناك جهاز خاص يجعل العين تظل مفتوحة. ويصور واحدا من الأفلام المشاهدة شاب أفريقي تم ختانه بصورة فظيعة بواسطة أفراد من قبيلته. ولم يستخدم أي تخدير في عملية الختان وحتى أن السكين المستخدمة كانت غير حادة. وعادة بعد انتهاء الفيلم يسأل المدرب القتلة أسئلة ليست ذات صلة، مثل كم شخصا كان ممسكا بالشاب الأفريقي؟ وشاهد هؤلاء الأفراد القتلة أفلاما أخرى وأعطوا محاضرات عن السكان والعادات في الدول الأجنبية. وأخذت عملية التدريب عدة أسابيع.

وذكر البعض بأن سرحان قاتل الرئيس الأمريكي روبرت كندي من الذين تمت برمجتهم للقتل بواسطة التنويم المغناطيسي (وين، 1983). واقتبس باوارت خبيرين منهم د. هيسي- رئيس الجمعية العالمية لتحليل الضغوط الذي درس المخطط النفسي لسرحان والمقابلات التي أجريت معه وأدائه في اختبار الضغط النفسي. وتوصل إلى أن سرحان ظل يردد جملا محددة، ويوضح ذلك بأنه قد تكون تمت عملية لبرمجته وذلك بأن يضع نفسه تحت حالة الغيبوبة. وهذه المسألة لم يتعلمها بنفسه إنما هي مبرمجة، فهناك شخص دربه وعلمه كيفية ذلك. ويعتقد بأن سرحان قد تمت عملية غسيل دماغه تحت حالة من التنويم المغناطيسي تحت ظل عملية التكرار المستمر لعبارات مثل أنت لا شيء، أنت تافه، ذهب الحلم الأمريكي حتى اعتقد في هذه العبارات. وبعد هذه المرحلة

قام شخص بزرع فكرة "أقتل روبرت كندي" وتحت حالة التنويم المغناطيسي وافق سرحان على ذلك. ويعتقد د. سبيجيل الخبير في التنويم المغناطيسي بأنه يمكن إعاقة وتغيير عقل بعض الأشخاص بواسطة عددا من جلسات التنويم المغناطيسي. ويمكن وصف ذلك بأنه حالة من التنويم المغناطيسي وذلك لأن العقل تتم عملية تنظيفه من الانفعالات والقيم القديمة وتستبدل بزرع قيم جديدة. وهذه التقنية ربما تم استخدامها بالنسبة سرحان. وقام ألان رئيس مشروع العصفور الأزرق التابع للمخابرات الأمريكية باستخدام وسائل التحكم العقلي لدراسة العملاء والمرتدين. وقام بتجارب عن إمكانية التنويم المغناطيسي للأفراد ضد رغباتهم وبرمجتهم على القتل. وكعادتها استفادت الموساد من كل هذه التجارب المتصلة بالقتل الفظيع في عملياتها البشعة ضد العرب.

ولكن مؤخرا أشار بعض الباحثين والمحاميين ممن يتابعون قضية سرحان أن كثيرا من الغموض مازال يلف القضية التي بدأت أحداثها منذ 1968. وأثناء محاكمة يؤكد سرحان بأنه لا يتذكر شيئا عن الحادثة ولا يعرف ما جرى وكل ما يعرفه أنه الآن بين يدي الشرطة بسبب تهمة يؤكد أنه لم يرتكبها، إلا أن المحكمة لم تأخذ بكل أقواله وحكم عليه بالإعدام عن طريق الغاز القاتل ألا أن هذا الحكم تغير إلى السجن المؤبد بعد أن ألقت ولاية كاليفورنيا الحكم بالإعدام عام 1972. ويشير الباحثون ببراءة سرحان من تهمة القتل وأن هناك جهات عديدة كانت لها مصالح في عدم وصول كندي إلى سدة الرئاسة. أي أنه كانت هناك مؤامرة داخلية وما سرحان ألا كبش فداء بعد أن تم التأكد على وجود مسدس آخر في مكان الجريمة من نفس نوع المسدس الذي كان يحمله سرحان وهذا يشير إلى وجود شخص آخر قام بقتل كندي (أبو عجمية، 2000)

ويلعب الموساد دورا غير أخلاقيا على المستوى الدولي عن طريق تقديم الخدمات لمن يدفع، والقيام بالأدوار المشبوهة نيابة عن الآخرين مقابل الثمن المناسب. مستفيدا من ذلك من إمداداته وتشعباته غير العادية في مختلف أنحاء العالم من خلال اليهود المنتشرين الذي يجندهم بشكل أو بآخر، أو عن طريق استغلال التعاطف الغربي مع

إسرائيل (الكيالي، 1990). وسوف نحاول في الجزء اللاحق من الدراسة أن نتعرض لـدور الموساد في اغتيال المعرض المغربي بن بركة في باريس، واغتيال أبو جهاد في تونس، وربما اغتيال فيصل الحسيني في الكويت بطريقة علمية غير مسبوقة، ومحاولة اغتيال خالد مشعل في الأردن. وفي عنوانين آخرين سوف نتطرق لاغتيال الفيزيائيين العرب بواسطة الموساد كما نفصل الحديث عن اغتيال الأميرة ديانا ودودي الفائد بباريس.

وفقا لتوماس 1999 أنه في 1965 اغتالت المخابرات الإسرائيلية بن بركة الذي كان من أقوي الأصوات المعارضة للملك الحسن في المغرب. وأفلت بن بركة من براثن رجال الأمن المغاربة مدركا أن مصيره آجلا أو عاجلا القبض عليه ففر إلى أوربا حيث واصل كفاحه. وشنت جماعة بـن بركـة داخـل المغرب حركة تفجير بالقنابل موجهة ضد الملك. وحكم عليه غيابيا بالإعدام، فما كان منـه إلا أن أمـر بهجمات مجددة ضد الملك. وكانت هناك جالية يهودية كبيرة وعريقة في المغرب وتعيش في ظل حماية الدولة لها، وتبعا لذلك هناك علاقات قوية بـين المغرب وإسرائيل. ونتيجـة لخبرة الموسـاد الأسطورية في الاغتيالات طلب منها التخلص من بن بركة. فكلف دافيد كيمحي بتقييم ذلك الطلب فسافر بجواز سفره البريطاني إلى لندن بحجة قضاء العطلة، ولكنه في الواقع كان يضع اللمسـات الأخيرة لخطته. فحصل على جواز سفر بريطاني آخر متقن التزوير مـن أحـد العمـلاء. وعليه تأشيرة دخول للمغرب. واستقبل في مطار الرباط بواسطة الجنرال محمد أوفقير وزير الداخلية المثير للفزع . وفي ذلك المساء وحول مائدة عشاء زاد من بهجتها وجود أجمل الراقصات الشرقيات في البلاد، أفصح له أوفقير عما يرديه بالضبط: "رأس بـن بركـة". وأضاف معبرا عـن روح دعابة فجـة وعـن إعجاب بتاريخ اليهود "لا تنسى أن أميرتكم سـالومي اليهوديـة طالبت الملـك هـيرودس بـرأس شخص مثير للمتاعب".

وفي رواية أخرى للجاسوس الفرنسي انطوان لوبيز في كتابه "اعترافات جاسوس" الصادر في باريس عام 2000 بأنه أثناء موعد المهدي بن بركة شاهد آي لوبيز في شارع السان جرمان وليس بعيدا عن مقهى "ليب" الذي اقتاده منه ضابط اسمه لويس

247

سوشون بسيارة بيجو 403 زرقاء اللون حيث كان لوبيز في المقعد الأمامي متخفيا وراء شاربين ونظارة كي لا يتعرف عليه القائد المغربي الذي كان التقاه مرات قبل ذلك وكان بن بركة في المقعد الخلفي. ويروي لوبيز كيف أن بن بركه كان هادئا لا يبدو عليه أي اضطراب حيثما كان بانتظار موعده (لوبيز، 2000).

أما في رواية توماس بأن مركز اتصالات الموساد بعث برسالة مشفرة إلى أوفقير في المغرب، فتوجه مع طاقم صغير من رجال الأمن المغاربة إلى باريس. وفي الليلة التالية وقفت سيارة مراقبة تابعة للمخابرات الفرنسة خارج المطعم الذي حضر إليه بن بركة لتناول العشاء في منطقة سان جرمان، معتقدا أنه جاء ليلتقي بواحد من أصحاب الملايين. فانتظر بن بركة ساعة ولما لم يصل أحد، غادر المطعم. وما إن وطئت قدماه الرصيف حتى سحبه اثنان من العملاء وزجا به في السيارة واقتاداه إلى فيللا في منطقة فونتناي -لي فيكونت، تستخدمها المخابرات لاستجواب المشتبه فيهم. وأشرف أوفقير شخصيا طيلة الليل عملية استجواب بن بركة وتعذيبه حتى لاح الفجر، فأعدموا الرجل المحطم. ثم التقط أوفقير مجموعة من الصور الفوتوغرافية للجثة قبل أن يتم دفنها في حديقة المنزل، وطار الوزير عائدا إلي بلاده ومعه الصور.

وفي 16 أبريل 1988 اغتال الكوماندوس الإسرائيلي "أبو جهاد" داخل منزله في تونس في عملية قاسية جمعت بين العمل الاستخباراتي والتنفيذ الدقيق. وشكل سبعة عملاء من الموساد يحملون جوازات سفر لبنانية ويتكلمون اللغة العربية الفريق المتقدم. وكان الاستطلاع المفصل لمنزل القائد الفلسطيني والطرق المؤدية إليه قد أجري قبل وقت طويل. وكان على متن طائرة القيادة الجنرال يهودا باراك نائب رئيس الأركان والرئيس السابق لأمان (رئيس الوزراء السابق لإسرائيل). وكان الموساد ممثلا برئيس فرع العمليات. استخدمت معدات التشويش على الأرض لإعاقة الاتصالات الراديوية والهاتفية في منطقة سيدي بوسعيد حيث يقطن أبو جهاد، ولتأمين سلامة انسحاب فريق الإغارة بعد تنفيذ العملية. بعد الأخذ بعين الاعتبار درجة أهمية هذه العملية والأخطار المحدقة، تم اختصار الكثير من الإشارات المتبعة. كانت غارة تونس مشابهة

لعملية استخبارية أخرى اسمها الرمزي "ربيع الشبان" في أبريل 1973 عندما نزلت وحدة كوماندوس في بيروت. وبالتعاون مع عملاء الموساد قتل ثلاثة من كبار مسؤولي منظمة التحرير الفلسطينية. اتبعت إسرائيل عادتها ورفضت أن تعترف رسميا بأنها مسؤولة عن الجريمة. مع ذلك لم يقتنع أحد بهذا النفي. وعندما سمحت المراقبة العسكرية، وخلافا للعادة، بنشر تقارير صحفية حول الضحية وحول العملية، كان ذلك بمثابة تأكيد للمسؤولية.

وقبل فترة من اغتياله، أجرت أجهزة الاستخبارات الإسرائيلية دراسة سيكولوجية عن القرافولي أو خط اليد بالنسبة لأبو جهاد. ومن قبل قامت وكالة المخابرات الأمريكية بدعم بعض الأبحاث التي تناولت خط اليد والذي يمكن من خلاله فهم شخصية العميل كما تمت دراسة نموذج من خط الزعيم الألماني هتلر. وتمت عملية تبني وتكييف نتائج أبحاث خط اليد كذلك في بقية أجهزة الاستخبارات (ماركس، 1979). يقول بلاك وموريس (1992) تم إجراء اختبار سري على نموذج من خط يد "أبو جهاد" قبل خمس سنوات" وكانت نتيجة التحليل السيكولوجي أنه شخص مثالي يتمتع بذكاء عال وعقل دقيق ومحلل". ويعمل علماء النفس بالمخابرات الإسرائيلية كل ما في وسعهم في فهم سيكولوجيا القادة العرب ولا ندري إذا كان هناك أي عالم نفس عربي أجرى دراسة سيكولوجية واحدة عن القادة الإسرائيليين بإثناء حفني الذي أجرى دراسة عامة عن الشخصية اليهودية.

توفي فصل الحسيني مسؤول ملف القدس في الكويت في يونيو 2001 حوالي الساعة الثانية والثانية والنصف فجرا. ويعتبر الحسيني أول مسؤول فلسطيني كبير يأتي إلى الكويت منذ عام 1990، وكان في ذهنه أفكارا كثيرة بشأن القدس. وفي مقابلة مع مرافق الحسيني الخاص ناصر محمد موسى الذي رافقه كظله في القدس وفي جميع رحلاته إلى الخارج طوال السنوات الماضية، يقول ناصر: شخص مثل فيصل الحسيني مناضل حريص على مصالح وطنه، لا يستبعد أن يخطط العدو لاغتياله في أي لحظة. ولكن إذا كانت هناك عملية اغتيال فهي عملية دقيقة ومعقدة جدا. وإن التفسير الوحيد الممكن

تصديقه من اتهامات الاغتيال هو أن يكون الغاز الذي استنشقه قبل السفر إلى الكويت بخمسة أيام في مظاهرة ذكرى يوم النكبة على حاجز الرام كان وراء تدهور حالته الصحية. فقد أطلق العدو غاز غير طبيعي يكاد يقع على الأرض من استنشقه. ويقول المرافق "أنا شخصيا أشعر حتى الآن ومنذ تلك المظاهرة بالآلام في الصدر والرأس ولا أستطيع التنفس كما يجب"، ويضيف الحارس لا استبعد أن يكون الإسرائيليون قتلوه بطريقة علمية غير مسبوقة (أنظر الشرق الأوسط، يوليو، 2001).

في 9 سبتمبر 1997 وصلت إلى تل أبيب أخبار عن هجوم لحماس أسفر عن إصابة اثنين من حرس الملحق الثقافي في السفارة الإسرائيلية التي افتتحت في العاصمة الأردنية عمان (توماس، 1999). وكان أحد قادة حماس هو خالد مشعل يقيم بالقرب من قصر الملك حسين ويدير المكتب السياسي لحماس . وقال نتانياهو لأحد رجال الموساد "ياتوم" والذي تناول معه وجبة الغداء بمنزله بالقدس "أذهب واقتله، يجب عليك أن تفعل ذلك، أقتله، كلف رجالك في عمان بذلك. وفي مواجهة ضغوط لا تنتهي من رئيس وزراء يبدو أنه لا يدرك أبدا مدى الحساسية السياسية لأي عملية يقوم بها جهاز المخابرات، بدأ رئيس الموساد يلقي درسا حاد النبرات. ولقد حذر نتانياهو من مغبة أي هجوم يشنه في عمان، لأنه قد يدمر العلاقة التي أقامها مع الأردن سلفه السابق اسحق رابين. كما أن قتل مشعل داخل الأردن من شأنه أن يعرض للخطر عمليات الموساد في دولة يتدفق منها سيل من المعلومات عن سورية والعراق والفلسطينيين. واختار الموساد سلاحا غير عادي، ليس مسدسا، بل عبوة ايروسول معبأة بغاز الأعصاب، وهي طريقة تستخدمها فرقة الكيدون للقتل لأول مرة. ويستخدم هذا الغاز لإحداث الوفاة الفورية أو البطيئة، ولكن الضحية في جميع الأحوال يفقد السيطرة على أعضائه الداخلية ويعاني آلاما مبرحة يكون الموت خلاصا ورحمة منها.

في 24 سبتمبر 1997 سافر أعضاء الكيدون، وهم مجموعة القتلة داخل الموساد أو يد "العدالة الإسرائيلية الطويلة"، جوا إلى عمان قادمين من أثينا وروما وباريس التي استقروا فيها عدة أيام. وكان البعض يسافر بوثائق فرنسية وإيطالية. أما الرجلان

اللذان نفذا الضربة فقد أعطيا جوازي سفر كنديين باسم باري بيدز وسين كيدال. وأخبرا الموظفين وهما يسجلان اسميهما في فندق انتركونتنتال بعمان أنهما سائحين. وفي الساعة العاشرة صباحا كان مشعل متوجها إلى عمله في سيارته التي يقودها سائقه، وفي المقعد الخلفي جلس ثلاثة من أطفاله، ولد وبنتان. وتبعه بيدز على مسافة معقولة في سيارته المستأجرة، بينما كان بقية أعضاء الفريق في سيارات أخرى على الطريق. وعندما دخلوا منطقة الحدائق في المدينة قال السائق لمشعل أن هناك من يتبعهما، فاستخدم مشعل هاتف السيارة وأبلغ شرطة عمان بماركة السيارة ورقم لوحتها.

قبل العاشرة والنصف بقليل انحرف السائق إلى شارع وصفي التل وقد احتشد بعض الناس أمام مكتب حماس وانداس بينهم كيندال وبيدز. ولم يتسبب وجودهما في أي إزعاج، فكثيرا ما يأتي السائحون من ذوي الفضول إلي مكتب حماس لزيادة معلوماتهم عن حماس وتطلعاتها. قبل مشعل أطفاله بسرعة قبل مغادرة السيارة، وتقدم بيدز إلى الأمام وكأنه يريد مصافحته، واقترب كيندال من كتفه وهو يعبث بيده في حقيبة من البلاستيك. جاء سؤال بيدز بصورة يبدو فيها الود: "هل أنت مشعل"؟ نظر إليه مشعل بارتياب، وفي تلك اللحظة أخرج كيندال اسطوانة الايروسول وحاول رش محتوياتها في أذن مشعل اليسرى. رجع مشعل إلى الوراء مذهولا وهو يمسح شحمة أذنه. حاول كيندال مرة أخرى رش المادة القاتلة في أذن مشعل، وبدأ المحتشدون حوله يفيقون من هول المفاجأة وامتدت أيديهم لتمسك بالعميلين.

"أركض" صاح بيدز بالعبرية. اندفع بيدز ثم كيندال داخل السيارة التي كانت واقفة على مسافة قريبة من الموقع، ورأي سائق مشعل ما حدث فقاد سيارته إلى الوراء في محاولة لسد الطريق أمام التويوتا. وبدأت سيارات أخرى تطاردهما، وطلب أحد السائقين عن طريق هاتفه النقال إغلاق الطرق الموجودة في المنطقة، فيما كان سائق مشعل يبلغ إدارة الشرطة. ثم واصل أعضاء فرقة الاغتيالات الإسرائيلية المكلفين بالمساندة، وتوقف أحدهم، مشيرا إلى بيدز بالانتقال إلى سيارته، وبمجرد أن قفز عميلا الموساد من السيارة التويوتا كانت سيارة أخرى قد سدت عليهم الطريق، وخرج منها عدد من المسلحين

وأجبرا بيدز وكيندال على الانبطاح على الأرض. وتم اقتيادهما إلى مقر شرطة عمان وهناك أبرزا جوازي سفرها الكنديين. وربما يتم التساؤل كيف تحصلت الموساد على هذه الجوازات الكندية؟ يقول استروفسكي وهوي (1990) إن إسرائيل تصدر جوازات السفر بأنواع مختلفة من الورق، ولا توجد طريقة تجعل الحكومة الكندية مثلا تبيع إلى أي كان من الذي تستعمله لإصدار جوازات سفرها والتي ما زالت هي الجوازات المفضلة لدى الموساد لكن جوازا مزورا لا يمكن عمله بالورق الخطأ لهذا فإن للموساد مصنعا صغيرا لصنع مختلف أنواع ورق الجوازات بالفعل، يقوم الكيماويون بتحليل ورق جوازات السفر الحقيقية ويتوصلون إلى المعادلة المضبوطة لانتاج صحائف من الورق لعمل نسخ من الجوازات التي يحتاجونها.

وبعد محاولة اغتيال مشعل، على حد تعبير توماس (1999)، اتصل سميح البطيخي رئيس جهاز مكافحة التجسس الأردني برئيس محطة الموساد. وأعلن البطيخي في ما بعد أن رئيس الموساد "اعترف بكل شيء. وقال أنهما من رجاله وأن إسرائيل ستتعامل مع الملك مباشرة". وتلقى نتانياهو مكالمة هاتفية من الملك حسين عبر الخط الساخن المقام بين البلدين للتعامل مع الأزمات. وكان فحوى المكالمة وفقا لما أعلنه أحد ضباط المخابرات الإسرائيلية في ما بعد "وجه الملك حسين إلى بيبي "نتانياهو" سؤالين: من المقصود بهذه اللعبة القذرة؟ وهل لديك ترياق ضد غاز الأعصاب؟" وخلال ساعة واحدة تم إرسال أدوية مضادة لغاز الأعصاب على متن طائرة حربية إسرائيلية استخدمت لعلاج مشعل الذي كان يشكو من رنين مستمر في أذنه اليسرى أو على حد قوله "أشعر برعشة كأنها صدمة تسري بسرعة في جسمي ويجد صعوبة متزايدة في التنفس".

وبعد العلاج بدأ مشعل يتماثل للشفاء، وتحسن خلال بضعة أيام وعقد مؤتمرا صحفيا سخر فيه من جهاز الموساد. وعندما علمت الحكومة الكندية بما يجري لجوازات سفرها استدعت سفيرها في إسرائيل وهي خطوة لا تدانيها إلا قطع العلاقات الدبلوماسية. وخلال أسبوع واحد أطلق سراح الشيخ ياسين وعاد إلى غزة حيث استقبل

استقبال الأبطال، ثم عاد كل من كيندال وبيدز إلى إسرائيل دون جوازي السفر الكنديين اللذين سلما للسفارة الكندية في عمان "للاحتفاظ بهما". ولم يعد هذان العميلان أبدا إلى وحدة اغتيالات الكيدون، بل أوكلت إليهما أعمال غير محددة في مقر الموساد وصفها أحد ضباط المخابرات الإسرائيلية بأنها "ربما تعني حفظ الأمن في دورات مياه المبنى".

الموساد واغتيال الفيزيائيين العرب

حتى عام 1964 كانت أعمال زرع الجواسيس في الدول العربية المحاذية لإسرائيل والإشراف عليهم من مسؤولية استخبارات الجيش. وكان عملاء الموساد في الدول العربية ينطلقون من بلدان أخرى وخصوصا أوربا الشرقية حيث كانت باريس مقر القيادة الإقليمي للموساد. ومن العاصمة الفرنسية باريس كانت تتم إدارة الجواسيس في جميع أنحاء العالم العربي. وفي الخمسينات استغلت أمان إمكانياتها الاستخبارية وزودت فرنسا بمعلومات ثمينة حول الثوار الجزائريين وأقامت تحالفا مع باريس لتزويد الترسانة الإسرائيلية بأحدث الأسلحة، ولمحاولة الحصول على قوة نووية مستقلة. ففي عام 1989 شن الموساد حملة ضد العلماء الذين يصنعون الصواريخ في العراق ومصر. وكانت الأجهزة السرية الإسرائيلية بارعة، ومنذ زمن طويل، في استخدام وسائل الإعلام لاختلاق القصص والأكاذيب والتحذيرات التي تساعد العمليات الإسرائيلية وتقوض الدول المعادية. إن هذه الوسائل تتعزز جيدا بأدوات الحرب النفسية.

يقولون بأن "باريس أنثى" وتحت أحضان هذه الأنثى "مركز الموساد الإقليمي" قتل يحيى المشد عالم الذرة المصري، وعلى حسن اسعد عالم الذرة اللبناني، كما دبرت محاولة اغتيال الأميرة ديانا وعشيقها دودي الفائد. وكانت أمان، وهي المخابرات العسكرية الإسرائيلية، تمتلك معلومات أكيدة ومن مصادر موثوقة أن العراق يتجه إلى إنتاج أسلحة نووية أكثر من اتجاهه لأبحاث سلمية. وبذل جهد لثني الفرنسيين عن زيادة المساعدات النووية والعراقيين على الاستمرار بالمشروع. وذكرت جريمة قتل

المشد بالهجمات الغامضة ضد العلماء الألمان الـذي كـانوا يعملـون في برنـامج عبد النـاصر بمصر لإنتاج الصواريخ في أوائل الستينات.

واغتيل كذلك في باريس وفي ظل ظروف غامضة بعض الأدمغة اللبنانية في الخارج وهم في أوج تألقهم العلمي أمثال حسن كامل الصباح ورمال رمال. ودكتور الفيزياء النووية على حسن أسعد الذي وجدت جثته في منزله في منطقة الشانزليزيه من دون أن تبدو عليها أثار لتشوهات أو كدمات وهي ذات الأمسية التي كان من المقرر أن يحاضر فيها عـن الفيزيـاء النوويـة في اليابـان. وحصـل د. أسعد على درجة الدكتوراة في الفيزياء تخصصـات المفاعـل النوويـة عـام 1955 مـن جامعـة بـاريس السادسة وهو باحث في مركز الدراسات النووية في نفس الجامعة، وعضو الجمعية الفرنسية للوقايـة من الإشعاعات (أنظر صحيفة الحياة، يوليو 1999). كما توفي كذلك عالم الذرة المغربي الـدكتور علـى المنتصر الكتاني في أبريل 2001. وذكر أفراد عائلته بأنه توفي في ظروف غامضة مشيرين إلى تهديـدات كان الراحل تلقاها قبل بضعة اشهر من أوسـاط وصفت بأنها معاديـة للإسلام. وتعرض بيته في عـام 2000 إلى علمية دهم هدفت إلى إتلاف محتوياته. وعـرف الراحل بأبحاثه في مجال تنميـة الطاقـة الشمسية، وكان صاحب نظريـة فريـدة في هندسـة البلاسـما التـي كـان يحـاضر حولها في جامعـات أمريكية عدة. وكان عضوا بارزا في اتحاد مراكز الأبحاث العالمي في السـويد وانتخب رئيسا بالوكالـة لتعاونية البحري المتوسط للطاقة الشمسية. وأصبح عميـدا لجامعـة ابـن رشد في أسبانيا (الأشهب، 2001)

وغالبا ما تكون هـذه الاغتيـالات للأدمغة العربيـة بواسطة فرقـة الكيدون وهي الفرقـة الخاصة بالاغتيالات التابعة للمخابرات الإسرائيليـة. ويبـدو أن الفرقة قـد تـدربت بمهارة فائقـة في عمليات التخطيط والتنفيذ لهذه الاغتيالات. ولقد رأينا في كتاب "الحرب على العقل" كيفية اختيـار أمهر القتلة وتطبيق علم النفس في تدريب عتاة القتلة ومحاولة تعزيز أكبر قدر ممكن مـن دافـع العدوان من خلال مشاهدة سلسلة من الأفلام الشنيعة والتي تسبب حالة مـن الترويـع والزعر غـير العادي.

يعمل علماء النفس في إسرائيل على دراسة السمات الشخصية والمزاجية للقادة العرب وللذين يحاولون تجنيدهم كعملاء للموساد. وعادة ما تجمع معلومات كافية عن هؤلاء الأفراد قبل عملية التجنيد أو التعامل معهم. وتستخدم عدة تقنيات في عملية "الاقتراب البارد" و"الاقتراب الساخن" مع هؤلاء. واستخدمت هذه العمليات في محاولة تجنيد بطرس ابن حليم العراقي الجنسية والذي كان يعمل في المفاعل النووي في باريس بقية بناء مفاعل نووي للعراق (أنظر استروفسكي وهوي، 1990). وجرت أول محاولة لجمع معلومات عن حليم وعن أسرته بواسطة شابة جذابة قصيرة الشعر ذكرت أن اسمها جاكلين والتي قامت بقرع باب شقة حليم. كان اسمها الحقيقي دينا وهي من أفراد مجموعة الأمن الأوربي، وكانت مهمتها أن تتفحص الزوجة وتصفها للمجموعة بدقة لكي تبدأ عملية المراقبة جديا بالنسبة لحليم. وتظاهرت جاكلين بأنها بائعة عطور وذلك للحصول على نقود اضافية لمصروفها، كما أظهرت عطفها الشديد تجاه بلوى سميرة زوجة حليم، ورغم أن مهمتها الأولية مجرد التعرف على المرأة إلا أن هذا النجاح بعينه كان رائعا، ففي عملية المراقبة يرفع لمنزل الأمن تقرير عن كل التفاصيل الدقيقة بعد كل مرحلة، وتقوم المجموعة بهضم المعلومات وتخطيط الخطوة التالية.

واستفادت المخابرات الإسرائيلية من المعلومات المجموعة وقام أحد المخبرين بدعوة حليم لشقة فاخرة في فندق سوفتيل بورون في 32 شارع سان دومنيك، كما تمت دعوة "صيادة" شابة اسمها ماري كلود ماغال. وبعد التوصية على العشاء، أخبر المخبر ضيفه بأنه مضطر للخروج لمهمة مستعجلة، وترك رسالة تلكسية مزورة على طاولة ليقرأها حليم كتأكيد لقول. قال له: "استمع إلي، أنني آسف لذلك، ولكن تمتع بوقتك، وسأكون على اتصال بك". وهكذا تمتع حليم و"الصيادة" فعلا بوقتهما، وتم تصويرهما ليس بالضرورة لأغراض الابتزاز ولكن لمجرد رؤية ما كان يجري وما سيقوله حليم ويفعله، وكان عالم نفس إسرائيلي يدقق باستمرار كل نقطة تفصيلية من التقارير التي تكتب عن حليم للعثور على دلالة على أكثر الطرق فعالية في التعامل معه .

بعد قيام الخبير النفسي الإسرائيلي بتحليل السمات الشخصية لحليم بدأت عملية

تزايد المطالبة بمعلومات أكثر منه مع عملية دفع مبالغ كبيرة في كل مرحلة. وبدأت عليه أعراض "رد فعل الجاسوس": ومضات حارة وباردة، ارتفاع في درجة الحرارة، عدم المقدرة على النوم أو الاستقرار- وأعراض بدنية حقيقية ناتجة عن الخوف من افتضاح الأمر، وكلما توغل المرء في أعمال كهذه كلما ازداد خوفه من عواقب عمله. وسأل دونوفان عميل الموساد حليم "أنهم يودون أن يعرفوا كيف سترد العراق عندما تعرض عليه فرنسا استبدال المادة المخصبة بـ- الكراميل؟ اخبرهم بذلك ولن يضايقوك ثانية، ليست لهم رغبة في إيذائك، بـل يريدون المعلومـة فقـط". وأخبر حليم عميل الموساد بأن العراق يريد اليورانيوم المخصب، ولكن على أية حال فإن يحيي المشد، وهو عالم فيزيائي مصري المولد، سيصل خلال بضعة أيام ليتفقد المشروع ويقرر هذه الأمور نيابـة عـن العراق. فقد قامت المخابرات الإسرائيلية بالاستفادة من المعلومات المجموعة من حليم عـن المفاعـل النووي المزمع تصديره للعراق وجهزت فريقا من خمسة مخربين وعالما نوويا لتفجيره وبالفعل قاموا بـذلك واختفوا بهدوء في عدد من الشوارع الجانبية دون القبض عليهم.

وفقا لاستروفسكي وهوي لقد أحرزت تلك المهمة نجاحا تاما، وأخرت خطط العراق تـأخيرا خطيرا وأربكت الزعيم العراقي صدام حسين. وادعت منظمـة بيئيـة لم يسمع بها مـن قبـل دعت نفسها "مجموعة أنصار البيئة الفرنسيين" مسئوليتها عـن الحـادث رغـم أن الشرطة الفرنسية نفت الادعاء، لكن تكتم الشرطة بشأن أخبار التحقيقات في ذلك الحادث التخريبي جعل الصحف تنشرـ قصصا حدسية عمن كان المسؤول عنه، فقالت صحيفة "فرانس سوار" مثلا، أن الشرطة تشتبه بـأن "يساريين متطرفين" قاموا به بينما قالت "الناتان" أن الفلسطينيين الموالين لليبيا هم المسؤولون عنـه، أما "لوبوان" الأسبوعية فقالت أن مكتب التحقيقات الفدرالية الأمريكية مسؤول عنـه. أمـا آخـرون فقد اتهموا الموساد، لكن مسؤولا إسرائيليا حكوميا كذب الاتهام قائلا أنه اتهام "لا سامي". عاد حليم وسميرة بعد منتصف الليل بوقت طويل،، بعد أن تناولا عشاء متمهلا في مطعم صغير، فتح حليم الراديو، آملا أن يسمع بعض الموسيقى المهدئة قبل النوم، ولكن ما سمعه في الواقع كان خبر الانفجار، فذعر. صاح قائلا "لقد نسفوا

المفاعل، لقد نسفوه، والآن سوف ينسفوني كـذلك...". وخـلال سـاعة اتصـل بـه دونوفـان قائلا "لا تعمل أي شيء سخيف، حافظ على هدوئك، فلن يسـتطيع أحـد أن يجـد علاقـة بينـك وبـين الحادث، قابلني في الجناح ليلة الغد".

كان المشد لا يزال مشكلة، وبصفته واحدا من العلماء العرب القليلين، وذا نفوذ يبعث على الاحترام في المجال النـووي ومقربـا مـن السـلطات العسـكرية والمدينـة العراقيـة العليـا، فقـد كانـت الموساد لا تزال تأمل في تجنيده، ولكن رغم مساعدة حليم غير المعتمدة، إلا أن عـدة أسـئلة رئيسـية ظلت بدون إجابة. في السابع من يونيو 1980 قام المشد بواحدة من رحلاته المتكررة لبـاريس، هـذه المرة لـيعلن بعـض القـرارات النهائيـة بشـأن الصـفقة. وخـلال زيـارة لمصـنع سارسـيل قـال للعلـماء الفرنسيين " إننا نسجل صفحة جديدة في تاريخ العالم العربي"، وهذا بالضبط ما كان يقلـق إسرائيـل. وكان الإسرائيليون قد اعترضوا تلكسات تذكر بالتفاصيل برنامج سفر المشد والمكان الذي سـينزل فيـه (الغرفة 9041 في فندق مريديان) مما سهل عليهم وضع أجهزة التنصت في غرفته قبـل وصـوله. لقـد ذكرت فيما بعد زينب زوجة المشد بأنه يقول " ولماذا أنا؟ يمكنني أن أرسل خبيرا" وأضافت أنه منـذ تلك اللحظة ومن ناحية سيكولوجية اصبح غاضبا وعصبي المزاج، وكانت تعتقد أن عميلا إسرائيليا في الحكومة الفرنسية قد نصب له فخا. "كان هناك خطر بالطبع، لكنه يقول أنـه سـيتم مهمتـه بإيجـاد القنبلة حتى ولو أضطر لأن يضحي بحياته في سبيل ذلك" (استروفسكي وهوي، 1990).

أما القصة الرسمية التي أصدرتها السلطات الفرنسية لوسائل الاعلام فهي أن غانيـة بادرتـه بالكلام في المصعد وهو صاعد إلى غرفته في الطابق التاسع حوالي الساعة السابعة مسـاء يـوم الثالـث من يونيو 1980، وكان ذلك اليوم عاصفا، وكانت الموساد تعرف أنـه متـورط في نـزوات جنسـية، وأن غانية لقبها ماري اكسـبرس كانـت تسـليه بانتظـام، وكـان عليهـا أن تحضرـ حـوالي السـاعة السـابعة والنصف. وكان اسمها الحقيقي ماري كلود ماغـال وهـي التـي كـان عميـل الموسـاد قـد أرسـلها أولا لحليم. ورغم أنها عملت الكثير للموساد إلا أن أحدا لم يخبرها مـن كـان مسـتخدموها، وطالمـا أنهـم يدفعون لها، فإنها لم

تهتم. كما كانت الموساد تعلم بأن المشد من ناحية سيكولوجية هو عنيد وليس سهل الانخداع كحليم، وبما أنه سيبقى بضعة أيام أخرى فقط تقرر الاتصال به مباشرة، وقال عميل الموساد "إذا وافق، استخدمناه، وإذا لم يوافق، فإنه سوف يموت". لم يوافق. وانتظرت استخبارات إسرائيل إلى أن أتمت ماغال زيارتها للمشد، وبعد ساعتين، وبينما كان المشد نائما، تسلل رجلان بهدوء إلى شقته بمفتاح خاص وذبحاه، وفي صباح اليوم التالي وجدت إحدى خادمات الفندق جثته منتقعة بالدماء. كانت قد جاءت عدة مرات لكن يافطة "الرجاء عدم الإزعاج" ثبطت عزمها، وأخيرا قرعت الباب ولما لم تسمع جوابا دخلت الغرفة.

في الساعة الرابعة من بعد ظهر يوم الأحد السابع من يونيو 1981 وكان يوما مشمسا، انطلقت 24 طائرة أمريكية الصنع من طراز F15 و F13 من بئر السبع (وليس من ايلات، كما ذكر على نطاق واسع، إذ انها مجاورة للرادار الأردني) في رحلة غادرة مدتها تسعون دقيقة ومسافتها 6505 ميلا عبر أقطار معادية، إلى التويثة، خارج بغداد، معتزمة نسف المحطة النووية العراقية وإرسالها للدنيا الآخرة. وبفضل المعلومات التي كان قد تم العثور عليها من حليم فقد كان الإسرائيليون يعرفون بالضبط أين يضربون ليوقعوا أكبر ضرر ممكن، وكان مفتاح ذلك إنزال القبة على قلب المحطة، كما كان هناك مقاتل إسرائيلي حاملا مرشدا لاسلكيا يرسل إشارات قوية متكررة على ذبذبة محددة مسبقا لإرشاد المقاتلات إلى هدفها.

وفي الساعة السادسة والنصف بعد ظهر حسب توقيت العراق ارتفعت الطائرات من المستوى المنخفض الذي كانت تطير عليه لتجنب الرادار بحيث كان باستطاعة من فيها مشاهدة الفلاحين في الحقول المجاورة، إلى علو 2000 قدم قبل الوصول إلى الهدف تماما. فقد دمرت المحطة وأزيلت القبة الضخمة التي كانت تغطي المفاعل من أساساها كما أن جدران المباني المسلحة تسليحا قويا تناثرت، كما أن شريط الفيديو الذي سجله الطيارون الإسرائيليون واروه فيما بعد للجنة برلمانية إسرائيلية أظهر قلب المفاعل وهو يقع في بركة التبريد. وبذلك انتهت "عملية أبو الهول" في نسف المفاعل النووي العراقي

وكانــت نقطــة شــرارتها دراســة ســيكولوجية مفصــلة بالنســبة بطــرس ابــن حليــم مصــدر المعلومات عن المفاعل وعن عام الذرة العربي يحيى المشد. وتبعـا لـذلك اسـتخدمت الموسـاد مخلبـا يبدو أنه ناجحا وحادا لتصفية الفيزيائيين العرب وذلك نسـبة لخطـورتهم في تطـوير السـلاح النـووي والذي يشعر الإسرائيليين، من ناحية سيكولوجية، في حالة استخدامه بغريزة الموت أو الدمار.

مخالب الموساد في اغتيال الأميرة ديانا ودودي

ظل فندق "الريتز" الشهير في باريس والذي يمتلكه رجل الأعمال المصري محمـد الفائـد نقطـة لقـاء لسماسرة السلاح من الشرق الأوسط والمتعاملين معهم من الأوربيين. نتيجـة لـذلك قـرر الموسـاد أن يكون له مرشد داخل هذا الفندق يستطيع للإبلاغ عن أنشطة هـؤلاء السماسـرة (توماس، 1999). وبدأت أولى خطوات تلك المهمة بالحصول على قائمة بأسماء العاملين في الفندق، عن طريق اخـتراق شبكة الكمبيوتر واتضح من مراجعتها أنه لم يكن مـن المحتمـل إمكـان التقـاط أحـد كبـار مـديري الفندق للقيام بهذه المهمة، لكن صغار العـاملين مـن جهـة أخـرى، لم تكـن في إمكـانهم الوصـول إلى جميع ضيوف الفندق على نحو يخدم المهمة المطلوبة، فيما عدا "هنري بول" الذي كانـت مسـئوليته عن الأمن تعني أن كل نقطة في الفندق مفتوحة أمامه. أما مفتاحه المشفر فكان صالحا حتى لفتح خزانات المحفوظات الشخصية القيمة لضيوف الفندق، وبالتالي لن تكون هنـاك أي تسـاؤلات تطـرح عن هنري بول إذا ما طلب نسخة من فاتورة إقامة أحد النزلاء. ولن ينـدهش أحـد إذا مـا جـاء إليـه هنري بول طالبا قائمة المكالمات التي تجرى بين تجار السلاح والمتعاملين معهـم. وسـيعرف أي امـرأة استعان بها واحد من هؤلاء التجار لكي تكون نقطة اتصال غير لافتة للأنظار. وباعتبـاره يتـولى مهـام السائق لكبار الشخصيات من نزلاء الفندق، سيمكنه ذلـك تمامـا مـن التنصـت عـلى محادثـات تلـك الشخصيات، ومراقبة سلوكها ومتابعة تحركاتها ومقابلاتها.

ويبدو أنه ليست هناك مشكلة كبيرة في حالة عدم توفيق هنري بول لاستخدام

مفاتيحه المشفرة في فتح الخزانات والذي ربما يوقعه في بعض المشكلات مع إدارة الفندق بحسب وضعه الأمني. فإن للموساد عموما فرع للاقتحام في إدارة الأمن يتكون من ثلاث مجموعات من الخبراء المدربين في فن الحصول على المعلومات من الأشياء "الساكنة"، مما يعني الاقتحام وتصوير الوثائق ودخول الغرف والأبنية ومغادرتها لتركيب أجهزة مراقبة دون أن تترك أي اثر أو اتصال بأي شخص آخر، وتضم جملة الأشياء بحوزة هذه المجموعات مفاتيح عمومية لمعظم الفنادق الرئيسية في أوربا، كما تبتكر باستمرار طرق جديدة لفتح الأبواب المزودة بأقفال تفتح بمفاتيح بطاقات أو بمفاتيح مرمزة أو بوسائل أخرى، كما أن بعض الفنادق مثلا بها أقفال تفتح باستعمال بصمات نزلاء الغرف. وعموما تمتلك الموساد أفضل إمكانية لكسر جميع الأقفال وتقوم بتحليل الأقفال والتوصل إلى طريقة لفتحها (أوستروفسكي وهوي، 1990).

إن المهمة المرتقبة لهنري بول من قبل الموساد كمرشد هي مهمة تتطلب بعض المهارات السيكولوجية الدقيقة "معرفة امرأة تكون نقطة اتصال غير لافتة للأنظار"، و"مراقبة سلوك كبار الشخصيات"، و"التنصت على المحادثات"، و"متابعة تحركاتها ومقابلاتها". وهناك فرع في علم النفس يسمي "علم نفس الشخصية". يقول عدس وتوق يمكن أن يحكم على شخصية الفرد عن طريق ملاحظة سلوكه ومدى تأقلمه مع مواقف الحياة التي يتعرض لها. وتعني كلمة "الشخصية" البناء الخاص بصفات الفرد وأنماط سلوكه والذي من شأنه أن يحدد لنا طريقته المتفردة في تكيفه مع البيئة من حوله. إن إي وصف لشخصية الفرد يجب أن يأخذ بعين الاعتبار مظهره العام وطبيعة قدراته ودوافعه، وردود أفعاله العاطفية، وكذلك طبيعة الخبرات التي سبق له أن مر بها، ومجموعة القيم والاتجاهات والميول التي توجه سلوكه. ويشير مفهوم الشخصية إلى الطريقة المتفردة التي يتم بموجبها تنظيم سماته بحيث يدل كل ذلك عليه وعلى نشاطاته كفرد متميز من غيره (عدس وتوق، 1986). لعلنا نتساءل كيف طبقت المخابرات الإسرائيلية مفاهيم "علم نفس الشخصية" في دراسة عميل الموساد المرتقب "هنري بول" بفندق الريتز والذي يتوقع بأن يقوم بأعنف عملية اغتيال في نهاية القرن العشرين.

يبدو بأن الموساد (أنظر توماس، 1999) قامت بدور كبير في فهم سيكولوجية هنري بول كمرشد مرتقب لها. وشمل ذلك الفهم تجميع "ملف كامل"عن "الصفات النفسية والمزاجية" لهنري بول. وعلى امتداد عدة أسابيع تمكن أحد أفراد الموساد الميدانيين (الكاتسا) المتمركزين في باريس من كشف النقاب عن معلومات تتعلق بخلفية هنري بول، مستخدما في ذلك عددا من السواتر منها التحرك تارة تحت ساتر مندوب شركة تأمين، والتحرك تارة أخرى كمندوب مبيعات لإحدى شركات التليفونات. وبهذه الطريقة استطاع معرفة أن هنري بول "غير متزوج وليست لديه صداقات نسائية دائمة". ويقيم في شقة استأجرها بإيجار متواضع ويقود سيارة سوداء من طراز "ميني". لكنه كان "مولعا بالسيارات السريعة ودراجات السباق النارية" التي كان يمتلك واحدا منها بالمشاركة مع آخرين. ومن بين ما يذكره زملاؤه من العاملين في الفندق أنه يحب تناول الخمر بين الحين والآخر، بل كانت هناك تلميحات إلى أنه كان يشاهد من وقت لآخر، مع واحدة من فتيات الليل معروفة بالتردد على بعض نزلاء الفندق وتتقاضى منهم مبالغ طائلة لقاء ذلك. فالسؤال ما هي علاقة السمات السيكولوجية التي تبحث عنها الموساد في المرشد المرتقب والأدوار السيكولوجية المتوقعة منه القيام بها وولعه "بالسيارات السريعة" من جهة وبين اغتيال الأميرة ديانا في حادث "سيارة مسرعة بباريس"؟

بوسعنا التساؤل كيف تستخدم المخابرات الإسرائيلية مخالب علم النفس الحادة في فهم سيكولوجية العملاء؟ فقد رأينا في المخطط التنظيمي للموساد بأن هناك وحدتين لعلم النفس هما وحدة علم النفس العام ووحدة الحرب النفسية. فتولي خبير نفسي بالمخابرات الإسرائيلية تقيم تلك المعلومات المجموعة من هنري بول واستخلص منها أن "شخصية هنري بول بها نقطة ضعف كامنة". من ثم أوصي باستمرار "الضغط بهدوء" على هنري بول على أن يقترن ذلك بوعد بمكافأة مالية كبيرة لتمكينه من الإنفاق على متطلبات حياته الاجتماعية. وكان رأي الخبير النفسي بالموساد أن ذلك هو "أفضل سبيل" للوصول إلى تجنيد هنري بول. ولأن عملية التجنيد يمكن أن تستغرق

وقتا طويلا وتتطلب "صبرا بالغا ومهارة" تقرر إيفاد موريس إلي باريس لهذه المهمة عوضا عن الاستمرار في الاعتماد على رجل الموساد (الكاتسا) المقيم في باريس. وسار موريس في تنفيذه لهذه العملية على نفس المنهاج المجرب المتعارف عليه في العديد من العمليات المماثلة التي سبق للموساد القيام بها. فقد زار أولا فندق "ريتز" والأماكن المحيطة عدة مرات حتى يألف المكان وما حوله، وتمكن بعد وقت قصير من تحديد هنري بول من أوصافه، حيث كان قوي البنية، وذا هزة خفيفة في مشيته تكشف عن عدم اهتمامه بآراء الآخرين فيه.

تم أول اتصال بين موريس عميل الموساد وهنري بول في حانة "هاري" بشارع "دونو"، وتمت مقابلة ثانية في مطعم بالقرب من الريتز وأثناء الجلوس إلى مائدة الطعام أكدت إجابات هنري بول على أسئلة موريس المرتبة بعناية من حيث توقيتها، ما كان لدى رجل الموساد الميداني من معلومات. فقد تحدث هنري بول عن ولعه بالسيارات السريعة وحبه لقيادة الطائرات الصغيرة مع عدم قدرته على التمتع بتلك الهوايات اعتمادا على راتبه. ربما كانت تلك اللحظة بالذات هي أنسب اللحظات التي بدأ فيها موريس ضغطه على هنري بول. وكان هناك إيقاع تلقائي خاص سارت عليه التطورات اللاحقة، فموريس يلقي بالطعم وهنري بول متلهف دائما على التقاطه وابتلاعه. وعندما يبتلع هنري بول صنارة الصياد مع الطعم سيبدأ موريس في لف الخيط وجذبه بكل ما تعلمه من مهارات في مدرسة التدريب التابعة للموساد.

هل كانت العلاقة بين الطعم المقدمة من جانب عميل الموساد وتلهف هنري بول بداية للاستخدام الذكي لتقنيات علم النفس؟ ولعل الواحد قد يتساءل هل تعرض هنري بول لعملية تنويم مغناطيسي من قبل موريس عميل الموساد أو من قبل عالم نفس إسرائيلي آخر؟ أو مجرد تمت عملية إيحاء بالنسبة له بالقيام بعملية قتل؟ كما تمت عملية الإيحاء بالنسبة لسرحان المتهم باغتيال الرئيس الأمريكي جون كندي. وهل العقاقير التي بدأ هنري في استخدامها لها علاقة مباشرة بموضوع الإيحاء؟ وما هو الإيحاء في علم النفس؟ يعرف كامل (1994) بأنه ظاهرة نفسية عصبية فسيولوجية لا بد وأن يمر

بها كل إنسان فجميع الأفراد لديهم قابلية للإيحاء بدرجات مختلفة، وارتفاع القابلية للإيحاء ظاهرة ليست سوية وأكثر الناس عرضة له هم الذين يعانون من أمراض عصبية ونفسية كما أن مدمني الكحول والسموم البيضاء ترتفع قابليتهم للإيحاء بدرجة عالية. إذا كانت الكلمات مثيرات شرطية ترتبط بأفعال الفرد وأفكاره فإن الإيحاء يقوم على استخدام كلمات انفعالية تخترق بناء الفرد الانفعالي ومن ثم تكوين اشتراطات جديدة ولكنها معقدة ويؤدي ذلك إلى تعديل البؤرة الاستثارية في القشرة المخية المرتبطة بسلوك أو فكرة معينة.

فقد ورد على لسان مصدر بالمخابرات الإسرائيلية كان على علم بذلك الموضوع ما يلي: "جاء رد فعل هنري بول سافرا ومباشرا: إذ سأل عما إذا كان المطلوب منه أن يصبح "جاسوسا". وإذا كان الأمر كذلك فما هو المقابل"؟ هكذا دون مواربة ودون تردد أو كلام ولا طائل من ورائه. كان كل ما سأل عنه هو المقابل في تلك الصفقة ولحساب من سيعمل. كانت هذه هي النقطة التي وضعت موريس أمام قرار بتحديد ما يجب أن يرد به على ذلك السؤال. هل أخبره موريس بأنه سيعمل لصالح الموساد؟ إن ذلك يخرج عن القواعد الأساسية المعمول بها في مثل هذه الحالة. وكل هدف له أوضاع تعامل مختلفة. لكن هنري بول كان قد وقع في الفخ بالفعل". وربما رواد الخوف الشديد هنري بول مما كان مطلوبا منه من قبل الموساد. ولم تكن المشكلة بالنسبة له مشكلة ولاء أو عدم ولاء لفندق ريتز فعلاقته بالفندق كانت علاقة عمل ترتبط براتب عال نسبيا ومجموعة من المزايا الإضافية . لكن مبعث الخوف البالغ لدى هنري بول أنه كان مقدما على عمل مجنون ربما يؤدي به إلى السجن إذا ما ضبط وهو يتجسس على ضيوف الفندق.

وبدأ لهنري بول في تلك الأيام الأخيرة من أغسطس عام 1997 أن جميع المسالك باتت مسدودة، فبدأ يسرف في الشراب وتعاطي الأقراص المخدرة، الأمر الذي جعله يعاني من الأرق أثناء النوم وأصبح إنسان يترنح قرب حافة الهاوية. وواصل عميل الموساد الضغط من جانبه على هنري بول وأضحى كظله لا يفارقه. وزاد من وقع

الضغط أن موعد مجيء الأميرة ديانا ودودي الفائد إلى الفندق بات وشيكا. وتلقى تكليفا بأن يكون مسؤولا عـن أمـنهما أثـنـاء مدة إقامتهما في الفندق، مـع تحميله عـلى وجه الخصوص مسؤولية إبعاد المصورين عنهما. بدأ هنري بول في واقع الأمر، ومن ناحية سيكولوجية، يفقد اتزانه العقلي. وأخذ يتناول عقاقير مضادة للاكتئاب، وأقراصا منومة للتغلب على الأرق ليلا، ثم أقراصا منبه ليستطيع ممارسة نشاطه نهارا. وكانت النتيجة الوحيدة التي يمكن أن تؤدي إليها تلـك التوليفة مـن العقاقير هي تراجع قدرته على تقدير الأمور تقديرا صائبا (توماس، 1999).

كان الوميض الذي أضاء على الهاتف وأيقظ عميل الموساد موريس -للتنبيه إلى ورود مكالمة هاتفية-مضبوطة توقيتية بواسطة جهاز تسجيل على الساعة الواحدة وثمـان وخمسـين دقيقـة فجر يوم الأحد 13 أغسطس 1997. كان المتحدث من الطرف الآخر أحـد أفراد وحدة الحـوادث بشرطة باريس ممن جندهم الموساد للعمل لصالحه منذ بضع سنوات. وتصنيفه في قواعـد بيانـات الموسـاد أنه "مابواه" مرشد غير يهودي وكان ترتيبه بين مصادر موريس في باريس متواضعا للغاية. ومع ذلك فإن الخبر الذي نقله ذلك الرجل إلى موريس عن وقوع حادث سيارة أصاب الأخير بالذهول. فلـم تكن مضت ساعة واحدة على وقوعه، وهو اصطدام سيارة سيدان من طراز مرسيدس بأحـد أعمـدة الخرسانه المسلحة على جانب الطريق المتجه غربا في النفق المار اسفل ميدان "ألما" وهي نقطة معروفة بكثرة حوادثها في مدينة باريس. وكان ضحايا الحادث الذين لقوا مصرعهم فيه هـم : ديانا أميرة ويلز وأم ملك إنجلترا القـادم، ودودي الفائد ابن محمـد الفائد المصري الأصل الـذي يمتلـك محلات هارودز في لندن التي يطلق عليها عبارة المتجر "الملكي" وفندق الريتـز بباريس وهنري بول الذي جنده عميل الموساد حديثا. أما الحارس الشخصي لـديانا ودودي الفائد فقـد أصيب بإصابات بالغة. وبعد ساعات من وقوع الحادث كان موريس على متن إحـدى الطائرات عائـدا إلى تل أبيـب تاركا وراءه أسئلة مثيرة ستبقى بلا إجابة.

ما هو الدور الذي لعبه الضغط من جانب موريس، عميل الموساد بالنسبة لهنري

في ذلك الحادث؟ هل فقد هنري بول السيطرة على السيارة المرسيدس الأمر الذي جعلها ترتطم بعمود الخرسانة المسلحة المشؤوم في النفق المار أسفل ميدان ألما لأنه لم يجد مفرا من مخالب الموساد؟ وهل كانت هناك علاقة تربط بين ذلك الضغط وبين تناول جرعات زائدة من العقاقير المخدرة التي كان يتناولها بناءا على توصية طبيبه ووجدت آثارها في دمه عند تحليله؟ وهل كان ذهنه لا يزال يبحث عن مخرج من هذا الضغط عندما غادر فندق ريتز ومعه الركاب الثلاثة في السيارة؟ ألم يقم هنري بول بدور يتعدى بكثير مجرد التسبب في حادث سير مروع وأنه كان علاوة على ذلك ضحية لجهاز من أجهزة المخابرات لا يقيم للرحمة وزنا؟ كذلك كانت هناك أسئلة لا تزال حائرة في ذهن محمد الفائد، ففي فبراير 1998 أدلى بتصريح قال فيه "لم يكن الأمر مجرد حادث، وأنا مقتنع بذلك تمام الاقناع، ولن تظل الحقيقة خافية إلى الأبد". وحتى الآن لا يزال دور الموساد مع هنري بول واحدا من الأسرار الدفينة. وهذا هو ما حرص عليه ذلك الجهاز منذ البداية، إذ أن دور الموساد في هذا الموضوع لم يأت بناءا على إيعاز من أي طرف خارج إسرائيل. بل لا يوجد شخص خارج الموساد لديه أي فكرة عن دور ذلك الجهاز في مصرع من كانت في تلك الأيام اشهر امرأة في العالم.

وتنعكس شهرة الأميرة ديانا في حياتها وبعد وفاتها بطبيعة الأرقام القياسية المرتبطة بها. فقد شاهد زواجها في كاتدرائية سانت بول في 29 يوليو 1981 على التلفزيون 750 مليون متفرج في 74 بلدا. كما بيعت حاجات تذكارية عن زواجها بأكثر من بليون دولار. أما مراسم دفنها في 6 سبتمبر 1997 فقد شاهدها على التلفزيون 2,5 بليون نسمة حول العالم. ويقدر بأن حوالي 5 ملايين باقة ورد تزن ما بين 10-15 ألف طن وضعت خارج قصر- سانت جيمس في لندن في الفترة بين 1-8 سبتمبر. وتم بيع 33 مليون نسخة عام 1997 من أغنية "شمعة في الريح" التي غناها التون جون في كنيسة وستمنستر خلال جنازة الأميرة ديانا. واحتلت هذه الأغنية المركز الأول بين الأغاني ونالت أكثر من 140 ديسك بلاتيني حول العالم. توفيت الأميرة عام 1997 وحتى عام 1999 كتب عنها 195 كتاب. وبعض هذه الكتب كتبها معروفون غير أن أكثرها كتبه معجبون

ومعجبات ويذكر في كتاب "ديانا: حبها الأخير" بأنها أحبت الطبيب حسنات خان واستعملت دودوي لمجرد إغاظته (أنظر الخازن، 2000).

فالسؤال المطروح هل مقتل ديانا يرجع لسبب منع وصول مهاجر "مصري"، "عربي"، "مسلم" إلى قصر باكنجهام الملكي، عبر قرابة محمد الفائد كجد لشقيق ملك بريطانيا المقبل، في إشارة لإمكانية أن يرزق دودي بابن من الأميرة ديانا بعد الزواج منها ولا سيما فقد تم شراء دبلة الزواج، بحيث يكون حفيد محمد الفائد أخا غير شقيق للأمير وليام، وهو النجل الأكبر للأميرة الراحلة من زوجها ولي العهد البريطاني الأمير تشارلز؟ صحيح كان هناك غضب للأسرة المالكة والمسؤولين في الحكومة وقصر باكنجهام على العلاقة العاطفية التي كانت تربط بين ديانا ودودي. تلك العلاقة التي وصفها الأمير تشالز نفسه بأنها "عرقيا وأخلاقيا غير مقبولة. إذ أن ابن تاجر الجمال لا يصلح لأن يكون زوجا لوالدة ملك بريطانيا المقبل". كما جاء في مذكرة لشعبة إم آي 6 مصنفة بأنها سرية للغاية، وتشير المذكرة نفسها إلى أن "قصر باكنجهام يشعر بالغضب الشديد لهذه العلاقة. وتضيف المذكرة بأن رئيس الوزراء البريطاني توني بلير يعتبر بأن أي علاقة بين ديانا ودودي الفائد تؤدي إلى نتائج مأساوية على الصعيد السياسي (أنظر البيان، 2000).

فمهما يكن من أمر يبدو أن الموساد قد طبقت علم النفس بدقة متناهية في عملية اغتيال "أشهر امرأة في العالم" وابن أكبر ثري عربي في فرنسا، وذلك من خلال عمليات الفهم والتنبؤ والتحكم الموجودة في علم النفس. إن هؤلاء العلماء يمكنهم أن يطبقوا بمهارة فائقة عمليات اختيار العميل المناسب في اللحظة المناسبة والمكان المناسب والتدريب المناسب، والحركة المناسبة فيما يسمى بالاقتراب البارد. وفوق كل ذلك الضغط النفسي الفظيع، والذي يؤدي بدوره لضغط جسمي مع عملية الإيحاء بزيادة جرعات مضادة للاكتئاب والأرق لدرجة فقد التوازن النفسي- الذي يؤدي لقيادة السيارة بسرعة جنونية تؤدي الهدف المنشود بمهارة خرافية. إن أمثال هؤلاء العلماء يمكنهم أن يفعلوا أي شيء من أجل تحقيق أهداف الموساد وتبعا لذلك تحقيق أهداف إسرائيل في التحكم

بالجملة في العالم العربي خاصة و العالم عامة. فيا ترى هل يستطيع علماء النفس العرب التخطيط لاغتيال بعوضة؟ ويستطيعوا عملية "الفهم والتنبؤ والتحكم" بذلك كما يرددون في مقدمات ومبادئ علم النفس؟ وهل يستطيعوا حتى معرفة الكيفية التي تتم بها تطبيقات علم النفس في المخابرات؟ أم تظل حركة تطبيق علم النفس كحركة السلحفاة الكسيحة وعلى أحسن تقدير كحركة البطة العرجاء؟

الفصل الخامس

علم النفس من الحرب إلى السلام

حرب الخليج وصعاليك المنطقة

تزامنت حرب الخليج الثانيـة مـع فـترة انهيـار الاتحـاد السـوفيتي. ولاحظنا كيـف قـام الأمريكيـان بتطبيقات هائلة لعلم النفس بغرض معرفة العدو السوفيتي ومحاولـة تحديـد نقـاط ضـعفه وقوتـه والتلاعب بذلك مع العمليات المستورة التي تقوم بها وكالة المخابرات الأمريكية. إن هذه التطبيقـات الهائلة لعلم النفس في مجال الحرب الساخنة والباردة مع الاتحاد السوفيتي يمكن أن تعطي فرصة ثانية بأن يكون لها تطبيق كبير في حرب الخليج الثانية وهي حـرب سـاخنة في بـدايتها وبـاردة بعـد نهايتها. نحاول في هذا الجزء من الدراسة أن نستعرض بصورة عامة بعض الدراسات العامة عن أزمـة وحـرب الخلـيج، والأهميـة الاسـتراتيجية لمنطقـة الخلـيج العـربي، والهيمنـة الأمريكيـة، و"الفـزاعـة الإسلامية"، والنقاط التي أبرزتها حرب الخليج، والقرارات التي أصـدرها مجلـس الأمـن ودلالاتهـا السيكولوجية، والأهداف النفسية الاستراتيجية، وتآلف الأشتات، ومجتمع الصورة مقابل الكلمة ودور علم نفس السلام والحرب النفسية من وجهة نظر علماء نفـس مـن الكويـت ومـن الأردن وأهـداف انسكوم السيكولوجية.

ظهرت العديد من الدراسات عن "حرب الخليج" أو "كارثة الخليج" أو "مأسـاة الخليج"، أو "أزمة الخليج"، أو "أحداث الخليج" في السنوات السابقة. منها مثلا على سبيل المثـال لا الحصـرـ بعـد حرب الخليج: الهيمنة الأمريكية إلى أيـن؟ (أمين، 1993)؛ نظـام عقوبـات الأمـم المتحـدة (الأنبـاري، 1997)؛ تداعيات حرب الخليج الثانية على قضايا

الأمن السياسي والاجتماعي داخل دول مجلس التعاون الخليجي (آل نهيان، 1999)؛ أزمة الخليج وإخفاق النظام الإقليمي العربي (صايغ، 1991)؛ الخسائر البشرية والبيئية العربية لحرب الخليج الثانية (الرحماني، 1994)؛ أزمة الخليج بين الارادة الشعبية ومصالح الحكومة (خشيم، 1992)؛ "ثعلب الصحراء" واتجاهات السياسة الأمريكية (مرهون، 1999)؛ أمن الخليج بعد الحرب الباردة (مرهون، 1997)؛ النظام العربي وأزمة الخليج (أحمد، 1991)، حرب الخليج والبحث عن المسافة الملائمة (الزعل، 1991)؛ التحليل الثقافي لأزمة الخليج (يسين، 1991)؛ العناصر البنائية الدائمة في كارثة حرب الخليج (النقيب، 1991)؛ العرب والشورى بعد أزمة الخليج (العوا، 1991)؛ أزمة الخليج: خلفية الأزمة ودور الإدراك والإدراك الخاطئ (عبد الله، 1991)، بعد مأساة الخليج: دعوة لرأب الصدع في الصف العربي (الجمالي، 1991). عالجت هذه الدراسات موضوعات مختلفة من زوايا سياسية واقتصادية واجتماعية وإعلامية بينما لم تتم عملية تغطية الجانب السيكولوجي للحرب النفسية إلا في دراسات نادرة (الرشيدي، 1995؛ الدباغ، 1998).

إن أزمة الخليج التي بدأت محلية لم تلبث أن أصبحت عربية، ثم سرعان ما غدت عالمية. وإذا كانت هذه الأزمة على الصعيد المحلي فتحت ملف "العلاقات العراقية-الكويتية"، وفتحت على الصعيد العربي ملف "العلاقات العربية-العربية" وملف "الأوضاع العربية الداخلية"، فإنها على الصعيد الدولي فتحت ملف "الغرب والدائرة العربية-الإسلامية"، وملف "التحالف الغربي مع الصهيونية للتحكم في العالم العربي"، وملف "غنى الشمال وفقر الجنوب" (الدجاني، 1991). وتحاول الولايات المتحدة عن طريق سيكولوجية تآلف الأشتات أن تحتفظ بعلاقات مع الدول ذات الملفات أعلاه. ويعني تآلف الأشتات الجمع بين النقيضين في نفس الوقت. وفي حالة التوفيق فإن ذلك يعبر عن حالة من حالات الإبداع وفق بعض آراء علم النفس. وتريد الولايات تبعا لذلك أن تكسب الأعداء في نفس الوقت وفق استراتيجية احتواءهما معا. مثلا، إنها تريد أن تبني علاقات مع العرب وفي ذات الوقت تحتفظ بعلاقتها الأبوية مع إسرائيل.

يقول مرهون (1999) تفترض الولايات المتحدة أنها تحفظ التوازن في منطقة

الخليج العربي. تريد أن تقترب من إيران وفي ذات الوقت الاحتفاظ بعلاقتها القوية مع دول الخليج العربي مع العلم بوجود التوتر بيت الاثنين. إن "الاحتواء المزدوج" لا يزال دليلا للسياسة الأمريكية في الخليج العربي. من الزاوية المنهجية هناك اشكالية اقتراب أو تعايش بين طرفي المقاربة: طرف الوجود الأمريكي المتطور في الخليج العربي (الذي يمكنه أن يكون ثقلا موازيا) وطرف العلاقات الأمريكية الإيرانية المتقدمة، أو الحسنة وغير المتوترة. إن العلاقة بين طرفي المقاربة تبدو ذات طبيعة عكسية في أفضل الافتراضات أي أن النمو في الطرف الأول سيعني بالضرورة انخفاضا مساويا في الطرف الثاني.

تنبأ الرئيس الأمريكي نيكسون (1980) في كتابه المثير للجدل "الحرب الحقيقية" بأن منطقة الخليج العربي ستكتسب أهمية استراتيجية بالغة أثناء العقود المقبلة. هذا يعني بأن إحدى مناطق العالم الأكثر اضطرابا والأقل استقرار والأكثر تعرضا للخطر هي في نفس الوقت إحدى المناطق الأكثر حيوية". ويضيف علينا اليوم أكثر من أي يوم مضى أن نعلم من يسيطر على ماذا في الخليج العربي والشرق الأوسط لأنه المفتاح الذي يسمح لنا بأن نعرف من يسيطر على ماذا في العالم". ويركز نيكسون على العراق بقوله "يمثل العراق المتطرف الآن أعظم قوة عسكرية في الخليج. لقد حل خلافاته الحدودية مع الكويت لكنه من المحتمل أن يخبئ المستقبل مشكلات إضافية. وإن العراق مرشح اليوم للزعامة السياسية في الخليج. مستطردا بقوله لخصت إحدى الشخصيات الأمريكية جيدا وضع السعوديين بقولها "افترض بأنك سيدة ثرية تعيش بمفردها في مدينة صغيرة محاطة بالصعاليك، الجميع يعلم بأنك تملكين ملايين الدولارات من الماس تحت سريرك، فيما لا وجود لبوليس يحميك بصفة مستمرة. من حين لآخر يأتيك رئيس الشرطة الشريف وسط الصفارات الصاخبة يترجل ويطبع على خدك قبلة ثم يعود مسرعا. في حالة كهذه هل ستشعر بالأمان؟"

إن هذا النص، كما يعبر الزعل (1991)، والذي كتب قبل حرب الخليج بعشر سنوات ينطوي على حقيقة صارخة لا يحتاج إلى تعليق لشدة تعبيره عن المخيال الأمريكي، لكن لا باس من لفت الانتباه إلى الفكرة الساذجة الأمريكية التي تدعي

التحدث باسم الغرب. والعرب لا وجود لهم في هذا المخيال إلا بواسطة التصورات الثلاث التالية: الدول المضيفة للنفط، الصعاليك، سيدة ثرية خائفة تخفي ألماس تحت سريرها. إن الولايات المتحدة تقوم في المنطقة بدور الشرطي الذي يؤدي زيارات غير منتظمة للسيدة الثرية لتطمينها بقبلة في كل من هذه الزيارات. ويقترح نيكسون الوجود الدائم للقوات الأمريكية في المنطقة من أجل حماية مصالحها ضد صعاليك المنطقة.

تتمتع الولايات المتحدة اليوم بخبرة 40 عاما في مجال التدخلات المتواصلة بمختلف أشكالها. وفي بعض التحليلات السياسية، إن قرار شن حرب في الخليج اتخذ عمدا من قبل واشنطون كوسيلة للحول دون تشكيل "الكتلة الأوربية وذلك بإضعاف أوربا (بالسيطرة على النفط الذي ستنفرد الولايات المتحدة بتأمينه من الآن فصاعدا)، وبإظهار ضعف البنية الأوربية السياسية نفسها (وذلك بفضح اختلاف وجهات النظر فيها)، وأخيرا باستبدال فزاعة "تهديد الخطر الشيوعي" القديمة بالخطر الجديد "الآتي من الجنوب". فقد كانت الولايات المتحدة ذكية بفهمها أنه يتوجب عليها استبدال "الفزاعة الشيوعية" بذريعة تبرر استمرار التحالف، فوجدت هذه الذريعة في الخطر الذي يشكله- حسب زعمها- العالم الثالث. وهذا ما يفسر ـ تلاعبها بمفاهيم "الديمقراطية" و"حقوق الأقليات" و"حقوق الإنسان" التي تقوم حتى الآن على الأقل بدورها على أكمل وجه (أمين، 1993).

إن هذه الفزاعة العربية الإسلامية من صعاليك المنطقة ربما تكون مثال لما يسمى في علم النفس بالفوبيا أو الخواف أو كما أطلق "الإسلاموفوبيا" أو "الخوف من الإسلام". فأمريكا من ناحية سيكولوجية تبحث دائما عن عدو لكيما تعبر عن انفعال الخوف أو تنفس دافع العدوان الداخلي بالنسبة لها في الخارج أو في العدو المزعوم وذلك عن طريق تدميره كما دمرت الاتحاد السوفيتي وفق تقنيات الحرب الباردة وهي حرب سيكولوجية. فالفزاعة الشيوعية التي تخيف الأفراد والجماعات في أمريكا فتم استبدلها بالفزاعة الإسلامية والتي يجب تدميرها. وحتى إن كانت فزاعة لا تثير انفعال الخوف

من ناحية سيكولوجية بحتة. وكذلك يجب أن يوضع حد لصعاليك المنطقة من أجل الشعور الأمريكي بالاطمئنان.

فمع انهيار الاتحاد السوفيتي وانتهاء الحرب الباردة بين المعسكرين الشرقي والغربي، كما يعبر الأنباري (1997) شرعت الولايات المتحدة الأمريكية بإحكام قبضتها على المنظمات الدولية والاقليمية، و خصوصا مجلس الأمن التابع للأمم المتحدة، بما يخدم مصالحها الاستراتيجية ضد من لا يسلم بهيمنتها السياسية ويعزز من قدرتها التنافسية الاقتصادية مع حلفائها الغربيين والآسيويين. من ابرز هذه التطورات ظاهرة فرض العقوبات عن طريق مجلس الأمن على العديد من دول العالم الثالث بذريعة أو بأخرى بما في ذلك ثلاثة بلدان عربية هي العراق وليبيا والسودان، إضافة إلى قيام أمريكا بفرض عقوبات انفرادية بموجب تشريعات أمريكية على إيران وكوبا وغيرها مباشرة، وعلى من يتعامل معها من الدول الأخرى بصورة غير مباشرة.

أصدر مجلس الأمن عدة قرارات أثناء أزمة الخليج. ولم يسبق للمجلس أن أصدر قرارات من حيث الكم والكيف تجاه الأزمات العالمية الحادة التي هددت قضية الأمن والسلام الدوليين على غرار ما حدث أثناء أزمة وحرب الخليج. ومن هذه القرارات: القرار رقم (660) الذي أدان الغزو العراقي للكويت، والقرار (661) المتعلق بفرض مقاطعة إجبارية وإنشاء لجنة للقيام بمهام محدودة تتعلق بتطبيق القرار تجاه العراق. والقرار رقم (662) المتعلق بعدم شرعية ضم الكويت إلى العراق. والقرار رقم (664) متعلق بوضع الأجانب والبعثات الدبلوماسية في كل من العراق والكويت. والقرار رقم (665) اتخاذ الخطوات اللازمة للتأكيد على تطبيق القرار 661. والقرار رقم (666) مراعاة الظروف الإنسانية في العراق والكويت في عملية المقاطعة وأن يتم تصدير الإمدادات الطبية تحت الإشراف الدقيق للأطراف المصدرة لها. والقرار رقم (667) المتعلق بمراعاة اتفاقيتي فينا لعامي 1961 و1963 بشأن معاملة البعثات الدبلوماسية والقنصلية. والقرار رقم (669) تقديم مساعدات إلى العراق وفق نص المادة 50 من ميثاق الألأم المتحدة. والقرار رقم (670) امتداد إجراءات المقاطعة إلى جميع وسائل

النقل. والقرار رقم (674) اتخاذ إجراءات إضافية في حالة عدم امتثال العراق لقرارات مجلس الأمن والمساعي الحميدة للأمين العام. والقرار رقم (677) إدانة محاولة العراق لتغيير التكوين الديمغرافي لسكان الكويت وإتلاف السجلات المدنية التي تحتفظ بها الحكومة الشرعية للكويت. والقرار رقم (678) منح العراق فرصة أخيرة للامتثال لقرارات مجلس الأمن في موعد أقصاه 15 يناير 1999 . والقرار رقم (686) المتعلق بإنهاء الحرب الدائرة في منطقة الخليج والتزام العراق بكل التدابير في هذا الشأن (أنظر خشيم، 1993).

يقوم علماء النفس بتعديل سلوك الفرد عن طريق العقاب على حسب فسلجة بافلوف أو برمجة اسكنر أو تكنولوجيا السلوك على المستوى الفردي. ويبدو أن الأمر ينطبق كذلك على المستوى الجمعي ومستوى العلاقات الدولية. فالكيفية التي يقوم بها المعالج النفسي في علاج المتعاطي للمخدرات هي محاولة إرجاعه للحياة الطبيعية عن طريق تعديل سلوكه بما يسميه علماء النفس "العلاج بالإكراه". ويمكن للمعالج أن يفرض سيطرته على هذا المريض الضعيف ويسوء استخدام تقنيات العلاج بالإكراه للوصول لنتائج سيكولوجية أخرى، مثلا، غسيل الدماغ. وتحاول الدول المهيمنة بنفس الكيفية فرض سيطرتها على الدول الضعيفة عن طريق العقوبات لكيما تعدل سلوكياتها. بالغم من أنها دولا لا تعاني من أي اضطراب داخلي أو بها أي سمات من الصعلكة.

سيكولوجيا حرب الخليج

إن أحد وجهات النظر في كيفية التأثير السيكولوجي على الأفراد والجماعات يمكن توضيحها من خلال تفحص الحملات الدعائية المغرضة في أوقات الحروب. ولخص عدس وتوق (1986) نتائج الدراسات المتعلقة بهذا الموضوع (1) كلما كان وقوع الفرد تحت تأثر اعتقاداته العاطفية أكثر كلما صعب إحداث تغيير في حالته عن طريق الدعايات المغرضة (2) إن الالتزام بأي موقف يعتبر في حد ذاته سدا منيعا أمام إمكانيات التغير (3) إن هناك فرقا بين القيم والسلوك. إن الشخص قد يعرف ما هو الشيء الصواب، ويصدر عنه تأييد لفظي لذلك. ومع ذلك فإنه يعمل الشيء الخاطئ (4) إن

الأشخاص الذين يظهرون عدم التزام بموقف معين أكثر الأفراد تأثرا بإمكانية التغيير (5) عندما يشعر الفرد أنه غير مقبول في جماعة، فإنه يكون من السهل التأثير عليه (6) عندما يكون فرد ما في حالة صراع، فإنه يكون من السهل السيطرة على إدراكه للأمور وتفسير مثل هـذه الادراكات (7) إنه مـن الصعب تحديد ما هو صائب عندما تتشعب الولاءات بدلا من كونها جميعها موجهة في اتجاه واحد (8) إن الدعاية المغرضة يمكن أن تصدق إذا ارتبطت بحادثة يعرفها الجميع بأنها صحيحة. ويمكن أن تنطبق نتائج الدراسات المذكورة أعلاه على بعض الحروب.

كشفت حرب الخليج في بعدها الإعلامي بشكل بارز، القسمات الرئيسية للمجتمع العالمي المعاصر، التي تشكلت بتأثر الثورة التقانية في مجال الاتصال. إن المجتمع المعاصر يصفه بعض علماء الاجتماع بأنه "مجتمع الفرجة" ويعنون بذلك "الصورة" التي تنقلها أجهزة التلفزيون عبر الأقمار الصناعية، حلت محـل "الكلمـة"، وأصبحت هـي التي تشكل الاتجاهـات، وتصوغ القيم، وتوجه السلوك لملايين المتفرجين، الذين يقبعون في سلبية تامة لكي يتلقوا آلاف الرسائل الإعلاميـة المتنوعـة، من نشرات إخبارية، تغطي الوقائع السياسية والاجتماعية والاقتصادية التي تحدث في العـالم، إلى الإعلانات التي صممت لكي يتحول الإنسان إلى حيوان مستهلك يلهث للحصول علـى السلع البراقة التي تتفنن الإعلانات في عرضها، إضافة إلى المسلسلات التلفزيونية التي تأسر مخيلة المشاهدين مـن مختلف البلاد والذين ينتمون إلى ثقافات متنوعة كمسلسلات "دلاس" و"داينسـتي" وغيرهـا (يسـين، 1991).

ويمكن القول كما وصف المجتمع المعاصر بأنـه "مجتمـع الفرجـة" يمكن وصـف المجتمـع العربي بأنه "مجتمع الصوت" أو "مجتمع الكلمة". يقول القصيمي (1977) الإنسان العربي كـائن أو حيوان لغوي، وللعرب موهبة كلاميـة، والعرب ظاهرة كلاميـة، وهـم ظاهرة صـوتية أو تصويتية؛ والعلاقـة بـين الآذان والأفواه العربيـة علاقـة توافق وتنـاغم؛ وآذان العرب آذان صـوتية لا فكريـة، ويفرض العرب على الآخرين بأن يقولوا "سمعنا وأطعنا". ويرفضون أن يقولوا "سـمعنا وفكرنـا"، أو "سمعنا فلم نقتنع"، أو سمعنا

فجادلنا، أو فلم نفهم أو فرفضنا، أو فرفضنا شيئا وأطعنا شيئا، أو سمعنا وسوف نرى. وفي كتاب أدونيس (1983) المشهور "الثابت والمتحول" هناك إشارات للثقافة العربية بأنها شفاهية. فالعربي حسب رؤية أدونيس "يفضل الخطابة على الكتابة" ؛ وإن صح القول أن الشعر في الجاهلية كان "ديوان العرب" وأنه لم يكن للعرب علم أصح منه؛ وتوصف اللغة العربية بأنها "لغة الضاد" واللسان العربي بأنه " لسان مبين".

في تقديري، أن الحضارة المعاصرة هي حضارة بصرية أدائية، فالكشوف والاختراعات العملية والتصميمات وبرمجة الكمبيوتر والتقانة الحربية الهائلة المستخدمة في حرب الخليج تعتمد من ناحية سيكولوجية على الذكاء البصري العملي في "مجتمع الفرجة"، والذي يعتمد بدوره على تآزر العين واليد أو التآزر البصري والحركي وليس التآزر السمعي والكلامي أو تآزر الأذن واللسان كما في "مجتمع الكلمة" المغتصبة. ومن ناحية سيكولوجية إن التوتر ما بين لغة الماضي "الكلمة" ولغة العصر "الصورة" ربما يعبر عن حالة من حالات العجز النفسي للأفراد والجماعات في العالم العربي.

كشفت حرب الخليج، كما يعبر يسين (1991) على أن مجتمعاتنا العاجزة عن أن تعكس صورتها عبر "الصورة" لم تجد أمامها سوى "الكلمة" تعبر بها عن مواقفها، هذه الكلمة التي تنقلها أحيانا- وحسب إرادتها- وسائل الإعلام الغربية، غير أن هذه الكلمة كما أثبتت الممارسات في حرب الخليج كلمة عاجزة بدائية، ومتخلفة، لأنها صنعت بعد "اغتصاب" عنيف للغة العربية، فظهرت وكأنها تعبير ساذج لشعوب لا تفرق بين الحقيقة والحلم، لا بين الأسطورة والواقع. شعوب تعتقد بأن "الكلمة" بذاتها إن لفظت أو نطقت أو أذيعت في خطاب سياسي أو بيان عسكري يمكن أن تحل محل "الفعل" بل هي "الفعل" ذاته. وهكذا وقع المشاهد سواء في الدول الغربية ذاتها أو في البلدان العربية نفسها، بين مطرقة الإعلام الغربي الذي كان رمزه البارز محطة سي إن إن الأمريكية التي احتكرت الإعلام عن الحرب طيلة أربعة وعشرين ساعة في اليوم، وسندان "الكلمة" العربية العاجزة والمتخلفة، والتي أخفقت في مخاطبة العالم باللغة العصرية التي يمكن أن تنفذ إلى عقول الناس، أو حتى تؤثر في وجدانهم.

تعددت العمليات الاستخبارية المرتبطة بنزع السلاح من العراق مثل "ثعلب الصحراء" و"فنجان شاي" ولم تعد أولوية وكالة الاستخبارات الأمريكية مساعدة اللجنة الخاصة على نزع سلاح العراق بل ازاحة صدام من السلطة. وبالتالي اتخذت الوكالة إجراءات لتقليص سيطرة انسكوم واستبدالها بسيطرتها كي تتمكن من التصرف على أساس المعلومات المتوفرة (الحياة، مارس، 1999). وحسب تعليق سيمور هيرش (الشرق الأوسط، أبريل 1999) أحد أبرز كتاب الصحافة الاستقصائية، فقد كتب مقالا في مجلة "نيويوركر" الأسبوعية الذائعة الصيت، أن الولايات المتحدة مكنت صدام حسين من التخلص من جهاز لجنة مراقبة التسلح العراقي التابعة للأمم المتحدة "انسكوم". ويقول إن صدام حسين اصبح نتيجة لذلك، قادرا على المضي قدما في تنفيذ مشاريعه الخاصة بتطوير الأسلحة النووية والكيمائية. ويشرح هيرش تفاصيل ما يدعوه بالتغلغل الأمريكي في انسكوم الذي يقول أنه يعود بتاريخه إلى عام 1997. فمع نهاية ذلك العام تمكنت هيئة جمع المعلومات الخاصة في "سي آي أية" من السيطرة الفعلية على عمليات انسكوم بهدف التنصت على مكالمات صدام حسين وبالتالي رصد تحركاته.

ويضيف هيرش قائلا "إن اتصالات صدام غالبا ما تتم عبر المساعدين المقربين منه وبواسطة أجهزة هاتف "آمنة" منتشرة في جميع أنحاء بغداد، بالإضافة إلى جهاز هاتفي مثبت في سيارته ويعمل بالراديو. والواقع أن العملاء الأمريكيين كانوا يرصدون مكالمات صدام لشهور دون علم ريتشارد بتلر الدبلوماسي الأسترالي الذي ترأس انسكوم. ويتابع هييرش رواية القصة بقوله أنه "في مطلع ربيع عام 1998 نجحت المجازفة وأمكن فك الشفرة فإذا بالمكالمات التي يتكتم عليها صدام تصبح مكشوفة للجنة انسكوم وهكذا نجحت أخطر عملية في نوعها منذ نهاية الحرب الباردة". ودرس طاقم خاص من العملاء الأمريكيين تلك المكالمات التي استغرقت عددا كبيرا من الساعات فوفرت للخبراء مجموعة من الإستبصارات التي تميط اللثام عن شخصية الرئيس العراقي. نريد أن نقول بذلك بأن هدف انسكوم تحول من مجرد مراقبة التسلح إلي محاولة فهم وتنبؤ بسلوك أو دراسة سيكولوجيا صدام حسين إيذانا بمرحلة حرب

باردة جديدة بعد الحرب الساخنة. فإن دراسة شخصية صدام ربما كانت عند المخابرات الأمريكية أو بعض علماء النفس هو خطوة رئيسية في عملية التحكم في الشخص الذي يصدر القرارات العسكرية ويبني الترسانات الحربية.

لقد دعت أحد الشركات الأمريكية، ذات المصالح الاستثمارات الاستراتيجية الكبيرة في مجال البترول، في الشرق الأوسط، خبير الباراسيكولوجيا ديميز والذي عمل سابقا كقائد لـ"وحدة التجسس البراسيكولوجي" في الجيش الأمريكي مع مجموعته وذلك لجمع بعض المعلومات والتحليلات عن شخصية صدام حسين. وتضمن ذلك أولا : دراسة وتحليل عقليه صدام ونواياه ودوافعه وحالاته الانفعالية والسلوكية. وثانيا: العمل على دخول غرفة عملياته للحصول على معلومات تتعلق بخططه الحربية، وعملياته العسكرية، ونقاط قوته وضعفه وبعض مشاريع الخداع. وثالثا : جمع معلومات عامة عن رؤية مستقبلية لمنطقة الخليج العربي خلال 6 أشهر قادمة (كنستنتين، 1997).

ومع سخونة حرب الخليج وتعزيزها بـ "علم النفس العسكري" هناك مساهمة أخرى لعلماء النفس في مجال إيقاف الحرب وبلغة أدق حل الصراع سلميا وفق مبادئ "علم نفس السلام". لقد شمل التعتيم في الداخل الأمريكي ما يمكن تسميته، على حسب تعبير الدباغ (1998)، "بتكميم الأفواه" لقد عتم الإعلام الأمريكي على أخبار المعارضة للحرب وعلى نشاطات الهيئات الشعبية والاحتجاجات الجماهيرية وعلى فعاليات الجهات الرسمية وكذلك المؤسسات المختلفة (حجار، 1991). وعلى سبيل المثال فإن جهودا كبيرة بدأتها إحدى أقسام الجمعية الأمريكية النفسية التي تضم ما يقرب من 220 ألف عضو والتي كانت قد أنشئت في العام 1982 وهذا القسم يسمى قسم "علم نفس السلام" وتنصب نشاطاته وأبحاثه على تقديم الدراسات وطرح الأفكار العلمية على صناع القرار والسياسات في الإدارة الأمريكية الرامية إلى إعادة رسم هذه السياسات بما يخدم السلم العالمي، والتدخل المباشر عند نشوب أزمات تهدد السلام في العالم.

وانبرى علماء هذه الجمعية منذ نشوب أزمة العراق في بداية 1990 بطرح أفكارهم على جورج بوش وإدارته في رسم الطرق السيكولوجية-السياسية بالتعامل مع الأزمة

بما يكفل عدم التورط بالحرب ولكن كل هذه الجهود ظلت غائبة عن الجمهور وتم التعتيم التام عليها ولم يسمع صوتها أحد وأجهضت جهودها المناهضة للحرب والرامية إلى الاستعاضة عن ذلك بالحلول السلمية والمباحثات بنية صادقة ودون شروط مسبقة. ويتابع التقرير الذي نشر ـ في صحيفة "مونيتور" التي تصدرها الرابطة النفسية الأمريكية "ومثل هذا الاتجاه في التعامل مع الأزمة لا تكون أمريكا إطلاقا قد تراجعت عن مبدئها الذي أعلنته بعدم مكافأة المعتدي على عدوانه. إن لم نقل أنه سيفقد صدام الكثير من مكانته في العالم العربي، ومن خلال تراجع صدام وامتثاله لقرارات الأمم المتحدة بتشجيع صادق من الولايات المتحدة الأمريكية فإننا نكون تجنبنا توجيه ضربة نحن عمليا نحذر منها علنا ونطلب من العراق أن يتفاداها، وربحنا السلام، ورفعنا الحظر عن شعب العراق وأبقينا صدام في السلطة وعاد من جديد إلى أسرة الأمم المتحدة".

كتب مايك فيسلز، رئيس قسم علم نفس السلام بالرابطة النفسية الأمريكية، مقالا بعنوان "الرد الأمريكي على أزمة العراق-الكويت يدخل ضمن علم النفس العتيق البائد". وطرح مايك في هذا المقال أربعة ميادين التي من خلالها يمكن خلق المناخات السيكولوجية التي تقود للحرب. أولا: الحشود المتعاظمة للقوى، وبخاصة الولايات المتحدة الأمريكية وليس قوات حفظ السلام المتعددة الجنسيات التابعة للأمم المتحدة، الأمر الذي يستفز صدام حسين ويشعل نيران الكراهية في نفوس العرب ضد أمريكا. ثانيا: ميل السلطات الأمريكية إلى طلاء صدام بالألوان الشيطانية الشريرة ومماثلته لهتلر في الوقت الذي يوجد فرق كبير بين الاثنين في كل المقاييس. ثالثا: إن تجاهل أمريكا دعمها لصدام دعما غير محدود خلال حربه مع إيران يدل على استخدام أمريكا لآلية الإنكار وهي آلية للدفاع عن النفس. رابعا تستند الولايات المتحدة الأمريكية في سلوكها على "عقلية نجومية" التي لا تتوافق مع الصورة السياسية الداخلية المتبدلة. وترى هذه العقلية أنه لأمر طبيعي وحتى شيء متوقع أن تحارب أمريكا من أجل مصادر موجودة في أرض غير أرضها ومسكونة من قبل غيرها.

ويضيف حجار (1991) تلك هي جهود علماء النفس التي لم تبرزها الصحافة

العالمية خلال مسيرة الأزمة، ومواقفهم منها، ونشاطاتهم الكبيرة التي بذلت لحل الأزمة حلا سلميا، ثم قناعتهم أن السياسيين والعسكريين هم الذين يهيئون الرأي العام لقبول الحرب التي لا بديل لها. إن السؤال الذي يمكن طرحه بأن هناك فرع قوي هو علم النفس الحربي أو العسكري. ولعب هذا الفرع أدوارا كبيرة في تعزيز حرب الخليج الثانية ويقابل ذلك فرع لعلم نفس السلام. إنها لمفارقة سيكولوجية كيف يمكن فهمها في ظل التحكم العالمي؟ علم نفس عسكري يحمل المدفع ويبطش بقوة وقسوة بلا رحمة من جانب وعلم نفس يحمل غصن الزيتون ويدعو للسلام والرحمة!

حرب الخليج النفسية ما بين الدباغ والرشيدي

الحرب في جوهرها تبادل منظم للعنف. والدعاية في جوهرها عملية اقناع، بينما تهاجم الأولى الجسد، فإن الثانية تنقض على العقل، الأولى حسية والثانية نفسية. وفي زمن الحرب تهاجم الدعاية والأعمال الحربية النفسية جزءا من الجسد لا تستطيع الأسلحة الأخرى أن تصل إليه. إنهما تحاولان رفع معنويات أحد الجانبين وأن تنسفا إرادة القتال لدى الآخر. وترسم الدعاية في زمن الحرب خططها لإقناع الناس بأن يخوضوا القتال، والحرب النفسية من الجانب الآخر هي الدعاية المخططة لإقناع الطرف المقابل ألا يخوض القتال. وعلى هذا النحو، فإنهما سلاحان لا يقلان أهمية عن السيوف أو البنادق أو القنابل. ومن المؤكد أن أسلحة العقل ومتفجراته هذه مثلها مثل الأسلحة التقليدية، أصبحت معقدة بشكل متزايد مع ما تحقق من أنواع التقدم في التكنولوجيا وعلم النفس (تايلور، 2000).

وفقا لهذا الفهم للحرب النفسية نحاول في هذا الجزء من الدراسة أن نعالج الكيفية التي تم بها النظر بالنسبة لهذه الحرب في حرب الخليج الثانية من قبل بعض وجهات النظر النفسية. وسوف تناول بصورة محددة وجهة نظر العقيد الأردني مصطفى الدباغ الذي كتب كثيرا عن الحرب النفسية. ومن بين مؤلفاته "الحرب النفسية الإسرائيلية" (الدباغ، 1995)، و"الحرب النفسية في الإسلام" (الدباغ، 1998أ)، و"المرجع في الحرب

النفسية" (الدباغ، 1998ب)، "ماذا وراء الهجمة الإعلامية الصهيونية" (الدباغ، 1990)، "الإشاعة" (الدباغ، 1985)، "الإقناع: فن أم حرب" (الدباغ، 1997). كما نتناول كذلك وجهة نظر عالم النفس الكويتي بشير الرشيدي فقد قام كذلك بعدة إسهامات في تحديد الآثار السيكولوجية للعدوان العراقي على الأفراد والجماعات في الكويت. ومن بين أبحاثه المتازة في هذا الشأن، نذكر منها على سبيل المثال لا الحصر، "الخريطة النفسية والاجتماعية للشعب الكويتي بعد العدوان العراقي" (الرشيدي، 1994)، "سيكولوجية جماعات العمل الكويتية أثناء العدوان العراقي" (الرشيدي، 1995ب)، و"الحرب النفسية المرتبطة بالعدوان العراقي ضد الشعب الكويتي" (الرشيدي، 1995ب)، "علم النفس وإعادة بناء الإنسان الكويتي بعد الصدمة" (الرشيدي، 1998). ونحاول بقدر الإمكان أخذ بعض المقتطفات الهامة التي تعبر عن أهم الآراء السيكولوجية المتعلقة بالحرب النفسية وبعض آثارها النفسية.

حسب وجهة نظر الدباغ (1998ب) هناك عدة أهداف نفسية استراتيجية في حرب الخليج تتمثل في الآتي: (1) إقناع الرأي العام الأمريكي بشكل خاص والرأي العالمي بشكل عام بشرعية اتخاذ قرار الحرب ضد العراق وذلك بإظهار العراق الدولة القوية المنتهكة للشرعية الدولية (2) تضليل الرأي العام العربي عن حقيقة الأهداف الاستراتيجية للولايات المتحدة في المنطقة والتي يقف على رأسها هدف السيطرة على منابع النفط والتحكم بإمداداته وأسعاره (3) عمل كل ما من شأنه في المجال الإعلامي النفسي أن يخدم الأهداف الاستراتيجية للعمل الحربي (4) بناء التحالف من خلال كسب تأييد البلدان المحايدة، ومن ثم الإبقاء والمحافظة على التحالف وتماسكه تحت مظلة الشرعية الدولية والأهداف الإنسانية المعلنة (5) ردع ودفع العراق إلى الاستسلام عن طريق تحطيم معنوياته وكسر إرادة القتال لديه وعزله وإبقائه وحيدا بلا نصراء ولا أصدقاء ومن ثم تدمير قدراته العسكرية وقوته المادية (6) إظهار الحرب في جميع مراحلها حربا نظيفة من خلال الأسس النفسية والتي تفضي إلى ممارسة الأساليب الإعلامية مثل التعتيم والكذب والخداع (7) التمهيد لقيام النظام العالمي الجديد الذي تقوده الولايات

المتحدة وتحسين صورته عالميا وذلك من خلال ارتدائه لباس الشرعية الدولية وإظهاره بمظهر المحافظ على العدالة وإقرار السلام العالمي وعدم السماح لأي كان بالخروج عليه.

يجمع المحللون والدارسون في حرب الخليج (أمين، 1991؛ الدباغ، 1998ب) أن وسائل الإعلام التي سخرها الغرب لحملته على العراق كرست أقصى الطاقات والإمكانيات لتشويه الحقائق وإسباغ الشرعية والعدالة على حرب مدمرة ظالمة كانت شعارات الإدارة الأمريكية التي تسوق الأمريكيين خلفها منذ البداية، كلها كذب وخداع وانطلق الشعار الأول الذي يقول ستدافع الولايات المتحدة عن الشرعية الدولية ضد دكتاتورية الرئيس صدام الذي قتل الديمقراطية في الكويت. وكان شعار الحملة العدوانية الثاني سنرسل قواتنا إلى السعودية للدفاع عنها. ثم تحول هذا الشعار بعد أن أصبح الحشد كافيا إلى أن الهدف هو إخراج صدام من الكويت. تم تحول هذا الشعار إلى تدمير البنية العسكرية والصناعية في العراق ثم تحول الهدف إلى تدمير العراق بكامله لإعادته للعصر ـ الحجري. ثم اصبح الهدف ملاحقة صدام نفسه. يقول أمين (1991) هكذا توجه المطحنة الإعلامية في الولايات المتحدة والغرب، ينتقل الساسة من شعار إلى شعار يرسخون في نفسيات المواطن هناك ويدعمونه باستطلاعات تفصل علميا لتناسب نتائجها الهدف النفسي ويدعمونه أيضا بخبراء نفسيين من مكاتب الاستخبارات الأمريكية والغربية التي لا تؤمن إلا بتصفية إرادة الشعوب وحكامها الرافضين للهيمنة الغربية ثم ينتقلون إلى الشعار الذي يليه وخلفهم تسير أوركسترا إعلامية ببرامج وتحليلات مركزة متكررة حتى ترسخ المفاهيم الجديدة وهكذا في عملية تصعيدية حتى تصبح الجريمة فضيلة لدى الرأي العام عندهم.

قام الإعلام الغربي والأمريكي على وجه الخصوص، باستخدام مجموعة من الأساليب النفسية العامة التي ينطلق من خلالها وبواسطتها في معاركه الإعلامية في حرب الخليج. ومن بين هذه الأساليب النفسية التي اعتمد عليها ما يعرف بنظرية "التأثير النائم" وملخصها أن الإنسان يختزن في ذاكرته مصدرا أو حدثا يبقى نائما في داخله إلى أن يوقظه مصدر أو حدث مشابه لذلك المخزون. ومن أمثلة ذلك السؤال

الذي وجهه مندوب الـ (سي. إن. إن) لعدة شخصيات عربية من أن الولايات المتحدة ستكون بديلا للاستعمار البريطاني والفرنسي- الذي ساد المنطقة في أعقاب الحرب العالمية الأولى. ومثال آخر عندما كان مندوب التلفزيون الإسرائيلي يجوب المناطق العربية المحتلة ووجه سؤالا إلى أحد المواطنين في يوم 17 يناير 1991 إلى أن صدام لم يضرب إسرائيل كما وعدكم وهاهي تل أبيب بخير أين وقد دمرت كل صواريخه ومنشآته العسكرية الآن؟ ألا تتعظون مما حدث لكم في السابق و كان السائل قد وجه هذا الشخص إلى أن يجيب بشكل عفوي وعشوائي وقد بدا عليه إحساس المغلوب على أمره، والمضلل إعلاميا، لقد كذب علينا القادة العرب العسكريون عام 1967 (أنظر مروان خير، 1991 في الدباغ، 1998ب).

إن أكبر عمليات الخداع، وفقا للدباغ (1998ب)، في حرب الخليج هي تصعيد الولايات المتحدة من خلال المعلومات الكاذبة لموقف ولخلاف بين العراق والكويت منذ البداية. فقد تم بالكذب والوقيعة تعبئة الطرفين وتم شرح العمليات بالتفصيل في مجموعة مقالات نشرتها صحيفة الرأي الأردنية وملخصها استخدام السفراء الأمريكان لدى العراق والكويت والرسائل المتبادلة والصور الجوية والوثائق المزيفة لإيهام الكويت بأن مباحثات العراق وطلباته حول الديون وترسيم الحدود وحقه في نفط الرميلة إنما هي طلبات ابتزازية تصاعدية مما يجب رفضها ورفض التفاوض عليها لأن العراق يضع نصب عينه احتلال الكويت. وبالوقت نفسه تمرير المعلومات للعراق عن الكويت وسرقته لنفط حقل الرميلة الحدودي وتطمينات للعراق عبر السفيرة الأمريكية (ابريل غلاسبي) في اتخاذ لآي إجراء يضع حدا للممارسات الكويتية علما بأن السفيرة المذكورة قد جرى استجوابها لاحقا في أمريكا بحجة عدم نقلها معلومات صحيحة للعراقيين فكانت ضحية ذات دور محدود.

وكان من أبرز عناصر الحملة الإعلامية النفسية الموجهة للعرب (1) تخويف العرب من أطماع الرئيس العراقي العدوانية مما يجعلهم يشعرون بحاجة الحماية الغربية وذلك من خلال تضخيم القوة العراقية والتشكيك بنوايا القيادة العراقية (2) إيجاد

المبرر للحشود الغربية في المنطقة حتى لا تظهر في حقيقتها كاستعمار جديد للأرض العربية مما يؤجج الأحقاد لدى العرب ويدفعهم للتشكيك في النوايا الغربية (3) العمل على التأثير على الروح المعنوية وإرادة القتال لدى الأمة من خلال مجمل الحملة الإعلامية الغربية التي تقنع العرب استحالة الاعتماد على الذات (4) العمل الإعلامي النفسيـ على تشتيت الصف العربي والزيادة في تمزيقه من خلال اطروحات: العرب المعتدلين والعرب المتطرفين. وغيرها من تصنيفات دول الضد.

أما فيما يتعلق بوجهة نظر عالم النفس الكويتي الرشيدي (1995) عن الحرب النفسية فقد لخصها بأنها "عمليات من الضغط والتدمير النفسي والمعنوي، يقوم بها طرف ما في صراعه ضد طرف آخر من أجل نشر الخوف والقلق والتذبذب وتهيئة الظروف المناسبة لإثارة الشك في النفس والإرادة والسلاح والقادة في الماضي والحاضر والمستقبل، وتعتمد على الممارسات العنيفة، في حالة إمكانية ذلك. كما تعتمد على الكلمة المسموعة والمكتوبة والمادة المصورة، وأيضا على الإشاعات والنكت وغيرها، كما تقوم على توظيف علوم النفس والاجتماع بما يتناسب مع أهداف القائمين عليها". وحسب نظرة الرشيدي فإن الحرب النفسية اتسمت بخاصيتين بارزتين، هما الكذب والتفرقة بين الشعب الكويتي وحكومته الشرعية. وأهم مظاهر أسلوب الكذب تمثلت في الادعاء بأن القوات العراقية جاءت إلى الكويت لنجدة "ثورة قام بها فتية آمنوا بربهم فزادهم هدى"، ومن الواضح بأن البيان الأول لرموز العدوان يعكس استغلال المعاني والأفكار الإسلامية في محاولة لاحتواء الرأي العام الكويتي، وتضليل الرأي العام العالمي. أما أهم مظهر لأسلوب التفرقة، يتمثل في الحديث عن الثورة المزعومة ومحاولة تشويه صورة القيادة الشرعية. كما اختلطت مفاهيم وعمليات الحرب النفسية بالدعاية والإعلام وحرب الأعصاب وبالتسميم السياسي وغسيل المخ وحرب المعلومات.

أجرى الرشيدي (1995) دراسة ميدانية فريدة من نوعها عن الحرب النفسية المرتبطة بالعدوان العراقي ضد الشعب الكويتي وبعض جوانب التأثير ورد الفعل السيكولوجي. فتم إجراء الدراسة على عينة قوامها 1000 مفردة من المواطنين الكويتيين ذوي الأعمار

15 سنة فأكثر، نصفهم من الذين كانوا داخل الكويت أثناء فترة العدوان العراقي والنصف الآخر من الذين كانوا بالخارج. واعتمدت الدراسة على استبانة صممت على ضوء ممارسات الحرب النفسية التي قام بها العدوان العراقي أثناء الأزمة. وغطت الاستبانة ثلاثة محاور: المحور الأول: تدور بنوده حول محتوى الرعب في الحرب النفسية التي مارسها العدوان العراقي المتعلقة بإرهاب المواطنين وتخويفهم. وشمل المحور الثاني: أساليب الحرب النفسية التي مارسها العدوان بينما شمل المحور الثالث المشاعر السلبية لدى المبحوثين سواء تجاه الذات أو الأهل، أو اتجاه النظام العراقي ورموزه ومن تحالفوا أو تآمروا معه. وتنصب بنود هذا المحور على مشاعر عدم الأمن والكراهية.

وصنفت دراسة الرشيدي في نتائجها محتويات الرعب في الحرب النفسية التي مارسها العدوان العراقي إلى القتل، والأسر أو الاعتقال أو التعذيب، والتحرش بالنساء ومعاناة الأطفال وكبار السن، واختطاف الأطفال من البيوت، ونهب المحلات والممتلكات، وتدمير المنازل والمؤسسات، وقطع مياه الشرب، ونقص المواد الغذائية، ونقص الأموال وفقدان الوظيفة، وتدهور المرافق الصحية. واتضح من دراسة الرشيدي بأن محتوى الرعب في الحرب النفسية لم يكن مصدره فقط وسائل الاتصال الجماهيرية من إذاعة وصحافة وتلفزيون إنما كانت له مصادر متعددة بجانب ذلك، فالمواطنون الذين ظلوا في الداخل تعرضوا لمحتوى الرعب من خلال الإدراك المباشر للحقيقة التي يعبر عنها هذا المحتوى. أما الذين كانوا في الخارج فقد تعرضوا لمحتوى الرعب من خلال وسائل الإعلام في الدول التي كانوا يقيمون فيها، بالإضافة لوسائل الإعلام الدولية.

كما أظهرت دراسة الرشيدي بأن أهم أساليب الحرب النفسية التي مارسها العدوان العراقي شملت الكذب والمبالغة، والربط المزيف، واستغلال الدين الإسلامي، واستغلال فكرة العروبة، واستغلال الاقتصاد، والتناقض والتضارب، وعرض الرأي على أنه حقيقة، والتبرير الزائف، والتجاهل المتعمد. وحسب وجهة نظر الباحث بأن الدعاية المضادة والإعلام من جانب دولة الكويت ودول التحالف ساهمت إلى حد كبير جدا في التقليل من تأثير الحرب النفسية التي مارسها العدوان العراقي ضد الشعب الكويتي.

وأظهرت دراسة الرشيدي بأن مشاعر المواطنين الكويتيين تجاه القوة الفاعلة في الحرب النفسية التي مارسها العدوان العراقي شملت مشاعر عدم الأمن على النفس والأهل، والكراهية تجاه نظام الحكم والقوات العراقية وللشعوب المؤيدة للعدوان والنظم العربية المتحالفة مع النظام العراقي ولبعض الجاليات الأجنبية في الكويت.

على ضوء نتائج دراسة الرشيدي فإن الحرب النفسية التي مارسها العدوان العراقي جعلت المواطن الكويتي يقع تحت ضغط انفعالي تطلب بذل مجهود مضاعف في سبيل التوافق والتكيف مع ظروف البيئة. ولقد ظهرت آثار الإنهاك النفسي بعد التحرير في صورة أعراض واضطرابات ما بعد الصدمة والتي كشفت عنه العديد من الدراسات النفسية (الرشيدي، 1995)، منها علم النفس وإعادة بناء الإنسان الكويتي بعد الصدمة (الرشيدي، 1998)؛ الاضطرابات النفسية والجسمية الناجمة عن العدوان العراقي عند المراهقين الكويتيين (بارون، 1993)؛ التغيرات السلوكية للأطفال الكويتيين بسبب الاحتلال العراقي الغاشم (الحمادي وآخرون، 1993)؛ حرب الخليج وأثرها على بعض الجوانب النفسية والاجتماعية للطلبة الكويتيين (الديب، 1993). ومن الدراسات الأخرى: انعكاسات الغزو العراقي الغاشم على الحالة النفسية للطلبة والطالبات الكويتيين في المرحلة الثانوية وكيفية مواجهتها (إدارة الخدمة النفسية، 1992)؛ أثر الغزو العراقي الغاشم للكويت على بعض السمات النفسية لدى طلبة التعليم العالي (إدارة الخدمة النفسية، 1993)؛ الشخصية وبعض اضطراباتها لدى طلاب جامعة الكويت أثناء العدوان العراقي (المشعان، 1993)؛ الآثار النفسية والاجتماعية للغزو العراقي على المواطن الكويتي (المطوع والعلي، 1992)؛ مؤثرات الإحباط وأساليب التكيف المرتبطة بمعوقات إشباع حاجات المواطن الكويتي أثناء العدوان العراقي (الرشيدي، 1995)؛ القلق لدى الكويتيين بعد العدوان العراقي (مكتب الإنماء الاجتماعي، 1995). وصحيح كذلك بأن حرب الخليج قد سببت الكثير من الاضطرابات النفسية للأفراد والجماعات في العراق ولكن لم يجد الباحث دراسات منشورة في هذا المجال.

وسوف ألخص دراسة لواحدة من عالمات النفس الكويتيات الأكثر جدية وغزارة

في إنتاجها المنشور في الدوريات العالمية. لقد أجرت فوزية هادي (1996) دراسة موسومة "تأثير العدوان العراقي في الجوانب الانفعالية والمعرفية للأطفال". تألفت عينة الدراسة من 151 طفلا كويتيا، تراوحت أعمارهم ما بين التاسعة والثانية عشرة من العمر. وتم تصنيفهم في أربعة مجموعات تبعا لنمط تعرضهم للعنف. وتم اختيار الأطفال بواسطة اختصاصيين نفسيين مدربين وتألفت بطارية التقويم من مقاييس معرفية ووجدانية شملت (1) مقياس وكسلر الكويت لذكاء الأطفال (2) مؤشر اضطراب رد الفعل الاجهادي لما بعد الصدمة (3) قائمة مظاهر الاكتئاب عند الأطفال (4) مقياس القلق الصريح المعدل للأطفال (5) اختبار المواءمة الحياتية للأطفال (6) مقياس المساندة الاجتماعية للأطفال (7) استمارة المقابلة المقننة للأزمات للأطفال.

وأظهرت النتائج الهامة لدراسة فوزية هادي أنه بعد مرور عدة سنوات على انتهاء أزمة الخليج فإن الأطفال الذين تعرضوا لصدمة حادة وكذلك آبائهم، مازالوا يكشفون عن مستويات من القلق النفسي تزيد على ما نجده في مجموعة الصدمة غير المباشرة. وأشارت الدراسة إلى وجود ارتباط بين مؤشرات اضطراب توتر ما بعد الصدمة، والاكتئاب والقلق. وإن الصورة النفسية العامة التي تظهر على هؤلاء الأطفال تتفق مع نمط القلق النفسي الملاحظ في البالغين.

عموما يلاحظ في نظرة الدباغ للحرب النفسية في أزمة الخليج كانت من منظور التدويل وأن الحرب النفسية كانت بين الولايات المتحدة وبين العرب بصورة عامة و العراق بصورة خاصة وليس بين العراق والكويت فحسب. وأن وسائل الإعلام الغربية، خاصة الأمريكية شوهت الحقائق ووظفت الكذب، وإن أكبر عمليات الخداع هو تصعيد الولايات المتحدة من خلال المعلومات الكاذبة. كما يلاحظ كذلك بأن الدباغ لم يجري دراسة ميدانية إنما اعتمد على تحليل المحتوى للرسالة الإعلامية.

بينما يلاحظ بأن الرشيدي نظر للحرب النفسية من منظور يختلف من منظور الدباغ إنما هي حرب بين العراق المعتدي (بكسر الدال) والكويت المعتدى عليها (بفتح الدال). ووفقا لذلك المنظور كانت معالجته لسمات وأساليب الحرب النفسية التي

شنتها العراق والمشاعر نحوها. واتسمت الحرب النفسية عند الرشيدي كذلك بخاصية الكذب والتفرقة، وتتمثل أهم سمات هذه الحرب في الرعب الموجه للمواطن الكويتي بأساليب شتى أدت لعدد كبير من الاضطرابات النفسية فيما بعد الصدمة. ويتفق كل من الدباغ والرشيدي على استخدام أسلوبي الخداع والكذب في حرب الخليج. ولكن يختلف مصدر هذا الخداع والتكذيب فعند الدباغ هي الولايات المتحدة، بينما عند الرشيدي هي العراق. ومهما يكن مصدر الاختلاف فإن الخداع هو من أساسيات الحرب النفسية، وبلغة أدق أهم الأساسيات كما يقول شعار الموساد الشهير "عن طريق الخداع".

الموساد: الأسطورة التي تتقهقر

أصبحت أعمال الاستخبارات الإسرائيلية الميدانية التي تقوم بها "الشين بيت" و"أمان" و"الموساد" أسطورة في تاريخ الاستخبارات في العالم. فقد لاحظنا المعاهد الكبيرة التي تجرى فيها الأبحاث والاستخدام الذكي لتطبيقات علم النفس في قسم الأبحاث التابع لوزارة الدفاع الإسرائيلية. كما لاحظنا عملية الاختيار الصارمة لطلاب علم النفس في جامعة تل أبيب والمستوى الرفيع لعلم النفس في إسرائيل مقارنة مع بقية المهن. وبرهنت الخدمات السيكولوجية المقدمة للجيوش الإسرائيلية على أهميتها كعامل خطير بالنسبة لقوات الدفاع الإسرائيلية. وتبعا لذلك تم توظيف علماء النفس في كل الوظائف القيادية. وغالبا ما يتم اختيار العملاء الموهوبين من قبل المخابرات الإسرائيلية "الأول بين الأكفاء"، أو "ميمون" بالتعبير العبري. وتم تصميم النصب التذكارية على هيئة الدماغ البشري وذلك بالاستخدام الذكي لكل القدرات العقلية بالنسبة لعملاء الموساد. ولقد أنقذ "جدعون" البطل اليهودي إسرائيل من قوات أكثر عددا وذلك باستخدام "الذكاء" أحسن استخدام. وعموما كانت الاستخبارات الإسرائيلية هي أفضل إنجاز للدولة الإسرائيلية. لكن بالرغم من هذه الرموز الإسرائيلية للذكاء في "ميمون" أو "جدعون" فقد منيت الاستخبارات الإسرائيلية بسلسة من الهزائم.

"عن طريق الخداع" هو شعار الموساد الدائم. وتعمل الموساد على توزيع محطاتها

في العالم بقدر عال من التمويه والحذر والحيطة. فالولايات المتحدة مثلا لها محطة في موسكو كما أن للروس محطتين في واشنطون ونيويورك، لكن إسرائيل ليست لها محطة في دمشق. أنهم لا يدركون أن الموساد تعتبر جميع أقطار العالم، ومنها أوربا والولايات المتحدة، أهدافا. فمعظم الأقطار العربية لا تصنع أسلحتها، ومعظمها تفتقر إلى كليات عسكرية رفيعة المستوى مثلا. وإذا أردت أن تجند دبلوماسيا سوريا فإنك لا تذهب لدمشق، إذ يمكنك القيام بذلك في باريس مثلا، وإذا أردت معلومات عن سوريا فإنك لا تذهب إلى دمشق، إذ يمكنك القيام بذلك في باريس مثلا، وإذا أردت معلومات عن صاروخ عربي فإنك تحصل عليها من باريس أو لندن أو الولايات المتحدة حيث يصنع ذلك الصاروخ والمعلومات التي يمكنك الحصول عليها من العرب اقل مما يمكنك الحصول عليه من الأمريكيين؟ طائرات الاواكس؟ أنها من صنع شركة بوينج، وشركة بوينج أمريكية (أنظر، استروفسكي وهوي، 1990). بالرغم من عمليات التمويه والحيطة والحذر لقد منيت الموساد بمجموعة من الهزائم والكوارث وتبعا لذلك أصبحت هذه الأسطورة واقع تم قهره في كثير من العمليات.

دأبت الأوساط الحاكمة في المؤسسة العسكرية الصهيونية على طرح المقولات ونسج الأساطير حول قواتها المسلحة، فجيشها لا يقهر، والعسكري عندها لا يعرف التردد أو التراجع (نوفل، 1986). وحاول قادة الكيان الصهيوني أن يحيطوا أجهزتهم الاستخبارية بهالة كبيرة قادت مسئوليها إلى الشعور بالنشوة المشوبة بالغرور، بعد كل نجاح استخباري حققوه، الأمر الذي جعل بعض العرب يميلون إلى الاعتقاد بأن أجهزة الاستخبارات الإسرائيلية قادرة على معرفة ما يدور بين جنبات مساكنهم ولو همسا. وصحيح بأن أجهزة الاستخبارات هي الدماغ الذي يحكم العمل العسكري الإسرائيلي الذي اعتمد أسلوب المفاجأة فحقق انتصارات سريعة، وجعلت من الجيش الإسرائيلي الأسطورة العجزة. وحين فقدت أجهزة الاستخبارات الإسرائيلية بريقها، حيث تم اختراقها وتضليلها انكشف القناع عن وجه هذا الجيش فبدأ على طبيعته يمكن أن يقهر ولسوف يقهر (أسرة دار الجيل، 1986).

تولى أميت رئاسة الموساد وياريف رئاسة أمان عام 1964، وتم نقل الوحدة 188 التي كانت مسؤولة عن زرع الجواسيس الإسرائيليين والإشراف عليهم في الدول العربية إلى الموساد. اتفق أميت وباريف على أن يتولى الموساد الإشراف على العملاء العرب والإسرائيليين في الدول العربية بينما تتولى أمان الاشراف على العملاء العرب في الدول العربية المجاورة، وأدى هذا الترتيب الجديد إلى انتقال بعض مسئولي أمان ومنهم مسئولي الوحدة 188 إلى الموساد مما أدى إلى إزالة شكوى الجيش بأن تلك المؤسسة المدنية فشلت في تزويده بمعلومات الاستخبارات العسكرية (أنظر بلاك وموريس، 1992). واعتبر فشل إسرائيل في توقع نهاية حرب الخليج بين العراق وإيران عام 1988 علامة مثيرة للقلق. وفي الداخل كان اندلاع الانتفاضة الفلسطينية واستمرارها في الضفة الغربية وقطاع غزة عام 1987 فشلا للشين بيت ولأمان في قراءة المتغيرات السياسية والسيكولوجية في معسكر العدو. رغم النجاح الكبير الذي أحرزته الموساد في عملياتها ورغم الإشراف على عمليات تدريب العملاء ورغم الصورة الأسطورية لرجال المخابرات لكنها منيت بسلسلة من المحاولات الفاشلة أو بالكوارث.

ألقي ثلاثة من عناصر الشرطة السرية العراقية القبض على يهود تاجار (اسمه الرمزي دان وفيما بعد غاد) وموردخاي بن بورات (اسمه الرمزي درور ثم فيما بعد نوح) بينما كانا خارجين من متجر روزدي بيك، ووضعوهما داخل سيارة وأسرعوا بها إلى قيادة الشرطة. وكان تاجار ينتحل صفة تاجر إيراني يدعى اسماعيل سلحون، ممثلا للفرقة السياسية. أما بن بورات وهو عراقي المولد فقد كان ينتحل صفة يهودي عراقي يدعى ميناش سالم وقد كان مبعوث الموساد، وكان مسؤولا عن تنظيم هجرة اليهود العراقيين إلى إسرائيل. لقد عجل اعتقال الرجلين بسقوط وانهيار "الحلقة العراقية" وهي إحدى أنجح شبكات التجسس وتنظيم الهجرة غير القانونية في إسرائيل. كانت واحدة من أقل العمليات السرية الإسرائيلية براعة في التاريخ الإسرائيلي. تعرض العميلان لتعذيب شديد وصمدا، وأطلق سراح بن بورات بعد بضعة أيام لكنه اعتقل مرة أخرى

ثم أطلق سراحه. وفر من العراق في رحلة دراماتيكية غير مجدولة من مطار بغداد عند منتصف الليل.

وكثيرا ما تهتم أجهزة المخابرات الإسرائيلية من قبل وحدة علم النفس بتحليل سيكولوجي دقيق لشخصيات عملاء الموساد. فمثلا وصف تقرير الشين بيت بن بورات الذي اعتقل وفر من العراق بأنه "عنيد وطموح ولكن تنقصه المبادرة الشخصية، ويعمل فقط بناءا لتعليمات مفصلة وكان أيضا كثير الكلام. وقد تبين لأجهزة الأمن أن العديد من أصحابه وجيرانه كانوا يعرفون أنه ذاهب إلى الخارج في مهمة" (أنظر بلاك وموريس، 1992).

لم تكن كل العمليات التي نفذتها الموساد ناجحة فهناك جانب كبير من العمل الفاشل مثلما جرى في فشل اغتيال خالد مشعل والإفراج عن الشيخ يس. وشكلت هذه الإخفاقات ضغوطا مهينة للموساد ولإسرائيل. وكانت إحدى الضربات التكتيكية الموجعة على الصعيد الاستخباري أيام حرب أكتوبر تتمثل في وقوع 14 جنديا من وحدة 8200 التابعة لجهاز الاستخبارات في أسر الجيش السوري والذين كانوا داخل موقع في جبل الشيخ وقد سقطوا في الأسر بعد معركة قصيرة وميئوس منها. وكان من بين الأسرى عاموس ليفنبرج الذي يتمتع بذاكرة هائلة ويملك معلومات كبيرة جدا عن الاستخبارات ووحدة الأركان. في بادئ الأمر لم يكن يدرك السوريون أنهم وقعوا على كنز ثمين ولكنهم أدركوا ذلك فيما بعد. وسقطت في أيديهم أسلحة متطورة وحساسة مما جعل جهاز الاستخبارات الإسرائيلي يعود إلى نقطة الصفر.

صحيح جدا نجحت الموساد في عمليات في اقتحام طائرات بعيدة عن أراضيها في يوغندا ولكن فشلت في استعادة جندي مخطوف داخل فلسطين. وفشلت الموساد في التنبؤ بحرب أكتوبر 1973 وقد يساوي هذا الفشل النجاحات السابقة. وقد تحدثت لجنة "أغرانات" والمحدال وغيرها عن تقصيرات في الاستعدادات وفي جمع المعلومات وتقييمها، وقد دفع الغرور برئيسة الوزراء غولدا مائير لرفض كافة الإشارات القادمة من واشنطون وعواصم غربية أخرى حول احتمال أن يشن العرب حربا بعدما وصلوا

لاستنتاج باستحالة حدوث حل سلمي فيه الحد الأدنى من الكرامة الوطنية (زندر، 2000).

وهدد عملاء الموساد بالامتناع عن القيام بمهام جديدة احتجاجا على إرسال عميل اعترف على نفسه للمحاكمة في سويسرا بعد اعتقاله عام 1998 في قبو منزل بالقرب من العاصمة برن في أثناء محاولة زرع أجهزة تنصت على تلفون تاجر سيارات من أصل لبناني تشتبه الموساد أن له علاقة بجماعة حزب الله. وتشمل قائمة الاتهامات الموجهة : التنصت على خط هاتفي، ودخول البلاد باستخدام أوراق مزورة تحت أسماء مستعارة، والتجسس السياسي، والقيام بأعمال غير مشروعة لحساب دولة أجنبية. وقال راديو إسرائيل أن عملاء الموساد غاضبون ومستاؤون من قرار إعادة العميل الذي كان يسافر تحت اسم "دافيد بنتال" ووصفوه بأنه خذلان كامل (الأيام، يوليو 2000).

بالرغم من التدريب السيكولوجي والمخابراتي حتى النخاع لرجال المخابرات أو الجواسيس هناك أكثر من 400 إسرائيلي ماتوا في خدمة أجهزة الاستخبارات الإسرائيلية حتى 1988 منهم 261 من استخبارات الجيش (أمان)، و80 من الشين بيت و65 من الموساد. من اشهر هؤلاء يكوف بوكاي الذي أعدم في الأردن عام 1949 بعد أن تسلل من خلال خط وقف إطلاق النار متخفيا مع أسرى الحرب العرب الذين أطلق سراحهم. وهناك ماكس بينت وموشي مرزوق اللذان ماتا في سجن مصري في أواسط الخمسينات بعد انكشاف شبكة تخريب إسرائيلية كبيرة في إطار قضية لافون. وهناك أيضا كوهين الجاسوس الخرافي الي اخترق أعلى المستويات في الحكومة السورية وأعدم شنقا، ونقلت وقائع إعدامه على شاشة التلفزيون في دمشق عام 1965. وباروش كوهين وهو من عملاء الموساد، أراده مسلح فلسطيني في مدريد عام 1973. وكذلك موشي غولان وهو ضابط أمن في الشين بيت قتله مخبر من الضفة الغربية داخل منزله في إسرائيل عام 1980. وياكوف بارسيمانتوف وهو من رجال الموساد الذي اغتيل قبل أسابيع من الاجتياح الإسرائيلي للبنان عام 1982 وفكتور رجوان وهو من عناصر الشين بيت والذي قتله مسلحون إسلاميون في غزة قبيل الانتفاضة الفلسطينية عام 1987 . وهناك مجموعة من

رجال المخابرات قتلوا في يونيو 1967، وعدد أكبر ماتوا بين أكتوبر وديسمبر 1973 ومجموعة أخرى ماتوا في نوفمبر 1983 عندما فجر انتحاري شيعي مبنى الشين بيت في صور حيث قتل 30 إسرائيليا من بينهم 5 ضباط أمن.

نتيجة للحاجة الماسة للأمن بالنسبة لقيام وتأسيس والمحافظة على إسرائيل فقد كونت جيشا بارعا من الجواسيس والقتلة والذي تدرب بمبادئ وتقنيات علم النفس الدقيقة المبرمجة. وبعد تثبيت الدولة فكان هناك فائض من رجل ونساء الأمن ونتيجة لذلك فقد تم تصدير مجموعة من الجواسيس لحماية رؤساء الدول الأخرى ولحفظ الأمن فيها. وتم تدريب أجهزة الاستخبارات في كثير من الدول، خاصة الأفريقية والآسيوية ودول أمريكا اللاتينية بأساليب الموساد المختلفة. وأصبحت هذه الأساليب شائعة الاستخدام. فكثير من الدول تطلب عمليات التدريب لقواتها الخاصة من قبل الموساد. لقد دربت إسرائيل قوات للجيش الحكومي في سريلانكا كما دربت في نفس الوقت قوات تابعة للمعارضة التاميلية، إضافة إلى الهنود الذين أرسلوا إلى هناك لحفظ النظام. كما دربت إسرائيل عناصر الشرطة السرية المحلية في تشيلي ودربت كذلك وحدات مختلفة مثل عناصر جهاز السافاك الإيراني وقوات أمنية من كولومبيا، والأرجنتين وجنوب أفريقيا والشرطة السرية في عهد عيدي أمين في يوغندا، والشرطة السرية لمانويل نورييغا في بنما. كما تقوم الموساد بتنفيذ عمليات القتل نيابة عن الدول كما حدث في اغتيال المعارض المغربي بن بركة. ولقد نجحت الموساد في بعض العمليات وأخفقت في البعض الآخر كما في محاولة اغتيال خالد مشعل.

إن موضوع اخفاقات الموساد والهزائم أو والكوارث الكبيرة التي منيت بها قد يساعد في طرح التساؤل القائل بأن السلاح الأمني والحرب الساخنة ربما لا يكون مفيدا في كل الأحوال. بالرغم من الاستخدام الذكي لمهارات وقدرات الإنسان وبالرغم من الحيطة والحذر، وبالرغم من التقنيات الكبيرة التي تستخدمها الموساد، وعمليات التخطيط والبرمجة لم يمنع ذلك من قهر الأسطورة الموسادية. لقد رأينا المهارات العالية التي يتم بها انتقاء الجواسيس الإسرائيليين وتدريبهم ومع ذلك مني هؤلاء بالفشل. ومن ناحية

سيكولوجية هل الفوبيا الإسرائيلية من الفناء أو التدمير هو السبب الرئيسي في البحث عن علاج أو مخرج؟ هل يا ترى يمكن المؤازرة ما بين "الحرب الساخنة" و"الحرب الباردة" في العلاقة مع العرب؟ أو بين تطبيقات "علم النفس الحربي" و"علم نفس السلام" في نفس الوقت؟ هل وصلت إسرائيل لمفترق الطرق ما بين "الحرب" و"السلام"؟

علم نفس السلام والمخابرات

هناك عدة أبحاث سيكولوجية تعلقت بموضوع الصراع العربي الإسرائيلي منها "العقل العربي" (باتاي، 1972)، والبعد السيكولوجي للصراع في الشرق الأوسط (كابلويتز، 1976)، وحل الصراع العربي الإسرائيلي (كوهين وكيلمان، 1977)، واعتمدت هذه الأبحاث على علم النفس الاجتماعي كطريقة تحليل أساسية (بنجامين، 1972). ويستخدم علم النفس بصورة تطبيقية في دراسة العلاقات بين العرب واليهود (بن عري، وعمير، 1986) . وتعرض المغربي (1981، أحمد، 1990) للأدبيات التي تعتمد على علم النفس الاجتماعي كأداة أساسية في التحليل. ويعد المنهج الذي يعرف باسم تحليل الشخصية القومية مفتاح تلك الأبحاث. وقد تضمنت موضوعاته عددا كبيرا من المجالات، الإسلام، العقل الإسلامي، العقل العربي، تاريخ العرب، الثقافة، الحضارة، أنماط تنشئة الأطفال، والمواقف إزاء السلطة. ومن بين الموضوعات التي نوقشت في السنوات الأخيرة دور علم النفس في حل الصراع وإرساء دعائم السلام وتبعا لذلك تطور فرع جديد هو "علم نفس السلام".

هناك عدة أفرع لرابطة علم النفس الأمريكية من بينها الفرع رقم 48 وهو "قسم علم نفس السلام" الذي تأسس عام 1990 . ويرحب القسم بكل المهنيين وطلاب علم النفس الذين لهم رغبة في المساهمة في موضوع السلام. ويهدف الفرع بصورة محددة إلى (أ) تشجيع البحث السيكولوجي والتربية والتدريب على القضايا المتعلقة بموضوع السلام، وحل الصراع بصورة غير عدوانية، والمصالحة، ومنع الحرب وبقية أشكال الصراع المدمر.

(ب) دعم تنظيم يعزز عملية الاتصال بين الباحثين والأساتذة والممارسين الـذين يعملون في قضايا السلام (ج) تطبيق معارف ومناهج علم النفس في تقدم عملية السلام . ويصدر الفرع "مجلة علم نفس السلام" كما يصدر كذلك "نشرة علـم نفس السـلام". ويشـمل الاجتماع السـنوي للفرع عـدة أنشطة منها ندوات وحلقات نقاش وورش عمل. ويتم استدعاء بعض علماء نفس السلام للتحدث عن تطبيقات علم نفس السلام في مجال الأمن القومي. وغالبا ما يستخدم هـذا الفرع مـن علم النفس في حالة عدم جدوى فرض الحلول "العدوانية". ووفي كثير مـن الأحيـان هـو عمـل استخباراتي بالدرجة الأولى.

ولفرع علم نفس السلام علاقات قوية مـع بعض أفرع رابطة علـم النـفس الأمريكية منها "لجنة العلاقات الدولية"، و"جمعيـة الدراسـات السيكولوجية للقضايا الاجتماعيـة"، و"قضايا الأقليات العرقية". وهناك عدة مجموعـات عمـل ترتبـط بدراسـة موضوع السـلام والصراع والعدوان. منها الأطفـال والأسر والحرب، والعرقيـة والسـلام، والأنثويـة والسـلام، والسـلام والتعليـم، والخدمـة الاجتماعيـة، والتحالفـات العالميـة، وحـل الصراع في المستوى المحلـي والعـالمي، السـلام والروحانية والتي تسعى لتحديد القيم التي تجعل العالم أكثر سلاما وأقل عدوانية، والعسكرية ونـزع السلاح وسن القوانين المانعة لذلك. ويرحب الفرع بأي مساهمات في مجال اصل العدوان، وعـلاج الآلام، وخلق عملية السلام في كل المستويات. يقول ماكي رئيس الفرع لعام 95-96 نحن كعلماء نفس سلام هدفنا منع العدوان والصراع المدمر وبناء ثقافة السلام في المجتمع العالمي.

وغير فرع علم نفس السلام، تضم "جماعة علم النفس الراديكالي" أعضاء يحملون جنسيات من عدة دول وتشير الوثيقة الرئيسية للجماعـة إلى أنها تعبر عـن "علمـاء النـفس الـذي يعارضون استخدامه ضد سياسات القهر والاستغلال ويساندون المقهورين ويستخدمون معرفتهم استخداما إيجابيا للعمل من أجل التغيير الاجتماعي اللازم لخلق مجتمع أفضل (حفني، 1998). يبدو أن سـوء استغلال علم النفس من بعض الأفراد أو الجماعـات أو المؤسسـات حدا بـبعض علمـاء النـفس إلى محاولة تغيير استخدامات علم النفس للأغراض السلمية أكثر من الأغراض التدميرية. فعلم النـفس، كما يذكر اسكنر، يمكن

295

استخدامه من قبل القديسين أو المجرمين. أي أن اليد الواحدة أو المؤسسة الواحدة تقوم بكل من الدورين.

وتقوم لجنة العلاقات الدولية التابعة لرابطة علم النفس الأمريكية بدور خطير في رسم سياسة علم النفس في العالم. مثلا، تقوم بدعم قرارات الأمم المتحدة العادلة والجائرة منها. وتدعم ما يسمى بحقوق الإنسان وحقوق الأقليات والتي في كثير من الأحيان تكون أداة قمع وسيطرة لبعض الدول التي لا تسير في الخط. وقامت اللجنة بتبني مشروع لترقية علم النفس مع المنظمات القومية والعالمية. والعمل على التحاور والتبادل بين علماء النفس اليورو-أمريكيين وعلماء النفس في الأقليات العرقية وعلماء النفس الوطنيين في كثير من الدول وذلك لتطوير نوعا من التفاهم الثقافي. وحددت اللجنة أهدافا محددة لترقية (1) عالمية علم النفس وذلك بخلق وتشجيع الفرص للمشاركة الأصلية في المستوى النظري والبحث والممارسة (2) تحول علم نفس الولايات المتحدة وذلك بترقية الأفكار من علوم النفس العالمية في المناهج في كل المستويات (3) ارتباط علماء نفس الولايات المتحدة في عملية الفهم والاستجابة وتحديات عمليات التحول العالمي.

وواحدة من المبادرات التي توضح جهود لجنة العلاقات الدولية هو الحرب الإثنية السياسية. ولقد عبر مارتن سيلقمان وبيتر سويدفيلد الأول رئيس الرابطة النفسية والأمريكية والثاني رئيس الرابطة النفسية الكندية، عن سيطرة الصراع الإثني السياسي في العالم. ونتيجة لتلك الجهود فقد عقدت لجنة العلاقات الدولية في علم النفس مؤتمرين. كان الأول في جامعة الستر في آيرلندة الشمالية في يوليو 1998 وكان موضع المؤتمر عن اختبار الثقافة الموجودة لأسباب الحرب الإثنية السياسية وعلاجها. وكان المؤتمر الثاني في أغسطس 1999 في معهد الشؤون العالمية في ساليبوري بالولايات المتحدة. ولقد طورت مجموعة من علماء النفس في العالم طرقا لتحليل الصراع، والتدخل النفسي الاجتماعي، وبناء عملية السلام. وتتم الآن عملية مراجعة لأعمال المؤتمر وتحريرها في عام 2000 لكي تتزامن مع شعار الأمم المتحدة بنشر "ثقافة السلام" (علم النفس العالمي، خريف 1999).

وفي حرب الخليج الثانية، قام علماء نفس السلام بأمريكا كذلك ببعض المبادرات لإيقاف الحرب (حجار، 1991). مثلا، حاولت فريدا فلينت، عالمة نفس السلام، إقناع الرئيس بوش برأي هؤلاء العلماء المعارض للحرب. وقدم علماء نفس السلام بعض المحاضرات عن السلام، كما قاموا بإرسال رسائل للجنود الأمريكيين المرابطين في الخليج والسعودية ومطالبتهم بعدم استخدام السلاح كما وجهوا رسائل أخرى إلى محرري الصحف بأهمية تجميد التصريحات الخاصة باستخدام الأسلحة النووية التي لوحت أمريكا باستخدامها. ووضعت خطة من قبل علماء نفس السلام لتحريك وعي الشعب الأمريكي حول منزلقات الحرب وإمكانية فتح حوار مع صدام كما أرسلت خطابات لأعضاء الكونجرس الأمريكي بهذا الخصوص. وأرسل عالم نفس السلام رالف واينت مقالا إلى مجلة نيويورك تايمز ومجلة الأطلسي تناول فيها بدائل الضربة العسكرية. كما أرسل رسالة للكونجرس بعنوان "لماذا يخسر المعتدون عندما تندلع الحرب؟ ونشرت الرسالة كذلك في مجلة علم النفس السياسي. وتناول رالف في رسالته تحليل 30 عملية عسكرية رئيسية تمت في القرن العشرين حيث باءت معظمها بفشل الغزاة المعتدين لأسباب نوعية.

ويستخدم علم النفس السلام المعزز بالمخابرات بصورة عملية في تغيير سلوك أو نوايا الأفراد الذي يودون القيام بأعمال إرهابية ومدمرة ضد الإنسانية أو ضد أهداف استراتيجية. مثلا يستخدم في إجراء المفاوضات مع خاطفي الطائرات إلى أن ينهاروا أو يستسلموا للأمن. لقد سلم مغربي يبلغ من العمر 45 نفسه للشرطة الأسبانية في مطار البراد في برشلونة بعد أن خطف طائرة مغربية على متنها 79 راكبا وأفراد طاقمها التسعة . وكانت الطائرة في رحلة من الدار البيضاء إلى تونس في 26 أغسطس 1999 وطلب الخاطف من قائد الطائرة التوجه إلى فرانكفورت في ألمانيا. وأعلن في مطار البراد حالة الطوارئ وتجمع فيه أكثر من 200 شرطي. وهدد الخاطف بقتل بعض الركاب إذا لم تنفذ رغبته في الهجرة إلى فرانكفورت. وبقى الخاطف بضع دقائق في الطائرة مع قائدها قبل أن يستسلم للشرطة دون مقاومة. ولم يرتكب أي عنف خلال عملية الخطف.

وشارك علماء النفس في المفاوضات مع الخاطف كما تابع وزراء داخلية أسبانيا والمغرب وألمانيا هذه المفاوضات التي استمرت خمس ساعات وانتهت بالاتفاق مع الخاطف بتسليم نفسه للشرطة (أنظر الشرق الأوسط، 1999).

ويعمل علماء نفس السلام في خفض التوتر بين المجموعات المختلفة وقد يرتبط بذلك في كثير من الأحيان عمليات غسل الدماغ. ويمكن أن نقدم مثالا رائعا عن كيفية تنظيم المخيمات لهذه المجموعات وتهيئتهم لعملية السلام من خلال منظمة "بذور السلام" الإسرائيلية التي تعقد لقاءات مكثفة بين الشباب الإسرائيليين والعرب. ولقد تكشف في عام 1993 مشروع هذه المنظمة والذي يقوم به مركز بيريز للسلام في تل أبيب والذي كتب عنه فهمي هويدي (2000) مقالا مطولا في المجلة. ويرعى ويدعم هذا المشروع الولايات المتحدة ووفرت الحكومة النرويجية التمويل اللازم للقيام بالمشروع بغرض تهيئة الأجيال العربية القادمة للتطبيع مع إسرائيل ولقبول التعايش السلمي مع شعبها اليهودي. وشرحت المنظمة أهدافها من خلال نشرتها على شبكة الانترنيت أن أهداف معسكراتها الصيفية يعد خطوة مهمة لتهيئة أجواء التفاعل الإيجابي بين الفتيان العرب والإسرائيليين بما يخدم هدف السلام في المنطقة ويضع أسسا راسخة لضمان استمراره. ومن الأنشطة اللافتة للنظر "الخدمة الدينية" وبمقتضاها يؤدي الفتيان المسلمين صلاة الجمعة مثلا ويدعون أقرانهم اليهود والمسيحيين لحضور المشهد، لكي يتعرفوا على طقوسهم ويستمعوا لشرح لها والشيء نفسه يحدث مع الآخرين حيث يدعى المسلمون إلى صلوات اليهود يوم السبت وصلاة المسيحيين يوم الأحد. وتقول أحد الفقرات قررنا هنا في "بذور السلام" أن نصنع السلام على مائدة المفاوضات وليس في ميادين القتال وقد دلنا على ذلك قادتنا مناحيم بيقن وأنور السادات.

وتتم هذه التهيئة للسلام من خلال تنظيم معسكرات يلتقي فيها الجميع. وبدأت المنظمة بخمسين مشاركا من دولتين فقط هما مصر وإسرائيل ثم واصلت توسعها التدريجي بحث أصبحت معسكراتها وأنشطتها تضم المئات من الشباب العربي إضافة للإسرائيليين والأمريكيين. ففي صيف 1999 كان العرب المشاركين في معسكرات

"بذور السلام" صبيانا و بناتا من مصر وفلسطين والأردن وتونس والمغرب وقطر واليمن. وأقيمت الرحلات والمعسكرات وتنقلت بين عدة دول ومدن منها تل أبيب والقدس وشرم الشيخ وقبرص وأسبانيا وسويسرا. وبلغت المؤتمرات المتكررة حوالي 18 مؤتمرا خلال الفترة من يناير 1998 وحتى يوليو 1999 بمعدل لقاء في كل شهر. وتخطط منظمة "بذور السلام" لحلقة أخرى في مشروعها بحيث تنتقي من الفتيات والشبيبة من تراه أكثر تجاوبا وصلاحية لضمان إلى ما أطلقت عليه مشروع "القادة الشبان" وهؤلاء هم الذي يعدون ليتبؤو مواقع متقدمة في الحياة العامة في مستقبل الشرق الأوسط ونشر ثقافة السلام.

ووفقا لهويدي (2000) تتم في تلك المعسكرات عملية غسل الأدمغة من خلال الأنشطة المشتركة التي أعدها نفر من المحللين النفسيين والاختصاصيين الاجتماعيين . كما تتم عملية التدخل في صياغة المستقبل العربي من خلال ترقية المتحمسين والمؤهلين من الشبان لشغل مواقع القيادة في أقطارهم. ويكشف كل ذلك قدرة إسرائيل على التخطيط وإسرائيل كانت أمنية وأصبحت حقيقة. و ينبغي النظر لموضوع التخطيط ومقاصده. وتسعى إسرائيل من وراء كل ذلك محو الذاكرة العربية والإسلامية. وتسعى جاهدة لأحياء ذكرى محرقة اليهود في ظل النازية حية في أذهان العالم، لا اليهود وحدهم. ونظم المؤتمر الدولي للمحرقة في السويد وشاركت فيه 40 دولة. وأصبحت قصة المحرقة مقررة على الطلاب في السويد في مقابل ذلك تعتبر إسرائيل أن أي حديث عن محرقة الفلسطينيين نوعا من إذكاء نوازع البغض والكراهية. وتذهب إلى اعتبار صلاح الدين الأيوبي وقصة انتصاره على الصليبيين صفحة يجب أن تمحى من الذاكرة العربية. بل ذهبت بهم الجرأة إلى الاعتراض على بعض آيات القرآن والضغط على حذفها من المقررات الدراسية. واستجابت بعض الدول العربية على هذه الضغوط وحذفت هذه الآيات.

علم النفس والدبلوماسية

أجريت في السنوات الأخيرة عدة أبحاث عن علاقة علم النفس بالدبلوماسية من

بينها مثلا "علم النفس والدبلوماسية: مساهمات علم النفس في المفاوضات العالمية وحل الصراع والسلام العالمي" (كريستينين وآخرون، 2000)، الثقافة والمفاوضات (بريت، 2000)؛ المفوضات والتوسط (كارنيفال وبريوت، 1992)؛ الأبعاد الاجتماعية- النفسية للصراع العالمي (كيلمان، 1997)؛ علم نفس حفظ السلام (لانغولتز، 1998)؛ العدالة والصراع الاجتماعي (ميكيولا ووينزيل، 2000)؛ الطبيعة الإنسانية والسياسة العالمية (تيتلوك وجولدجير، 2000)؛ الأبعاد السيكولوجية والتغيرات البيئية الكونية (ستيرن، 1992). وتوضح هذه الأبحاث السيكولوجية بأن السلام العالمي يتهدد بواسطة مجموعة من العوامل من بينها : انتشار الأسلحة النووية، وتجارة السلاح، والإرهاب العالمي، والصراعات الإثنية-السياسية، والمذابح الجماعية، والتطهير العرقي، واللاجئين، والمجاعات والفوارق في الثروات. وتشكل كل هذه العوامل البذور الحقيقية للحرب. وتعتبر الحرب قضية اجتماعية ولذلك تتطلب تدخلات غير حكومية في مائدة المفوضات.

ويقدم علم النفس مساهمة هامة للدبلوماسية ترتبط بتوفير أدوات لمنع الصراع العالمي، والمفاوضات، والتوسط، والمصالحة، وتهيئة الأجواء لجلسات ما قبل المفوضات، ومجالات التعاون بين المجوعات المتحاربة. ويمكن تعريف الدبلوماسية العالمية بأنها استخدام الوسائل السلمية لمنع أو استقرار أو حل الصراعات. وبهذا فإن الدبلوماسية هي امتداد للعمليات السياسية. وفي هذا المنحى يجب التمييز بين تصنيفات مختلفة من الدبلوماسية العالمية حسب مراحل الصراع. وحسب دراسة تيتلوك وقولدجير (2000) فإن أي مدخل للدبلوماسية لا يتضمن العوامل السيكولوجية فهو مدخل غير شامل. ومن بين هذه العوامل السيكولوجية سوء التقديرات، والإخلاص للمجموعات، والتحيزات الإدراكية. كما تركز الأبحاث السيكولوجية في مجال المفوضات على موضوعات مثل دور العوامل المعرفية في حل الصراع، والخصائص الشخصية والثقافية، والعوامل المرتبطة بالدافعية (أنظر كريستينسين وآخرون، 2000).

ويرصد المغربي أنه منذ عام 1970 وما تلاه، ظهر في الولايات المتحدة العديد من الأعمال في مجال علم النفس الاجتماعي، ويستخدم على نحو مكثف في لقاءات مع

عرب وإسرائيليين . وتركز هذه الدراسات على التغير المؤقت والسلوك والفهم، وإساءة الفهم، والإمكانيات الجديدة للحوار . ويذكر المغربي أنه فيما يتعلق بنظرة الإدارة الأمريكية للنزاع العربي - الإسرائيلي، يمكن للمرء أن يصف عقد السبعينات كعقد "علم النفس السياسي" فقد وضع كلا من العرب والإسرائيليين على الأريكة في محاولة لاكتشاف طريق لإدارة نزاع يبدو عسيرا . ويربط الكاتب بين ما ظهر في الخطاب السياسي الأمريكي نحو تأكيد الأبعاد السيكولوجية في النزاع كمظهر لتغيير في المواقف مع بدايات العقد، وبروز انفتاح في الوطن العربي للمبادرات الأمريكية الخاصة باعتراف العرب بحق إسرائيل في الوجود في نطاق حدود عام 1967.

وتبرز في عملية حل الصراعات دبلوماسية الخط الثاني التي تحصل قبل التفاوض الرسمي أو اثناءه لتكون إحدى الوسائل المفيدة في مدرسة التفاوض وحل النزاعات. إن أول من استخدم تعبير دبلوماسية الخط الثاني عام 1981 هو مونتفيل. وهذه الدبلوماسية غير رسمية تقوم على المبادرة بين الأفراد والمؤسسات التي تسعى إلى معالجة الصراعات السياسية أو التأثير فيها. وقد يقوم بها سياسيون ومتقاعدون، أو رجال أعمال، أو ممثلوا تيارات سياسية، أو أساتذة جامعات، أو طلاب . وهي نمط من الدبلوماسية التي تساهم في تهيئة الجو على صعيد الرأي العام والإعلام والمدرسة والجامعة، فتغير الصورة عن جماعة محددة أو فئة أو طائفة أو دولة أخرى، مما يمهد لتطبيع العلاقة أو تمهيد الطريق للسلام. ويرى مونتفيل أن الهدف هنا هو استبدال النظرة العدائية بأخرى اكثر تقبلا، مما يسمح ببلورة السلام والعلاقات الطبيعية. وهذا المنهج قد ينطبق على الفلسطينيين والإسرائيليين وقد ينطبق على الصراع العربي الإسرائيلي (أنظر الغبرا، 1993). وقد استخدمت دبلوماسية الخط الثاني في المفاوضات السرية بين الإسرائيليين والفلسطينيين في لقاءات أوسلو بالنرويج.

يذكر هيكل بأنه ليس هناك انفصال بين الدبلوماسية والقوة المسلحة، لأن الدبلوماسية ليست مباراة على مائدة المفاوضات بين رجال مهذبين، وإنما هي حوار بين مصالح متعارضة تستند كل منها إلى رادع حقيقي يحميها ويفتح طريقها، ولابد من التوفيق

بينها، وقد عبر عن ذلك كيسنجر بقوله : هناك زواج بين الدبلوماسية والقوة المسلحة وليس بينهما طلاق (انظر نوفل، 1986) . ويطرح هذا تساؤلا يتمثل كيف تكون من ناحية سيكلوجية، دبلوماسيا وعسكريا في ذات الوقت ؟ كيف تحفظ سيكولوجيا التوازن بين الحرب والسلم ؟ وبكلمات أخرى، كيف تكون ملاكا وإبليسا في ذات الوقت ؟ وكيف يتم التعامل مع دبلوماسية ولقاءات ومفاوضات متأصلة في علم النفس الاستعماري، والامبريالي، والاستخباراتي ؟ وكيف يمكن هضم واستيعاب الكيفية التي يتم بها إدارة الحوار؟ وكيف تفهم الطريقة التي تجرى بها المشاهدات المنظمة، والملاحظات الدقيقة ؟ إن الملاحظة هي نقطة البداية في علم النفس. وقد تكون المقابلات والمفاوضات نوعا من المغازلة العاطفية تعقبها معركة نفسية حامية الوطيس تكون الغلبة والانتصار لمن يفهم تقنيات واستراتيجيات الحوار والتفاوض وخلخلة التوازن العقلي والنفسي- للطرف الآخر .

يرتبط موضوع الدبلوماسية وعلم نفس السلام ارتباطا شديد بعملية التفاوض. ويقع التفاوض في قلب علم النفس الاجتماعي، أو بلغة أكثر تحديدا علم النفس السياسي. وأصبح اليوم كما يقول كامل (1994) من أخطر العلوم التي تجد تطبيقات عديدة في السلم والحرب والاقتصاد والسياسة والبنوك والشركات وإقامة المشروعات وفتح الأسواق فهو ضرورة حياتية في عالم دائم التغير. ويمكن النظر لمفهوم التفاوض باعتباره عملية اتصال بين طرفين أو أكثر بشأن الوصول إلى اتفاق أو منفعة أو تسوية تقبلها الأطراف المتفاوضة مستخدمين جميع أنواع وأدوات وأساليب الإقناع وكافة وسائل الإثبات والدحض. ويعني ذلك أن نجاح التفاوض يتوقف على مهارات فريق التفاوض الإتصالية: مهارات بدأ الحوار، ومهارات طرح الأفكار ومهارات إجهاض فكرة وإظهار أخرى، ومهارات المراوغة. هذا بالإضافة إلى المهارات الأساسية للاتصال مثل تحديد الرسالة بدقة وتحديد الوسط وشفرة الرسالة وفك الشفرة تم تجهيز الرد، وفي حالة المواجهة بين الطرفين، فإن الفريق الفائز هو الذي يتدرب قبل الجلوس للتفاوض على جميع أنواع تلك المهارات.

تكتسب المفاوضات، كما يعبر الغبرا (1993)، بعد مهما في أدبيات حل النزاعات. فالتفاوض عملية دائمة نمارسها في كل وقت، أحيانا بنجاح، وأحيانا بفشل. إننا نفاوض من أجل بناء نظام جديد، أو تجديد عقد، أو لإنهاء صراع. ونتفاوض لأننا نتنافس على القيم نفسها، أكانت موارد أو وقتا، أو مالا، أو نفوذا، أو حقوقا. فنحن نواجه أحد أمرين، أما أن يكون التنافس على القيم مليئا بالعنف، وإما أن يكون قائما على التعديل والتغيير والتوزيع بوسائل سلمية. وكلما اقتربنا من لجم العنف وتحديده نكون قد اقتربنا من التوجهات السلمية التي تؤسس أدبيات حل النزاعات. إن التفاوض هو طريقتنا الوحيدة السلمية للإقناع، وذلك للوصول إلى اتفاق جديد، لتغيير سلوك جماعة أو تيار أو دولة.

وفي اتفاقية كامب ديفيد عندما تأكد لدى الإسرائيليين بأن السادات سيكون الرجل المفاوض عن طريق الأمريكيين تمت دراسة سيكولوجية مفصلة لشخصيته عن طريق اسحاق رابين (1993). وعمل رابين كجندي في ميدان القتال كما عمل دبلوماسي ورئيس وزراء. وبكل هذه المناصب المختلفة كان يهتم بالبعد السيكولوجي في معرفة الخصم. وواصل رابين دراسته لشخصية السادات والتعرف عليها بعمق كما تمت دراسة جميع الخطب العلنية التي ألقاها وتم جمع كل ما نشر ـ عنه وكذلك جميع الانطباعات التي قيلت عنه. مثلا وصف أحد الأمريكان السادات بهذه العبارة "أن الخوف متغلغل في أعماق نفسه". وذكر أمريكي آخر أجتمع بالسادات بأنه رجل يتصف بالغدر واكتشف رابين على حد تعبيره بأنه من خلال تصرفاته السابقة قاعدة ثابتة لعدم الوفاء والتقلب. ففي عام 1971 وقع السادات على اتفاق صداقة مع الاتحاد السوفيتي رغم أن الرئيس عبد الناصر رفض التوقيع، وبعد مضي عام قام بطرد السوفيت واتجه نحو الولايات المتحدة. وذكر رجال أعمال بأن من السهل مع السادات التوقيع على صفقات تجارية ولكن من المشكوك به أن ينفذ مساهمته فيها.

وتعمل بعض الاستراتيجيات في خفض عملية التوتر بين الأفراد أو بين الدول. وفي دراسته الرائعة عن "بدائل الحرب أو الاستسلام"، لقد وضح بروفسر اسجود

(1962)، عالم النفس الاجتماعي الشهير، بعض هذه الاستراتيجيات. وعلى الشخص أو المجموعة التي تطلب عملية السلام إعلان إشارات التعاون وحمل هذه الإشارات بصورة واضحة (ليندسكولد، 1979). وعلى المجموعة التي تطلب السلام أن تكون مهيأة حمل هذه الخطوات حتى في حالة عدم حمل الطرف الآخر لها. وتعمل هذه الاستراتيجيات في العلاقات الدولة. ومن بين تطبيقات هذه الاستراتيجيات في علاقة مصر- بإسرائيل. فقد احتفل أنور السادات وجيمي كارتر ومناحيم بيقن بعقد اتفاقية السلام بالرغم من أن هناك عدة قضايا في الصراع مازالت عالقة. ومهما يكن فإن المفاوضات المصرية الإسرائيلية تقف كخطوة إيجابية في خفض التوتر بين الدولتين. وربما تقود الاستراتيجية لتبادلات في عملية السلام في المستقبل وتحل عملية الصراع (قيرقين وقيرقين، 1981).

وانعقد في مدينة استكهولم بالسويد في الفترة بين 23-28 يوليو 2000 المؤتمر العالمي أل 27 لعلم النفس والذي نظمه الاتحاد الدولي للعلوم النفسية. وشارك في المؤتمر أكثر من 5 ألف عالم نفس من جميع القارات. وبعض الدول الصغيرة أتت بوفود لا تقل عن 100 عالم نفس. ولا يتراوح عدد الحاضرين من جميع أقطار العالم العربي 15 عالم نفس. وقدم جميع علماء النفس العرب المشاركين في المؤتمر 5 أوراق بحثية شفاهية بينما قدم عالم نفس إسرائيلي واحد هو شلوم شوارتز من الجامعة العبرية بالقدس 5 أورق. وحضر أحد أوراق شوارتز عن "علم النفس والدبلوماسية" ما لا يقل عن 2 ألف عالم نفس بينما لا تتجاوز عدد الحاضرين لأي محاضرة قدمها عالم نفس عربي على 50 فرد. ويلاحظ بعض كبار علماء النفس العرب الحاضرين الغائبين يقضون معظم وقتهم في المقهى بلا مشاركة ليس في النقاش وإنما مجرد الاستماع لما يقال عن الشرق الأوسط. ولم يشاهد أحد علماء النفس العرب إلا في الجلسة الافتتاحية للمؤتمر المنعقد في بلاد الشعر "البلندي".

وقدمت في المؤتمر أهم ورشة عن "علم النفس والدبلوماسية: مساهمة العلوم النفسية للمفاوضات العالمية ومنع الصراع والسلام العالمي". وألقيت في هذه الورشة 32 محاضرة عن علم نفس السلام أو الدبلوماسية وعلم النفس قدمها علماء نفس كبار ودبلوماسيون ووزراء خارجية وجواسيس، وكانت هناك 10 أوراق رئيسية في الورشة

غطت موضوعات مختلفة. ومن الموضوعات الأخرى التي تـم علاجهـا "الطبيعـة الإنسـانية والسياسـية العالميـة: الإدراك والهويـة والتـأثير"، و"اتخـاذ القـرار والتبـادل"، و"الصـراع الاجتماعـي، والتوسط والعدالة الاجتماعية"، و"الصراع بين المجموعات: الأسباب النـفس اجتماعيـة والتـدخل"، و" القيادة السياسية"، و"العمليات الثقافية المتداخلة"، و" اتخـاذ القـرار العـالمي البيئـي"، و"مسـتقبل مشهد الدبلوماسية وعلم النفس". ولقد حضرت معظم هذه المحاضرات المتعلقة بعلاقة علم النـفس بالدبلوماسية.

قدم جان الياسون، وزير الخارجية السـويدي، المحاضرة الافتتاحيـة للمؤتمر العـالمي لعلـم النفس. واستمعت لهذه المحاضرة الشيقة التي كانـت بعنـوان "الدبلوماسية وحل الصراع وعلم النفس". ولا يقل عدد الحضور على 2 ألف من علماء النفس والدبلوماسيين وربما الجواسيس. لقـد مارس المتحدث العمل الدبلوماسي المتشبع بالبعد السيكولوجي في الصومال والبلقان والعراق وإيران والسودان وجميعها من المناطق الملتهبة في العالم. وقدم الوزير مصطلح "الأمن الإنساني" الذي أصبح مركز الاهتمام بعد الحرب البـاردة. ويـذكر الـوزير أن المشاكل لا تصبح مشاكل إلا بعد وقوعهـا، واقتبس حينها قول الشاعر اليوت: "ما بين الانفعالات والاستجابات تقع الظلال". ويقول الوزير يجب الذهاب لجذور الأزمات المتمثلة في الفقر، وحقوق الإنسان، وغياب الديمقراطية وهي البني التحتيـة وليس الأعراض. وأضاف المتحدث ضرورة قيام جهاز للتحذير المبكر وحضـور العيـون والآذن العالميـة وليس بالضرورة أن تكون عسكرية إنما مدنية. فضـلا عـن تطبيق نظـام العزلة والعقوبـات لضـرب القادة وليس الشعوب. كما طالب الوزير علماء النفس بدراسة الأثر السيكولوجي لنظام العقوبـات. وهناك ثلاثة أسئلة متعلقة بالتوسط وحل الصراع تتمثل في القيام بوساطة مبكرة لمنع الصراع وخلـق الثقة بين الأطراف المتنازعة وأهمية دراسة الدين واللغة والمعاني.

وروى وزير الخارجية السويدي أحد مهماتـه الإغاثيـة في السـودان إذ أنـه ذهـب للخرطـوم وتحدث مع حكومة الإنقاذ ولكن رفضت مقترحاته ثم رجع للفندق ونظم ورشة لعصف الذهن وتم الخروج منها بمقترح "الأمن الإنساني" وعندما رجع لمفاوضة

الحكومة قبلت هذا المبدأ الإنساني. ويذكر الوزير هنا علماء النفس أهمية اختيار المعاني المناسبة واللغة المستخدمة في الحوار. ويضيف أنه ذهب كذلك لمقابلة زعيم حركة المتمردين في جنوب السودان جون قرنق بمبدأ الإنسانية والذي قبله كذلك. وأضاف ومن يرفض هذا المبدأ. ويقول الوزير إن الدين والعرق لا يؤديان أنفسهما للصراع وإنما استغلال الدين للوصول للسلطة هو الـذي يـؤدي للصراع. واختتم محاضرته بأربعة مقترحات لدراستها مـن قبل علماء الـنفس وهـي تـوفير مناهج جديدة لترجمة التحذيرات المبكرة ومعرفة العوامل السيكولوجية قبل وقوع الأزمات. وثانيا تحديـد الأسباب السيكولوجية لكيفية حل الصراع وسيكولوجية الدبلوماسية. وثالثا فهم كيفية إجراء الحوار ومهاراته عبر الثقافية وكيفية إحداث التوفيق. ورابعا كيفية تطوير نموذج للتعايش الـديني في مجتمع متعدد الأطراف المتصارعة. ومن التحديات التي تجابه الشعوب في القرن الواحد والعشرين هو كيفية قبول التنوعات الثقافية والدينية والتحرر من الخوف أو تقليله لمجموعة كبيرة من الأفراد والجماعات في العالم. وأهمية فك الحدود بين العلوم وجمع المعرفة بصورة كلية. وعلى علماء الـنفس تقديم حلول عملية تطبيقية لا سيما فالمؤتمر المنعقد هو عن علم النفس التطبيقي.

المخابرات الإسرائيلية ونوايا السلام العربية

ترى إسرائيل منذ إنشائها عام 1948 أن مستقبلها يتوقف على حاجتها إلى معرفة اتجاهـات أعدائها والتنبؤ بنواياهم وإحباط مخططاتهم (بلاك وموريس، 1992). ولعلم الـنفس ثلاث أهداف رئيسية هي الفهم والتحكم والتنبؤ (هلقارد واتكنسون واتكنسون، 1969). وواحـدة مـن الموضوعات التـي شغلت علماء النفس الاجتماعيين هو موضوع الاتجاهات. لقد عرف عـدس وتوق (1986) الاتجـاه بأنه يمثل حالة أو وضعا نفسيا عند الفرد يحمل طابعا إيجابيا أو سلبيا تجاه شيء أو موقف أو فكرة أو ما شابه مع استعداد للإستجابة بطريقة محددة مسبقا نحو مثل هذه الأمور أو كل ماله صلة بها.

إن كلا من الوضع النفسي والاستعداد المذكورين لهما مظاهر عاطفية ودافعية وعقلية، ويمكن أن

تكون في بعض أجزائها لا شعورية. إن الاتجاهات كعوامل هامة في بناء الشخصية لا يمكن فصلها عن الأشياء أو الحوادث أو المواقف الموجودة في الجو الاجتماعي ذي صلة، فمثلا في حالة الشخص الذي يكون متوافقا مع الجماعة فليس من الضروري أن يكون من النوع المحافظ اجتماعيا. أي أنه من الضروري عند تفسير الاتجاهات أن يتم ربطها بالمواقف الخاصة بها أو المثيرة لها، وليس إطلاقها بوجه عام. نحاول في الجزء اللاحق من الدراسة أن نتابع توظيف إسرائيل لعلم النفس الاجتماعي، خاصة موضوع الاتجاهات، في فهمها لسيكولوجية العرب.

ويقارب موضوع الاتجاهات في علم النفس موضوع دراسة النوايا في المخابرات. ولكن هناك صعوبة في مسألة تحديد نوايا الأعداء مثلا مقارنة بتحديد الاتجاهات. وهنا يجب التمييز كذلك ما بين استخبارات النوايا واستخبارات القدرة التي تعمل في مجال تطورات مستمرة يمكن متابعتها لمدة طويلة. إذ أن التغيرات التي تطرأ على القدرة هي إضافية بطبيعتها، وإن الأخطاء في تقدير القدرة تكون بشكل عام تقديرات مستوى، وليست جوهرية، ويكون هناك الوقت الكافئ لجمع معلومات أخرى يمكن بواسطتها تصحيح الخطأ . لكن هذا لا ينطبق على استخبارات النوايا. فمن طبيعة النوايا أن تتغير أسرع من القدرة. وتكون التغيرات متطرفة، وليست اضافية، والأخطاء في تقديرات النوايا، قد تكون أخطاء مبدئية وليست نسبية. وفي ضوء هذه الصعوبات، تعتبر استخبارات النوايا بنظر بعض الخبراء استخبارات تعتمد على الخطأ، مقابل استخبارات القدرة التي تعتبر أكثر ضمانا (انظر لنير، 1986).

بعد أربع سنوات من حرب أكتوبر 1973، على حسب قول بلاك وموريس (1992)، فشلت المجموعة الاستخبارية الإسرائيلية في تأمين تحذير مسبق حول حادثة كان لها وقع الزلزال. كانت الحادثة هذه المرة في عدم التنبؤ بمبادرة الرئيس السادات السلمية التي أدت إلى التوقيع على اتفاقيات كامب ديفيد في سبتمبر 1978، وبدء المفاوضات لحل المشكلة الفلسطينية ومعاهدة السلام المصرية الإسرائيلية في مارس 1979 التي أنهت حوالي ثلاثين عاما من النزاع المسلح بين الدولة اليهودية وأقوى وأكبر

أعـدائها العـرب. في أوائـل عـام 1976 بـدأ رئـيس "أمـان" شـلومو غازيـت يقلـق مـن أن الإسرائيليين لن يلاحظوا التحول في العالم العربي من النوايا العدوانية إلى السلمية. ولقد تـم التسـاؤل هل كانت أجهزة استقبال أمان متناغمة مع التحركات العربية تجاه السـلام؟ مـاذا سـتكون إشـارات التغيير في القلب العربي؟ وفي سبتمبر 1976 بدأ غازيت يفكر بجدية حول هذا الموضوع وتقـرب مـن أجهزة استخبارات أجنبية عديدة -وبصورة أساسية وكالة المخابرات المركزيـة الأمريكيـة- وسـأل عـن آرائها بشأن هذه الدلائل، لكن إجاباتها لم تكـن مفيـدة. وعنـدها تحـول غازيـت إلى هيئـة دراسـات الشرق الأوسط الأولى في إسرائيل، وهي مؤسسة شيلوخ في جامعـة تـل أبيـب وسـأل الأكـاديميين عـن عدة مؤشرات. وأخيرا أعد ضباط أمان والأساتذة سؤالين: (1) هـل هنـاك تغـير في المقـولات الشـعبية العربية حول إسرائيل؟ (2) هل هناك تغير له معياره في الموقف العربي إزاء إسرائيـل وفكـرة السـلام؟ لقد استندت أمان على هذه الخطوط العامة وبدأ قسم الأبحاث بالعمل وتوصل في أكتوبر 1977 إلى نتيجة أنه لا يوجد أي تغير في العالم العربي فيما يتعلق بـالموقف إزاء إسرائيـل . كـان قسـم الأبحـاث يعتقد أن السادات قد وصل إلى مفترق الطرق وأن أمامه خيارين الحرب أو السلم.

ويعتقد رابين (1993) كذلك إن احتمالات السلام ستبدو في الأفق عندما ستهتز وحدة العالم العربي ويغيب عبد الناصر وتكف مصر عن أحلامها بتزعم العالم العربي وتوجه جهودها نحو الـداخل لحل مشاكلها الملحة. وعند ابتعاد السادات عن الاتحاد السوفيتي وإضـعاف الجـيش المصرـي نتيجـة إغلاق مستودعات الأسلحة السوفيتية أمامه واتساع رقعة الخـلاف بـين مصرـ وسـوريا وهكـذا دخـل السادات في طريق مسدود لا يوجد بـه سـوى مخـرج واحـد: الحـل السيـاسي . ويضـيف رابـين بـأن السادات جاء إلى إسرائيل بهدف مزدوج: نسف أسوار الشك والحواجز النفسية التي كانـت قائمـة في إسرائيل إزاء نواياه وإرغام الولايات المتحـدة عـلى تغيـير سياسـتها في الشرـق الأوسـط. ومـن ناحيـة سيكولوجية لقد نجح السـادات في تبديـد بعـض المخـاوف العميقـة الراسخة في قلـوب الإسرائيليـين عندما أعلن "أنا أدرك حاجتكم إلى الأمن ولا أدرك حاجتكم إلى المناطق

المحتلة". وعموما لقد كان التأثير النفسي لزيارة السادات هائلا وكذلك الفجوة بين موقفي الجانبين المصري والإسرائيلي ولكن ظهوره أمام الكنيست أرغم حكومة إسرائيل على إعادة النظر في شروط السلام وعلى قيام مناحيم بيجن بالإعلان عن مشروعه السلمي الذي تضمن موافقة إسرائيل ولأول مرة على إعادة السيادة المصرية على شبه جزيرة سيناء وكذلك تضمن فكرة الحكم الذاتي.

يقول سفير الولايات المتحدة في مصر "إن اتجاهات العرب نحو إسرائيل قد تحولت منذ عام 1967 وزادت عملية التحول بعد حرب 1973. وبزيارة السادات الدرامية لإسرائيل فقد خلق ذلك جوا سيكولوجيا جديدا مما يساعد على تقدم عملية السلام بين إسرائيل وجيرانها (اثيرتون 1978). وصل السادات القدس في 19 نوفمبر وتكلم أمام الكنيست وفتح الطريق أمام المحادثات المصرية الإسرائيلية، واتفاقيات كامب ديفيد والبحث غير المجدي عن "الحكم الذاتي" الفلسطيني في الضفة الغربية، وأخيرا معاهدة السلام وعودة سيناء إلى السيادة المصرية. بقى غور الذي حيا الزعيم المصري على أرض مطار بن غوريون وقال فيما بعد "لقد اعتقدت حقا أنها خطة خداع على مستوى استراتيجي عال. لم أفكر في أن الرئيس المصري كان ينوي أن يبدأ الحرب خلال الزيارة أو بعدها مباشرة. لم أعني هذا النوع من الخداع. بل الخداع بمعنى تحضير جاد للحرب عام 1978. بينما كان السادات يلقى كلمته أما الكنيست، أرسل عزرا وايزمن ملاحظة إلى رئيس الأركان تقول "باشر بالاستعداد للحرب".

وبعد أكثر من خمسين عاما على إنشاء دولة إسرائيل، مازال العمل الأساسي لأجهزة إستخباراتها هو تقدير النوايا والإمكانيات العسكرية العربية. وتقوم أمان بمعظم هذا العمل وتستخدم أحدث التكنولوجيا الموضوعة تحت تصرفها. ومازالت حرب إسرائيل السرية مستمرة. ومع ذلك فإذا كان هناك درس من هذا التاريخ المضطرب، فهو أنه يمكن المبالغة في تقدير أهمية الاستخبارات، إلا أنها، ليست أكثر من أداه -يجري تحديد إمكانياتها وحدودها بدقة من قبل مستخدميها- وهي ليست أيضا بديلا عن السياسة. وفي العالم الثالث تستخدم معرفة الأعداء من أجل محاولة إقامة سلام معهم، وحتى

ذلك الوقت، أي عندما يصبح العالم مثاليا، مازال للجواسيس في إسرائيل وبقية البلدان أيامهم الخاصة.

وجابهت المخابرات الإسرائيلية معضلة كبيرة في تقدير النوايا الحقيقة لياسر عرفات أهي نوايا نحو السلام أم نحو الحرب؟ ولذلك قررت المخابرات أن تضع حدا لتلك المعضلة. ففي تقرير رسمي وسري للغاية لكنه تسرب لصحيفة "معريب" الإسرائيلية طرحته المخابرات على ارييل شارون إذ أن من مصلحة إسرائيل التخلص من الرئيس الفلسطيني ياسر عرافات و "إن الفوائد التي تعود على إسرائيل من ذلك أكبر بكثير من الأضرار". ويتألف التقرير من ثلاثة فصول على النحو التالي: أولا: يتحدث عن الفوائد من عرفات وهي: اعترافه بإسرائيل وإطلاق مفاوضات السلام معها (في مؤتمر مدريد ثم أوسلو)، التزامه بمسيرة السلام، مكانته الرفيعة في صفوف الشعب الفلسطيني وكونه صاحب قرار وقادرا على صد التيار الأصولي، وقدرته على التصدي للنفوذ السوري- الإيراني ومن ثم غيابه قد يخلق فوضى عارمة تؤدي إلى تعاظم الإرهاب. وثانيا: يتحدث التقرير الاستخباراتي عن الأضرار التي يمثلها عرفات وهي أنه قائد خطير من شأنه أن يجر الساحة إلى حرب شاملة بين إسرائيل والدول العربية، يهدد بتدمير الكنز الكامن في السلام بين إسرائيل ومصر والأردن، يهدد الاستقرار في أنظمة الحكم في الدول المجاورة، ما زال يرى في العنف والإرهاب أداة شرعية، ولم يقبل بعد بداخله واقع دولة إسرائيل، ولا يرغب في التوصل إلى حلول وسط في القضايا الأساسية مثل القدس واللاجئين، وينجح في لعب لعبة مزدوجة إذ يقنع العالم بنايته الصادقة تجاه السلام وفي الوقت نفسه ما زال محاربا مقاتلا، يزيد من عداء المواطنين العرب في إسرائيل لدولتهم، وفنان في السيطرة وتوجيه الإعلام، ويحول كل هزيمة إلى نصر.

وثالثا يتحدث التقرير الاستخباراتي عن وضع ما بعد عرفات، ربما ينشأ صراع داخلي حول السلطة الفلسطينية ويحتمل أن يسيطر على الحكم تحالف العسكريين والسياسيين العلمانيين، لأن قوتهم العسكرية أكبر من قوة الأصوليين. وينشغل

الفلسطينيون بأنفسهم لفترة طويلة، وتتفرغ السلطة الجديدة لتثبيت حكمها. وبما أنه لا يوجد وريث جدي أو بارز لعرفات، فمن المتوقع أن تضعف مكانة القيادة الفلسطينية في العالم. وسيتعاظم تأثير مصر والأردن على الفلسطينيين. وتكون القيادة الجديدة أكثر براغماتية وأقل تدينا وأكثر شبابية وانفتاحا وأكثر استعدادا للتنازل، فإن قيادة كهذه ستحارب الأصولية بشكل أنجع. ويزداد الخطر في نشوب حرب أهلية فلسطينية. وسيضعف الدعم العالمي للفلسطينيين وسيضعف تأثيرهم على العرب في إسرائيلي. فهل نتيجة لهذه المعضلة التي تواجه إسرائيل في تعاملها مع تقدير نوايا عرفات تضع حدا له وذلك بتصفيته وفقا لتقرير المخابرات؟ ربما لا يستطيع أحد التكهن بماذا ستكون الخطوة القادمة (أنظر الشرق الأوسط، يوليو، 2001).

ربما يتم التساؤل هل تتراجع أبحاث علم النفس وأبحاث النوايا في أمان، والشين بيت، والموساد وتراجع ملفاتها وممارساتها في ظل اتفاقيات السلام المبرمة مع مصر والأردن ومنظمة التحرير الفلسطينية. وحتى بعض الدول شديدة العداء لإسرائيل مثل العراق أو السودان ربما تكون هناك بعض رياح التغيير التي تهب في هذا الاتجاه؟ وهل يتم تصفية أو تقليل نشاط هذه الأجهزة؟ وأين يذهب علماء النفس كاملي الدوام بالمخابرات الإسرائيلية؟ لقد اقتطف بلاك وموريس (1992) قول يهو شافات هاركابي-الرئيس السابق للاستخبارات العسكرية الإسرائيلية، وهو يعتبر من الحمائم- أنه يعتقد أن تغييرا جذريا قد حدث في المواقف العربية تجاه إسرائيل، وأن المسئولية تقع على الجانب الإسرائيلي في قبول هذا التحدي. هذا ويصر هاركابي وآخرون على أن "معرفة العدو" تتضمن معرفة أن العدو بصدد التحول إلى عدو "غير محارب".

تعتقد عدة جماعات في إسرائيل أن البلاد في خطر دائم، فالجيش القوي لا يضمن السلامة. وتواجه إسرائيل أعظم تهديد في تاريخها. وهو أمر لا يمكن السيطرة عليه، وفي إسرائيل يواصلون ضرب الفلسطينيين، ويقول شامير بهذا الصدد :أنهم يجعلون منا قساة، وهم يجبروننا على ضرب الأطفال" هذا هو ما يحدث بعد سنوات من السرية، وبعد سنوات من سياسة "نحن على حق، فنكن على حق، مهما كلف الأمر". وتعمد

تضليل المسؤولين، وتبرير العنف والوحشية عن طريق الغش، أو كما يقول شعار الموساد "عن طريق الخداع". أنه مرض بدأ يسري في الموساد وانتشر في الدوائر الحكومية وامتد في العديد من قطاعات المجتمع الإسرائيلي. وهناك العديد من العناصر داخل المجتمع الإسرائيلي تعارض هذا المنزلق، إلا أن أصواتهم لا تسمع. ومع كل خطوة إلى اسفل، تصبح مواصلة النزول اسهل، والتوقف اصعب بكثير (استروفسكي وهوي، 1990).

إن السمعة المخيفة للاستخبارات الإسرائيلية ليست مهمة، ومن الواضح أنه مازال في البلدان العربية إيمان راسخ بأن إسرائيل لها ذراع طويلة وخطيرة يحكمها عقل خبيث بارع. ولقد حولت الموساد إسرائيل إلى بلد يشك كل شخص في كل شخص آخر، وبكل شيء طوال الوقت. إن السؤال الذي يطرح نفسه بأن هناك فرع قوي هو علم النفس الحربي أو العسكري. ولعب هذا الفرع أدوارا كبيرة في تعزيز الحرب الإسرائيلية-العربية ويقابل ذلك فرع لعلم نفس السلام. إنها لمفارقة سيكولوجية كيف يمكن فهمها في ظل التحكم العالمي؟ علم نفس عسكري يحمل المدفع ويبطش بقوة وقسوة بلا رحمة من جانب وعلم نفس يحمل غصن الزيتون ويدعو للسلام والرحمة! صحيح جدا بأن الموساد سبقت بسبب تطبيقاتها الهائلة لتقنيات علم النفس العسكري الآخرين بخطوة للأمام نحو تحقيق شعارها "عن طريق الخداع سوف ندخل الحرب" فهل يا ترى تتبنى شعارا آخر وتسبق الآخرين خطوة للأمام بتطبيق مبادئ "علم نفس السلام"؟ أم لم تغير الموساد من شعارها ولكن تغير من أساليبها ولكن بمخالب حادة مخفية مع عملية السلام؟

شرح شلومو غازيت رئيس أمان أن سياسة السلام التي بادر بها السادات هي "نتيجة قرار شخصي، قرار لم تجر مناقشته ولم يقبل به أو يتفحصه أي منبر في الدوائر الحكومية في القاهرة. إنه لا يستند إلى أي إجماع عربي عريض". إن ما عبر عنه غازيت يحيلنا إلى طرح بعض الأسئلة: إذا كانت "سياسة السلام العربية-الإسرائيلية" هي "نتيجة قرار شخصي" هل يفهم من ذلك أن "سياسة السلام الإسرائيلية-العربية" هي لم تكن نتيجة قرار شخصي إنما نوقشت وقبلت وفحصت من قبل الدوائر الإسرائيلية

في تل أبيب بإسرائيل وغيرها من المراكز اليهودية أو الصهيونية في دول الشتات؟ هـل هنـاك أي هيئة دراسات سيكولوجية في العالم العربي تلجأ إليها وزارات الخارجيـة العربيـة أو المخابرات العربية لمعرفة بعض النوايا أو المؤشرات الهامة في السياسية الخارجية؟ ومن ناحية سيكولوجية، هـل كانت هناك محاولات سابقة لدراسة رد الفعل العربي لموضوع السلام؟ وما هي مساحة البعد السيكولوجي في الصراع العربي الإسرائيلي؟ وهل هناك أي دور لعلم النفس في التفاوض السلمي لحل الصراع؟ إن هذه الأسئلة وغيرها تحيلنا لبعض التطبيقات الهامة والاستراتيجية لعلم النفس والتي سبقت مفوضات السلام بخطوات.

ورش علم النفس ومفوضات السلام العربية-الإسرائيلية

هناك عدة أبحاث عن العلاقة بين المتغيرات السيكولوجية والسياسات الخارجيـة (المونـد، 1950؛ بريشار، 1972؛ دي ريفيرا، 1968؛ ليـتس، 1953؛ كابلويتز، 1973؛ 1975؛ هاركـابي، 1971). ويؤكد الرئيس الأمريكي كلنتون في محاضرة عـن الشـرق الأوسـط في بـاريس أن المشـكلة بـين الفلسطينيين والإسرائيليين ليست مشكلة سياسية أو عسكرية أو قانونيـة ولكنهـا مشكلة نفسية في المقـام الأول (الأيام، يونيو 2001). ونتيجة لذلك درست بعض المتغيرات السيكولوجية الخاصة بالصراع العربي الإسرائيلي من خلال بعض الورش في أقسام علم النفس الغربية. ومـن ناحيـة تاريخيـة، بـدأ أسـلوب الورش وفق منهج حل المسائل على يد برتون في لندن عـام 1965. وقـد طـور برتون مـع أكاديميين أمريكيين مثل كيلمان هذا الأسلوب في ورش لاحقة. ويقوم الأسلوب على إعطاء أطراف النـزاع فرصـة الالتقاء بعيدا عن مفاوضات رسمية على شكل ورشة عمل لمدة أيام عدة، فيتناقشـون ويستكشـفون سويا أبعادا في الصراع لم يكونوا تنبهوا إليها في السابق.

فهـذه الدراسـات في إطار دبلوماسـية الخـط الثـاني تسـعى إلى كسـر-الجـدار النفسي-بـين المتصارعين. وفي هذه المرحلة يتم العمل لبناء جسور الثقة بين الجماعتين، كما يتم إعطاؤهم جميـع الفرص للتعبير عن خلافهم وغضبهم ومشاعرهم ومخاوفهم في جلسات

طويلة تخصص لإبراز عناصر الصراع العاطفية، كما الواقعية أيضا. وهذا النوع من التنفيس النفسي يساعد كل طرف على الشعور بالراحة، مما يسمح للطرف العقلاني بأن يأخذ مجراه في جلسات أكثر هدوءا في اليوم الثاني والثالث من الورشة. وقد اشتهر كيلمان بالورش التي كان يقيمها في قسم علم النفس بجامعة هارفارد الخاصة بالصراع العربي -الإسرائيلي حيث كان يأتي ممثلون عن الطرفين لمدة ثلاثة أيام، بينما يكون طلبة كيلمان يراقبون الحوار ويسجلون مشاهداتهم. أما كيلمان فلا يتدخل إلا عند الضرورة لإثارة سؤال أو توجيه النقاش، ما عدا هذا فالمشاركون من الجانبين لهم كل الوقت للتحدث عن خلافاتهم ولمحاولة الوصول إلى صيغة مشتركة (أنظر الغبرا، 1993).

كما تم إجراء بعض الأبحاث الميدانية عن الاتجاهات والادراكات التي توجه السلوك السياسي بالنسبة لطرفي النزاع. مثلا قام كابلويتز (1976) بمقابلات مكثفة لمئات الساعات مع 50 من العرب و28 من الإسرائيليين أثناء عامي 1970-1971. وكان أغلبهم من القادمين للولايات المتحدة للدراسات العليا. وتم تدعيم المقابلات باستبيان ذو الأسئلة المفتوحة صمم ليس فقط لمعرفة الآراء حول قضايا معينة ولكن لتشجيع معرفة أسباب الصراع بين العرب والإسرائيليين. وأظهرت نتائج الدراسة بأن هناك مجموعة من العرب تقبل بصورة واضحة عملية التفاوض مع إسرائيل. وتشمل هذه المجموعة العرب المحيطين بإسرائيل منهم بعض الأقباط المصريين، واللبنانيين والفلسطينيين من الضفة الغربية. وبصورة عامة تنعكس اتجاهات تلك المجموعة مع آراء بعض القادة العرب الذين لهم قبول بالنسبة لإسرائيل (حوراني، 1967؛ شهادة، 1971؛ شامير، 1971). كما أظهرت نتائج الدراسة بأن مجموعة من العرب استجابت بعدم التفاوض مع إسرائيل و ليس لديها أي استعداد للاتفاق وبأي صورة من الصور. وتنعكس اتجاهات تلك المجموعة في موقف العراق وليبيا وسوريا حتى حرب 1973 والجبهة الشعبية لتحرير فلسطين.

وتعتبر ورش حل المشكلات للصراعات العالمية (بيرتون، 1968؛ دوب، 1970؛ كيلمان، 1972؛ كيلمان وكوهين، 1967) محاولة لإيجاد نظريات وتقنيات بواسطة علماء

النفس كأداة لحل الصراع وتتح هذه الورش فرصة فريدة للدراسة والملاحظة للتفاعل بالنسبة للمجموعات المتصارعة (كوهين، وكيلمان، وميللر، وسميث، 1977). وعقدت ورشة استطلاعية شملت بعض الفلسطينيين والإسرائيليين مع فريق من علماء النفس لمناقشة موضوع الصراع في الشرق الأوسط. وعقدت هذه الورشة عام 1971 كجزء من حلقة نقاش للمدخل الاجتماعي-السيكولوجي للعلاقات الدولة. وحاضر في السمنار كل من كيلمان وكوهين كما شارك فيه ميللر وسميث كطلاب. وصممت الورشة أساسا لتوضيح ديناميات الصراع ومحاولة الكشف على الجوانب التطبيقية وحدود الأفكار النظرية التي تم التوصل إليها من أعمال الورش مع المجموعات الصغيرة، وأبحاث التأثير الاجتماعي، ونظريات القومية فضلا عن أبحاث الصراع والسلام. وقدمت تلك الورشة فرصة نادرة لملاحظة مشكلات التواصل الثقافي والذي يشمل مجموعتين ليس بينهم صراع فحسب، وإنما يتفاعلون مع بعض كذلك عبر مسافات ثقافية ولغة ليست لغتهم الأم.

وأظهرت نتائج أحد جلسات ما قبل الورشة بأن المصريين قد عرفوا الصراع من خلال الخلاف حول الحدود المغتصبة عام 1967، بينما عرف الفلسطينيون بأن الصراع المركزي هو الاعتراف بحق الشعب الفلسطيني وحقوقهم لفلسطين، بينما رأي الإسرائيليون بأن الصراع ناتج عن رفض العرب لقبول الحقوق الشرعية للدولة اليهودية. وعبر المصريون والفلسطينيون عن معاناتهم من استمرارية الصراع، بينما يرون بأن الإسرائيليين قد استفادوا من التماسك الداخلي الذي خلقه الصراع. وبالنسبة للإسرائيليين، فإن استمرارية الصراع هو مصدر استمرار لمعاناتهم من غير أي فوائد. واتفقت الأطرف الثلاث فقط على عملية الإدراك بأن الفلسطينيين هم أكثر المجموعات معاناة من استمرارية الصراع (كوهين وكيلمان وميللر وسميث، 1974).

وفي بداية النقاش في الورشة أثارت المجموعة الفلسطينية قضية شرعية القومية في جنوب أفريقيا، كما استخدموا هذا النقاش العام كمدخل لمهاجمة شرعية القومية الإسرائيلية. ولكن قبلت المجموعة الإسرائيلية المشاركة في الورشة شرعية القومية

الفلسطينية. وبناءا على ذلك طلب أحد الفلسطينيين أثناء تبادل الحديث من الإسرائيليين بأن يوقعوا بيانا للاعتراف بالادعاء الفلسطيني. ولقد اتضحت بعض التغيرات السيكولوجية في مواقف بعض المشاركين من خلال الورشة ولكن يصعب التأكد تماما بأن هذا التغيرات كانت من خلال خبرة الورشة. ويقول المنظمون للورشة بأنه بعد انقضاء عدة سنوات ظل بعض المشاركين في اتصال معهم ويتذكروا جيدا خبرة تلك الورشة كمصدر لتبصرات هامة. وعبر المشاركون الفلسطينيون والإسرائيليون عن إحساسهم بأن فرصا مشابهة للحوار يمكن أن تحدث في المستقبل. كما عبر بعض الفلسطينيين عن خبرات تلك الورشة لزملائهم من الفلسطينيين، كما بدأ بعض الإسرائيليين للنظر للقضية الفلسطينية كقضية مركزية في الصراع وأكثر صعوبة في حلها خلافا للكيفية التي كانوا يفكرون بها سابقا.

لقد رسم أحد الفلسطينيين المشاركين في الورشة رمزا في السبورة أثناء فترة استراحة ما بين الجلسات يتضمن الصليب والهلال ونجمة داؤود. ونظر لهذا الرمز بأنه يمثل رؤيته لفلسطين المستقبل التي يعيش فيها المسيحيين والمسلمين واليهود في سلام وانسجام. ووصف الإسرائيليون الرمز بصورة مؤكدة لما في عقلية الفلسطينيين بالنسبة لإسرائيل. وكما رأى الإسرائيليون بأن الرمز يمثل إسرائيل (نجمة داؤود)، مطوقة أو محاطة بالعالم العربي (الهلال) مع الخنجر (الصليب) الذي يلج القلب. ويقدم هذا النوع من التفاعل أو المناظرات صورة واضحة حول الفوارق الإدراكية والتي تتصف بها عادة الجهات ذات العلاقة بالصراع (كوهين وكيلمان وميللر وسميث، 1974). وعموما كانت النظرة الفلسطينية للرمز ودلالاته نظرة سلمية بينما النظرة الإسرائيلية كانت نظرة عدائية حتى في ظل ورشة سيكولوجية سلمية لحل صراع قاتل ومدمر.

صحيح جدا بأن المجموعات المصرية والفلسطينية والإسرائيلية من المشاركين في الورشة ليسوا شخصيات مركزية في القرار السياسي في بلدانهم لكي يقدموا مشروعا فعالا لحل الصراع العربي الإسرائيلي كما لم يتبلور كذلك مشروعا محددا من خلال هذه الورشة. ولكن بالرغم من ذلك قدمت الورشة نموذجا لتقنيات حل الصراع. وركزت

الورشة على التنظيمات أو البناءات اكثر من تركيزها على المشاكل الشخصية أو بين الشخصية. ونظر المشاركون للمنهج المستخدم بأنه ثرا وجادا وليس كمباراة مصطنعة. وقدمت الورشة كذلك نموذجا ممتازا لقيمة البحث الأكاديمي السيكولوجي الذي يتح هذا الإطار للحوار وللتفاوض. فإن الأفراد المرتبطين بصراع قاتل ربما يفكروا في احتياجهم لهذا الإطار للتحرك نحو حل الصراع.

بوسعنا القول بأنه من أروقة علم النفس في الجامعات الغربية عقدت هذه الورشة البحثية والتي قدمت معلومات ثرة عن كيفية إدارة الحوار وكيفية فهم اتجاهات وادراكات الخصم، وكيفية بناء الاتصال واختيار المجموعات المشاركة في التفاوض. يبدو أن علماء النفس في إسرائيل وعلماء النفس الإسرائيليين أو اليهود في الجامعات الغربية قد استوعبوا جيدا الكيفية التي يساهموا بها كعلماء أو يرسموا بها السياسات المعينة لفرق التفاوض الإسرائيلي مع العرب في مفاوضات كامب ديفيد ومدريد، وأوسلوا وواي ريفر.

لقد تم تنظيم الورشة الاستطلاعية أعلاه عن الإسرائيليين والفلسطينيين في جامعة هارفارد، أعرق الجامعات الأمريكية، بواسطة واحد من علماء النفس الاجتماعين الكبار وهو هربرت كيلمان و عالم نفس من مؤسسة فان لير بالقدس وهو استيفن كوهين. وذكر في البحث بأنه مول جزئيا من قبل منحة من المعهد القومي للصحة النفسية. ولكنا نتساءل هل تمت هذه الورشة من أفكار انبثقت تماما من قسم علم النفس بجامعة هارفارد؟ أم كان خلف هذه الورشة دبلوماسيون أو عملاء أو جواسيس للمخابرات الأمريكية أو الإسرائيلية؟ ولقد ذكر بأن البحث مول "جزئيا" من المعهد القومي ويا ترى من أين جاء تمويل الجزء الآخر من البحث؟ وما هي علاقة مؤسسة فان لير بالقدس بهذه الورشة؟ وما حجم دعمها للورشة؟ وما هي طبيعة العلاقة بين هذه المؤسسة وبين قسم علم النفس في جامعة هارفارد من جهة ومن جهة أخرى طبيعة العلاقة بين كوهين وكيلمان؟

هل يا ترى قام علماء النفس العرب في جامعات دول المجابهة في القاهرة ودمشق والجامعة الأردنية والجامعة اللبنانية بإجراء أي نوع من الدراسات الميدانية السيكولوجية التي تساعد نتائجها في عملية فهم نفسية الخصم والتفاوض معه؟ هل قام علماء النفس

العرب خاصة المشهورين منهم في دول الشتات مثل أمريكا وبريطانيا وكندا واستراليا وفرنسا بإجراء أي نوع من هذه الورش باستضافة مجموعات من العرب والإسرائيليين كما فعل رصفائهم هناك؟ أم أن هؤلاء العلماء العرب محسوبون للغرب أكثر من العالم العربي؟ أم قام الطلاب العرب المبتعثين من الجامعات العربية والعاملين خاصة في مجال علم النفس السياسي أو الاجتماعي أو العسكري بعمل أي نوع من الدراسات المتعلقة بالبعد السيكولوجي للصراع العربي الإسرائيلي؟ هل قامت الوفود العربية المشاركة في اتفاقيات السلام المتعددة مع إسرائيل بالاستفادة من نتائج أي دراسة سيكولوجية قام بها أحد علماء العرب في كيفية معرفة رد الفعل الإسرائيلي عند أول لقاء؟ أو كيفية تفريغ الكراهية وتجاوز التنميط ولو بصورة مصطنعة؟ أو كيفية تحديد نقاط الضعف والقوة في الوفد المشارك؟ أو كيفية طرح أو ابتدار القضايا المركزية أثناء المفاوضات؟ هل قامت أحد المؤسسات العربية بتبني أي نوع من هذه الورش؟ أو قامت أحد المخابرات العربية بدعم مشروع بحثي عن سيكولوجيا التفاوض مع إسرائيل؟ أو قامت أقسام علم النفس بأي أبحاث سرية استراتيجية؟ يبدو أننا نترك هذه الأسئلة مفتوحة لأجوبة من علماء النفس العرب الذي يطبقون علم النفس بالقطاعي.

الفصل السادس

علماء النفس العرب والتحكم بالقطاعي

مفهوم التحكم عند علماء النفس العرب

تؤكد كتب علم النفس في المكتبة العربية بأن لعلم النفس ثلاثة أهداف رئيسية هي: الفهم، والتنبؤ، والضبط (أحمد، 1992؛ جابر، 1976؛ حمزة، 1982؛ راجح، 1987؛ سليمان والمليجي وبديوي، 1994؛ سويف، 1978؛ الطويل وعلي، 1991؛ عبد الخالق، 1991؛ عبد الخالق ودويدار، 1993؛ عبد الستار، 1985؛ عدس وتوق، 1986؛ نجاتي، 1980). ولا تختلف تلك الأهداف في شكلها العام مما هو موجود في كتب علم النفس الأجنبية. وسوف نوضح لاحقا اختلافها في المضمون من جهة، ومن جهة أخرى درجة ونوعية التحكم بالجملة والتحكم بالقطاعي أو بالمفرق. وبإمكان كل عالم نفس أن يراجع الصفحات الأولى من كتب علم النفس، خاصة تلك الموسومة بالمقدمات والمبادئ والمداخل والموجودة في أرفف المكتبات العربية العامة منها والخاصة فيجد تثليث الفهم، والتنبؤ، والضبط. وسأحاول إيضاح تلك النقطة من خلال عرض وانتقاء بعض الأمثلة من هذه الكتب العربية مع التركيز خاصة على مفهوم "التحكم".

اهتم الإنسان بذاته كثيرا، وحاول جاهدا أن يعرف نفسه، وأن يجد إجابات عن أسئلة كثيرة تتعلق بسلوكه (جابر، 1976)، وإن بؤرة الاهتمام المركزية لعلم النفس في كلا من مجالي البحث والتطبيق السيكولوجي هي سلوك وأنشطة الناس (أحمد، 1992). ويساعد علم النفس بصفة عامة على دراسة وفهم وحل الكثير من الأزمات والمشكلات والصعوبات والانحرافات التي يعانيها الإنسان (الطويل وعلي، 1991). وإن الغرض

الأساسي للبحث العلمي (عاقل، بلا تاريخ) ليس مجرد وصف الظاهرات بل تخطي ذلك إلى تفسيرها. ولا يقنع العلماء بمجرد تفسيرات الظواهر بـل يريـدون أن يتنبـؤوا بالطريقـة التـي يعمـل التعميم وفقها في المستقبل. والعالم الحق لا يكتفي بالتفسير والتنبؤ كهدفين للعلم بل يتجاوزهما إلى محاولة الضبط، وهو التحكم في العوامل الأساسية التي تسبب حادثا مـا لكـي تحملـه علـى التـمام أو تمنع وقوعه. كما يقول عبد الخالق (1991) فإن لعلم النفس أربعة أهداف هي: الوصف، والتفسـير، والتنبؤ، والضبط. فالوصف هو تقرير عن الظواهر القابلة للملاحظة وبيان علاقاتها ببعض. أما فيما يختص بضبط السلوك أو التحكم فيه فإن عالم النفس يروم تعديل السلوك الذي يحتاج إلى تعديل.

ولخص حمزة (1982) كذلك أهداف علم النفس بأنها فهـم السلوك وتفسيره، والتنبؤ بمـا سيكون عليه السلوك، وضبط السلوك والتحكم فيه بتعديلـه وتحويره وتحسـينه. وأعطى مثالين للضبط هـما "حرمان الطفـل مـن عطـف الوالـدين"، و "استعداد الطالـب للدراسـة الأدبيـة وعـدم استعداده للدراسة العلمية". بينما أعطى عيد الزهـار (1991) مثالا للـتحكم في ظاهرة النجـاح في الدراسة على أساس التوجيه التعليمي بالكشف على استعداد الفرد للنجـاح في دراسة معينـة . ومـن أمثلة الضبط عند نجاتي (1980) أثر التسميع في الحفظ، وعند عبد الستار (1985) دراسة تأثير العين على انقباض العين . ويعني الضبط بالنسبة لسليمان والمليجي وبـديوي (1994) تحديد الظروف والملابسات التي تحدد وتتحكم في حدوث الظاهرة التي نحن بصدد دراستها. ويمكن علـى سـبيل المثال التحكم في التفوق الرياضي في لعبة معينة عن طريق عمليات التوجيه والاختيار السليم .

إن عالم النفس يروم تعديل السلوك الذي يحتاج إلى تعديل كتعديل سلوك المـريض النفسي-بعلاجه، وضبط (تعديل) سلوك المراهق الذي يدأب على قضم أظافره (عبد الخالق، ودويدار، 1993) . وإن فهم الظاهرة ومعرفة أسبابها وخصائصها يعين على التنبؤ بحدوثها وعلى ضبطها والتحكم فيها. وهذان هدفان عمليان من أهداف العلم، كل علم وإذا عرفنا استعداد فرد لمهنة أو دراسة معينـة، وعدم استعداده لمهنة أو دراسة أخرى، تسنى لنا أن نجنبه الفشل في إقحامه في مهنة أو دراسة لـيس مؤهلا لها (راجح،

1987). وإذا كانت الروح العلمية للسيكولوجيا الغربية الحالية هي روح تطبيقية بالدرجة الأولى، حيث صار من الضروري توظيف نتائج أبحاثها في شتى المجالات التنموية، وبشكل خاص في مجالات التوجيه التربوي والاختيار المهني والتشخيص العيادي. فمن حقنا أن نتساءل عن المهام التطبيقية لما يتداول عندنا من أبحاث ودراسات سيكولوجية؟ ومن واجبنا أيضا أن نتساءل عن الأبعاد التطبيقية لنتائج هذه الأبحاث وعن احتمالات استثمارها في مجال خدمة القطاعات التنموية الحيوية داخل المجتمع العربي (أحرشاو، 1994).

وفي دراسته الميدانية عن الصورة الشائعة عن علم النفس الحديث، وجد سويف (1978) أن بعض أفراد عينة دراسته ذكروا موضوع الاستفادة العملية من تطبيقات علم النفس، إلا أنها اقتصرت على ذكر ميدان واحد من ميادين التطبيق وهو ميدان العلاج من الاضطرابات النفسية، وذكر أربعة أشخاص من 500 فقط ميدان الصناعة، وأربعة آخرون أشاروا إلى تطبيقات علم النفس في ميدان الجريمة، وثمانية أوردوا ذكر ميدان التربية. ويمكننا أن نلاحظ بأن دراسة سويف شملت عينة بلغت 500 فرد ولم يتم أي ذكر لدور علم النفس في المجال العسكري أو الحربي أو في أغراض الدفاع الأخرى أو في الدبلوماسية أو المفاوضات أو في المخابرات.

وسوف نكرر القول بأن كتب علم النفس في المكتبة العربية تتفق بأن هناك ثلاثة أهداف رئيسة لعلم النفس هي الفهم والتنبؤ والضبط . ومن أمثلة الضبط والتحكم المذكورة في الكتابات العربية السابقة الاستعداد الدراسي والمهني، والتحكم في ظاهرة النجاح في الدراسة، وتعديل سلوك المريض، وضبط سلوك المراهق والجانح، والتحكم في التفوق الرياضي، والتحكم في الجريمة . إن الهدف النهائي للعلم هو هدف تطبيقي ويا ترى هل نجح علم النفس في العالم العربي في تحقيق هذه الأهداف الخاصة بالتحكم الفعال ؟ ودعنا نتساءل، من غير تهكم، هل أن هدف علم النفس فقط هو التلميذ المسكين في المدرسة؟ أو المريض المشفق على حاله في العيادة النفسية؟ أو الأصم والأبكم والكفيف والمتخلف عقليا أو حركيا في معاهد الرعاية الخاصة؟ إنها نظرة تقليصية تجزيئية على أية حال .

وقد تكون الكتب العربية التي تعالج علم النفس بهذا المنظور هي مجرد اقتباس، أو ترجمة للكتب الغربية . ولكنها إقتباسة، أو ترجمة "مايكروية" تركز على جوانب محددة من علم النفس أي ما أسميه "علم النفس بالقطاعي" أو "علم النفس بالمفرق". هل حتى في حالة التحكم بالقطاعي استطعنا حقيقة وفعلا أن نتحكم في التلميذ والمريض والمعاق والعامل ؟ وهل يشعر علماء النفس العرب أن علم النفس الذي يدرسونه في قاعات الجامعات له ارتباط حقيقي بقضايا المجتمع الواقعية ؟ أم أن علماء النفس العرب لا يسألون أنفسهم هذه العينة من الأسئلة المحرجة؟

هناك عدة وظائف هامة لعلم النفس في مجال التحكم والتدريب والتأهيل في مختلف قطاعات المجتمع الصناعي والعلاجي والتربوي. ولكن في نفس الوقت إن جزءا ليس باليسير من حقيقة علم النفس الغربي، أو الأوربي، و اليورو-أمريكي هي حقيقة استعمارية، وإمبريالية، واستخباراتية ويمثل ذلك الأهداف الكبرى لعلم النفس كما وضحنا سلفا . ولكن عندما يستجيب علماء النفس العرب للعلم المستورد فانهم يدركون بصورة تجزيئية الأهداف الصغرى لعلم النفس، أو علم النفس بالقطاعي كما أفضل أن أسميه. وربما تكون هناك غفلة في متابعة التطبيقات الكبرى لعلم النفس المكشوف والمستور منها، وغفلة أخرى في مواكبة الإسهامات العالمية لعلم النفس من اللاغرب وكيفية استجابة علماء النفس فيه لفهم آلية التلاعب التحكمي في علم النفس. والسؤال أين علماء النفس العرب من هذا السياق العالمي لعلم النفس ؟ ولماذا لا يوجد علماء نفس عرب عظام يعبرون عن الحقيقة السيكولوجية في "زمكانها"؟ و كيف يمكن قراءة علم النفس بصورة ذكية ؟ والسؤال الأهم لماذا هناك أهداف طموحة لعلم النفس في الكتب العربية لتسلق قمة افرست في التحكم ؟ ولكن لماذا يبدو أن محاولة التسلق هذه لم تتجاوز خطوات سلحفاة كسيحة في قاعدة الجبل؟ والسؤال الأهم لماذا لم يولد علم النفس في العالم العربي بأي مخالب؟

إن عنوان هذه المحاولة البحثية هو "علم النفس والمخابرات". ونحن ندرس ما هو "علم نفس" من جهة و ما هو "مخابرات" من جهة ثانية وكيفية الانتقال من علم النفس

للمخابرات. ولكن يبدو أن النسق سوف يتخلخل في الفصل الرابع من هـذه الدراسـة. ويعزى السبب في ذلك بأن هناك علم نفس كسيح في العالم العربي بلا مخالب لعدم تطبيقه بعد في الأغراض الدفاعية أو في المخابرات العربية. لذلك سوف نركز الحديث عـن "علم الـنفس" وتأسيسـه التربوي وبعض قضايا علم النفس، ومعوقات وتوطين البحـث السـيكولوجي والتجزئة في البحث ودعوة لاستقالة أو انتحار علماء النفس العرب.

بوسعنا التساؤل لماذا كان مفهوم علماء النفس العرب للتحكم "مفهوما بالقطاعي" ولم يكن أبدا "مفهوما بالجملة"؟ ولماذا كانت نظرة علماء النفس العرب نظرة مايكروية لعلم النفس ولم تكن أبدا نظرة ماكروية؟ ولماذا لا يفكر علماء النفس العرب بصورة اسـتراتيجية في علم الـنفس؟ ولمـاذا لم يتأسس علم النفس في مؤسسات الدفاع العربية بمخالب حادة؟ أو تدعم المشاريع البحثية مـن قبل المخابرات العربية؟ يبدو أن هناك صعوبة في عملية وجود إجابة محددة لهذه الأسئلة الهامة. وربمـا يحتاج ذلك لخبراء استخطاطيون ولكن نحاول مجرد الاجتهاد في تقديم بعض التفسيرات المحتملـة. بوسعنا الافتراض بأن تأسيس علم النفس في العالم العربي كان تأسيسا تربويا، وتأسيسا غـير تجريبيا. وكان علم النفس تابعا لا مؤسسا ولا موطنا، وعلم نفس خارج الحاجة العربية، والنظرة البحثية هـي نظرة تجزيئية ضيقة وتقليصية، وعلم نفس غير معاصر للتطورات العلمية الهائلة، وعلم نفس خارج الإطار الثقافي، وعموما هناك مستويات ضعيفة لاختيار طلبة علم النفس مما يـؤدى بـدوره لباحثين ضعيفين.

التأسيس التربوي لا الدفاعي لعلم النفس

أجريت قرابة الأربعين عاما الماضية دراسة حول "نشاط العرب في العلوم الاجتماعيـة في مائة سـنة" تضمنت معلومات عن نشاط علماء النفس العرب في كل من مصر (مراد، 1965)، والعراق (البسام، 1965)، وسوريا (عاقل، 1965) ولبنـان (ديـاب، 1965). وتضمنت المسـاهمات المقدمـة مـن هـؤلاء الرواد في أقطارهم أنشطة مختلفة عن تأسيس علم

النفس، و الكتب السيكولوجية أو الكتب العامة التي احتوت على معلومات عن علم النفس، وعن المقالات المنشورة في تلك الفترة، والمقاييس السيكولوجية المستخدمة، والبعثات الخارجية للتخصص في علم النفس، ونماذج لرسائل الماجستير والدكتوراه في علم النفس، وعلاقة علم النفس بالجانب الاكلينيكي، ووضعية معامل علم النفس في تلك الفترة، ومشكلات المصطلح السيكولوجي، وتأثر الأبحاث العربية بالأبحاث الأجنبية، وعدم وجود جمعيات وروابط سيكولوجية لعلماء النفس العرب. وتتفق جميع الآراء على تأسيس علم النفس في معاهد المعلمين أو كليات التربية لاحقا وجزء في أقسام الفلسفة. كما تتفق الآراء على هامشية علم النفس التجريبي أو علم النفس الصلب.

وفي مصر، كان إنشاء أول قسم لعلم النفس التربوي، وتعين أول بروفسر لعلم النفس عام 1929 (أبو حطب، 1997)، وكانت المقررات التي تدرس في كليات التربية تتضمن مقدمة في علم النفس و علم نفس النمو وعلم النفس التربوي وعلم النفس الاجتماعي و الصحة النفسية والقياس والتقويم (أبو حطب، 1992). وكان أول كتاب استرعى انتباه يوسف مراد في تأريخه لعلم النفس وبه بعض المعلومات السيكولوجية هو كتاب الطهطاوي "كتاب المرشد الأمين للبنات والبنين"، والكتاب الثاني هو كتاب البيداجوجيا العلمية للشيخ حسن توفيق . ومن الكتابات الأخرى كتاب "علم النفس وآثاره في التربية والتعليم" لمصطفى أمين وعلي الجارم، بالإضافة لكتاب أمين قنديل " أصول علم النفس وأثره في التربية والتعليم".

إن هذه الكتب المتعددة توضح بلا شك الارتباط الوثيق بين علم النفس والتربية في العالم العربي. وإن تجربة مصر العريقة مع علم النفس التربوي قد انتقلت إلى دول عربية أخرى وذلك من خلال تدريس علم النفس بواسطة علماء النفس من مصرـ أو بوساطة الكتب المصرية أو بوساطة المقررات التي تطورت في مصر. ويذكر كينج إن حولي 70% من مجموع علماء النفس الذين يدرسون أو يمارسون علم النفس في الدول العربية تم تدريبهم في مصر (كينج، 1984)، ونتيجة لعدم تأسيس جامعات مبكرة في بقية العالم العربي فكانت هناك حاجة لعلماء النفس المصريين وتعتبر هذه أكبر عملية هجرة أدمغة

في تاريخ مصر (أبو حطب، 1992). ولعل السؤال الـذي يتبـادر للـذهن مـا هـي إيجابيات وسلبيات التجربة المصرية المطبقة في بقية العالم العربي؟

وفي لبنان، كانت نصف الأطروحات التي كتبت في دائرة علـم النـفس دارت حـول نظريـات التعلم، أما النصف الآخر فتشمل موضوعات مثل انحراف الأحداث والفصام وقياس روائـز الـذكاء وحوافز التحصيل وأنماط تربية الأطفال . وأما الأطروحات التي كتبت في دائرة التربية فتشمل مشاكل التكيف الاجتماعية والعائلية، ومشاكل التكيف للطلبة ومشاكل الأطفال العاطفيـة ودراسـة أسـباب الرسـوب في الفيزيـاء والتعلـيم المـختلط في لبنـان (ديـاب، 1965). وفي العـراق، نشـأت الدراسـات النفسية في دور المعلمين والمعلمات والمعاهد العالية وتحتوي على تدريس علم النفس التربوي وعلم النفس التكويني. وقد يضاف إليهما الصحة العقلية والقياسات النفسية باعتبارهما مـن الموضوعـات الاختيارية. ويدرس علم النفس العام وعلم النفس الاجتماعي في فرعي الفلسفة والاجتماع مـن كليـة الآداب. وكانت معظم الدراسات العلمية المنجزة عن علـم النـفس التربوي وعلـم النـفس التكويني (البسام، 1965).

وفي سوريا، حتى الحرب العالمية الأولى لم تكن الدراسات السيكولوجية شيئا مذكورا. وكان قسـم الفلسـفة وعلـم الاجتماع في جامعـة دمشـق (الجامعـة السـورية سـابقا) عـام 1946 يهتم بالدراسات السيكولوجية وكذلك كلية التربية (معهد عال للمعلمين سابقا). وفي السودان تأسس علـم النفس في معهد المعلمين العالي (كلية التربية، جامعة الخرطوم) ومن بعد كلية الآداب. وفي البحـرين وعمان وقطر هناك أقسام لعلم النفس في كليات التربية . بينما في الكويـت والإمارات والسعودية هناك أقسام لعلم النفس في كليات التربية وأخرى في كليات الآداب أو العلـوم الاجتماعيـة. وبوسعنا القول بأن الاتجاه التربوي هو الذي يسيطر على معظم أقسام علم النفس في العالم العربي.

وكانت معظم المادة المنشورة عن علم النفس في الربع الأول من القرن العشرين هي مـادة فلسـفية ودينية. وإن تجارب معمل لايـبزج، و تجارب مدرسـة ويرزبيرج، أو فرنسـيس جـالتون، وجيمس كاتل ... خارج نطاق البحث (أبو حطب، 1992). وفي

سوريا، لم يكن للدراسات التجريبية سبيل . فإن الدراسات السيكولوجية كانت ومازالت ملحقة بالدراسات الفلسفية أو التربوية، ومنها عدم توافر المختبرات . ولا تضم سوريا إلا مختبرا واحدا لعلم النفس موجودا في كلية التربية بجامعة دمشق وهو مختبر ناقص وفقير ومهمل (عاقل، 1965). وفي السودان، هناك بعض الأدوات القليلة والقديمة الخاصة بعلم النفس وضعت مثيلاتها في متحف علم النفس بالغرب. وفي بعض أقسام علم النفس التي شاهدتها أدوات أو معامل لا بأس بها لعلم النفس، ولكنها موجودة "ديكور في القسم".

وبوسعنا التساؤل بصورة واضحة كم من علماء النفس العرب من يجري تجاربه على الفئران، والقطط والقردة والحمام ؟ وكم مطبوعة قدمت عن علم نفس الحيوان أو علم النفس المقارن في الدوريات العربية أو الأجنبية. وإذا كان ذلك صعبا هل من علماء النفس العرب من حاول دراسة الذكاء عند الخيول العربية التي يفتخر بها العرب؟ أو دراسة الذكاء عند الطيور حادة البصر- مثل صقور الصيد التي يتباهى العرب بتدريبها؟ وعندما كتبت مخطوطا عن "علم نفس الحيوان في التراث العربي الإسلامي" تم رفضه من قبل ثلاث دوريات عربية. ولم يتم قبوله إلا في المجلة العربية للعلوم (الخليفة، 1999). وكان سبب الرفض، في تقديري، هو عدم التهيئة النفسية لمحرري هذه الدوريات أو محكميها بقبول علم نفس الحيوان كفرع من أفرع علم النفس. وفي السودان، كان هناك عالم حيوان متحمس لعلم النفس بصورة غير عادية ومن ثم تحول من كلية العلوم إلى قسم علم النفس بكلية الآداب، ولقد تم التساؤل من قبل الكثيرين ما علاقة علم الحيوان بعلم النفس؟

أريد أن أسال نفسي وأسال علماء النفس العرب عندما يتحدثون عن التحكم: هل استطعنا إدخال القرد، أو الكلب، أو الحمامة، أو حتى الفأرة في المعمل حتى نتحدث عن الفهم، والتفسير، والتنبؤ، والتحكم؟ ربما تكون الإجابة بنعم عند الرجعة أو العودة أو النكصة أو الارتداد للتراث. فأمام الانكسار النفسي، كما يقول غليون (1990)، يصبح الإيمان بالنصر- التاريخي تعويضا عن الهزيمة. ويقول بدري (1979) أن مدربي الصقور

من قدماء العرب اسكناريون لآلاف السنوات قبل أن يولد اسكنر. يمكن أن نتأمل إن العرب قاموا بتدريب الصقور بينما قام اسكنر بتدريب الحمام، فكان تدريب الصقور لمتابعة الصيد بينما كان تدريب الحمام لتوجيه القنابل لأغراض الدفاع أثناء الحرب العالمية الثانية. ويمكن أن نعيد النظر مجددا ما بين قصر النظر وطول النظر، وما بين التفكير في البطن والتفكير في التحكم، ما بين التحكم بالقطاعي، والتحكم بالجملة. وهذه المقابلة اللعينة قد توضح طبيعة المأزق الذي يجابه علم النفس في العالم العربي، وبكلمات أدق المأزق الذي يجابه علماء النفس العرب في فهم مغزى قصة علم النفس المعقدة. علم نفس من جهة يطور مخالب حادة وعلم نفس آخر يقلع هذه المخالب!

يلاحظ في العالم العربي أنه لم يتم الاهتمام بعلم النفس "الصلب" كما كان الاهتمام به في الدول الأخرى، وليس له ارتباط بالتكنولوجيا ولم تكن هناك ترجمات للموسوعات العلمية. فتأسست ملامح علم النفس كما وجدنا سابقا في رحاب معاهد المعلمين سابقا أو كليات التربية لاحقا. ولم تكن هناك أية روح علمية صارمة وصلبة لعلم النفس في العالم العربي في مخابر الفيزياء، أو معامل الفسيولوجيا، أو أقفاص الزولوجيا كما تأسس علم النفس في ألمانيا وبريطانيا وأمريكا وإسرائيل واليابان . وبوسعنا القول بأن النزعة العامة لتأسيس علم النفس في العالم العربي هي نزعة "تربوية" وتبعا لذلك يمكننا أن نطلق على علم النفس بأنه "علم نفس الطلبة" خلافا لفئات العمال والفنيين والمهنيين المدروسة.

وغالبا ما تستخدم الاستمارات والاختبارات السيكولوجية الورقية بالنسبة للطلاب في العالم العربي. وتبعا لذلك يمكن أن نصف علم النفس ثانية بأنه "علم نفس الورقة والقلم" خلافا للنزعة التجريبية الصلبة والصارمة لعلم النفس. ويمكن أن نطلق عليه كذلك "علم نفس الفرض الصفري" وذلك لبناء الافتراضات من غير قاعدة صلبة من أدب علم النفس ومن غير تبرير كاف لتلك الافتراضات. أو يمكن أن نطلق عليه "علم نفس الصدق والثبات" وذلك لسوء استخدام الإحصاء في الأبحاث السيكولوجية واستخدام هذه الأدوات في استمارات لا تساوي ثمن الحبر الذي كتبت به. وبوسعنا

القول ثانية بأن الاتجاه العام لعلم النفس في العالم العربي هو اتجاه غير تجريبي أو غير "صلب" إنما هو اتجاه "رخو".

انعقدت "الندوة العملية الأولى لأقسام علم النفس بجامعات دول مجلس التعاون لدول الخليج العربية" في الدوحة بقطر من 11-13 مايو 1998 . وكان موضوع الندوة الرئيسي- هو "علم النفس وآفاق التنمية في دول مجلس التعاون". وكانت هناك خمسة أهداف طموحة للندوة وهي: (1) تحديد الدور الذي يمكن أن يلعبه علم النفس في مجالات التنمية المختلفة. (2) إلقاء الضوء على العوامل والظروف النفسية التي يمكن أن تسهم في بناء الإنسان وتنمية مهاراته وتؤدي إلى تحقيق أفضل مستويات من التنمية في دول مجلس التعاون. (3) التعرف على المعوقات النفسية والاجتماعية التي يمكن أن تحول دون تحقيق التنمية البشرية المتكاملة في دول مجلس التعاون وتحديد وسائل تشخيصها وطرق التعامل معها. (4) طرح تصورات علمية وعملية لاستثمار الطاقات البشرية في إطار الدور التنموي لعلم النفس، وتوجيه هذه الطاقات لخدمة عملية التنمية في دول مجلس التعاون. (5) تبادل المعلومات والخبرات بين أهل الاختصاص في مجالات علم النفس المختلة بما يؤدي إلى إثراء الحركة العلمية النفسية في العالم العربي.

وانعقد في اليوم الأخير للندوة مائدة مستديرة عن "علم النفس في العالم العربي". فكان هناك نقاش من قبل علماء نفس من دول عربية مختلفة عن قضايا ومشكلات علم النفس. وكان حديث البعض منصبا عن أهمية ارتباط علم النفس بالجانب التربوي. ويريد هؤلاء أن يتقوقع علم النفس فيما أسمه بـ "علم نفس الطلبة" مهمشا لكل ما سواه من استخدامات لعلم النفس. و قدمت رؤية مغايرة بضرورة ارتباطه بالمؤسسات الدفاعية وأجهزة المخابرات. وذكرت يجب أن يقتحم علماء النفس هذه المؤسسات. فاندهش البعض كيف أتحدث بهذه الجرأة عن اقتحام وزارات الدفاع وأجهزة المخابرات العربية من قبل علماء النفس. فكان هناك تسجيل بالفيديو للمائدة المستديرة. فتوقف مدير الجلسة مذكرا بأن كل النقاش والحوار مسجل. فهل أريد أن يسجل حديثي عن اقتحام علماء النفس لوزارات الدفاع ولكن لم أتردد في أهمية تسجيل تلك النقطة.

وذكرت هذه الحادثة بمفاجأة البعض عن تطبيق وسوء تطبيق علم النفس في مجال المخابرات. وسألني أحد هل صحيح أن علم النفس يطبق في هذه المؤسسات؟ فقلت له وأكثر من ذلك بصورة فظيعة. لذلك لماذا لا يساهم علماء النفس العرب في مجال هام مثل مجال الدفاع ؟ ومن المعروف بأن دول الخليج تنفق مبالغ كبيرة من ريعها في بند الدفاع ولكن نتساءل هل هناك علماء نفس لهم اهتمام بهذا البند. لقد وجد الفارس (1993) إن مجموع ما أنفقه الوطن العربي على المؤسسات العسكرية وشراء السلاح في عقدي السبعينات والثمانينات يزيد على ألف مليار دولار، حيث يمثل ذلك حوالي نصف ما أنفقته الدول الأوربية الأعضاء في حلف شمال الأطلسي، وثلاثة أضعاف الإنفاق العسكري لدول الجوار الرئيسية (إيران وتركيا وإثيوبيا وإسرائيل)، وضعف الإنفاق العسكري لكل من قارتي أفريقيا وأمريكا الجنوبية مجتمعين.

وكانت الندوة المنعقدة بجامعة قطر 1998 بعنوان "الندوة العلمية الأولى لأقسام علم النفس في جامعات مجلس التعاون". ولكن كانت المساهمات المقدمة فقط من أقسام علم النفس بكليات التربية ولم تشمل أقسام علم النفس في كليات الآداب أو العلوم الاجتماعية. عموما هناك جفوة في العالم العربي بين أقسام علم النفس بين ما هو "تربوي" وما هو "أدبي". إن النظرة الفاحصة، لا تخطئ إذ ا قلنا يتنافر علماء النفس العرب، من هم في كليات التربية ومن هم في كليات الآداب. ويمكن التساؤل هل قال علماء النفس العرب في الآداب خلاف ما قاله علماء النفس العرب في التربية؟

و عقدت "الندوة العلمية الثانية لأقسام علم النفس بجامعات دول مجلس التعاون لدول الخليج العربية" في رحاب قسم علم النفس بجامعة السلطان قابوس. وحددت الجهة المنظمة للندوة أربع أهداف رئيسة هي: (1) تحديد الدور الذي يمكن أن يقوم به علم النفس في مجالات الحياة المختلفة وتوظيفه في خدمة المجتمعات الخليجية في المستقبل (2) الوقوف على المشكلات النفسية والاجتماعية التي تواجهها دول مجلس التعاون

الخليجية وطرق معالجتها (3) تبادل الآراء والأفكار والخبرات ومناقشة المشاريع البحثية بين الباحثين والمتخصصين في مجالات علم النفس المختلفة في دول مجلس التعاون الخليجية (4) تشجيع اتجاهات التطوير في الأبحاث النفسية والتربوية لغايات المستقبل في دول مجلس التعاون الخليجية. كما حددت الجهة المنظمة للندوة أربعة محاور أساسية هي: (أ) دور علم النفس في خدمة المجتمع الخليجي (ب) علم النفس في العملية التربوية (ج) علم النفس وذوو الحاجات الخاصة (د) علم النفس والإعلام الخليجي (هـ) علم النفس والمشكلات النفسية والاجتماعية (و) علم النفس والتطوير المهني (ي) علم النفس وقضايا الأسرة الخليجية.

وما يهمنا في برنامج الندوة الثانية هو المحور الأول والخاص بـ "دور علم النفس في خدمة المجتمع الخليجي" والذي يغطي أربعة موضوعات هي توظيف علم النفس في التعامل مع البيئة ومشكلاتها، وعلم النفس والتنمية الاقتصادية والتجارية والصناعية، وعلم النفس وطموحات الشباب وأخيرا "علم النفس والخدمات الأمنية". ولقد قدمت ورقة للجهة المنظمة للندوة تعالج موضوع الإبداع والذكاء والموهبة وأخرى تعالج موضوع علم النفس والأمن والمخابرات. فالورقة الخاصة بالإبداع والذكاء والموهبة هي من موضوعات علم النفس التربوي بينما الثانية من موضوعات علم النفس الدفاعي. وبلغة أخرى، الأولى من موضوعات علم النفس بالقطاعي والثانية من موضوعات علم النفس بالجملة. وأن الورقة الثانية تعالج موضوعات مهما في الندوة "علم النفس والخدمات الأمنية". فلا أدري ما هي نوعية الموضوعات أو الأطروحات التي يمكن أن تعالج في هذا المحور؟ أي علم نفس والخدمات الأمنية تريد الجهة المنظمة للندوة؟

خلافا للتطور التربوي لعلم النفس في العالم العربي لقد كشفنا سابقا عن تطور علم النفس في كثير من الدول الغربية في ظل المؤسسة العسكرية وكانت مؤسسات الدفاع هي التي أصدرت الأوامر بضرورة تطبيقات علم النفس في المجال الحربي. فمثلا، أصدرت وزارة الحربية في ألمانيا عام 1920 قرارا بتطبيق علم النفس وتبعا لذلك تم تأسيس أول مركز للأبحاث السيكولوجية في نفس السنة. وأصدرت نفس الوزارة قرارا عام 1927 يتطلب من كل الضباط المرشحين أن تطبق عليهم الاختبارات السيكولوجية. وفي الاتحاد السوفيتي، أبرزت الحرب العالمية الثانية أهمية دور علماء النفس في الأغراض

الدفاعية وفي الانتصار في الحرب. وأسست الحربية الروسية مراكز علم النفس الجديدة في تلبيسي وأولاس.

وفي أمريكا، تم إنشاء قسم الاختبار عام 1939 لتطوير عملية التصنيف العام للجيوش المشاركة في الحرب وفي نفس العام تم تأسيس لجنة الطوارئ في علم النفس كما تأسس برنامج لعلم النفس في قوات الدفاع الجوية للمساعدة في اختيار الطيارين، والملاحين، وقاذفي القنابل ومراقبي الرادار ومهندسي الطيران. كما ساعدت أبحاث علم النفس في رسم السياسات الحربية. وفي إسرائيل، تكونت وحدة الأبحاث السيكولوجية في قوات الدفاع الإسرائيلية ووحدة أخرى لعلم النفس في الموساد. نريد أن نقول بذلك بأن البدايات الحقيقية والتطورات الهائلة لعلم النفس كانت في المجال الحربي ومن بعد انتشرت تطبيقاتها في الحياة المدنية وفي سائر أفرع علم النفس الأخرى. وعموما تعتبر عملية الدفاع مقياسا حقيقيا لقدرات ومهارات الأمم وتتطلب هذه العملية تعبئة روحية وعقلية ومادية. ونتيجة لذلك لعب علم النفس دورا أساسيا في تعزيز عملية العدوان في الحرب وفي معرفة سيكولوجيا الأفراد الذين يقومون بتشغيل التقانة العسكرية من الطائرات والدبابات والسفن وقذف المدافع.

في تقديري، وحسب ملاحظاتي، إن كليات التربية في العالم العربي تكون في آخر قائمة التقديم بالنسبة لمجموعة كبيرة من الطلاب. وبذلك تجذب هذه الكليات ضعاف الطلاب الذين يدرسون علم النفس ونادرا ما يدرس المتفوقون من الطلاب في كليات التربية. وتبعا لهذا المنطق يكون أداء هؤلاء الطلاب ضعيفا مقارنة مع رصفائهم في كليات أخرى. وتبعا لهذا الضعف يعين خريجو علم نفس ضعاف في مستواهم الأكاديمي وربما في تكوينهم الفكري والبحثي ليكونوا أساتذة أو بحاثة في علم النفس لا يتجاوز "الطلبة" و"الورقة" و"القلم" و"الفرض الصفري". إن كل ذلك يؤدي إلى تخريج علماء نفس غير ملتزمين مهنيا واجتماعيا ويكون أداؤهم أدنى من المتوسط في علم النفس مما يكرس عملية الإنتاج السيكولوجي البحثي المنخفض في جانبه التطبيقي والعلمي ويؤدي ذلك بدوره لعدم وجود مستوى رفيع لعلم النفس خارج حرم الجامعة في

المجتمع العربي. ولا يبدو أن الأم العربية تفضل بأن يكون ابنها عالما للنفس إنما تفضله بأن يكون طبيبا أو مهندسا. وقد لا ينضم علم النفس لقائمة هذه المهن الرفيعة قريبا. إن صورة علم النفس في العالم العربي والتي رسمنا ملامحها العريضة تختلف تمام الاختلاف في صورته في ألمانيا وبريطانيا وأمريكا واليابان وإسرائيل. إنه علم نفس كسيح بلا مخالب؟

بعض قضايا علم النفس في العالم العربي

هناك مجموعة من الأبحاث التي ناقشت قضايا علم النفس الكبرى في العالم العربي، يمكن حصرها حسب الأسبقية الزمنية: "مشكل أخصائي النفس المسلمين" (بدري، 1989)؛ و"مشكلات علم النفس في العالم الثالث: حالة الوطن العربي" (أبو حطب، 1993)؛ "تحليل المعرفة النفسية في الدول غير المصنعة" (مزيان، 1993)، "علم النفس في العالم العربي: من الواقع الراهن إلى المشروعية الوظيفية" (حجازي، 1993)، "واقع التجربة السيكولوجية في الوطن العربي" (أحرشاو، 1994)، "نحو سيكولوجيا عربية" (النابلسي، 1995)، "مأزق علم النفس اليورو-أمريكي في ثقافة غير غربية" (الخليفة، 1997أ)، "إمبريالية علم النفس اليورو-امريكي في ثقافة غير غربية (الخليفة، 1997ب)، "دور علم النفس في خدمة التنمية البشرية" (أبو حطب، 1998)، "علم النفس في الدول العربية" (أحمد وجيلين، 1998)، "علم النفس والتنمية البشرية في دول مجلس التعاون الخليجي" (حجازي، 1998)، "توطين علم النفس في العالم العربي" (الخليفة، 1999أ). في تقديري، لقد نظر علماء النفس العرب لقضايا علم النفس من مناظير وزوايا متعددة حسب توجهات أو اهتمامات هؤلاء العلماء. وتختلف هذه الدراسات في عمقها وسطحيتها، وفي قوتها وضعفها، وفي مركزيتها وهامشيتها، وفي كليتها وتجزيئيتها. ومع اختلاف المناظير والزوايا لكن هناك اتفاق عام عن أزمة أو معضلة أو مشكل أو مأزق علم النفس في العالم العربي .

إن مقولة علم النفس يجابه قضايا كبرى ربما يعني بأن هذا العلم كان في حالة من عدم المجابهة لهذه القضايا وربما وصل إلى قمة محددة ثم جابهته مشكلات وأزمات

ومعضلات ومحن ومآزق . نحن نقصد أن علم النفس منذ بداية استيراده وتبنيه واستزراعه قد جابه "مشكل"، و"أزمة"، و"معضلة"، و"محنة" و"مأزق" في العالم العربي. واكتسب علم النفس أرضية واسعة في العالم الغربي والمتقدم صناعيا بعد مرور هذا المجتمعات بعمليات التغير والتي تحتاج لأبحاث التكيف والتأقلم والتعايش . وتحققت كثير من شعارات علم النفس . فيا ترى لماذا لم يكتسب علم النفس هذه الأرضية في العالم العربي؟ وهناك تغيرات سريعة وهائلة في العالم العربي عامة ودول الخليج العربي خاصة: فالسؤال هل استجاب علم النفس أو بالأحرى علماء النفس لهذه التغيرات بالفهم والتحليل والتنبؤ والضبط؟

صحيح جدا بأن هناك ضعف في النمو الاقتصادي في كثير من الدول العربية حال دون نمو علم النفس ولكن زيادة الدخل القومي في بعض الدول العربية، مثلا دول الخليج العربي، لم يساعد على نمو علم النفس لكي يتوافق مع البيئة المحلية. في تقديري، هناك أهمية لدراسات كبرى لاحقة لتعميق وتوسعة الدراسات الموجودة ولدراسة قضايا أخرى كالمتغيرات السيكولوجية المؤثرة في التأسيس العلمي لعلم النفس، وقضايا البحث السيكولوجي المحلي، وقضايا النشر- في الدوريات العالمية، وقضايا التجمع السيكولوجي، وقضايا تجذير علم النفس في التراث العربي الإسلامي، وفوق كل ذلك قضايا "تبيئة" أو "بستنة أو "استزراع" أو "توطين" علم النفس في العالم العربي.

ويمكن أن نقدم مثال لقضية تبعية علم النفس من خلال مجال المقاييس السيكولوجية والتعامل مع مفهوم وممارسات الشذوذ الجنسي في العالم العربي. بخصوص القياس النفسي لقد كان لعلماء النفس في اليابان وإسرائيل مثلا قدرة فائقة في استيعاب وتهجين وتجديد وتقنين مقاييس الذكاء المستوردة من الغرب ومن ثم تجاوزها بعمل مقاييس مماثلة من واقع البيئة المحلية اليابانية أو الإسرائيلية مقابلة تماما للمقاييس الأجنبية. فكثيرا من المقاييس المستخدمة تم تمثيلها وتطويرها خلال سلسلة من المراحل وخاصة مرحلة التبني، والتكييف، والتأصيل و التناغم. تم استيراد مقاييس الذكاء للعالم العربي منذ مرحلة مبكرة . ولقد اهتم القباني بصفة خاصة بإعداد الاختبارات لقياس الذكاء وإليه يرجع الفضل

في حركة القياس السيكولوجي . ويعتبر القوصي رائدا لحركة دراسة القدرات العقلية الـذي يرتبط اسمه في الأوساط العلمية في الخارج بمجموعة الباحثين الذين اكتشفوا عـن القـدرات المكانيـة (مراد، 1965). وفي العراق، ترجم زريق مقياس تيرمان-استانفورد للذكاء في عام 1928 . وقام النحاس بتحريـر مقياس ستانفور-بينيـه للهجة العراقيـة عـام 1946 (البسـام، 1965). وكـان أول تطبيـق لاختبارات الذكاء في مصر عام 1928 فلقد استخدم القباني مقياس بلالارد للذكاء ومقياس رسم الرجل (أبو حطب، 1992). ولعل السؤال الذي يطرح نفسه لماذا لم تكن لـدى علـماء النفس العرب قـدرة فائقة في استيعاب وتجديد وتهجين المقاييس السيكولوجية؟

جرت عدة محاولات بخصوص تطبيقات مقاييس وكسلر للذكاء لفئات الراشدين والأطفـال وأطفال مادون الدراسة وبطبعاتها المختلفة في العالم العربي. مثلا، قام إسماعيل ومليكـة عـام 1956 بتقنين مقياس وكسلر-بلفيو للذكاء وتم نشر مقياس وكسلر لذكاء الأطفال عام 1961 . وفي السـودان، تمت عملية ترجمة وتكييف مقياس وكسلر لذكاء الراشدين-المعدل عام 1987 ومقياس وكسلر لـذكاء الأطفال-المعدل عام 1988. وفي المغرب، قام أحرشاو بتقنين مقياس وكسلر لـذكاء الراشدين عـام 1978، وفي الأردن قام الكيلاني بإعداد صورة أردنية من مقياس وكسلر لذكاء الراشدين عـام 1979. وفي سوريا قام أحمد عنبر بتكييف مقياس وكسلر لذكاء الأطفـال عـام 1981. وفي الكويت، قـام أبـو علام بتقنين مقياس وكسلر لذكاء الأطفال عام 1973، ومقياس وكسلر لـذكاء الأطفـال- المعدل عـام 1983. وفي السعودية، قام عبد اللـه النافع وآخرون بتقنين مقياس وكسلر لذكاء الأطفال-المعدل عام 1998. وفي البحرين قام الخليفة والمطوع بترجمة وتكييف مقياس وكسلر لـذكاء الأطفـال-الطبعـة الثالثة ومقياس وكسلر لذكاء الراشدين-المعدل عام 2000. وفي العراق، قـام العـاني بتكييف مقيـاس وكسلر لذكاء الراشدين وذكاء الأطفال مادون الدراسة وتجرى حاليا مشاريع بحثية لترجمة وتكييـف مقاييس وكسلر للذكاء في دول عربية أخرى.

كتب أحرشاو (1994) مؤلفا ممتازا عن "واقع التجربة السيكولوجية في الوطن

العربي" ووجد أن اهتمام علماء النفس العرب بالأساليب القياسية في أبعادها النفسية والعقلية والتربوية قد تجلى في 87 محاولة. 40 محاولة في مجال ترجمة المقاييس، و25 منها تمت في مجال التعديل، و 22 تمت في مجال الإعداد. ويعني هذا أنه وعلى امتداد ما يقارب نصف قرن كامل من العمل السيكولوجي في الوطن العربي، وبشكل خاص في جمهورية مصر۔ العربية التي تشكل النموذج القائم الذات في هذا المضمار، فإن عدد المحاولات التي تحققت في مجال الإعداد المحلي لأدوات قياسية تتساوق مضامينها وخصوصيات الواقع العربي قد وصل إلى 22 محاولة : 6 منها لقياس الذكاء العام و 8 لقياس الاستعداد والتحصيل و2 لقياس التدهور العقلي و6 لقياس الشخصية.

والحقيقة، كما يقول احرشاو (1994: 88)، أن هذا العدد وإن كان يبدو هاما من الناحية الكمية فهو غير ذلك من ناحية التوظيف والاستعمال. وبالتالي فإن هذه المحاولات لم تحظ بالاستخدام الواسع ولا بالمصداقية العلمية التي اكتسبتها بعض المقاييس الواسعة الانتشار، وفي مقدمتها مقاييس بينيه ووكسلر للذكاء ومقاييس ثرستون وبنيت للاستعداد والتحصيل ومقياس بندر۔ جشطالت للتدهور العقلي ثم مقياس رورشاخ وسترونج وموراي للشخصية. ومرد هذا القصور على حسب تعبير أحرشاو (1994) "هو استمرار واقعة افتقارنا في العالم العربي إلى مشروع سيكولوجي هادف" .

وفي تقديري، إن فترة 70 عاما منذ أول تطبيق لمقاييس الذكاء في العالم العربي عام 1928 في مصر والعراق كان ذلك كافيا بتطوير أقيسه سيكولوجية من واقع البيئة العربية كما كانت 11 سنة فقط كافية بتقليد وإنتاج أول قطار في اليابان. ويمكن أن نلاحظ الفرق ما بين المقياس السيكولوجي وما بين القطار. فيا ترى ما السبب الذي جعل علماء النفس في اليابان وإسرائيل يتميزون بروح "التماثلية المبدعة" للإنتاج السيكولوجي في حين يفتقرها علماء النفس العرب؟

خلافا لما هو سائد في العالم العربي كانت تطبيقات علم النفس هائلة في الأغراض الدفاعية في كثير من الدول وهناك عدة ملامح لهذه التطبيقات. لقد تطورت الاختبارات السيكولوجية الموقفية والتي تشابه مواقف الحياة العادية، وكانت ملاحظة سلوك

المفحوص أثناء الاختبار أهم من الدرجات التي ينالها، وكانت هناك نظرة شمولية متكاملة للمفحوص، وعادة ما يتخذ القرار النهائي لصلاحية المفحوص بواسطة مجموعة من الخبراء. وعموما كانت النظرة شمولية ومتكاملة للمفحوص. وقام الروس بتطوير أبحاث الذكاء العملي، والألمان الاختبارات الموقفية، والأمريكان الأدوات الإحصائية. وبالدعم السخي لأبحاث علم النفس تطورت الأبحاث الرائعة والمروعة في القياس النفسي- وفي التنويم المغناطيسي- وفي غسيل الدماغ. وأظهرت النتائج بأنه ليس هناك ظاهرة سرية عن أعين علماء النفس أو تكون بمثابة لغز تهرب من البحث من قبل علماء النفس بالمخابرات. ولقد ساهم رجال المخابرات في بناء مدراس علم النفس الجديدة وموت القديمة أو كانوا على الأقل سباقين في إبتدار هذه المدارس. بوسعنا القول، بأن مساهمات علم النفس الكبيرة في المجال الحربي عامة وفي مجال الاستخبارات خاصة تنفي وجهة النظر التي تشك في دور علم النفس ليس في الحياة العسكرية فحسب وإنما في الحياة المدينة كذلك.

لاحظنا في الفصل الثالث الخاص بتطبيقات علم النفس بأن هناك توظيف كبير للمقاييس السيكولوجية في الأغراض الدفاعية والمخابراتية مثلا مقياس وكسلر الذي تم اعتباره من العضلات التحتية للمخابرات الأمريكية واختيار رورشاخ في المخابرات الإسرائيلية والاختبارات الموقفية في الاستخبارات الألمانية. لعلنا نتساءل عن المحاولات العربية الكثيرة التي تمت بخصوص ترجمة أو تكييف أو تقنين مقاييس وكسلر هل كانت لها أي تطبيقات في مجال اختيار وتدريب الجواسيس العرب؟ أو دراسة القادة العرب؟ أو الأجانب؟ أو المتعاونين مع المخابرات العربية؟ أو العملاء المزدوجين في المخابرات العربية؟ أو حتى ضباط الشرطة العرب؟ أو ضباط السجون العرب؟ أو ضباط الحربية العرب؟ أو العاملين في شركات الأمن العربية؟ أو الملاحين في الطيران العربي؟ أو قاذفي القنابل في العسكرية العربية؟

يبدو أن الإجابة غالبا ما تكون بالنفي للأسئلة أعلاه . ولكن بالتأكيد تكون تطبيقات مقاييس وكسلر للمتخلفين عقليا وللصم والبكم والعصابين والذهانيين في

العالم العربي. ومن غير تهكم هل يا ترى خلقت وصممت هذه المقاييس لهذه الفئات المشفق عليها أو المغلوب على أمرها؟ يبدو أن تلك المفارقة بين التطبيقات بالجملة لمقاييس وكسلر للذكاء في المجالات المخابراتية كما في أمريكا والتطبيقات بالقطاعي بالنسبة لفئات الشفقة والرحمة توضح جانب من تهميش هذه المقاييس الهامة للذكاء في العالم العربي.

وواحدة من القضايا التي تجابه الباحثين العرب هو كيفية التعامل مع علم النفس الغربي أو اليورو-أمريكي أو علم نفس الولايات المتحدة عندما يطبق في التربة المحلية. وكيف يمكن فهم الإطار القيمي الذي أنتج مفاهيم ونظريات وتقانة علم النفس في الغرب. ويمكننا أن نوضح ذلك من خلال المأزق الذي يجابه علماء النفس العرب مع التعامل مع القضايا الجنسية. لقد أتاحت الثورة الجنسية الهائلة في الغرب حرية الاختيار والتفضيل الجنسي بالنسبة للأفراد والجماعات . وظهرت جماعات الضغط من اللوطية والسحاقيات واهتم علماء النفس، خاصة اللوطية منهم، بهذه الجماعات . وتمتد عضوية الرابطة النفسية الأمريكية إلى مدى واسع من الثقافات والمجموعات المختلفة . ويشكل علماء النفس في الرابطة أقساما جديدة لكي تكون صوتا معبرا بالنسبة لهم . وتتيح هذه الأقسام الفرصة للأعضاء لطرح القضايا الثقافية والاجتماعية بصورة موسعة. ومن بين هذه الأقسام القسم رقم 44 والخاص بالسحاقيات واللوايطة وثنائي الجنس والذي تكون عام 1985. وعندما قامت رابطة الطب النفسي الأمريكية عام 1973 بعدم تصنيف الشذوذ الجنسي "الجنسية المثلية" كمرض عقلي فإن العلاج النفسي الإيجابي "للوايطة" أصبح أكثر سهولة إذ يساعد الأفراد لتقبل حياتهم الجنسية دون تغييرها . لذلك كان القسم رقم 44 بمثابة دار بالنسبة للوايطة والسحاقيات وثنائي الجنس في الرابطة النفسية الأمريكية (بيرنت، 1997) .

وقد أعلنت الرابطة النفسية الأمريكية في صحيفتها الشهرية يونيو 1997عن الترشيحات للجنة اللوايطة والسحاقيات وثنائي الجنس. ويجب أن يكون للمرشح خبرة في التغيرات المجتمعية، والسكان، والمؤسسات الاجتماعية. ومن واجبات اللجنة دراسة

وتقييم كيفية طرح قضايا عالمات النفس السحاقيات وعلماء النفس اللوايطة من الذكور وثنائي الجنس، وتشجيع البحث في المجالات المذكورة أعلاه. وللجنة ستة أعضاء، ثلاث نساء وثلاثة رجال. ومن يأنس في نفسه الكفاءة عليه ترشيح نفسه على أن يرسل خطابا يتضمن اهتماماته ومؤهلاته مع سيرته الذاتية إلى لجنة ترشيحات اللوايطة والسحاقيات وثنائي الجنس بالرابطة النفسية الأمريكية (أي، بي أي مونتر، 1997). ويمكن من غير تحرج التساؤل هل هناك أحد علماء النفس العرب من يأنس في نفسه الكفاءة ويقوم بترشيح نفسه على الأقل لتمثيل الشواذ جنسيا في العالم العربي في هذه القسم؟ أو هناك من هو عضو جهرا أو سرا في القسم 44؟ وما هي رؤيته لمفهوم الشذوذ الجنسي؟ هل على الطريقة الأمريكية ويعتقد في العلاج الإيجابي للوايطة بأن يتكيفوا مع شذوذهم الجنسي؟ أم محاولة إرجاعهم للجنسية الغيرية؟ وما رأيه في مفهوم "التفضيل الجنسي-" الذي يشغل مساحة من علم النفس المعاصر: أي أن للفرد كامل الحرية في تفضيل الجنس الذي يحبه ويرتاح له: ذكر؟ أم أنثى؟ أم ذكر وأنثى في نفس الوقت؟

تقوم كل من الرابطة النفسية الأمريكية، ورابطة السحاقيات واللوايطة وثنائي الجنس في أوربا، والجمعية النفسية الإسترالية بتنظيم مؤتمر عالمي مشترك عن "التوجهات الجنسية وحقوق الإنسان، والصحة النفسية"؛ نحو علم نفس عالمي" في أغسطس 8-10 عام 2000 في واشنطون. وتمت الدعوة لممثلين من الجمعيات القومية لعلم النفس بالإضافة لعلماء النفس ذوي الخبرة في مجال التوجهات الجنسية وحقوق الإنسان والصحة النفسية. ويعمل المؤتمر على تعزيز التعاون عبر الثقافي بين الباحثين والمماسين لعلم النفس وذلك من خلال (1) زيادة المعرفة في علم النفس والممارسة عن دور حقوق الإنسان في صحة اللوايطة والسحاقيات وثنائي الجنس والآخرين الذي يودون ارتباط بعلاقة جنسية مع أفراد من جنسهم (2) ترقية فهم عالمي وتشجيع جمعيات علم النفس الوطنية للعمل في أقطارهم وذلك للتقليل من مفهوم الاضطرابات النفسية للجنسية المثلية ومعالجة قضايا التوجهات الجنسية في الحماية من الايدز، والتدخل في العدوان، وتقدم المرأة (3) تعزيز رباط عالمي بين باحثي علم النفس وممارسي الصحة النفسية وواضعي سياسة الصحة

وحقوق الإنسان (4) بناء شبكة عالمية لعلماء النفس لنشر ـ المعرفة العلمية والعملية عن التوجهات الجنسية وحقوق الإنسان والصحة النفسية. وعلى علماء النفس المهتمين بتمثيل جمعياتهم القومية في المؤتمر العالمي عليهم الاتصال باللجنة المنظمة (علم النفس العالمي، خريف 1999). لعل الواحد يتساءل ما هو موقف جمعيات وروابط علم النفس العربية من هذا المؤتمر العالمي؟ هل ترسل هذه الجمعيات ممثلين لها لحضور المؤتمر؟ وما هو موقف علماء النفس العرب من قضية الشذوذ الجنسي وعلاقته بحقوق الإنسان؟ لم يكن قصدي في طرح هذه الأسئلة المحرجة دعوة للتحرر الجنسي ولكن ألفت النظر بأن هناك قضايا كثيرة في أروقة علم النفس لم يحدد علماء النفس العرب موقفهم منها سرا أو علانية.

معوقات وتوطين علم النفس في العالم العربي

أجريت بعض الدراسات حول معوقات البحث العلمي في العالم العربي، مثلا، (النبهان وأبوحسان، 1996؛ هاني وحماد، 1996) وعن الإنتاج العلمي العربي (زحلان، 1985)، والعلم والسياسة العلمية في الوطن العربي (زحلان، 1981)؛ مساهمة علماء النفس العرب في الدوريات العالمية (الخليفة، 1999ج)، توطين علم النفس في العالم العربي (الخليفة، 1999أ). وأوضحت الدراسات بإن معظم الباحثين العرب يفتقرون إلى الحد الأدنى من الدعم المالي لإنجاز أبحاثهم (ضاهر، 1996). و80% من أفراد العينة يعتقدون أن عدم توفر الحوافز المادية للباحث من عمله العلمي يشكل عائقا أمام عملية البحث، و75 % لعدم توفر التمويل الكافي للمشاريع العلمية. ومن المعوقات الاجتماعية للبحث العلمي الالتزامات الاجتماعية مثل الاستقبال والجلسات في الأوقات المخصصة للبحث، والالتزامات العائلية غير المنتظمة، وعدم أخذ المجتمع بالبحث العلمي بشكل جاد، أو عدم اقتناع عضو هيئة التدريس بجدوى البحث العلمي (هاني وحماد، 1996).

وعند مراجعة النتائج الوصفية والاستدلالية التي حصل عليها هاني وحماد (1996: 115) وجدا أن معوقات البحث العلمي تنحصر في أربعة عناوين رئيسة وهي: المعوقات

الاقتصادية والاجتماعية والسياسية والإدارية. وباستخدام النموذج القياسي الخطي وتقدير علاماته بواسطة المربعات الصغرى الاعتيادية، وجد أن لعوامل الرتبة الأكاديمية والساعات المخصصة لأغراض البحث والمطالعة وتوفر الأجهزة العلمية المناسبة آثارا إيجابية في عدد الأبحاث العلمية المنجزة، في حين أن لعوامل سنة تخرج عضو هيئة التدريس (الحصول على الدكتوراه)، ومتوسط العبء التدريسي وعدد سنوات الانشغال في الإدارة الجامعية أثارا سلبية في البحث العلمي. وعموما بغض النظر عن معوقات البحث العلمي ليس هناك اهتمام بثقافة البحث أو انتاجية علماء النفس.

اقتصر التطور السياسي للأقطار العربية على الاقتصاد الريعي ولم يتعده إلى الاقتصاد السياسي الصناعي. ومن المعروف أن في الاقتصاد الريعي تأتي الانتاجية والكفاية والعلوم والتقانة في أدنى سلم الألويات (زحلان، 1991: 17). يقول جون ديكسون فالمجتمعات الخليجية مثلا لا زالت تنظر إلى البحث العلمي كنشاط هامشي، لا كعنصر أصيل في تكوين الثروة وتحقيق تنمية ذاتية شاملة. فهي لم تخلق البيئات المناسبة ولم تقدم الحوافز الملموسة والمادية، ولم توفر الخيارات العديدة ولا الفرص المعقولة للتقدم المهني للمشتغلين بالبحث العلمي والتنمية التجريبية.. ناهيك عن ما توفره الخيارات الوظيفية الأخرى من امتيازات يفتقر إليها الباحث العلمي في وظيفته (الرميحي، 1991).

إن عدد البحوث العلمية المنشورة بدولة الكويت والمملكة العربية السعودية في تزايد مستمر. ولكن إن أعداد كبيرة من هذه البحوث هي نتاج علماء عرب من خارج منطقة الخليج، إضافة إلى إنتاج العلماء الأجانب. وهذا ليس بالأمر المستغرب على هاتين الدولتين الخليجيتين أصبحتا بحق مراتع خصبة تستقطب الأدمغة العربية والكفاءات المتميزة والتي هاجرت إلى العواصم الغربية، لكي نكون لها بمثابة الرحم الذي تخصب فيه أعمالهم وتؤدي ثمارها وتعود بالنفع العميم على هذه الأمة . إن مشكلة النوعية لا تقل أهمية في أمرها عن الكم وإن لم تتفوق عليه. ومن الملاحظ أن هناك اعترافا وتسليما واسع الانتشار يهيمن على المنطقة كلها، فحواه أن المستويات المتوفرة من الأطر البشرية ليست بالمستوى المطلوب، وإنه يستوجب رفع كفاءتهم وتوسيع مستوى خبراتهم. ومن

الجدير بالذكر أن مشكلة الأطر البشرية تشكل المأزق الحرج والعائق الرئيسيـ لجهود التنمية بدول مجلس التعاون الخليجي" (الرميحي، 1991).

ولابد من القول، كما يقول زحلان، بأن محاولة تعليم الأفراد العاديين اسهل جدا من محاولة ربط نخبة من العلماء بمجتمعهم، لأن توحيد جماعات متفاوتة في التفكير أمر صعب التحقيق للغاية، لما يتطلبه من حنكة سياسية ودقة في المعالجات كان من المتعذر توفرها في الوطن العربي سابقا (زحلان، 1991: 4). ويخيل إلى فريق من الناس أن العلم هو مجموعة من المعارف والنتائج يمكن اكتسابها ونقلها من مكان إلى آخر، أما بأقصر الطرق، وذلك بنقل أصحاب الخبرة أنفسهم، وأما بإرسال البعثات إلى مكان الخبرة لتأتي بها. ويكفي أن نقف على النتيجة نفسها التي لا تدع مع الأسف، مجالا للشك، وهي أن هذه الطرق لم تنجح في توطين العلم في الوطن العربي (راشد، 1985: 45).

وإن الكوادر العلمية التي يجري تأهيلها في الدول المتقدمة، وبعد عودتها إلى الأوطان الأم، قد تسيطر على الأغلبية من أفرادها حالة من الاستلاب الثقافي (الاغتراب) (محرم، 1984: 68). فعلى الرقم من أن عملية إيفاد البعثات لدراسة علم النفس في الجامعات الغربية قد شملت تقريبا جميع الأقطار العربية، بدءا بمصر في أواسط الثلاثينات من هذا القرن وإنتهاءا بدول الخليج العربي حاليا، على الرغم من ذلك لم يبرز من بين باحثينا ولا واحد يعكس قوة وأصالة في الإنتاج السيكولوجي (أحرشاو، 1995: 55). و يأتي بعض الطلاب بطموحات كبيرة ومشاريع بحث سرعان ما تجابههم عقبات حقيقة في العالم العربي قد يرتد بعضهم للغرب ويصبح علم النفس مجرد لقمة عيش. وواحدة من الاشكالات التي تجابه الباحثين العرب هو كيفية التعامل مع علم النفس الغربي أو اليورو-أمريكي أو علم نفس الولايات المتحدة عندما يطبق في التربة المحلية. وكيف يمكن فهم الاطار القيمي الذي أنتج مفاهيم ونظريات وتقانة علم النفس في الغرب. ويمكننا أن نوضح ذلك من خلال المأزق الذي يجابه علماء النفس العرب مع التعامل مع القضايا الجنسية.

وهناك غياب للبرامج للتدريب البحثي في علم النفس عبر الثقافي بالنسبة لعلماء

النفس العرب، خاصة الشباب منهم. وهناك عدم استفادة من الهبات والمنح المقدمة من التجمعات السيكولوجية العالمية، وعدم الاستفادة من برامج الدكتوراة العليا في علم النفس وبرامج الزمالة. بالإضافة لذلك هناك عدم استفادة من التمويل الممنوح لحضور التجمعات السيكولوجية العالمية. كما يلاحظ البعد عن التحريك العالمي لقرارات هذه التجمعات السيكولوجية. وهناك غياب للدوريات السيكولوجية العربية الصادرة بالإنجليزية مقارنة باليابان وإسرائيل والهند والفليبين وقلة الدوريات السيكولوجية الصادرة باللغة العربية. ولعلنا نتساءل لماذا لم تتم استضافة أي مؤتمر عالمي لعلم النفس في الدول العربية؟ وحتى في دولة عريقة في علم النفس مثل مصر لم تتم فيها استضافة أي تجمع عالمي لعلم النفس، من قبل الاتحاد الدولي لعلوم النفس، أو الرابطة العالمية لعلم النفس عبر الثقافي، أو المجلس العالمي لعلماء النفس، أو الرابطة العالمية لعلم النفس التطبيقي، أو المجلس العالمي للأطفال الموهوبين والمتفوقين. ولم تصبح أي عاصمة عربية مركزا لفرع من أفرع علم النفس. والسؤال الهام لماذا لم يترك علماء النفس العرب "بصمات واضحة" في خارطة علم النفس العالمي كما ترك رصفائهم في أحزمة ثقافية أخرى من العالم؟ يبدو أن "البصمة الواضحة" تحتاج لمخالب حادة فكيف تكون لعلماء نفس بلا مخالب؟

إن أحد قضايا معوقات توطين علم النفس في العالم العربي هو عدم المعاصرة. لقد حرر أحمد وجيلين (1998) كتابا هاما باللغة الإنجليزية عن علم النفس في الدول العربية. ومن عنوان الكتاب يتوقع أن يغطي كل موضوعات أو أفرع علم النفس كما يغطي علم النفس في كل أو معظم الدول العربية، ولكن لم يتم ذلك. فمثلا، الموضوعات التي تم علاجها تشمل قضايا النمو، والتربية والإبداع، والشخصية، وعلم النفس الاجتماعي والتنظيمي، علم النفس البيولوجي والتجريبي، والمرض النفسي والقضايا العلاجية، وعلم النفس في السياق الثقافي. ويلاحظ عموما في العالم العربي عدم متابعة علماء النفس العرب لما يجري في علم النفس في العالم. ويمكننا أن نتابع أقسام علم النفس في الرابطة النفسية الأمريكية لكي نلاحظ عدم المواكبة أو المعاصرة لكثير من الموضوعات أو الاهتمامات البحثية. فمن الموضوعات التي لا تجد اهتماما من علماء النفس العرب، مثلا،

علم الأعصاب السلوكي وعلم النفس المقارن، علم نفس الفنون، علم النفس الحربي، علم النفس التجريبي التطبيقي، وعلم النفس الهندسي، علم نفس المستهلك، علم النفس النظري والفلسفي، التحليل التجريبي للسلوك، تاريخ علم النفس، علم النفس الصيدلاني، التنويم المغناطيسي، علم النفس الإنساني، علم النفس النيورولوجي الاكلينيكي، علماء النفس في التطبيقات الحرة، الدراسة السيكولوجية لقضايا الأقليات العرقية، علم نفس الإعلام، علم النفس السكاني وعلم النفس البيئي، علم النفس الرياضي، علم نفس السلام، علم نفس المجموعات، علم النفس العالمي، والدراسة السيكولوجية للوطية والسحاقيات وثنائي الجنس.

إن كل المحاولات السيكولوجية البحثية الحالية في الحزام العربي بمختلف اتجاهاتها مثل بعض المحاولات الجادة غير المحددة باسم معين (أبوحطب،1992، 1993، 1998؛ أحرشاو، 1988؛ 1994، 1995؛ حجازي، 1986، 1993)، والمحاولات المسماة بتوطين علم النفس (الخليفة، 1999أ، 1999ب)، أو علم نفس عربي (زيعور، 1977، النابلسي، 1995)، أو علم نفس إسلامي (بدري، 1979؛ 1989)، أو علم نفس الأمة (الخليفة، 1997ب، الخليفة وعشرية، 1996)، أو علم النفس في التراث العربي الإسلامي (طه، 1995) يصعب تجذيرها في التربة المحلية بأن تكون علم نفس وطني أو يصعب تبنيها وتكيفها بأن تصبح علم نفس مستزرع، كما يصعب بأن تكون جزءا أو تيارا في علم النفس العالمي من غير نقاش عبر ثقافي.

البحث السيكولوجي والتجزئة

إن أحد الموضوعات الكبيرة والتي تحتاج للدراسة من قبل علماء النفس هو عملية التجزئة للموضوعات السيكولوجية المدروسة في العالم العربي. ولقد قدمنا في الفصل الثاني من هذا الكتاب مفهوم علماء النفس العرب والتحكم بالقطاعي في الفصل الخامس ومفهوم علم النفس والتحكم بالجملة في الفصل الثاني. وأن هناك ثمة علاقة ما بين التجزئة في البحث السيكولوجي ومفهومي الجملة والقطاعي. كلما زادت درجة التصنيع

وحداثته وتغريبه كلما كان هناك حاجة إلى أبحاث تجزيئية ذرية في علم النفس وبالمقابل كلما كان المجتمع أقل تصنيعا وأكثر تقليدية كان في حاجة أكبر لأبحاث كلية وشمولية. إن ازدياد عملية التخصص هي واحدة من مظاهر المجتمعات الحديثة وإن مجال علم النفس كبقية الأنشطة الإنسانية أصبح أكثر تخصصا ودقة من خلال التخصصات الجديدة وأفرع علم النفس التي تتولد باستمرار (هيرنشاو، 1987). وتشكلت عملية ازدياد التخصص في علم النفس بصورة أساسية بطبيعة القضايا المطروحة في الولايات المتحدة، أو في العالم الأول والأمم الصناعية الأخرى. وهناك أثر أقل لهذه العملية في العالم الثاني بينما لها أثر قليل جدا في العالم الثالث. وإن التخصص في علم النفس يجب النظر إليه من منظور واسع للتصنيع وتقسيم العمل الذي تطور في هذه المجالات (مقدم، 1989ب).

وإن محاولة نقل دور الباحث المتخصص من دول العالم الأول إلى دول العالم الثالث يجابه عدة تحديات. و لا يرجع السبب في ذلك إلى أن بنيات المؤسسات التي تساعد على القيام بهذا الدور هي بنيات ضعيفة في مجتمعات العالم الثالث ولكن يعزى ذلك إلى أن هذه المجتمعات لم تطور بعد أدوات لتمثيل منتوجات البحث المتخصص. وتساءل بعض الباحثين عن فعالية النظام الحالي في دول العالم الأول والثاني والذي من خلاله قد تدربوا على عملية التخصص الدقيق (مقدم وتيلر، 1987). وإن علماء النفس من دول العالم الثالث الذين اتبعوا نفس عملية التخصص الدقيقة هذه يواجهون تحديات جديدة عندما يرجعوا إلى مجتمعاتهم. وكمجابهة لتلك التحديات غالبا ما يتجهوا نحو اللاتخصص وتقود هذه العملية بدورها إلى قلة التجزئة للموضوعات المدروسة وإلى نماذج شاملة للسلوك الإنساني (مقدم، 1989ب).

قد يتم التساؤل إلى أي مدى يركز البحث السيكولوجي التجزيئي على متغيرات كبرى أو السلوكيات الاجتماعية التفاعلية أو المتغيرات البنائية الاجتماعية أكثر من عملية التركيز على المتغيرات الصغيرة وعملية القياس بواسطة الورقة والقلم بالنسبة للعمليات العقلية المعزولة وكل ذلك يعبر عن مظاهر مهمة لتحديد تطبيقات نتائج البحث في الثقافة المدروسة (أدير وآخرون، 1993)؛ إن البحث السيكولوجي لا يمكن تطبيقه لحل

المشاكل الاجتماعية في دول العالم الثالث إلا إذا خاطب متغيرات الكتلة الاجتماعية الكبيرة أكثر من عملية قياس السلوك الفردي (سنها، 1986). ويتساءل الكثير من علماء النفس أمام تجزئة ميدانهم: أليست وحدة علم النفس في درب الزوال حيث أنه تم الإجماع على الإقرار بأن المسائل الإنسانية هي، في أساسها، مسائل توليفية تركيبية يمكن أن تحل فقط بتكاتف جميع العلوم الإنسانية؟ (زيعور، 1983).

إذا تم النظر لاهتمامات علماء النفس البحثية في الغرب وموضوعات السمنارات والمؤتمرات والقضايا التي تعالج في الكتب وفي المقالات والتقارير غالبا ما تكون قضايا تجزيئية ذرية. ففي محاضرات وسمنارات علم النفس بجامعة نيوكاسل ببريطانيا حيث كنت أعد رسالة الدكتوراة كنت أحس بالملل وتبعا لذلك النوم أثناء السمنار وذلك لبعد القضايا المطروحة من قضايا الواقع العربي أو ليس هناك تطبيق لما اسمعه في مجتمعي وثقافتي. ويرجع السبب في ذلك للجزيئيات أو الذرات المعالجة في علم النفس مثل أبحاث حركة العين، والحساسية الجلدية، وحتى المتعلقة بالجانب النيورولوجي وأبحاث الفئران، والأرضة، والنمل . صحيح جدا بأن هذه العينة من الأبحاث تساعد على تطور علم النفس ولكن في ذات الوقت هناك أهمية أولى لأبحاث عن تطور المجتمع. لذلك كنت غالبا ما أجد نفسي في سمنارات لشعب أخري أو أنشطة طلابية تطرح بعض القضايا الثقافية عن العالم الثالث.

يجابه علماء النفس العرب قضايا كبيرة مثل الأمية والتنمية والتحديث والعشائرية والتجزئة، والبيئة والحروب والصراع العرقي والطائفي والفقر في بعض الدول العربية. فضلا عن الهمينة السيكولوجية والاقتصادية والتكنولوجية (الخليفة، 1997ب). وهناك أهمية خاصة لأبحاث خصائص الاتصال وبناء المجموعات والدافعية وفوق كل ذلك أهمية دراسة القيادة وأنواعها ووظائفها والتي تقع في قلب المشاكل الكبيرة في الحزام العربي. إن هذه المتغيرات يصعب دراستها من خلال علم النفس الذري الذي يركز على نقاط جزئية صغيرة جدا في السلوك الإنساني الفردي. وإن الحقيقة الإجتماعية في الحزام العربي يجب أن تدرس في إطارها الديني والبدوي والقبلي والطائفي والمذهبي لكي لا

تفقد هذه الحقيقة خصوصيتها وتأثيرها القوي على سلوك الأفراد والجماعات. وإذا ما تم النظر إليها بصورة مجزءة ربما تبقى كحمامة اسكنر في صندوقها أو قرد ثرنديك في غرفته. إن الحمامة والقرد ربما تأثروا بالفردانية والانفصال والاستقلال هناك ولهذا تمت دراستهم بصورة ذرية. أما في الحزام العربي فهناك أهمية لدراسة الفأرة والحمامة والقرد في إطارهم الاجتماعي والثقافي والروحي والأخلاقي.

في البلدان المتقدمة نجد أن البحث العلمي ليس متكاملا بين مؤسساته فقط وإنما بينه وبين مؤسسات المجتمع الأخرى أيضا، فالصناعة مثلا كمؤسسة اقتصادية لا تعمل منفصلة عن البحث العلمي، ولكن نتائج البحث العلمي أولا تغذي تطوير الصناعة، والصناعة ثانيا هي التي تحدد متطلبات البحث العلمي والمشكلات التي يهتم بها العلماء سواء في هذا الميدان أو غيره وهذا شيء غير موجود في البلدان العربية (عمار، 1990)، وفي حالات عديدة، أن البحوث والدراسات لا تجرى وتنفذ بصورة عملية وموجهة بحيث ينتج عنها نتائج ناجعة فعالة ذات ارتباط عضوي بالواقع المحلي (الرميحي، 1991: 56). ولا يهتم علماء النفس بأبحاث ترتبط بسياسة الدولة القطرية أو سياسات العالم العربي كما في إسرائيل التي يرتبط علماء النفس فيها بالمؤسسات الاستراتيجية مثل الدفاع والمخابرات والصناعة (الخليفة، 1999ج). وقد تكون معظم الأبحاث ورسائل الدكتوراه في العالم العربي هي للترقية ونيل الدرجة العلمية ووضع حرف د. قبل الاسم وفوق كل ذلك مصدر رزق وأكل عيش ولم تكن التزاما علميا صارما أو التزاما اجتماعيا أو قوميا أو آيدولوجيا. ويعتبر البحث السيكولوجي عبارة عن تركيب وتجميع وليس تصنيع. ونحن نستورد أدوات علم النفس ونقوم بمجرد تركيبها فقط لا تصنيعها، تماما كما نستورد السيارة التي نعرف نقودها ولا نستطيع اكتشاف قطع غيار لتصليحها. وفي تقديري، يندر أن تجرى الأبحاث في العالم العربي خارج الإطار الجامعي، ومعظم الأبحاث يجريها أساتذة الجامعات.

إن علم النفس ليس هو مجرد فهم وتفسير تجزيئي للجوانب السلوكية والعقلية للفرد إنه منظومة كبيرة يجب أن تتكامل مع المنظومات الأخرى الثقافية والاجتماعية

والسياسية والاقتصادية. لذلك فإن تطور علم النفس في العالم العربي يرتبط ارتباطا قويا بتطور العلوم الاجتماعية والإنسانية الأخرى. إذا ركزنا بصورة ضيقة على علم النفس في الحزام العربي ربما نعزي لعلم النفس مظاهر واشكالات يشترك فيها مع سائر العلوم الشبيهة والمجاورة. في تقديري، هناك أهمية خاصة لعلوم النفس الكبرى، أقصد علم النفس الاجتماعي وعلم النفس الانثروبولوجي وعلم النفس البيئي وعلم النفس الأسري وعلم النفس السياسي وفوق كل ذلك علم النفس عبر الثقافي. يبدو أننا نحتاج لدراسات كلية أولا ولكن بمجرد دراسة هذه القضايا الثقافية الكبيرة ربما تكون هناك حاجة للمدخل الذري والتجزيئي. وفي هذه الحالة ربما يتم النظر للمدخل التجزيئي الذري والمدخل الكلي كمكملين لبعض في عملية فهم سلوك وتفكير الأفراد والجماعات في الحزام العربي. وربما تكون في النهاية هناك أهمية لتجميع العناصر الذرية في فهم أكبر للتفكير والسلوك. في تقديري، إن المشكلات الثقافية والاجتماعية التي تجابه علم النفس في الحزام العربي مثل الجمعوية والفردانية، والريفية والحضرية، والحداثة والتقليدية، والكلية والتجزيئية، والتحكمية والتحللية قد تجابه بقية العلوم الاجتماعية. ولذلك فإن "علم النفس عبر الثقافي" سوف يتوقع بأن يقدم فهما أفضل لسلوك وتفكير الأفراد والجماعات في العالم العربي خارج الحدود التقليدية أو الأرزوذكسية لعلم النفس الغربي أو الحديث أو اليورو-أمريكي.

بوسعنا القول بأن القضية المركزية في العالم العربي منذ أكثر من خمسين عاما هي بدون شك الصراع العربي الإسرائيلي. وهي ذات القضية المنسية أو المهمشة في أروقة علم النفس في العالم العربي. إن السياسة والدبلوماسية والصحافة والتجارة والعلم لا يمكن فهمها جيدا من غير فهم العمليات المستورة التي تحتها. وبتعبير آخر فإن قمة جبل الجليد تساعدنا أحيانا على رؤية ما يخفى تحت السطح. كيف يمكن أن يضع علماء النفس العرب أسسا سيكولوجية لجمع المعلومات من الأعداء والخصوم في أو قات الحرب والسلام. وكيف يمكن أن يضعوا أسسا عملية منهجية لعمل الاستخبارات العربية؟ وكيف يمكن تدريب علماء نفس عرب لهم حس قوي بأهمية تطبيقات علم

النفس في الاستخبارات. ولهم حساسية التنبؤ بمواقيت الحرب والسلم. لماذا لا يتصرف علماء النفس العرب بصورة ذكية أو جيدة أو على الأقل متوسطة في التعامل مع علمهم في حالة استخدام في الوظائف الكبرى. وهل يا ترى يمكن أن يسود مجرد إحساس باستخدام جديد لعلم النفس مع العلم بأن الإحساس -كما عبرنا- باب هام من أبواب علم النفس العام. نريد علماء نفس لا يخجلون من توظيف علمهم كما يوظف علماء نفس آخرون علمهم بالجملة والقطاعي.

لا علم نفس في العالم العربي من غير علم نفس عبر ثقافي

من وجهة نظر عبر ثقافية، يمكن انتقاد علم النفس العام من زاويتين: "المصداقية الداخلية" و"المصداقية الخارجية". ونقصد بالأولى مصداقية مفاهيم ونظريات ومناهج علم النفس في داخل الحزام الثقافي-اجتماعي الذي أنتجها، بينما نقصد بالثانية مصداقية علم النفس عندما يستورد من حزام ثقافي-اجتماعي غربي ويطبق في حزام ثقافي-اجتماعي آخر (الخليفة، 1997أ). والذي يهمنا في هذه الدراسة هو المصداقية الخارجية لعلم النفس عندما يطبق في الحزام الثقافي-الاجتماعي العربي تحديدا. إن مشكلة علم النفس العام (يمكن حصرها في قصة الأعمى والمقيد) بأنه "أعمى ثقافيا" و"مقيد ثقافيا". إنه أعمى ثقافيا لأنه لا يبدي اهتماما واضحا بالنسبة للنسق الثقافي الذي تجذر فيه أو لبعض العوامل الثقافية البارزة التي تؤثر على السلوك الإنساني. وإنه مقيد ثقافيا لأن كثير من نظرياته ونتائجه لا يمكن تعميمها للثقافات الأخرى (كيم وبري، 1993). إن مشكلة المصداقية الخارجية لعلم النفس قد تم نقاشها من قبل مجموعة من المهتمين في داخل حزام الثقافة الغربية وفي خارجها. ولقد أكدوا على تبعية وقصور علم النفس عندما يطبق عبر الثقافات المختلفة. وحاول البعض تطوير علوم النفس الوطنية أو المحلية في أحزمتهم الثقافية والاجتماعية تجاوزا لمشكلة التبعية (الخليفة، 1997أ)، وإن هذا التطوير هو علاج رئيسي- بالنسبة "للعماء الثقافي" و"القيد الثقافي" لعلم النفس العام (كيم وبري، 1993).

في تقديري، هناك نوعان من التبعية بالنسبة لعلم النفس المستورد من العالم الغربي للعالم العربي وهما: "التبعية الكبرى" و"التبعية الصغرى". وتعني الأولى عدم القدرة من الانفكاك من الأسر الغربي لمفاهيم ونظريات ومناهج علم النفس اليورو-أمريكي، بينما تعني الثانية بأن علم النفس لم يستطع القدرة على الانفكاك من الأقلية في القطاع الحديث والحضري في العالم العربي وليس لهذا العلم علاقة بمجموعة كبيرة من الأفراد والجماعات في القطاع التقليدي والريفي والبدوي. إن واحدا من مآزق علم النفس في العالم العربي أنه علم تابع للنموذج الغربي ولا يستطيع الانفكاك منه والأسوء من ذلك عدم شعور مجموعة كبيرة من علماء النفس العرب بتبعية مفاهيم ونظريات ومناهج علم النفس للغرب. إن مفهوم "التبعية الكبرى" الذي نقدمه في هذه الدراسة يمكن مناقشته من خلال عدة قضايا لعلم النفس تشكل عائقا أمام حركة نموه في العالم العربي. فإن أي محاولة جادة ترتبط ببستنة أو استزراع أو توطين علم النفس في العالم العربي ترتبط بمناقشة هذه القضايا الكبرى.

ونشرت بعضت المساهمات البحثية العربية في "دورية علم النفس عبر الثقافي" أنظر، مثلا، (الزهار وهوسيفر، 1991؛ هيدج ويوسف، 1992؛ وساندبيرج و لاتكن و سعود، 1991؛ وشاكليتون وعلي، 1990؛ الشيخ وكلاسزانسكي، 1993؛ ويوسف وكورتي، 1995). وتعتبر هذه المساهمات الست هي المساهمات العربية الوحيدة بين 1990-1995. وفي تقديري، إن هذه المساهمات هامة وخطوة في الاتجاه الصحيح لاختبار مفاهيم ونظريات علم النفس العام في الحزام العربي. وناقشت هذه الإسهامات بعض الأبعاد الثقافو-اجتماعية لعلم النفس عبر الثقافي مثل "المروة" أو "سلوك المساعدة" و"مسافة القوة" و"التجنب" و"اختبار القلق" و "التوتر" و"الملل" . ولكن يلاحظ في كل هذه المساهمات اشتراك الباحث العربي مع باحث أو بحاثة أجانب، غالبا ما يكونوا المشرفين على رسالة الدكتوراه. ومع أهمية هذه الدراسات السابقة لكنها لم تتناول الأبعاد الثقافية-الاجتماعية الكبرى في الحزام العربي من وجهة النظر عبر الثقافية البحتة (الخليفة، 1999ج).

لعلي أتساءل هل هناك قسما واحدا لعلم النفس في العالم العربي يدرس مقررا في

علم النفس عبر الثقافي؟ أو هناك قسما لعلم النفس الثقافي كما في جامعات متعددة في أحزمة غير غربية؟ وهل هناك اهتمامات بحثية متخصصة وجادة بعلم النفس عبر الثقافي؟ وهل هناك مشاركات في المؤتمرات العالمية "للرابطة العالمية لعلم النفس عبر الثقافي"؟ في تقديري، ليس هناك مخرج أمام علماء النفس العرب في التأسيس العلمي والتوطين المتناغم لعلم النفس إلا بالاهتمام بمفاهيم ونظريات ومناهج وتقنيات علم النفس عبر الثقافي. ويبدو أن علماء النفس العرب محتاجون للكشف على الأبعاد الثقافو-اجتماعية لسلوك الأفراد والجماعات في الحزام العربي. ومحتاجون حاليا لنقاش سيكولوجي لتمييز متغيرات الحداثة والحضرية والفردانية والتحللية والتجزيئية من التقليدية والريفية والجمعوية والتحكمية والكلية. فهل هذه المتغيرات مستقلة عن بعض أم مكملة لبعضها؟ وهل يتم التركيز على الخصوصية الثقافية والاجتماعية للأفراد والجماعات في الحزام العربي أم على الكونية والعولمة؟ أما أهم الأسئلة هل أن الجمعوية حتما سوف تحل محلها الفردانية والريفية محلها الحضرية والتقليدية محلها الحداثة والتحكمية محلها الانحلالية والكلية محلها الذرية؟

إن التداخل المعقد بين هذه المتغيرات يرتبط بعملية التعقيد في فهم سلوك الأفراد والجماعات في الحزام العربي في ظل الحدود التقليدية لعلم النفس الغربي أو الحديث. فعلماء النفس العرب مطالبون كما فعل رصفائهم في أحزمة ثقافية أخرى باختبار مفاهيم ونظريات علم النفس "المستورد" و"التابع" في الحزام الثقافو-اجتماعي العربي من جهة. ومن جهة أخرى بحصر وكشف وتجديد المفاهيم السيكولوجية المتجزرة في الثقافة العربية الإسلامية وإبرازها ضمن المنظور العالمي للسلوك والتفكير. ولتجاوز مشكلة "التبعية الكبرى" والتبعية الصغرى" ومشكلة "العماء الثقافي" و"القيد الثقافي" لعلم النفس فهناك أهمية لمناهج كبرى ومتداخلة العلوم ويتطلب ذلك مقارنات عبر ثقافية. إن التجزئة والذرية تحتاج لكسر الحدود مع أفرع علم النفس الكبرى ومع العلوم الاجتماعية المجاورة. وبذلك ربما يمكننا الحديث عن علم نفس مناسب يستجيب للحساسية الثقافو-اجتماعية للأفراد والجماعات في الحزام العربي.

في تقديري، إن العلاقة بين علم النفس في الغرب وعلم النفس الـوطني (الملائم) قد تأخذ مناح مثل التبني والتكييف والتوطين والتفاعل. وربما تكون المرحلة الأخيرة هـي التفاعل وليس التكامل لاستمرارية عطاء أي حزام ثقافي بمفاهيم ونظريات ومناهج جديدة تواكب روح العصر- واحتياجات الإنسان في ذلك الحزام. إن علم النفس العالمي هـو الـذي يتكون مـن المجمـوع الكلـي لعلوم النفس التي تطورت في الأحزمة الثقافية المختلفة في العالم. فقد قدمت بعض الأحزمة الثقافيـة مساهمات كبيرة في خارطة علم النفس عبر الثقافي مثلا، الحزام الثقافي للولايات المتحدة وكندا، والحزام الثقافي في أوربا، والحزام الثقافي في أمريكا اللاتينية، والحزام الثقافي في جنوب شرق آسيا والحزام الثقافي في جنوب أسيا. ولعلنا نتساءل أين موقع الحزام العربي من هذه المساهمات؟ كـل مـا قدمه علماء النفس العرب هو 6 مساهمات بين 1990-1995 في "دورية علم النفس عبر الثقافي" بينما هناك مثلا في نفس الفترة وفي نفس الدورية أكثر من 20 مساهمة إسرائيلية! فعدد العرب حوالي 250 مليون بينما عدد الإسرائيليين حوالي 5 مليون!

من وجهة نظر عبر ثقافية، لقد تركت الكثير من أنشطة علماء النفس خارج الحزام العربي أثرا في اختبار مفاهيم ونظريات ومناهج علم النفس المستورد في هذه الدول كما ساهمت في تصدير بعض المفاهيم والتقنيات المحلية لعلم النفس العالمي. وتبعا لذلك القول، لقد تـرك بعـض علمـاء النفس من هذه الدول بصمات واضحة في خارطة علم النفس. وفرض بعض علماء النفس مـن اللاغرب رؤاهم في علم النفس العالمي وتركوا علامات مميزة، أو بصمات بارزة مثلا كجتسباشي مـن تركيا، وأزوما من اليابان، وكيم من كوريا، وسنها من الهند، ولاقمى مـن الفلبـين، ومقـدم مـن إيـران، شوارتز من إسرائيل. وكان هؤلاء العلماء موضع احترام عـام في الغـرب لأنهـم استوعبوا جيـدا كيـف يقرؤا ويعيدوا قراءة علم النفس في بلدانهم. وهناك عـدة رؤسـاء للـروابط والمجـالس السيكولوجية العالمية من اللاغرب ومن دول العالم الثالث ولكن لم يكن هناك أي رئيس عربي لجمعية سيكولوجية عالمية. وهناك قلة من علماء النفس العرب في اللجان التنفيذية لهذه التجمعات السيكولوجية

العالمية. ولم تنتج الأمة العربية من المحيط إلى الخليج عالما واحدا في علم النفس على المستوى المحلي والإقليمي والعالمي.

هناك عدة علماء نفس من الغرب واللاغرب من هم خبراء في الشئون السيكولوجية في العالم العربي. ويبلغ عدد خبراء الشرق الأوسط 37 خبيرا . ولكن ليس من بين هؤلاء الخبراء من هم من العالم العربي. لذلك فإن غير العرب يمثلون العرب في قضايا علم النفس عبر الثقافي. أو قضايا تأثير الثقافة في سلوك الأفراد والجماعات في العالم العربي. فالشخص الخبير المسئول عن العالم العربي بين 1994-1998هو إسرائيلي "شلوم شوارتز" من الجامعة العبرية بالقدس. ويرجع السبب في ذلك إلى نشاط الإسرائيليين في مجال الأبحاث عبر الثقافية وقدرتهم على التجمع وتوجيه المؤتمرات والجمعيات لأهداف الصهيونية بالجملة. بالمقابل يرجع السبب إلى كسل علماء النفس من المشاركة العالمية المؤثرة أو حتى الفردية الفاعلة. فلماذا الصمت! ولقد ذكرت سابقا بأن شوارتز هذا قدم 5 أبحاث في المؤتمر العالمي لعلم النفس المنعقد في السويد بينما قدم كل علماء النفس العرب المشاركين 5 أوراق!

ومنذ عام 1994 عندما كنت عضوا في هذه الرابطة أحس بالتوتر والضيق من تمثيلي في هذه الرابطة بواسطة عالم النفس الإسرائيلي شوارتز. فيصعب عليه الاتصال بعلماء النفس في الإقليم الذي يمثله وفي ذات الوقت يصعب اتصال علماء النفس العرب به. فقد قمت بعملية "لوبي" مع بعض أعضاء الربطة وبالفعل لقد ترشحت ضده في عام 1998 ولقد فزت بعضوية المجلس التنفيذي للرابطة العالمية لعلم النفس عبر الثقافي وأصبحت تبعا لذلك الممثل الإقليمي لشمال أفريقيا والشرق الأوسط في الرابطة. ولكن من المشاكل التي تواجهني عزوف علماء النفس العرب من الاهتمام بهذا العلم الهام مقارنة بإسرائيل مثلا والتي وظفته بصورة ممتازة وأنتجت واحدة من أكثر وأميز أو أقوى الأبحاث في العالم. وبالمقابل انتج العالم العربي أقل الأبحاث وربما أضعفها. ورغم المجهود الذي قمت به في الاتصال وقناع البعض بضرورة علم النفس عبر الثقافي لكن حقيقة أحس بخيبة أمل من عدم استجابة علماء النفس العرب لصوتي الذي رفعته بالانضمام

والمشاركة في أنشطة الرابطة العالمية لعلم النفس عبر الثقافي. ونتيجة لكثرة الإحباط ربما أوجه دعوة لعلماء النفس العرب ليس للاستقالة فحسب وإنما للانتحار.

لماذا لا يستقيل أو ينتحر علماء النفس العرب

هناك أكثر من 50 قسم لعلم النفس في العالم العربي وأكثر من 50 مجلة تنشر أبحاثا عربية في علم النفس وأكثر من ملايين الدولارات تصرف وأكثر من ألف أستاذ كما تقول بعض التقديرات. مع ذلك الكم لماذا لم تنجب الأمة العربية من المحيط إلى الخليج عالما واحدا في علم النفس على المستوى المحلي والإقليمي والعالمي؟ وإن أقسام علم النفس في العالم العربي قامت كأقسام علم النفس في الغرب وربما على نفس الهيكل. وتحتوي بعض مكتبات الجامعات العربية على كم هائل من الدوريات يفوق ذلك الموجود في بعض الجامعات الغربية. بالإضافة لذلك تتفوق بعض الجامعات العربية على الجامعات الغربية في إمكانيات الكمبيوتر وسهولة سبل الاتصالات. ويحمل أساتذة علم النفس العرب نفس درجات الأساتذة العلمية في الغرب. وربما رواتب بعض علماء النفس العرب أعلى من رصفائهم في بعض الجامعات الغربية. وقد يكون راتب البعض ضعف راتب زميله في أعرق الجامعات البريطانية أو حتى بعض الأمريكية كذلك. والسؤال لماذا هناك أقسام تنتج المعرفة السيكولوجية وأقسام أخرى تستهلكها ؟ أقسام تبدع وتحترم المبدعين وأخرى تحترم الاتباع وتتبع. وبوسعنا التساؤل مع غليون (1990) لماذا كانت الجامعة الحديثة العربية التي تدرس مناهج علمية حديثة، وتتضمن كل الفروع لا تقدم للمجتمع نفس الإبداعات العلمية والبحوث والتجديدات التي تقدمها في الغرب؟

من المناسب في هذا المقام أن استعير مصطلح "البداوة" من سعد الدين إبراهيم (1985) فقد قسم علماء النفس العرب أنفسهم إلى قبائل وحمائل وفصائل وعشائر. منهم التحليليون، والسلوكيون، والجشطالت، والوجوديون والمعرفيون. وكل قبيلة سيكولوجية جرى تقسيمها إلى عشائر (مثلا فريديون وفريوديون جدد، سلوكيون

وسكلوكيون جدد) وهذه التصنيفات ليس لها وجود الآن في الغرب. ولعل أكبر قبيلتين بدويتين لعلم النفس هما قبيلة علم النفس في "كليات التربية" وقبيلة علم النفس في "كليات الآداب". فالعلاقة بين القبيلتين في بعض الأحيان كعلاقة مضارب بني تميم وبني هلال كما يحلو لأستاذنا حجازي أن يقول، وقد تصل لعلاقة داحس والغبراء. ومن المناسب أن أصف قبيلة علم النفس التي تكتفي بالحصول على الدكتوراة بأنها قبيلة "الدكترة" أو "الدكترومانية" ويا ترى هل كل من يحمل الدكتوراة هو عالم نفس؟ هناك غياب لوجود انتلجنسيا من علماء النفس بل هناك موظفين. إن النشطين من حملة الدكتوراة ربما يؤلفوا بعض المقدمات أو المداخل أو المبادئ أو الأسس في علم النفس أو كتابة أوراق باهتة في المؤتمرات أو مقالات ساذجة في الدوريات التي تنشرـ لعلماء النفس. هناك ندرة في الاسهامات المنفعلة بقضايا علم النفس أو بقضايا المجتمع العربي من خلال علم النفس. فشهادة الدكتوراة هي الغاية وهي المنتهى في علم النفس وغالبا ما يحتمي بها هؤلاء وتكون مصدرا للرزق فبقدر المرتب ربما يكون العطاء. فقد يحمي مجموعة من علماء النفس العرب ضعفهم بكتابة د. أو أ.د. قبل الاسم لأنهم علماء نفس بلا مخالب.

يمكننا التساؤل عن الكيفية التي تتبع في نشرـ الأوراق السيكولوجية في الدوريات العربية، والكيفية التي يعلق بها المحكمين على المخطوطات، والكيفية التي يتم اتباعها في انتقاء المشاركين في الندوات والمؤتمرات، وعن الكيفية التي يدير بها علماء النفس النقاش والحوار في المحاضرات والندوات أو حتى التي يديرون بها أقسام علم النفس أو يديرون بها تحرير المجلات الناشرة لعلم النفس أو التي يدعون بها علماء النفس للمشاركة في المؤتمرات أو في تحكيم الأبحاث؟ في كثير من الأحايين تلعب العلاقات الشخصية دورا كبيرا في عمليات الاختيار وتكون الانطباعات هي العامل الأساسي لا الفكر السيكولوجي ولا الإسهام الحقيقي. وحسب هذا الفهم يمكن إقصاء أكثر علماء النفس أصالة وإنتاجا بأسباب أنه "غير مريح" أو "غير مستلطف" أو ليس "حبيبي" . وخلق بعض علماء النفس العرب أصناما تعبد في علم النفس والتي تحولت لديناصورات متحجرة وعمل بعضها على تعهر علم النفس أو "عهرنته". ولأسباب تاريخية قد لا

يرجى من بعض الدول أن تقدم إسهامات في المؤتمرات أو المجلات . وتبعا لذلك يدعى ويساهم علماء نفس نكرات فقط بسبب عمليات الاستلطاف. كما نلاحظ عملية عبادة بعض أصنام علم النفس والتي يكون بعضها أشبه بالديناصورات المتحجرة. وفي نفس السياق فإن كبار السن هم الأقدر إسهاما والبروفسر هو السلطة الدائمة والرئيس هو الذي لا يعصى له أمر.

بوسعنا التساؤل ما هو الفرق بين الكيفية التي تدار بها "القبيلة" في المجتمع العربي والطريقة التي تدار بها "قبيلة علم النفس" في المؤتمرات والمجلات والأقسام؟ يبدو إن الرابط الذي يجمع الاثنين هو التسلط والاتصال الرأسي وليس الأفقي كما يتسلط علماء النفس الكبار على الصغار ويريد أن يكبر "شيخ" علم النفس مع تحجيم غيره من "مريدي" علم النفس. أو هو نوع من الاستبداد، حسب تعبير الكواكبي (1975)، الموجود في البناء السيكولوجي لبعض أصنام علم النفس في العالم العربي. إن الاستبداد والعلم ضدان متغالبان، فكل أداه مستبدة تسعى جهدها في إطفاء نور العلم. ربما تحتاج هذه الأصنام لرجل من قريش لكيما يحطمها أو يدخلها في أجحارها أو قبورها. لقد نبه بروفسر مالك بدري (1989: 123) في كتابه النقدي الرائع "مشكل أخصائي النفس المسلمين" كل الذين في جحر الضب من أخصائيي النفس المسلمين ألا يظلوا قابعين في أجحارهم "فإن مجموعة من علماء النفس القدامى ستظل تقاوم الخروج من أجحارها. لقد ظلوا قابعين في اجحارهم مدة طويلة فاكتسبوا بذلك أوضاعا مميزة ... لقد نموا وأصابتهم السمنة لدرجة جعلتهم غير قادرين على مغادرة اجحارهم القذرة . وليس بمقدور المرء إلا أن يترك مثل هؤلاء يموتون في اجحارهم المقبرة وقبورهم غير المباركة التي اختاروها لأنفسهم".

وبوسعنا التساؤل، بصورة جريئة وربما موجعة للبعض، أولآ: لماذا لا يحس علماء النفس العرب كما أحس علماء النفس في العالم بضرورة التأسيس العلمي الصارم لعلم النفس؟ مع العلم بأن "الإحساس" باب هام من أبواب علم النفس العام! وثانيا: لماذا لا يفكر علماء العرب كما فكر علماء النفس في بقية الدول بالتأسيس الدفاعي لعلم

النفس؟ وثالثا: وإذا لم يحس أو يفكر علماء النفس العرب كما أحس وفكر علماء النفس في بقية الدول لماذا لا يستقيلوا بصورة جماعية من كل مناصبهم العلمية والبحثية والعلاجية والإرشادية والاستشارية وغير ذلك؟ وإذا لم يحسوا أو يفكروا ولم يستقيلوا طواعية لماذا لا يفصلوا من جميع مواقعهم؟

ونستمر في طرح التساؤلات ماذا يحدث للأفراد والجماعات في العالم العربي بدون علماء النفس أو بدون "علم نفس الطلبة" و"علم النفس الرخو" و"علم نفس الورقة والقلم" و"علم نفس الفرض الصفري" و"السيكوغرافيا" ؟ وإذا لم يحدث شيء لماذا لا يفكر علماء النفس العرب في عملية انتحار جماعي؟ ففي اليابان، مثلا، ينتحر الأفراد في حالة إخفاقهم أو تدهور كفاءتهم المهنية كجزء من بناء سيكولوجيا الشرف. ولكن إذا كان قتل النفس محرم في الثقافة العربية الإسلامية يمكن لعلماء النفس العرب إعادة النظر في فلسفة وجودهم المهني وذلك ببناء مشروع سيكولوجيا علمية وموطنة لعلم النفس ليس مجرد مقرر يوصف بصورة باهتة ويقرر في أقسام علم النفس، وكتب مترجمة أو مكررة أو مسروقة أو سيئة التأليف، وأساتذة موظفون ومقلدون وتابعون والجامعة بالنسبة لهم مصدر لقمة عيش ويتقاضى بعضهم مرتبات عالية، وطلاب حفظة ومرددون، وشهادات بكالريوس وماجستير ودكتوراة تمنح، وتمويل خرافي لبعض الأبحاث الضعيفة، ولقب د. أو أ. د توضع قبل الاسم. في تقديري، إن مشروع السيكولوجيا العلمية والموطنة يجب أن يضع في خلده قصة علم النفس الحقيقية.

ربما يمكن القول بأن هناك حاجة لمراجعة علماء النفس لإسهاماتهم الحقيقية أو الواقعية في تطبيقات علم النفس في مجال التنمية أو المجال الدفاعي. ويبدو أنه في حالة عدم المراجعة ربما يعبر ذلك عن حالة عدم المبالاة عند البعض وربما تكون أعراض لحالة من فقد الاهتمام وهي عرض من أعراض الاكتئاب على أية حال. ربما تكون هناك حاجة لعلاج جماعي لعلماء النفس العرب لإخراجهم من حالة النوم والسبات أو حالة اللامبالاه أو حالة الجمود والتكلس أو حالة الرتابة والاجترار المتصلب والمنقطع عن الواقع. نأمل أن تجد هذه الصرخة تجاوبا من أهل الكهف من علماء النفس العرب. ربما.

يكون أحد الاحتمالات هو الرفض الدفاعي تحت شعار الحقد والتجني. أو يكون احتمال آخر بأن كل شيء على ما يرام كما يعبر البعض في الرسائل أو نحن بخير وعافية كما يعبر البعض الآخر.

من المناسب قبل نهاية هذه الدراسة أن نرجع لمقدمتها. لقد ذكرت بأني تحدثت في محاضرة بالأردن عام 1997 عن تاريخ علم النفس وعلاقته بالاستعمار، والحرب الساخنة والحرب الباردة، والمخابرات كمقدمة أساسية للمحاضرة. وعلى ما يبدو لم تعجب تلك المحاضرة الشخص الذي قدمني للحضور وهو عبد الرحمن عدس عالم النفس الأردني الشهير. وعلى ما يفهم من إدراك عدس بأنه لا مأزق لعلم النفس. ولعلني أؤكد لعدس أن "علم النفس في العالم العربي في مأزق" وأني "لم أخرج أبدا عن الأصول"، ولم تكن تطبيقات علم النفس في الاستعمار والحرب الباردة والمخابرات من " بالقشور" كما يدرك عدس. وأجدد التساؤل أولا بالنسبة لعدس "أين اللباب في علم النفس"؟ هل هي "علم نفس الورقة والقلم" و"علم نفس الفرض الصفري"؟ وأجدد التساؤل ثانية هل القشور هي الاكتفاء بكتابة "المقدمات" أم "النهايات"، "المداخل" أم "المخارج" في كتب علم النفس؟ يبدو أننا نذكر عبد الرحمن عدس، بأن علاقة علم النفس بالاستعمار والإمبريالية والحرب الساخنة والحرب الباردة يجب أن تبقى درسا أساسيا في ذاكرة علماء النفس العرب من جهة. ومن جهة ثانية على علماء النفس العرب إدراك وجهي عملة تطبيقات علم النفس بالجملة وبالقطاعي. ربما كان في خلد عدس بأن مشروع دراسة "علم النفس والمخابرات" مشروعا غير مجديا من الناحية العلمية أو العملية ولكن سوف تمر سنوات أو عقود قليلة قبل أن يتم إدراك عدس أنه كان إدراكا خاطئا.

لا مخابرات من غير علم نفس

رأينا في الفصل الثاني من الدراسة كيفية تطبيق علم النفس من خلال التحكم بالجملة ويتمثل ذلك في علاقة علم النفس بالاستعمار في ألمانيا وبريطانيا، واستخدام العلوم

الاجتماعية في عمليات الهيمنة، وكيفية تطبيق علم النفس في المجال العسكري في ألمانيا، وتطبيقات علم النفس في الحرب الساخنة في الاتحاد السوفيتي وفي أمريكا بمخالب حادة. كما رأينا المحاولات الجنونية لاسكنر في عملية تدريب الحمام لتوجيه القنابل في الحرب العالمية الثانية لزيادة حدة مخالب علم النفس. وكيف تأسست أولى تطبيقات علم النفس في مكتب الخدمات الاستراتيجية وعلاقة ذلك المستقبلية بالمخابرات وبالحرب الباردة. وفي الفصل الثالث درسنا تطبيقات علم النفس في المخابرات البريطانية والمخابرات المركزية الأمريكية من خلال غسيل الدماغ، وضحايا غسيل الدماغ في غرفة النوم، وعلاقة الجنس بالمخابرات، ودراسات الباراسيكولوجيا، و تطبيقات الحرب النفسية في حرب الخليج الثانية، وأبحاث القياس النفسيـ وعلم النفس المخاراتي وتقييم العقول الخطرة، وتجارب التنويم المغناطيسيـ وتقانة التجسس التي تدعم الحواس، ودعم المخابرات الأمريكية للبحث السيكولوجي، وتجاوز الحدود الأخلاقية.

وفي الفصل الرابع رأينا المخالب الحادة لتطبيقات علم النفس في المخابرات الإسرائيلية من خلال دور علم النفس في اختيار وتدريب الجواسيس والقتلة، واختيار طاقم الغواصة دولفين، والحرب النفسية عن طريق الخداع، وسيكولوجيا الإرهاب، واستغلال الجمعيات السيكولوجية في خدمة إسرائيل، وتنميط الشخصية العربية في الدعاية الإسرائيلية، وعمليات الاستجواب، وتطبيقات علم النفس الاجتماعي في سياسة فرق تسد أو عدو عدوي صديقي، والموساد والعلاقات السودانية – الإسرائيلية، وكيفية تخطيط وتنفيذ "عملية موسى" و"عملية سبأ" لنقل اليهود الفلاشا من السودان، وتطبيقات علم النفس في الاغتيالات التي تمت بواسطة الموساد، والاخفاقات والكوارث في صفوف الموساد وأخير كيفية تحول تطبيقات علم النفس من مجال الحرب للسلام وربما بمخالب مخفية.

يبدو أننا في العالم العربي عندما ندرس نظرية بافلوف الشهيرة نتحدث عنها كفعل منعكس وتشريط. ولكن عندما اهتم بها السوفيت والأمريكان نظروا على أنها أداة غسل الأدمغة، والتحكم في الآخرين بذات الكيفية التي درب بها بافلوف كلابه عندما

بحث في كيفية استجاباتها الفسيولوجية. وبذلك كان بافلوف يبحث عن مخالب أكثر حدة لكلبه الشهير في المعمل. وعندما ندرس نظرية اسكنر العملاقة في التعلم الاجرائي نتحدث عنها كعلاقة بين مثير واستجابة، ولكن عندما اهتم بها الأمريكان وظفوها في تكنولوجيا السلوك، وتصميم الثقافة، ومحاولة تدريب الحمام لتوجيه القنابل. وبالرغم من وداعة الحمام ورمزه للسلم كان اسكنر يبحث عملية نشوء وتطوير مخالب له في البيئة الجديدة التي يزمع برمجتها.

وعندما ندرس المقابلة كمنهج لجمع المعلومات في علم النفس نهتم بها في إطار القطاعي في مقابلة التلميذ، أو المريض، أوالمعاق، أو العامل ولكن عندما تطبق في الغرب وفي إدارة الصراع العربي-الإسرائيلي تستخدم بالجملة في الحرب النفسية، والاستجواب، ومقابلة الأسرى، والتعامل مع السجناء، وفي كل المحاولات التي تحتاج لقدرة عالية من الذكاء الاجتماعي كاللقاءات الدبلوماسية، والمفاوضات. وعندما نستخدم الاختبارات السيكولوجية نتحدث عن الصدق والثبات وعن الفرض الصفري ولكن استخدمت هذه المقاييس كعضلات تحتية ومخالب حادة في أجهزة المخابرات وفي اختيار الجواسيس وفي تدريبهم. وعندما ندرس التنويم المغناطيس في أروقة الجامعات ربما نستمتع بمشاهدة الخبير النفسي يتلاعب بالأفراد على خشبة المسرح بينما تستخدم في الغرب استخداما استراتيجيا في تجارب القاتل المبرمج وفي محاولة خلق "إنسان منشوريا" الذي يقوم بعملية اغتيال في أي ركن في العالم وعندما تنتهي مهمته لا يعرف من أمره بذلك، وتختفي مخالبه عن الأنظار بصورة مستورة.

إن مستوى طلبة علم النفس وتبعا لذلك مستوى علماء النفس وعملاء المخابرات كان رفيعا في كثير من الدول. ففي ألمانيا، مثلا، كان يتم اختيار علماء النفس بصورة صارمة وهناك معايير مهنية عالية للاختيار أثناء السنوات الأولى من مشروع علم النفس الحربي. وفي روسيا، كان علماء النفس في قيادة كثير من المشاريع البحثية وعندما اقترحوا عملية تمويه مباني لينينجراد اتبعهم علماء الأحياء والمعماريون وفنيو الكهرباء. وفي بريطانيا، كان المتخرجون من جامعات أكسفورد وكيمبردج غالبا ما يعملون في

مجال المخابرات. وفي إسرائيل هناك انتقاء صارم لطلبة علم النفس في جامعة تل أبيب حيث يقبل طالب واحد من بين كل 15 مرشح لقسم علم النفس. كما تتم عملية اختيار العملاء في المخابرات بعناية بحيث يكون متعدد المواهب ويجب أن تكون للعميل الميداني القدرة على استخدام المهارات المتخصصة لتدريب الآخرين وأن يكون كميمون ومعناها بالعبرية "الأول بين الأكفاء". وربما كان عالم النفس بمثابة جدعون البطل الذي ورد اسمه في العهد القديم الذي أنقذ إسرائيل من قوات أكبر حجما باستخدام "ذكائه" أحسن استخدام. وفي أمريكا، هناك معايير صارمة لاختيار عملاء المخابرات من علم النفس. وعندما دخلت الولايات المتحدة الحرب العالمية الأولى اجتمع حينها عدد من علماء النفس "المشاهير" لمناقشة كيفية مساهمة علم النفس في جهود الحرب مثل عمليات الاختيار والدافعية. وكان واحد من أربعة من علماء النفس المشاهير يرتبط بعلم النفس العسكري والمخابراتي.

وتشمل قائمة علماء النفس بالمخابرات الأمريكية وعلماء النفس بالمؤسسات التابعة للمخابرات وعلماء النفس المتعاونين مع المخابرات تعاونا تاما أو جزئيا عددا من علماء النفس "المشاهير" و"الموهوبين" و"المؤثرين". منهم جتنقر عالم نفس كامل الدوام بالمخابرات الذي طور نظام الباص، وكوجيتس التي تعمل في تقييم العقول الخطرة التي تهدد سلامة القادة، وولف رئيس جمعية البيئة الإنسانية، وموراي الذي طور أبحاث الشخصية، وموريس آلان في مجال التنويم المغناطيسي، وجوتيب في مجال التحكم في العقول، وهيب في غسيل الدماغ، وروبرت هايد في تأثير الكحول في الذكاء والشخصية، ومارتن أورون في تطوير مفضاح الكذب، وجيمس كهنر الذي طبق مقياس وكسلر على الممرضة التي نذرت جسدها لخدمة وطنها، وديفيد سوندرز الذي بحث علاقة نماذج الدماغ ونتائج اختبار المدى العددي.

كما تشمل القائمة كذلك ادوار تولمان، وديفيد كريش، واجيرتون بالاشي وثيودور نيوكومب والذين طوروا علم النفس الاجتماعي التجريبي بعد الحرب. وتضم كذلك قائمة الذين وجدوا دعما ماديا من المخابرات بصورة مباشرة أو غير مباشرة بروفسرات

عظام مثل اسكنر وروجرز واسجود وايزنك كما شملت القائمة من علماء السلوك مظفر شريف التركي الأصل في أبحاثه عن سلوك العصابات، وحسن عزيمة الإيراني الأصل في أبحاثه عن العلاج بالنوم. هذه الكوكبة من علماء النفس هي التي طورت المخالب الحادة لعلم النفس وتطبيقاته في المخابرات. بوسعنا القول بأن فرص نمو علم النفس المتأسس في المجال الحربي أو الدفاعي كما في الغرب أكبر بكثير من ذلك الذي تأسس في المجال التربوي كما في العالم العربي.

وبوسعنا التساؤل، هل هناك أي محاولة من قبل عالم نفس عربي واحد بتطوير مخالب لعلم النفس؟ أو بالقيام بمشروع كبير وخطير في علم النفس يطبق في مجال الدفاع؟ أو حتى أي مشروع استراتيجي وهام في مجالات تطبيقية استدعى أن يستخدم رمزا لهذا المشروع؟ أو شارك علماء النفس العرب في التخطيط أو التنفيذ في أي عملية سرية تخص العالم العربي؟ نلاحظ بأن هناك عدة مشاريع بحثية قام بها علماء النفس في كثير من الدول في مجال الاستخبارات لها أسماء رمزية مثل "مشروع بلوبيرد" أو "العصفور الأزرق"، ومشروع "مولكترا"، و"مشروع الحمامة" و"مشروع البجع"، و"مرشح منشوريا"، و"نظام الباص" و"غرفة النوم". إن هذه الرموز المستعملة في مجال علم النفس أشبه ببعض الرموز التي حاول بها بعض الكتاب الكتابة عن المخابرات بصورة روائية. ويظهر ذلك في بعض الأعمال مثل "البائعة المتجولة"، و"عملاء البراءة" و"عملية سفينة اليورانيوم". وكلتا المشاريع البحثية مع الأعمال الروائية لها علاقتها الوثيقة بأعمال المخابرات أو التجسس. كما تحمل العمليات المخابراتية أسماء رمزية كذلك مثل "عملية موسى"، و"عملية سبأ"، و"عملية عنتبي" و"عملية ربيع الشباب" و"عملية أبو الهول" التي قامت بها بعض المخابرات الإسرائيلية مثل "الموساد" و"الشين بيت" و"أمان". نريد أن نقول بأن هناك علاقة وثيقة ومحكمة بين تطبيقات علم النفس وبين أعمال المخابرات في شكلها وفي مضمونها. فالسؤال هل هناك أي أمثال لهذه التطبيقات عند علماء النفس العرب؟

فيما مضى كان الخطر الخارجي مصدر لوحدة إسرائيل وعندما وقعت اتفاقية السلام

تلاشي جزء كبير من ذلك الخطر. وربما يخلق الوضع الجديد لإسرائيل تصدعا سيكولوجيا داخليا بإثارة الخلافات العرقية والثقافية فكيف يمكن توظيف ذلك التصدع من قبل علماء النفس؟ ومن ناحية سيكولوجية، يخاف اليهود بصورة غير عادية من عصاب الدمار ويميلون لإرعاب أنفسهم فهل استفاد علماء النفس من هذه السمة؟ وكذلك يبدو أن الضعف العربي والإهمال العربي وليس القوة الإسرائيلية واليقظة الإسرائيلية هي العامل الحاسم في الأوضاع التي وصل لها العالم العربي في صراعه مع إسرائيل. فكيف يمكن لعلماء النفس توظيف هذه الجوانب في موضوع الصراع العربي الإسرائيلي. وفي ظل الحرب الباردة اشتهر "جواسيس كيمبردج" بالموهبة والحس الأمني وبخدمة الحكومة البريطانية لأنهم كانوا الذراع الخارجية لها ولكن بدلا من ذلك بدؤوا يدمرونها من الداخل خلال تعاونهم مع الاتحاد السوفيتي. وربما يكون هناك جواسيس إسرائيليين خاصة من الشرقيين لهم علاقات قوية ببلادهم التي هاجروا منها فإلى أي حد تم استقطاب هؤلاء؟

هناك حاجة للسلطات العربية وأصحاب القرار إلى توظيف الخدمات النفسية خاصة الاستراتيجية منها. ولكن يبدو أن علماء النفس دفعوا أنفسهم إلى الموقع المهمش من تطبيقات علم النفس وربما يمكن القول كذلك بأن السلطات ساهمت من زيادة هذا التهميش بالنسبة لهم. فالمعرفة أو الخدمات التي يقدمها علم النفس ليست من متطلبات أجهزة الدفاع أو المخابرات أو القرار السياسي في العالم العربي. وتبعا لذلك ليس هناك تمويل لأبحاث علم النفس خاصة الاستراتيجية منها. لذلك عملت مجموعة كبيرة من علماء النفس العرب في حبس أو سجن الذات ضمن أسيجة ضيقة. وربما يمكننا التساؤل هل مسؤولية علماء النفس العرب هي محاولة تطبيق علم النفس في المجالات الدفاعية والاستراتيجية أم مسئولية الحكام وأجهزتهم التي تستعين بهذه الخبرات وتمويلها كما يحدث في الغرب وإسرائيل. وهل يمكن لعالم النفس العربي أن يدخل في خدمة جهاز المخابرات في السودان أو الأردن أو السعودية أو البحرين أو تونس بمبادرة منه فقط؟ أو مجرد بأن يتصل بجهاز المخابرات بأن لديه مشروع أو استراتيجيات لتدريب

الجواسيس العرب أو لزيادة فاعلية عمل المخبرين. يبدو أننا نترك هذه الأسئلة بلا جواب.

هناك جامعات عريقة في العالم العربي ومؤسسات بحثية كبيرة وتصرف ملايين الدولارات أو الدينارات أو الريالات أو الدراهم في المشاريع البحثية من قبل المنظمات والمؤسسات والسؤال لماذا لم ترقي هذه الأبحاث علم النفس كما كان في ألمانيا وروسيا وبريطانيا وأمريكا وإسرائيل واليابان؟ ارتبط علماء النفس الذين لهم علاقات مباشرة أو غير مباشرة بأغراض الدفاع وبالمخابرات بأشهر المؤسسات البحثية من الجامعات والأكاديميات. ففي ألمانيا مثلا، تم تأسيس أول مركز لتوجيه الأبحاث السيكولوجية عام 1920 في "جامعة برلين" برئاسة بروفسر ريفيارت كما استخدمت الجامعة كمركز لاختيار وتدريب الضباط. وفي روسيا، لعبت الجامعات الموجودة في موسكو ولينينجراد الدور الأساسي في إعداد علماء النفس المرتبطين بالمؤسسة الحربية.

وفي بريطانيا، لعبت أقسام علم النفس في جامعات اكسفورد وكيمبردج دورا أساسيا في ترقية علم النفس المرتبط بعمليات الدفاع. إن أول المعامل البحثية والذي كان له علاقة بالمشاريع البحثية في فترة الاستعمار كان معمل جامعة كيمبردج. وتم دعم أبحاث ايزينك عن الدافعية في جامعة لندن من قبل جمعية البيئة الإنسانية. وفي أمريكا، تم تشكيل لجنة علم النفس برئاسة روبرت باركيس في الأكاديمية القومية للعلوم عام 1916. وجاء جتنقر من جامعة أوكلاهوما وروجرز من جامعة ويسكونسون وجون وايتهورن من جامعة جونز هوبكينز. ومن جامعة هارفارد الشهيرة جاء هنري موراي، ومارتن أورون. وفي إسرائيل، هناك مجموعة من الباحثين في مجال علم النفس العسكري، وحل الصراع والإرهاب والعدوان السياسي في جامعة تل أبيب والجامعة العبرية وجامعة حيفا.

إن المؤسسة الاستخبارية مؤسسة أساسية في تطور علم النفس، لذلك سوف نجازف في طرح بعض الأسئلة الحساسة والتي تبلورت من خلال هذه الدراسة، وربما تكون هذه الأسئلة غير مطروحة، ولكنها أسئلة استراتيجية على أية حال . وقد يتساءل أحد

كم من علماء النفس العرب في المخابرات العربية؟ كم عـدد المشـتغلين في أقسـام الحـرب النفسية؟ وكم عدد المشتغلين منهم في الحرب المضادة؟ هـل هنـاك متخصصين في كيفية تحطيم معنويات المقاتل الإسرائيلي؟ أو هناك من يهتمون باستغلال التناقضات داخل المجتمع الإسرائيلي؟ كم معملا لعلم النفس الحربي في العالم العربي؟ وما طبيعة الأدوات والتقنيـات المستخدمة في هـذه المعامل؟ هل هناك مقاييس مناسبة للـذكاء والشخصية والقدرات والمهارات؟ وكم متخصصا في القياس النفسي في مجال الاستخبارات؟ أو في التنـويم المغناطيسي؟ أو في غسيل الـدماغ سـواء علـى الطريقة البافلوفية أو الاسكنارية؟ كم عدد علماء نفس السلام في المخابرات العربية أو في أقسـام علم النفس؟ كم عالم نفس عربي يعمل في دراسة العقول الخطرة التي تهدد القادة العرب؟ وهـل الخدمات السيكولوجية المقدمة من علماء النفس العرب محـط تقدير للقادة العرب؟ أو هنـاك مجرد تأكيد إلى أهمية هذه الخدمات؟ أو مجرد عملية التفكير في أهمية سن وحد مخالب حـادة في علم النفس؟ أو مجرد تمويل للبحث السيكولوجي الدفاعي أو المخابراتي؟

مخالب علم النفس

بوسعنا القول في صيغة متقابلات بأن هناك "علم نفس عسكري" و "علم نفس سلام"، و"علم نفـس القوة" و"علم نفس الضعف"، و"علم نفس حرب ساخنة" و"علم نفس حرب بـاردة"، و"علم نفـس صلب" و"علم نفس رخو"، و"علم نفس موقفي" و"علم نفس الورقة والقلم"، و"علم نفس مكشوف" و"علم نفس مستور"، و"علم نفس الفظاعة" و"علم نفس الشفقة"، و"علـم نفـس يراعـي الحـدود الأخلاقية" و"علم نفس خارج الحدود الأخلاقيـة"، فضلا عـن "علـم نفـس بالجملـة"، و"علم نفـس بالقطاعي". ويطبق جانب من علم النفس ذو المخالب الحادة في وزارات الدفاع، وأوكار الجواسيس، ومحطات البوليس، والمعتقلات، وبيوت الأشباح. بينما يطبق جانب آخر من علم النفس والـذي بـلا مخالب للطالب المسكين في المدرسة، والمعاق في معاهد التربية الخاصة، والمريض المشفق علـى حالـه في المصحات النفسية. إن تكنولوجيا السلوك، كما

يعبر اسكنر، هي محايدة يمكن تطبيقها من جانب القديسين أو من جانب المجرمين. ويعتمد الأمر في عينة الأفراد الذين يقومون بتطبيق مفاهيم ونظريات ومناهج وأدوات علم النفس. إن السؤال الهام كيف نعي مخالب علم النفس خاصة الحادة منها؟

إن قصة مخالب علم النفس في حقيقتها كحقيقة وجهي العملة، يحكي أحد أوجهها قصة الاستعمار، والإمبريالية، والمخابرات؛ وأنها قصة الإرهاب، والقمع، والخضوع، والاستسلام؛ وأنها قصة الترويع، والهلع، والتمويه، والمراوغة، والخداع، والتعذيب، والقتل وفوق كل ذلك قصة التحكم بالجملة. بالاضافة لذلك هي القصة الدرامية للعمليات الاستخبارية التي تطبق فيها تقنيات علم النفس بمهارة فائقة في العمليات متعددة المصطلحات كالعمليات في الظلام، والعمليات الوطوطية، والعمليات المستورة، والعمليات السرية، والعمليات التحتية، والعمليات المبهمة، والعمليات الغامضة، والعمليات المباغتة، والعمليات الملتوية، وربما العمليات الابليسية . إن أعمال الستر الأكثر شيوعا بالنسبة لعلماء النفس هي أروقة الجامعات، ومخابر علم النفس، وقاعات المؤتمرات، وأنشطة الجمعيات والروابط السيكولوجية. وقصة علم النفس هي قصة وجود أفراد دقيقي الملاحظة، أو كما عبر آنغلتون بوجود "أشخاص خارقي القدرة في العمل في الظلام" .

وقصة علم النفس في الوجه الآخر من العملة هي قصة الذكاء، والقدرات، والمواهب، والمهارات، وهي قصة المغامرة، والمخاطرة، والمجازفة، كما هي قصة الحسابات، والمعادلات، والدقة المتناهية. والمأزق الذي يجابه علماء النفس العرب هو : كيفية التعامل أو الجمع بين هذه المتقابلات، أو التضادات، أو الطباقات، وهي التي تغذي وتنمي علم النفس. وفوق كل ذلك هي التي تولد وتطور وترقي مخالب حادة لعلم النفس. وبلغة أخرى، كيف يمكن التعامل مع علم النفس بهذه الصورة المعقدة وكيف يمكن فك رموز العلاقات المزدوجة في علم النفس؟ و كيف يمكن لعلماء النفس العرب التفكير برؤية جديدة في التزاوج أو التلاقح أو قبول التعامل مع وجهي العملة: الصورة والكتابة؟ أو أداء الفرائض والنوافل؟ أو حد المخالب وتقليعها في نفس الوقت!

لقد حكينا قصة مخالب علم النفس، فكيف تكون الاستجابة المناسبة لها ؟ وبوسع المرء أن يطرح بعض التساؤلات عن كيفية التعامل مع مخالب علم النفس الذي فعل فعلته، الحسنة منها والنكراء، والتي خلق علم النفس من أجلها والتي خلقها عندما شق قدره بنفسه . أنحكم علي علم النفس بأنه علم جاسوس وعميل ؟ أم أنه علم كافر أو ملحد كما عبر أحد علماء النفس العرب؟ أيمكن اعتباره من "المريبات والمشككات والمكفرات"؟ حسب تعبير أبو ديب؟ و أن علينا بتره كما تبتر العاهة من جسم الإنسان؟ ومن ثم يجب علينا أن نتعقم، ونتوضأ، بل نغتسل، ونتبرأ منه؟ وفوق كل ذلك تقليم مخالبه؟ أم نحاول علاجه بقدر الإمكان؟ ونتناول مصلا واقيا منه في حالة هذه المعالجة ؟ هل نحاول التأقلم، أو التعايش، أو التكيف معه كما تقتضي الضرورة التطورية أو النشوئية؟

في تقديري، إن عينة الأحكام المتعسفة السابقة تحتاج لإعادة الملاحظة- والملاحظة هي نقطة البداية في علم النفس. ولكيما اشبع حب الاستطلاع بالنسبة للقارئ: ما هو الموقف المناسب من مخالب علم النفس في وجهة نظر الباحث؟ ويمكننا أن نعيد طرح كيفية التساؤلات السابقة بصورة أكثر إيجابية: كيف يمكن فهمه؟ وهضمه؟ واستيعابه؟ ومن ثم تفجير الروح الخلاقة الكامنة فيه من مفاهيم ونظريات ومناهج وتقانة؟ وكيف يمكن تجاوز النظرة التقليصية المايكروية لعلم النفس إلى نظرة استراتيجية عملاقة وحكيمة ؟ وكيف يمكن لعلماء النفس تدعيم علم نفس يمكن بواسطته أن يصاغوا به، ويصيغوا به الآخرين في حالة من الكرامة والكبرياء الحقيقية؟ وكيف يمكن أن ينطبق على علماء النفس قول جورج أورول بأنهم "داخل جوف الحوت وخارجه في آن واحد"؟ إن إمكانية الدخول والخروج تعبر بدقة متناهية عن علاقة علم النفس بالحرب الباردة، خاصة بالمؤسسة الاستخبارية التي رعت هذه الحرب بحثا عن تقنيات لحرب غير تقليدية، أو غير اقتتالية !

وكيف يفكر علماء النفس العرب بصورة استراتيجية في مستقبل علم النفس بصورة عامة؟ وهل هناك علماء نفس عرب غامضون يثيرون الشكوك في من حولهم؟ ويا ترى

كم تشمل قوائم المشكوك فيهم من علماء النفس العرب؟ وهل هناك باحثون سيكولوجيون منخفضو الصوت والحركة والانفعالات إلا عند الضرورة؟ وهل هناك عالمات نفس عربيات مرعبات أو حتى مسالمات انضممن إلى أعمال الاستخبارات العربية؟ وهل هناك من نذرن أنفسهن لخدمة أغراض جمع المعلومات لأهداف دفاعية بحتة؟ أني أتساءل فقط ويجب أن نميز ما بين التساؤل والدعوة! أو علماء نفس لهم عقلا حسابيا أو رياضيا؟ وهل هناك علماء لهم حس أمني في تعاملهم مع أعداء البلاد؟ وهل هناك من يخطط أو ينفذ عملية اغتيال لعدو لدود؟ أم ليس هناك مقدرة لحفظ الأمن حتى في دورات المياه؟ أو علماء نفس لهم قدرة دقيقة على التنبؤ بدور فعال لعلم النفس في الأغراض الدفاعية والمخابراتية؟ هل هناك علماء نفس يساهمون في اختيار وتدريب الجواسيس العرب بمخالب حادة؟ أو يزيدون من فاعلية أو حتى قذارة عمل المخابرات؟ لأن لا مخابرات بلا قذارة.

و نستمر في طرح التساؤلات: كم عدد علماء النفس الذين يشاركون في المفاوضات الدولية التي تخص العالم العربي؟ هل هناك من مؤيدي الحرب من علماء النفس العرب؟ أو من مؤيدي السلام؟ من يتابع تطبيقات علم النفس في بناء وإدارة الدبابات والطائرات والغواصات التي يشتريها العرب من الغرب؟ ومن يتابع التطور الهائل لعلم النفس الدفاعي أو المخابراتي في إسرائيل أو في أمريكا ؟ من يواجه القرارات العالمية التي تخص العالم العربي في أروقة الجمعيات والمنظمات السيكولوجية ؟ كيف يتساءل علماء النفس في حالة إحساسهم بفجوة في التفكير السيكولوجي الاستخباراتي في العالم العربي ؟ قد لا نجد إجابة صريحة لهذه الأسئلة من قبل مؤرخي علم النفس أو مؤرخي عالم المخابرات و ذلك لأن طبيعة الموضوع وحساسيته يحول دون ذلك.

ومن المناسب أن نتذكر ما قاله ياسيتيفتش عندما رفض إجراء مقابلة مع جون ماركس (1979) بخصوص كتابه المثير "البحث عن مرشح منشوريا: ال سي. آي. أي والتحكم في العقل" ذاكرا "أنا مهني ولذلك لا أتحدث عن هذه الأشياء . هناك أشياء كثيرة لا تتناسب مع العامة وليس لهذا علاقة بالديمقراطية، إنما لها علاقة بالبديهة

العامة" . أو كما عبر كل من بن عري وعمير (1986) عندما أجريا دراسة عن علم النفس في إسرائيل توقفا عن ذكر الأبحاث الواسعة التي يجريها قسم الأبحاث السيكولوجية في قوات الدفاع الإسرائيلية قائلين "ولأسباب واضحة، ليس من الممكن توضيح نوعية الأبحاث السيكولوجية التي تجرى في هذه الوحدة"، أو كما عبر هاميت، رئيس الموساد: هناك أمورا من الأفضل أن تكون سرا كما كانت..

ولكن ربما يمكن مجرد التفكير في هذه الأسئلة أو المشابهة لها من قبل علماء النفس أو من قبل المفكرين الاستراتيجيين في الدول العربية. إن الإجابة عن هذه الأسئلة قد تساعد في شق الطريق لطبيعة علم النفس أو طريقة التفكير الاستخطاطي الذي نحتاج إليه في العالم العربي. أهو علم نفس بالجملة وبالمخالب الحادة على الطريقة الألمانية، والروسية، والبريطانية، والأمريكية، والإسرائيلية؟ أم علم نفس بالقطاعي وبلا مخالب على حسب الطريقة العربية؟ أيتفق علماء النفس العرب مع سياسة حكوماتهم ؟ أم هم من المعارضين لهذه السياسات؟ أم هم مع الاثنين معا؟ أم لا مع هذا ولا ذاك، بل مهتمين بتقدم علمهم فحسب؟ أم هم مجرد موظفين يعملون بقدر أجورهم؟ فلا بحث يجرى إلا بغرض الترقية ولا حضور لمؤتمر إلا بدفع نفقاته كاملة؟ ولا بحث في موضوع غامض ومستور كالمخابرات. إنهم مع من يدفع أو مع من بيده السلطة أو مع الإثنين؟

ويبدو أن علماء النفس سيكونون في وضع مماثل للعلماء الألمان المتخصصين في القذائف الموجهة، أولا قد عملوا بإخلاص مع هتلر لتدمير الاتحاد السوفيتي والولايات المتحدة . وأخيرا يعتمد الأمر على من ألقي القبض عليهم، لقد عملوا بإخلاص مع الاتحاد السوفيتي لتدمير الولايات المتحدة، أو عملوا بإخلاص مع الولايات المتحدة لتدمير الاتحاد السوفيتي . وإذا كان علماء النفس مهتمين كلية بتقديم علومهم فيحتمل أن يخدموا أي مجموعة تملك السلطة . أن علماء النفس مطالبون بالتقدم في أبحاثهم واكتشاف الجديد، وكلما زادت درجة التحكم في نوعية تكنولوجيا علم النفس المنتجة فإن قرار استخدامها سيكون خارج يد علماء النفس . ومن الصعب الآن وضع تكنولوجيا التحكم في السلوك والتفكير في صندوقها . ولقد انتشرت هذه التكنولوجيا في رئاسة

ومحطات الاستخبارات في العالم، وفي المؤسسات العسكرية وأقسام الحرب النفسية، وفي البعثات الدبلوماسية، وفي الفرق الإعلامية، وفي السجون، والمعتقلات، وأوكار الجواسيس، وبيوت الأشباح، والشقق الآمنة، وفي محطات البوليس، وفي المستشفيات العسكرية.

وفي تقديري، أن السلاح النفسي، خاصة ذو المخالب الحادة في الوقت الراهن ربما يكون أهم من السلاح النووي، أو البيولوجي، أو الكيميائي. فقد انهار الاتحاد السوفيتي والمعسكر الشرقي بتكنولوجيا الحرب الباردة، وهي حرب نفسية في المقام الأول . وبانتهاء هذه الحرب الباردة، كما يقول ادوراد سعيد، "برزت الولايات المتحدة بوصفها آخر القوة العظمى" وحولت هذه القوة العظمى بفضل الحرب النفسية جزء ا كبيرا من العالم من عالم ثاني إلى عالم ثالث وأصبحت السيطرة لأقلية متحكمة بالجملة، وأغلبية ساحقة محكومة لا يسمح لها بالتعبير ولو بالقطاعي . ويمكننا التكهن بأنه سوف تستمر عملية التخطيط الدقيق، والبرمجة المنظمة بصورة استراتيجية لزيادة تقنيات السيطرة أو التحكم في علم النفس. وفي إطار ما يسمى بالعولمة، خاصة، سوف تكتمل بذلك الحلقة بين علم النفس الذي يهدف للتحكم بصورة علنية، والمخابرات التي تستهدف التحكم بصورة مستورة، وهدف ما يسمى بالنظام العالمي الجديد في التحكم بالجملة بمخالب أكثر حدة.

وفي تقديري، أنه في ظل الاستخدامات الهائلة لعلم النفس بواسطة المخابرات من جهة، وفي ظل تجاهل، أو إهمال، أو إغفال أو رفض الجذور التاريخية، والاستعمارية، والاستخبارية لعلم النفس سوف يخضع علماء النفس العرب أنفسهم لمزيد من التهميش ومزيد من السيطرة البغيضة من جانب عملية التلاعب التحكمي بعلم النفس اللعوب نفسه وعبر تطبيقاته بالجملة. ربما يرى أحد أن الحديث عن علم النفس بهذه الصورة المتضخمة هو نوع من الدعاية لعلم النفس أو دعاية للمخابرات، أو تأكيد لنظرية المؤامرة أو نوع من الهستيريا بالقوي الخفية التي تتحكم في العالم، وأن من يتحدث عن علم النفس بهذه الكيفية إنما هو انفصامي بالدرجة الأولى لأنه يبالغ في تعزيز نوع من جنون

العظمة لعلم النفس وتطبيقاته بالجملة. وربما يكون دور علم النفس عند هؤلاء أشبه بدور جيمس بوند أكثر من دور حقيقي كبير لعلم النفس في المخابرات. وربما لا تتجاوز حقيقية علم النفس في العالم العربي اللعبة أو الخديعة التي يمارسها بعض علماء النفس العرب الدجالين لخداع الأفراد والجماعات بدور وأهمية علم النفس. أو ربما يرى آخر أن منظاري كالحا، أو رؤيتي تشاؤمية للتطبيقات الهامشية لعلم النفس في العالم العربي.

ولكن مع كل ذلك يبدو أن هناك أمل بأن القوى التي بيدها السيطرة الحالية لن تكون مسيطرة للأبد، وربما تستمر عملية السيطرة البغيضة لفترة من الزمن، وحتما ستكون هناك إمكانية مفتوحة للانعتاق من هذه السيطرة، ولكن هذه الإمكانية مشروطة بحالة الوعي، واليقظة، والإنتباهة وبوجود علماء للنفس يلاحظون علمهم بالدقة البالغة كدقة المجهر الحساس، وأن تكون ملاحظاتهم لما يجري حولهم ملاحظة دقيقة بعينين حداقتين. وعلماء نفس أذكياء لهم أنوف وآذان العلماء في أجهزة الدفاع والمخابرات. وبمراعاة هذه الدقة المطلوبة نتكهن بأن تكون هناك بداية لتقدم دال في اتجاه جديد. فيا ترى كيف ستكون الاستجابة المناسبة من قبل علماء النفس ومن قبل الاستخطاطيين الاستراتيجيين في تطبيقات علم النفس؟ وعلى أية حال، ومهما تكن نوعية الاستجابة، هناك أهمية بالغة لتعلم بعض الدروس والعبر من تطبيقات علم النفس الحادة في المجال الاستراتيجي، ربما في بادئ الأمر بقصد حماية الذات من مزيد من حالة الغيبوبة، أو من مزيد من حالة الإنجراح النفسي أمام الآخرين الذين يستخدمون ليس مخالب علم النفس الحادة فحسب وإنما بالجملة كذلك.

المراجع العربية

أبو حطب، فؤاد (1993). مشكلات علم النفس في العالم الثالث: حالة الوطن العربي . في : علم النفس

وقضايا المجتمع المعاصر (9-31). الرباط : جامعة محمد الخامس .

أبو حطب، فؤاد (1998). دور علم النفس في خدمة التنمية البشرية. ورقة قدمت للندوة العلمية الأولى

لأقسام علم النفس بجامعات دول مجلس التعاون لدول الخليج العربية "علم النفس وآفاق التنمية في دول مجلس التعاون الخليجي". كلية التربية، جامعة قطر والمنعقدة في الفترة بين 11-13 مايو 1998.

أبو عجمية، محمد (2000). سرحان بشارة سرحان. العرب اليوم، الثلاثاء 12 سبتمبر 2000

أبو غنيمة، زياد (1984). السيطرة الصهيونية على وسائل الإعلام العالمية. عمان: دار عمان .

أحرشاو، الغالي (1994). واقع التجربة السيكولوجية في الوطن العربي. بيروت: المركز الثقافي العربي

أحرشاو، الغالي (1995). الخصائص المعرفية للمحاولات السيكولوجية العربية. الثقافة النفسية، 6، 50- 56.

أحمد، أحمد (1991). النظام العربي وأزمة الخليج، مجلة العلوم الاجتماعية، 19، (3-4).

احمد، رفعت (1990). علماء وجواسيس: التغلغل الأمريكي-الإسرائيلي في مصر. لندن: رياض الريس.

أحمد، رفعت (1995). وكر الجواسيس في مصر المحروسة. القاهرة: مكتبة مدبولي.

أحمد، محمد الحسن (يونيو، 1996). وآخر الكلام..كلام غازي في "الرأي الآخر". صحيفة "الخرطـوم"، الأحد 2 يونيو 1996، العدد 1204.

أحمد، نعيمة (1992) . أسس علم النفس . الإسكندرية : دار الفكر الجامعي.

إدارة الخدمـة النفسية (1992). انعكاسـات الغـزو العراقي الغاشـم عـلى الحالـة النفسـية للطلبـة والطالبات الكويتيين في المرحلة الثانوية وكيفية مواجهتها. الكويت: وزارة التربية.

إدارة الخدمة النفسية (1993). أثر الغزو العراقي الغاشم للكويت على بعض السمات النفسية لـدى طلبة التعليم العالي. الكويت: وزارة التربية.

أدونيس (1983). الثابت والمتحول: بحث في الاتباع والإبداع عند العرب. الطبعة الرابعة. بـيروت: دار العودة.

أسرة دار الجيل (1986). أزمة الاستخبارات الإسرائيلية. تأليف تسفي لنير. عمان: دار الجيل.

اسكنر، ب (1980) . تكنولوجيا السلوك الإنساني . ترجمة عبد القادر يوسف . الكويت : عالم المعرفة

الأشهب، محمد (2001). وفاة غامضة في أسبانيا لعالم ذرة مغربي. الحياة، الخميس 12 أبريـل 2001 العدد 13906.

أمين، سمير (1993). بعد حرب الخليج: الهيمنة الأمريكية إلى أيـن؟ المسـتقبل العـربي، 16 (170)، 4-21.

أمين، محمد (1991). صدام حسين الإرادة العربية والإسلامية. عمان.

الأنباري، عبد الأمير (1997). نظام عقوبات الأمم المتحدة: حالة العراق. المستقبل العربي، 19 (215)، 22- 38.

الأيام البحرينية (مارس، 2000). ندوة تضامن مع فنانات اتهمن بالتعامل مع إسرائيل. صحيفة الأيام البحرينية، عدد 4017، الجمعة 3 مارس 2000. ص. 28.

الأيام البحرينية (مارس 2000). الفنانات المصريات يدفعن ثمن الرفض العربي لإسرائيل. صحيفة الأيام البحرينية، عدد 4035، الثلاثاء 21 مارس 2000. ص. 26.

الأيام البحرينية (يوليو 2000). عملاء الموساد يهددون بالإضراب. الأيام البحرينية، الخميس 6 يوليو 2000 العدد 4142.

الأيام البحرينية (يونيو، 2001). مليون دولار لكلنتون نظير إلقاء محاضرة. الأيام البحرينية 8 يونيو 2001، العدد 4479.

ايكلمان، ديل (1990) . الكتابة الانثروبولوجية عن الشرق الأوسط . المستقبل العربي، 4، 39 - 61 .

بارون، خضر (1993). الاضطرابات النفسية والجسمية الناجمة عن العدوان العراقي عند المراهقين الكويتيين. مجلة عالم الفكر، 22، 1.

الباشا، عبد الرحمن (1983) . الصيد عند العرب . بيروت : مؤسسة الرسالة و دار النفائس .

البسام، عبد العزيز (1965). العراق (ص. 394-371). في: نشاط العرب في العلوم الاجتماعية في مائة سنة. سلسلة العلوم الشرقية، الحلقة الثالثة والأربعون. بيروت: جامعة بيروت الأمريكية.

بدري، مالك. (1989). مشكل أخصائي النفس المسلمين. الخرطوم: شركة الفارابي للنشر.

بركات، حليم (1984) . المجتمع العربي المعاصر . بيروت : مركز دراسات الوحدة العربية .

برهوم، محمد (1995). صورة العرب في نظر الصهاينة والإسرائيليين. المستقبل العربي، 18 (189)، 18-29.

بزاز، عبد الكريم (1991). علم الاجتماع في كتب التدريس-تحليل نقدي. المستقبل العربي، 4،94-102.

بلاك، ايان.، وموريس، بني (1992). الحروب السرية للاستخبارات الإسرائيلية 1936-1992. ترجمة الياس فرحات. بيروت: دار الحرف العربي.

بلوش، جوناثان .، و جيرالد، باتريك (1987) . الاستخبارات البريطانية وعملياتها السرية في أوربا وأفريقيا والشرق الأوسط . ترجمة عفيق الرزاز . بيروت : مؤسسة الأبحاث العربية.

بوست، جراهام (1990) . تقنية التجسس . ترجمة الياس فرحات . بيروت : دار الحرف العربي .

البيان (يوليو، 2000). حملة لاجتذاب عملاء الموساد. البيان الإماراتية، الاثنين، 31 يوليو 2000، العدد 7348.

البيان (أكتوبر 2000). بندقية ضوئية استعملتها المخابرات لاغتيال ديانا. البيان الاماراتية، الخميس 19 أكتوبر 2000 العدد 7823.

بييت، بيفرلي (1986). تقرير عن المؤتمر الدولي بشأن الإرهاب. "لوس انجيلوس تايمز"، 9 أبريل، 1986.

تشومسكي، ناعوم (1990) . الإرهاب الدولي الأسطورة والواقع . ترجمة لبنى صبري، وتقديم مصطفى الحسيني . القاهرة : سينا للنشر .

توماس، جوردون (1999). جواسيس جدعون: التاريخ السري للموساد. ترجمة الشرق الأوسط، أنظر العدد 7509، الأحد، 20 يونيو، 1999.

توماس، جوردون (2000). الموساد يوقظ "العملاء النائمين" لتنفيذ اغتيالات. الشرق الأوسط الاثنين 30 أكتوبر 2000، العدد 8007.

الثقافة النفسية (1999). الجمعية العالمية للطب النفسي: إعلان مدريد. الثقافة النفسية، 10، 80-82.

جابر، عبد الحميد جابر (1976) . مدخل لدراسة السلوك الإنساني . القاهرة : درا النهضة العربية.

الجاحظ، أبي عثمان بن بحر. كتاب الحيوان. تحقيق عبد السلام محمد هارون (1969). القاهرة: مصطفي البابي الحلبي .

الجمالي، محمد (1991). بعد مأساة الخليج، دعوة لرأب الصدع في الصف العربي. المستقبل العربي، 14 (148)، 148-151.

الحبابي، محمد عزيز (1987) . تعقيب 1. مجموعة مؤلفين : التراث وتحديات العصر في الوطن العربي . ص 99-110. بيروت : مركز دراسات الوحدة العربية .

حجار، محمد، (1991). ماذا كان دور السيكولوجيين الأمريكيين خلال أزمة الخليج. الدفاع العربي، 58-60.

حجازي، مصطفى (1986). سيكولوجية الإنسان المقهور. بيروت : معهد الإنماء العربي.

حجازي، مصطفى (1993). علم النفس في العالم العربي: من الواقع الراهن إلى المشروعية الوظيفية. في: علم النفس وقضايا المجتمع المعاصر (ص 33-57). الرباط: جامعة محمد الخامس.

حين، جما .، وفتوحي، لؤي (1995). الباراسيكولوجيا بين المطرقة والسندان. بيروت: دار الطليعة.

الحفني، عبد المنعم (بلا تاريخ). موسوعة أعلام علم النفس. القاهرة: مكتبة مدبولي.

375

حفني، قدري (1988) . الإسرائيليون من هم ؟ دراسة نفسية . القاهرة : مكتبة مدبولي .

حفني، قدري (1998). علم النفس السياسي والصراع الدولي. الثقافة النفسية، 9، 9-11.

حمزة، مختار (1982) . مبادئ علم النفس . جدة : دار البيان العربي .

حنفي، حسن (1985) . موقفنا الحضاري . المستقبل العربي، 6، 61 - 91.

الحياة (مارس، 1999). سكوت ريتر لـ "الحياة" عودة المفتشين إلى العراق مستحيلة والحل في يد صدام. صحيفة الحياة، الثلاثاء 30 مارس، 1999، عدد 13170.

الحياة (يوليو، 1999). وفاة مفاجئة لعالم لبناني في الفيزياء النووية في باريس تثير قلقل في بيروت، صحيفة الحياة، الخميس، 8 يوليو، 1999، عدد 13270.

الحياة (نوفمبر 2000). إسرائيل تصعد حربها النفسية والإعلامية على الانتفاضة الفلسطينية. الحياة، الخميس 2 نوفمبر 2000 العدد 13749.

الحمادي، عبدالله وآخرون (1993). التغيرات السلوكية للأطفال الكويتيين بسبب الاحتلال العراقي الغاشم. المؤتمر الدولي للآثار النفسية والاجتماعية والتربوية للعدوان العراقي على دولة الكويت. مكتب الإنماء الاجتماعي.

الخازن، جهاد (2000). عيون وآذان. الحياة الجمعة 4 أغسطس 2000 عدد 13659.

خشيم، مصطفى (1992). أزمة الخليج بين الإرادة الشعبية ومصالح الحكومة. الوحدة، 8 (88)، 36-49.

الخليفة، عمر (1997). مأزق علم النفس في العالم العربي. بحث غير منشور قدم بجامعة العلوم والتكنولوجيا بالأردن ضمن مهرجان الفائزين بجوائز مؤسسة عبد الحميد شومان للباحثين العرب الشبان 1996.

الخليفة، عمر (1999أ). ندوة علم النفس وآفاق التنمية في دول مجلس التعاون الخليجي: معلومات وآراء. دراسات عربية، 35، 119-124.

الخليفة، عمر (1999). ملامح علم نفس الحيوان في التراث العربي. <u>المجلة العربية للعلوم</u>، 7، 97-110.

الخليفة، عمر (1999ج). ملاحظات حول نشاط علماء النفس العرب في الدوريات العالمية. المستقبل العربي. قيد النشر

الخليفة، عمر (2000). علم النفس والتحكم: نظرة للحرب الباردة. <u>عالم الفكر</u>، 28، 295-365.

الخليفة، عمر، والمطوع، محمد (2000). <u>الترجمة والتكييف البحريني لمقاييس وكسلر</u>. بحث غير منشور، قسم علم النفس، جامعة البحرين، البحرين.

خير، مروان (يناير 1991). مصداقية الإعلام العراقي في المعركة. <u>الدستور، الأردن</u> بتاريخ 26 يناير 1991.

الدباغ، فخري (1970). <u>غسيل الدماغ</u>. الموصل: جامعة الموصل.

الدباغ، مصطفى (1993). <u>الخداع في حرب الخليج</u>. عمان: مكتبة الرسالة.

الدباغ، مصطفى (1995). <u>الحرب النفسية الإسرائيلية</u>. عمان: مكتبة المنار.

الدباغ، مصطفى (1997). <u>الإقناع فن أم حرب</u>؟ عمان: دار الإسراء.

الدباغ، مصطفى (1998أ) <u>الحرب النفسية في الإسلام</u>. عمان: وزارة الأوقاف.

الدباغ، مصطفى (1998ب). <u>المرجع في الحرب النفسية</u>. عمان: دار الفارس للنشر والتوزيع.

الدجاني، أحمد (1991). قضية فلسطين والصراع العربي-الصهيوني بعد حرب الخليج. <u>المستقبل العربي</u>، 14 (148)، 72-85.

درويش، مصطفى (1985). الصهيونية في السينما. <u>مجلة الهلال</u>، أبريل 1985.

دومب، ريزا (1985). <u>صورة العربي في الأدب اليهودي 1911-1948</u>. ترجمة عارف عطاوي. عمان: دار الجليل للنشر.

دياب، لطفي (1965). لبنان (ص. 306-334). في: نشاط العرب في العلوم الاجتماعية في مائة سنة. سلسلة العلوم الشرقية، الحلقة الثالثة والأربعون. بيروت: جامعة بيروت الأمريكية.

الديب، أميرة (1993). حرب الخليج وأثرها على بعض الجوانب النفسية والاجتماعية للطلبة الكويتيين. مجموعة بحوث المؤتمر الدولي الأول. الكويت، الديوان الأميري. مكتب الإنماء الاجتماعي.

رابين، إسحاق (1993). مذكرات إسحاق رابين. القسم الثاني، الطبعة الأولى. عمان: دار الجيل للنشر.

راجح، عزت (1987) . أصول علم النفس . القاهرة : دار المعارف.

رايت، بيتر (1988). صائد الجواسيس. ترجمة عماد القسوس، عمان: دار الشروق للنشر والتوزيع.

ربيع، حامد (1974) . الحرب النفسية في المنطقة العربية . بيروت : المؤسسة العربية للدراسات والنشر.

الرحماني، اقبال (1994). أبعاد الخسائر البشرية والبيئية لحرب الخليج الثانية. المستقبل العربي، 16 (179)، 33-48.

الرزاز، عفيف (1987) . مقدمة المترجم لكتاب الاستخبارات البريطانية وعملياتها السرية في أوربا وأفريقيا والشرق الأوسط، لكاتبيه جوناثان بلوش .، وباتريك جيرالد . بيروت : مؤسسة الأبحاث العربية .

الرشيدي، بشير (1994). الخريطة النفسية والاجتماعية للشعب الكويتي بعد العدوان العراقي. مجلة دراسات الخليج والجزيرة العربية، 74.

الرشيدي، بشير (1995). سيكولوجية جماعات العمل الكويتية أثناء العدوان العراقي، مجلة التربية، جامعة الأزهر، 65.

الرشيدي، بشير (1995). الحرب النفسية المرتبطة بالعدوان العراقي ضد الشعب الكويتي. مجلة دراسات نفسية، 5، 1.

الرشيدي، بشير (1995). مؤثرات الإحباط وأساليب التكيف المرتبطة بمعوقات إشباع حاجات المواطن الكويتي أثناء العدوان العراقي. المجلة التربوية-جامعة الكويت، 36.

الرشيدي، بشير (1998). علم النفس وإعادة بناء الإنسان الكويتي بعد الصدمة. ورقة قدمت لندوة علم النفس وآفاق التنمية في دول مجلس التعاون الخليجي، الدوحة، قطر، 11-13 مايو 1998.

الرميحي، فؤاد (1991) . القدرات العلمية والتقنية بدول مجلس التعاون لدول الخليج العربي . التعاون، 24، 13- 71 .

روكلن، موريس (1983) . تاريخ علم النفس . نقله إلى العربية علي زيعور . بيروت : دار الأندلس.

زحلان، انطوان (1981). العلم والسياسة العلمية في الوطن العربي. بيروت: مركز دراسات الوحدة العربية.

زحلان، انطوان (1985). الإنتاج العلمي العربي. المستقبل العربي، 8، ص. 35.

زحلان، انطوان (1991). التحدي والاستجابة: مساهمة العلوم والتقانة العربية في تحديث الوطن العربي.
المستقبل العربي، 4، 4-17.

الزغل، عبد القادر (1991) . حرب الخليج والبحث عن المسافة الملائمة . المستقبل العربي، 147، 23-31.

زندر، موشي (2000). وحدة دورية الأركان. تعليق توفيق أبو بكر. الأيام، الاثنين 18 سبتمبر 2000 العدد 4216.

زيعور، علي (1977). تحليل الذات العربية . بيروت: دار الطليعة.

زيعور، علي (1978). الدراسة النفسية الاجتماعية بالعينة العربية . بيروت: مؤسسة الأبحاث العربية.

زيعور، علي، في مقدمة المترجم: روكلن، موريس (1983). تاريخ علم النفس . بيروت: دار الأندلس.

سعيد، ادوارد (1991) . الاستشراق . نقله إلى العربية كمال أبو ديب . مؤسسة الأبحاث العربية .

سعيد، ادوارد (1997) . الثقافة والإمبريالية . نقله إلى العربية وقدم له كمال أبوديب . بيروت : دار الآداب.

السعيد، محمد (1959) . فصول في علم النفس العسكري . الشركة العربية للطباعة والنشر .

سعيد، محمد (1984) . نظرية التبعية وتفسير تخلف الاقتصاديات العربية . مجموعة مؤلفين : التنمية العربية   والواقع الراهن والمستقبل (ص. 133- 165) . بيروت : مركز دراسات الوحدة العربية .

سليمان، عبد الفتاح (1995). مفكرون إسلاميون يبحثون قضايا التسوية والتطبيع في الخرطوم. صحيفة "السودان"الاثنين 27 نوفمبر 1995 العدد 55.

سليمان، علي.، المليجي، حمدي.، و بديوي، احمد (1994). مدخل في علم النفس. القاهرة: مكتبة عين شمس.

السهيمي، سعد (2000). 700 فيلم أنتجتها هوليود لتشويه صورة الإسلام. الشرق الأوسط السبت 19 أغسطس 2000 العدد 79935.

سويف، مصطفى (1978). علم النفس الحديث: معالمه ونماذج من دراساته. القاهرة: مكتبة الانجلو المصرية.

الشرق الأوسط (1999). من أجل صديقته خطف مغربي طائرة ركاب. الشرق الأوسط الجمعة 27 أغسطس، 1999، العدد 7577، ص. 1، 3.

شرابي، هشام (1981). المثقفون العرب والغرب : عصر النهضة. بيروت : دار النهار.

شرابي، هشام (1990). النقد الحضاري للمجتمع العربي في نهاية القرن العشرين. بيروت: مركز دراسات الوحدة العربية.

الشرق الأوسط (أبريل 1999). كيف استغلت سي آي إيه "انسكوم" وأصبحت أفضل حلفاء صدام حسن. الشرق الأوسط، 7433، الإثنين، 5 أبريل 1999، ص. 10.

الشرق الأوسط (نوفمبر 2000). العفو الدولية تندد بوحشية الشرطة الإسرائيلية. الشرق الأوسط، السبت 22 نوفمبر 2000 العدد 8019.

الشرق الأوسط (مايو 2001). 1000 خبير تكنولوجي إسرائيلي يتجاوبون مع الموساد. الشرق الأوسط، الأحد 6 مايو 2001، العدد 8195.

الشرق الأوسط (يوليو، 2001). المرافق الخاص لفيصل الحسيني: لا أستبعد عملية اغتيال بطريقة علمية غير مسبوقة على أيدي الموساد. الشرق الأوسط، 7 يوليو 2001 العدد 8257.

الشرق الأوسط (يوليو، 2001). المخابرات الإسرائيلية: عرفات قائد خطير على إسرائيل قد يجرها إلى حرب شاملة مع العرب. الشرق الأوسط، 7 يوليو 2001 العدد 8257.

الشيخ، عبد السلام (1992). علم النفس الاجتماعي. الإسكندرية: دار الفكر الجامعي.

شيرونين، فياتشيلاف (1998). خبايا الانهيار: المخابرات الأمريكية والسوفيتية ونوابض البيريسترويكا الخفية. ترجمة يوسف الجهماني وجمال الأسعد. دمشق: دار حوران للطباعة والنشر والتوزيع.

صايغ، يزيد (1991). أزمة الخليج وإخفاق النظام الإقليمي، المستقبل العربي، 14 (149)، 4-20.

ضاهر، مسعود (1996). المؤتمر العالمي الثاني حول: "منهجية البحث العلمي الغربي في

العلوم الإنسانية والاجتماعية عن البلاد العربية وتركيا". المستقبل العربي، 8، 165-169.

الطويل، عزت .، وعلي، علي عبد السلام (1991) . محاضرات في علم النفس العام . الإسكندرية : المكتب الجامعي الحديث.

طه، الزبير (1995). علم النفس في التراث العربي الإسلامي. الخرطوم: دار جامعة الخرطوم للنشر.

طه، فرج (1995). الميثاق الأخلاقي للمشتغلين بعلم النفس في مصر. دراسات نفسية، 5، 181-196.

عابدين، حمدي (2000). الشخصية الإسرائيلية والمثقفون العرب. الشرق الأوسط، السبت 5 مايو 2000 العدد 8194.

عاقل، فاخر (بلا تاريخ) . أسس البحث العلمي في العلوم السلوكية . بيروت : دار العلم للملايين .

عاقل، فاخر (1965) . سورية (ص. 335- 371) . في: نشاط العرب في العلوم الاجتماعية في مائة سنة. سلسلة العلوم الشرقية، الحلقة الثالثة والأربعون. بيروت: جامعة بيروت الأمريكية.

عالم الجواسيس (1991) . مجموعة من المؤلفين . بيروت : دار الحسام.

عبد الخالق، أحمد (1991) . أسس علم النفس . الإسكندرية : دار المعرفة الجامعية.

عبد الخالق، احمد.، ودويدار، عبد الفتاح (1993) علم النفس أصوله ومبادئه. الإسكندرية: دار المعرفة الجامعية.

عبد الستار، إبراهيم (1985) . الإنسان وعلم النفس . الكويت : عالم المعرفة .

عبد العزيز، محمد و أبورنات، هاشم (1993). أسرار جهاز الأسرار: جهاز الأمن السوداني الفترة من 1969-1985. لندن: دار الأمين للنشر والتوزيع.

عبد الـلـه، عبد الخالق (1991). أزمة الخليج: خلفية الأزمة دور الإدراك والإدراك الخاطئ. المستقبل العربي، 14 (148)، 64-71.

عبد الـلـه، هشام.، والكيالي، مـاهر.، و خـوري، جـورج (1990). عـن طريـق الخـادع: صـورة مروعـة للموساد من الداخل. بيروت: المؤسسة العربية للدراسات والنشر.

عبيد، رءوف (1990). آفاق جديدة في الباراسيكولوجي. القاهرة: عالم الكتب.

عدس، عبد الرحمن.، وتوق، محي الـدين (1986). المـدخل إلى علـم الـنفس. نيويـورك: جـون وايـلي وأولاده.

عكاشة، أحمد (1986). علم النفس الفسيولوجي. القاهرة: دار المعارف.

عمر، ماهر (1999). الإرشاد النفسي المدرسي. دير بورن: أكاديمية ميتشجان للدراسات النفسية.

عنبر، أحمد (1981). رائز وكسلر لذكاء الأطفال. رسالة ماجستير غير منشورة، جامعـة دمشـق، كليـة التربية، سوريا.

عنصر، العياشي (1990) . أزمة أم غياب علم الاجتماع . المستقبل العربي، 7، 37- 48.

العوا، محمد (1991). العرب والشورى بعد أزمة الخليج. المستقبل العربي، 14 (148)، 48-55.

عيد الزهار، نبيل (1991) . علم النفس العام . القاهرة : مكتبة عين شمس .

الغبرا، شفيق (1993). النزاعات وحلها: إطلالة على الأدبيات والمفاهيم. المستقبل العـربي، 16 (171)، 81-99.

غليون، برهان (1990) . إغتيال العقل . الجزائر : موفم صاد .

غليون، برهان (1991). حرب الخليج والمواجهة الاستراتيجية في المنطقة العربية، المستقبل العربي، 14 (148)، 4-22.

الفارس، عبد الـرزاق (1993). السـلاح والخبـز: الإنفـاق العسكري في الـوطن العـربي، 1970-1990. بيروت: مركز دراسات الوحدة العربية.

الفاروقي، اسماعيل (1979). صياغة العلوم الاجتماعية صياغة إسلامية. مجلـة المسلم المعـاصر، 5، 25-41.

فرج، عبد اللطيف حسين .، وعطية، عز الدين (1987) . علم النفس العسكري . جدة : دار الشروق.

فلوجل، ج (1988) . علم النفس في مائة عام. نقله إلى العربية لطفي فطيم . بيروت : دار الطليعة .

فودة، يسري (2000). برنامج "سري للغاية"، عدة حلقات. قطر، الدوحة: تلفزيون الجزيرة.

فولكمان، ارنست (1999). الجواسيس عملاء غيروا مجرى التـاريخ. ترجمـة مصطفى الـزر. القاهرة: مكتبة مدبولي.

القسوس، عماد (1988). مقدمة المترجم. كتاب صائد الجواسيس لبيتر رايت. عمان: دار الشروق للنشر والتوزيع.

القصيمي، عبد اللـه (1977). العرب ظاهرة صوتية. باريس: انتر كمبوز مونتمارتري.

قلاب، صالح (أبريل، 1996). الأمين العام للمؤتمر الوطني السوداني في جلسة حـوار في عمان. الشرق الأوسط الأحد 28 أبريل 1996 العدد 6361.

كامل، عبد الوهـاب (1994). سيكولوجيا السلوك الاجتماعي والاتصال. القاهرة: مكتبة النهضـة المصرية.

كرار، صلاح الدين (مارس 2000). مقابلة شخصية، سفارة السودان، البحرين بتاريخ 22 مارس، 200.

كلايدمان، دانييل (2000). هل يرغب أحد في العمل جاسوسا؟ النيوزويك، العدد العاشر، 15 أغسطس، 2000، ص 28-29.

الكواكبي، عبد الرحمن (1975). الأعمال الكاملة . عبد الرحمن الكواكبي. تحقيق محمد عمارة. بيروت:المؤسسة العربية للدراسات والنشر.

كوهين، أدير (1988). وجه قبيح في المرآة. ترجمة غازي السعدي. عمان: دار الجليل للنشر.

الكيالي، ماهر (1990). مقدمة الناشر. أوستروفسكي وهوي (1990). عن طريق الخداع: صورة مروعة للموساد من الداخل. ترجمة هشام عبد الله وماهر الكيالي وجورج خوري . بيروت: المؤسسة العربية للدراسات والنشر.

لكلرك، جيرار (1990) . الأنتروبولوجيا والاستعمار . نقله إلى العربية جورج كتورة . بيروت : المؤسسة الجامعية للدراسات والنشر والتوزيع .

لنير، تسفي (1986). أزمة الاستخبارات العسكرية. ترجمة قسم الدراسات بدار الجيل. بيروت: دار الجيل.

لوبيز، انطونيو (2000). اعترافات جاسوس. باريس : فايار

محرم، محمد رضا (1984). تعريب التكنولوجيا. المستقبل العربي، 6، 62- 81 .

مجموعة من المؤلفين (1990). جيش الليل: أربعون عاما من جرائم وكالة الاستخبارات المركزية الأمريكية. ترجمة محمود شفيق شعبان. دمشق: دار دمشق للطباعة والنشر والتوزيع.

مجموعة من المؤلفين (1991). عالم الجاسوسية. بيروت: دار الحسام.

مراد، يوسف (1965). مصر (ص. 427- 491). في: نشاط العرب في العلوم الاجتماعية في مائة سنة. سلسة العلوم الشرقية. الحلقة الثالثة والأربعون. بيروت: جامعة بيروت الأمريكية.

مرهون، عبد الجليل (1997). أمن الخليج بعد الحرب الباردة. بيروت: دار النهار للنشر.

مرهون، عبد الجليل (1999). "ثعلب الصحراء" واتجاهات السياسة الأمريكية، المستقبل العربي، 21 (242)، 6-21.

مزمل، غانم (1986). الشخصية العربية في الأدب العبري الحديث. عمان: دار الجليل للنشر.

مزيان، محمد (1993). تحليل المعرفة النفسية إلى الدول غير المصنعة: حالة الجزائر. في: علم النفس وقضايا المجتمع المعاصر (ص 59- 68). الرباط: جامعة محمد الخامس .

المستقلة (أغسطس، 1996). خبير سوداني يقترح تصورا مفصلا لصفقة مائية مع إسرائيل تحبط مخطط العزلة والمحاصرة التي تقودها مصر. صحيفة "المستقلة"، الاثنين، 19 أغسطس 1996 العدد 119.

المشعان، عويد (1993). الشخصية وبعض اضطراباتها لدى طلاب جامعة الكويت أثناء العدوان العراقي. مجلة عالم الفكر، 22، 6.

مكتب الإنماء الاجتماعي (1995). القلق لدى الكويتيين بعد العدوان العراقي. الكويت: الديوان الأميري.

المطوع، مروان، والعلي، إبراهيم (1992). الآثار النفسية والاجتماعية للغزو العراقي على المواطن الكويتي. الكويت: مؤسسة المركز الإعلامي الكويتي للنشر والتوزيع.

ميرغني، عثمان، ومجلي، نظير (1996). اتصالات في 3 عواصم بين السودان وإسرائيل. الشرق الأوسط، الأربعاء 15 مايو 1996 العدد 6378.

النابلسي، محمد (1995). نحو سيكولوجيا عربية. بيروت: دار الطليعة.

ناصر، نديم (1984). تحليل رواية الحاج، مجلة المجلة، 234، 10 آب، 1984.

النبهـان، مـوسى و أبوحسـان، زيـدون (1996). البحـث العلمـي بـين الضـرورة والحصـانة القوميـة، المستقبل العربي، 10، 99-107.

نتنياهو، بنيامين (1997) . محاربة الإرهاب . ترجمة عمر السيد وأيمن خالد . القاهرة : الأزهار.

نجاتي، محمد عثمان (1980) . علم النفس في حياتنا اليومية . الكويت : دار القلم .

نصر، صلاح (1988) . الحرب النفسية : معركة الكلمة والمعتقد . الجزء الثاني . ؟ : الوطن العربي.

النصر، علي سيف (1993). الصحوة الإسلامية المعاصرة والعلوم الإنسانية، المستقبل العربي،4، 116-132.

النقيب، خلـدون (1991). العنـاصر البنائيـة الدائمـة في كارثـة حـرب الخليج. المستقبل العربي، 14 (148)، 27-29.

نهيان، شمة (1999). تداعيات حرب الخليج الثانية علـى قضـايا الأمـن السياسي والاجتماعـي داخـل دول مجلس التعاون الخليجي. المستقبل العربي، 22 (246)، 49-57.

نوفل، احمد (1986) . الحرب النفسية . إربد : دار الفرقان .

هادي، فوزية (1996). تأثير العدوان العراقي في الجوانب الانفعاليـة والمعرفيـة للأطفـال. في: الأبعـاد النفسية لآثار الغزو العراقي على دولة الكويت (ص. 153-187). الكويت: مركز دراسـات الخليج والجزيرة العربية. التربية، جامعة الكويت، الكويت.

هاني، عبد الرزاق و حماد، خليل (1996). المعوقات الاقتصادية والاجتماعية للبحث العلمـي: دراسة وصفية قياسية لحالة من الجامعات الأردنية، المستقبل العربي، 10، 108-115.

هويدي، فهمي (2000). إنهم يلحون على محو ذاكرة الشباب العربي. المجلة، العدد 1046 بتاريخ 4 مارس 2000 ص. 24-25.

يسين، السيد (1981). <u>الشخصية العربية بين صورة الذات ومفهوم الآخر</u>. بيروت" دار التنوير للطباعة والنشر.

يسين، السيد (1991). التحليل الثقافي لأزمة الخليج. <u>المستقبل العربي</u>، <u>14</u> (148)، 30-47.

يسين، السيد (2001). الأسطورة الصهيونية والانتفاضة الفلسطينية. القاهرة: مركز ميريت للنشر ـ والمعلومات.

Abu Hatab, F. (1992). Egypt. In V. Sexton, & J. Hogan, (Eds.). International psychology: Views from around the world. Lincoln: University of Nebraska Press.

Adair, J., Puhan, B., & Vohra, N. (1993). Indigenization of psychology: Empirical assessment of progress in Indian research. International Journal of Psychology, 28, 149-168.

Ahmed, R., & Gielen, U. (1998). Psychology in the Arab countries. Menoufia: Menoufia University Press.

Alluisi, E. (1987, August). New directions in military psychology. Paper presented at the meeting of the American Psychological Association, New York.

Almond, G. (1950). The American people and foreign policy. New York: Harcourt Brace.

Amir, Y., & Ben-Ari, R. (1981). Psychology and society in Israel. International Journal of Psychology, 16, 239-247.

Ananiev, B. (1943). From the defense experience. Sovetskaya Pedagogika, 2-3, 48-50.

Ansbasher, H. (1941). German military psychology. Psychological Bulletin, 38, 370-392.

Ansbasher, H., Nichols, K. (1941). Selecting the Nazi officer. The Infantry Journal, 49, 44-48.

Ansbasher, H. (1949). Lasting and passing aspects of German military psychology. Sociometry, 12, 301-312.

Ansbasher, H. (1974). Psychology: A way of living. In T. Krawiec (Ed.). The psychologists (Vol. 2, pp. 3-50). New York: Oxford University Press.

APA Monitor (1997), 28, 49.

Arima, J. (1980). What is military psychology? In J. Arima (Ed.) What is military psychology? Symposium proceedings (pp. 1-4). Monterey, CA: Naval Postgraduate School.

Atherton, A. (1978). The Middle East peace process. Speech to the World AffairsCouncil, Los Angeles, California, June 15, 1978.

Badri. M. (1979). The dilemma of Muslim psychologists. London: MWH Publisher.

Bauer, R. (1962). Some views on Soviet psychology. Westport: Greenwood Press.

Bdilova. E. (1983). Social and psychological problems in Russian science. Moscow.

Ben-Ari, R., & Amir, Y. (1986). Psychology in a developing society: The case of Israel. Annual Review of Psychology, 37, 17-41.

Benjamin, Beit-Hallahmi (1972). National character and national behavior in the Middle East: The case of the Arab personality. International Tensions, 2, 19-28.

Benjamin, L et al (1992). Wundt's American doctoral students. American Psychologist, 47, 123-131.

Berlyne, D . (1968). American and European psychology. American Psychologist, 23, 447-452.

Berry, J. (1993). Psychology in and of Canada. In U. Kim & J. Berry (Eds.). Indigenous psychologies: Research experience in cultural context. Newbury Park: Sage.

Biderman, A., & Zimmer, H. (1961). The manipulation of human behavior. New York: Wiley.

Boring, E. (1957). A history of experimental psychology. New York: Appleton-Century Crofts.

Boring, E., Langfeld, H., Weld, H. (1948). (Eds.). Foundations of psychology. New York: John Wiley.

Brackbill, Y. (1962). Research and clinical work with children. In R. Bauer (Ed.). Some views on Soviet psychology. Westport: Greenwood Press.

Bray, C. (1948). Psychology and military proficiency. Princeton, HJ: Princeton University Press.

Bray, C. (1962). Toward a technology of human behavior for defense use. American Psychologist, 17, 527-541.

Brecher, M. (1972). The foreign policy system of Israel. New Haven: Yale University Press.

Brett, J. (2000). Culture and negotiation. International Journal of Psychology, 35, 97-104.

Bronfenbrenner, U. (1962). Soviet studies of personality development and socialization. In R. Bauer (Ed.). Some views on Soviet psychology. Westport: Greenwood Press.

Bryan, G. (1972). Evaluation of basic research in the context of mission orientation. American Psychologist, 27, 947-950.

Burnette, E. (1997). APA's divisions give minorities a voice. The APA Monitor, 28, 20.

Burton, J. (1968). Conflict and communication: The use of controlled communication in international relations. London: MacMillan.

Byrne, D. (1971). The attraction paradigm. New York: Academic Press.

Capshew, J. (1986). Psychology on the march: American psychologists and World War 11. Doctoral dissertation, University of Pennsylvania. UMI Dissertation Information Service, University Microfilms International, Ann Arbor, MI, USA.

Capshew, J., & Hilgard, E. (1992). The power of service: World War II and professional reform in the American Psychological Association. In R. Evans., V., Sexton., T. Cadwallader (Eds.) 100 years-The American Psychological Association: A Historical Perspective (pp. 149-175). Washington, DC: American Psychological Association.

Carnevale, P., Pruitt, D. (2000). Negotiation and mediation. Annual Review of Psychology, 43, 531-582.

Cattell, J. (1894). The American Psychological Association . Psychological Review, 1, 214 -215.

Cohen, S., Kelman, H (1977). Evolving inter-group techniques for conflict resolution: An Israeli-Palestinian workshop. Journal of Social Issues, 33, 165-189.

Collins, A. (1988). In the sleep room: The story of the CIA brainwashing experiments in Canada. Toronto: Lester & Orpen Dennys.

Committee on Selection and Training of Aircraft Pilots (1942). An historical introductionto aviation psychology (Report No 4). Washington. DC: National Research Council.

Constantine, A. (1997). Virtual government: CIA mind operations in America. Venice, CA. : Feral House.

Corsini, R. (1984). (Ed.). Encyclopaedia of psychology. New York: Wiley.

Crawford, M. (1970). Military psychology and general psychology. American Psychologist, 25, 328-336.

Cronbach, L. (1949). Essentials of psychological testing. New York: Harper.

Danziger, K. (1979). The positivist repudiation of Wundt . Journal of the History of the Behavioral Sciences , 15, 295-230.

Danziger, K. (1983) . Origins and basic principles of Wundt's Volkerpsychologie . British Journal of Social Psychology, 22, 303-313.

Deregowski , J. (1980). Illusions , patterns and pictures: A cross cultural perspective . London : Academic Press.

De Rivera, J. (1968). The psychological dimension of foreign policy. Columbus: Charles Merrill.

Dernburg, B. (1912). Cited by P. Propst (1996). Psychology and colonialism in Germany : Richard Thurnwald. International Psychologist, 37, 15-18.

Doob, L. (1970). Resolving conflict in Africa: The Fermeda Workshop. New Haven: Yale University Press.

Driskell, J., & Olmstead, B. (1989).Psychology and the military: Research applications and trends. American Psychologist, 44, 43-54.

El-Sheikh, M., & Klaczynski, P. (1993). Cultural variability in stress and control
an investigation of Egyptian middle-class countryside, and inner-city girls. Journal of Cross-Cultural Psychology, 24, 81-98.

El-Zahar, N., Hocevar, D. (1991). Cultural and sexual differences in test anxiety,
trait anxiety and arousability: Egypt, Brazil, and the United States. Journal of Cross-Cultural Psychology, 22, 238-249.

Fitts, P. (1946). German applied psychology during World War II. American Psychologist, 1, 151-161.

Flanagan, J. (1948). Psychological research in the armed forces. Review of Educational Research, 18, 528-654.

Flanagan, J. (1952). Psychology in the world emergency. Pittsburgh, PA: University of Pittburgh Press.

Frazer, J. (1946). New-type selection boards in industry. Occupational Psychology, 21, 170-178.

Fleishman, E. (1962). Observations on Soviet educational and industrial psychology. In R. Bauer (Ed.). Some views on Soviet psychology. Westport: Greenwood Press.

Garvey, C. (1929). List of American psychological laboratories. PsychologicalBulletin, 26, 652-660.

Gergen, K., & Gergen, M. (1981). Social psychology. New York: Harcourt.

Gilgen, A. (1982). American psychology since World War II: A profile of the discipline. Westport, CT: Greenwood Press.

Gilgen, A., Gilgen, C., Koltsova, V., Oleinik, Y. (1996). Soviet and American psychology during World War II. London: Greenwood Press.

Goldman, N. (1970). The failure of Israeli foreign policy. New Outlook, 13, 9-18.

Gregory, R. (1989). The Oxford companion to the mind. Oxford: Oxford University Press.

Gilbert, S. (1928). The stammering century . New York: Day.

Grunder. H. (1985). Cited by P. Probst. (1996). Psychology and colonialism in Germany: Richard Thurnwald . International Psychologist, 37, 15-18.

Haidar, A. (1987). The Palestinians seen through the Israel cultural paradigm. Journal of Palestine Studies, 16, 68-86.

Hamilton, L. (1911) . Cited by P. Probst (1996). Psychology and colonialism in Germany: Ritchard Thurnwald. International Psychologist, 37, 15-18.

Harcabi, (1971). Arab ideology of the conflict. In G. AlRoy (Ed.). Attitudes toward Jewish statehood in the Arab world. New York: American Academic Association for Peace in the Middle East.

Harrell, T. (1949). Industrial psychology. New York: Rinehart.

Kandel, D. (1978). Similarity in real- life adolescent friendship pairs. Journal of Personality and Social Psychology, 31, 306-311.

Hearnshaw, L. (1987). The shaping of modern psychology. London: Routledge and Kegan Paul.

Hedge, A., & Yousif, Y. (1992). Effects of urban size, urgency, and cost on helpfulness: A cross-cultural comparison between the United Kingdom and the Sudan. Journal of Cross-Cultural Psychology, 23, 107-115.

Hilgard, E. (1987). Psychology in America: A historical survey. New York: Harcourt Brace Jovanovich.

Hilgard, E., Atkinson, R., Atkinson, R. (1969). Introduction to psychology. 7th ed. New York: Harcourt.

Hoffman, R., Deffenbacher, K. (1992). A brief history of applied cognitive psychology. Applied Cognitive Psychology, 6, 1-48.

Hopkins, P. (1944). Observations on army and air force: Selection procedures in

Tokyo, Budapest and Berlin. Journal of Applied Psychology, 17, 31-37.

Hourani, C. (1967). Towards a Middle East dialogue. Encounter 30, 3-12.

Kaplowitz, N. (1976). Psychological dimensions of the Middle East conflict. Journal of Conflict Resolution, 20, 279-317.

Kaplowitz, N. (1973). Attitudes of Arab and Israeli students in the United States regarding the Arab Israeli dispute: A psychopolitical study of international conflict. Ph.D dissertation, Columbia University

Kaplowitz, N. (1975). Psychological dimensions of international relations: The case of the middle East conflict. University of California at Los Angeles, Political Science Department.

Karadawi, A. (1991). The smuggling of the Ethiopian Flasha to Israel through Sudan. African Affairs, 90, 24-49.

Kelman, H. (1972). The problem-solving workshop in conflict resolution. In R. Merritt (Ed.). Communication in international politics. Urbana: University of Illinois Press.

Kelman, H., & Kohen, S. (1976). The problem-solving workshop: A social-psychological contribution to the resolution of international conflicts. Journal of Peace Research, 13, 79-90.

Kendler, H. (1987). Historical foundations of modern psychology. Philadelphia:Temple University Press.

Kim, U., & Berry , J (1993). Indigenous psychologies: Research and experience in cultural context . Newbury Park: Sage.

Khaleefa, O. (1999). Research on creativity, intelligence and giftedness: The case of the Arab world. Gifted and Talented International, 14, 21-29.

Khaleefa, O. (1997a). The predicament of Euro-American psychology in a nonwestern culture. World Psychology, 3, 29-64.

Khaleefa, O. (1997b). The imperialism of Euro-American psychology in a non -Western culture. The American Journal of Islamic Social Sciences, 14, 44-69.

Khaleefa, O., & Ashria, I. (1996). La psychotechnologie et le monde Islamique: Une tentative vers l''indigenisation. L'Islam Aujourd'hui, 14, 233-252.

Khaleefa, O., & Ashria, I. (1995). The concept of culture and social sciences: A cross-cultural view. Encounters, 1, 53-73.

Kim, U., & Berry, J (1993). Indigenous psychologies: Research and experience in cultural context . Newbury Park: Sage.

King, D. (1984). Psychology in the Arab Republic of Egypt. International Psychologist, 25, 7-8.

Koestler, A. (1967). The Gohost in the machine. London: Hutchinson.

Kristensen, T., Ohsako, G., Ekenhammer, B., Wessells, M (2000). Diplomacy and psychology: Psychological contributions to international negotiations, conflict prevention and world peace. International Journal of Psychology, 35, 81-86.

Langholtz, H. (Ed.). (1998). The psychology of peacekeeping. London: Praeger.

Lanier, L. (1949). Review of the aviation psychology research program in the Army Air Forces. Psychological Bulletin, 46, 499-501.

Lazarus, R. (1975). The psychology of stress and coping, with particular reference to Israel. Address given at the International Conference on Psychological Stress and Adjustment in Times of War and Peace. Tel Aviv, Israel, January, 6-10, 1975, Unpublished manuscript.

Leites, N. (1953). A study of Bolshevism. New York: Free Press.

Lindskold, S. (1979). Managing conflict through announced conciliatory initiatives backed with retaliatory capacity. In W. Austin & S. Worchel. The social psychology of inetgroup relations. Monterey, Calif.: Brooks/Cole.

Lonner, W. (1980). A decade of cross-cultural psychology: JCCP, 1970-1979. Journal of Cross-Cultural Psychology, 11, 7-34.

Lopez , A. (2000). Confession d'un Espion. Paris: Fayard

Marquis, D. (1944). The mobilization of psychologists for war service. Psychological Bulletin, 41, 469-473.

Marks, J. (1979). The search for the "Manchurian Candidate": The CIA and the mind control. London: Penguin Books.

Mazrui, A. (1974). World culture and the black experience. Seattle and London: University of Washington Press.

Mazrui, A. (1978). Political values and the educated class in Africa. London: Heineman.

Meier, N. (1943). Military psychology. New York: Harper.

Mikula, G., Wenzel, M. (2000). Justice and social conflict. International Journal of Psychology, 35, 126-135.

Moghaddam, F. (1987). Psychology in the three worlds as reflected by the crisis insocial psychology and the move toward indigenous third world psychology. American Psychologist, 42, 912-920.

Moghaddam, F. (1989). Specialization and despeciliazation in psychology: Divergent processes in the three worlds. International Journal of Psychology, 24, 103-116.

Moghaddam, F., & Tayler, D. (1987). The meaning of multiculturism for visible minority immigrant women. Canadian Journal of behavioral Science, 19, 121-136.

Moghaddam, F., Taylor, D., & Wright, S. (1993). Social psychology in cross-cultural perspective. New York: W. H. Freeman and Company.

Moughrabi, F. (1981). A political technology in the soul. Arab Studies Quarterly, 3, 68-88.

Murry, B. (September. 1998). Psychologist's role is protecting U.S leaders. Monitor, 29, 37.

Murry, H., MacKinnon, D. (1946). Assessment of OSS personnel. Journal of Consulting Psychology, 10, 76-80.

Naimark, H. (1997). Psychology International, 8, 1&7.

Nixon, R. (1980). The real war. New York: Warner Books.

Osgood, C. (1962). An alternative to war or surrender. Urbana: University of Illinois Press.

Palmer, J. (1986). Progressive skepticism: A critical approach to the Psi controversy. Journal of parapsychology, 50, 29-41.

Parfitt, T. (1985). Operation Noses: The story of the exodus of the Flasha Jews from Ethiopia. London: Weidenfeld & Nicolson.

Patai, R. (1972). The Arab mind. New York: Scribners.

Pratt, C. (1941) (Ed.). Military psychology. Psychological Bulletin, 38, 309-508.

Probst, P . (1996) . Psychology and colonialism in Germany: Ritchard Thurward. International Psychologist, 37, 15-18.

Psychology International (1997), 8, 9.

<u>Psychology International</u> (1999), 10, pp. 5-7.

Ragatz, L. (1963). <u>The fall of the planter class in the British Caribbean, 1763-1833 : A study in social and economic history</u>. New York: Octagon.

Razran, G. (1957). Recent Russian psychology: 1950-1956. <u>Contemporary Psychology, 2,</u> 93-101.

Razran, G. (1959). Soviet psychology and psychophysiology, <u>Behavioral Science, 4,</u> 35-48.

Razran, G., & Brown, H. (1941). Aviation. <u>Psychological Bulletin, 38,</u> 322-330.

Reitman, W. (1962). Some Soviet investigations of thinking , problem solving, and related areas. In R. Bauer (Ed.) <u>. Some views on Soviet psychology</u>. Westport: Greenwood Press.

Reitman, W., Murphy , G., & Murphy, L . (1962). Soviet life and Soviet psychology. In R. Bauer (Ed.). <u>Some views on Soviet psychology</u>. Westport: Greenwood Press.

Rivers, W. (1901). Vision. <u>In "Reports of the Cambridge anthropological expedition to Torres Straits"</u> . W. Rivers (Ed.). Cambridge : Cambridge University Press.

Rivers, W. (1905). Observations on the senses of the Todas. <u>British Journal of Psychology, 1,</u> 321-396.

Rolling Stone (1974). <u>CIA won't quite go public,</u> July, 18th, 1974.

Ronen, Y. (1995). Civil war in the Sudan. Tel Aviv: The Moshe Dayan Center for Middle Eastern and African Studies.

Ronen, Y. (1992). Sudan (Jumhuriyyat al-Sudan). In A. Ayalon (Ed). Middle East contemporary survey. Vol. XV1 (pp. 702-722). Tel Aviv: The Moshe Dayan Center for Middle Eastern and African Studies. The Shiloah Institute, Tel Aviv University.

Ronen, Y. (1990). Sudan (Jumhuriyyat al-Sudan). In A. Ayalon (Ed). Middle East contemporary survey. Vol. X1V (pp. 630-648). Tel Aviv: The Moshe Dayan Center for Middle Eastern and African Studies. The Shiloah Institute, Tel Aviv University.

Ronen, Y. (May 1985). The end of the Numayri era. <u>Skira Hodshit,</u> No 4, Israel.

Ronen, Y. (1980). Sudan's position towards the Egyptian Peace Policy-a subject in her inner-Arab relations. Tel Aviv: Tel Aviv University.

Rosenzweig, M. (1982). Trends in development and status of psychology: An international perspective. International Journal of Psychology, 17, 117-140.

Rosenzweig, M. (1994). The diverse origins and the development of psychology in the USA. International Journal of Psychology, 29, 739-756.

Said, E. (1978). Orientalism. New York: Pantheon.

Sarason, S. (1981). Psychology misdirected. New York: Free Press.

Sargant, W. (1963). Battle for the mind. London: Pan Book.

Schmidt, H. (1969). Clairvoyance tests with a machine. Journal of parapsychology, 33, 300-306.

Seldes, G. (1928). The stammering century. New York: Day.

Sanders, J., Hakky, U., Brizzolara, M.(1985). Personal space amongst Arabs and Americans. International Journal of Psychology, 20, 13-17.

Shackleton, V., & Ali, A. (1990). Work-related values of managers: A test of theHofstede Model. Journal of Cross-Cultural Psychology, 21, 109-118.

Shaked, H., and Ronen,Y. (1988). The ethnic factor in Sudanese politics: South vs. North. In M. Esman & I. Rabinovich (Eds.). Ethnicity, pluralism and the state in Middle East. London: Ithaca.

Shamir, S. (1971). The myth of Arab intransigence. In S. Avineri (Ed.). Israel and the Palestinian. New York: St. Martin's.

Sharon, A. (1989). Warrior: The autobiography of Ariel Sharon. By Ariel Sharon with David Chanoff. New York: Simon and Schuster.

Shihadeh, A. (1971). The Palestinian demand is for peace, justice, and an end to bitterness-the initiative is with Israel-the time to negotiate is now. New Middle East, August, 20-22.

Simon, B. (Ed.). (1957). Psychology in the Soviet Union. Stanford: Stanford University Press.

Sinha, D. (1986). Psychology in a Third World country: The Indian experience. NewYork: Sage.

Skinner, B. (1948). Walden two. New York: Macmillan.

Skinner, B. (1956). A case history in scientific method. American Psychologist, 11, 221-233.

Skinner, B. (1957). The experimental analysis of behavior. <u>American Scientist, 45</u>, 343-371.

Skinner, B. (1958). Reinforcement today. <u>American Psychologist, 13</u>, 94-99.

Skinner, B. (1960). Pigeons in Pelican. <u>American psychologist, 15</u>, 28-37.

Skinner, B. (1974). <u>Beyond freedom and dignity</u>. London : Pelican Books.

Sobolev, G. (1966). <u>Leningrad scientists during the Great Patriotic War of 1941-1945</u>. Moscow-Leningrad.

Sokal, M. (1992). Origins and early years of the American Psychological Association, 1890-1906. <u>American Psychologist, 47</u>, 111-122.

Spiegel , P., & Koocher , G. (1985). <u>Ethics in psychology</u>. New York: Random House.

Stern, P. (1992). Psychological dimensions of global environmental change. Annual Review of Psychology, 43, 269-302.

Suleiman, Michael (1974). National stereotypes as weapons in the Arab Israeli conflict. <u>Journal of Palestine Studies, 3</u>, 109-121.

Sunderberg, H., Latkin, C., & Saoud, J. (1991). Bordom in young adults: Gender and cultural comparisons. <u>Journal of Cross-Cultural Psychology, 22</u>, 209-223.

Susne, L. (1984). (Ed.). <u>Biographical dictionaries of psychology</u>. Westport. Greenwood Press.

Taf, R. (1948). Use of group situation observation method in the selection of trainee executives. <u>Journal of Applied Psychology, 32</u>, 587-594.

Teplov, B (1985). <u>The mind of military leader</u>. In selected works, 2 vols. (Vol. 1, pp. 223-305). Moscow

Terry, Janice (1976). Zionist attitudes toward Arab. <u>Journal of Palestine Studies, 5</u>, 71.

Tetlock, P., Goldgeir, J. (2000). Human nature and world politics: Cognition, identity and influence. International Journal of Psychology, 35, 87-96.

Thalbourne, M. (1984). <u>A glossary of terms used in parapsychology</u>. London: Heinmann.

Thouless, R. (1942). The present position of experimental research into telepathy and related phenomena. <u>Proceedings of the Society for Psychical Research, 42</u>, 1-19.

Times (1949). University to set up personality center. [Anon.] <u>N. Y. Times, August, 14</u>, 1949.

Uhlaner, J. (1977). The research psychologist in the army 1917 to 1977 (Report No 1155). Washington, DC, US Army Research Institute for the Behavioral and Social Sciences.

Walker, (1997). Israel claims use of force justified on terror suspects. The Times 65.885, Friday, 9th, 1997. P. 15.

Wallerstein, H. (1997). The West and the rest. International Sociological Association (ISA) Bulletin, 72, 1.

Warburg, G. (1995). Turabi of the Sudan: Soft-spoken revolutionary. In Middle Eastern Lectures. No. One. Tel Aviv: The Moshe Dayan Center for Middle Eastern and African Studies.

Warburg, G. (1992). The Sudan and Israel: An episode in bilateral relations. Middle Eastern Studies, 28, 385-396.

Warburg, G. (1991). The Nile in Egyptian Sudanese relations. Orient, 32. 4.

Warburg, G. (1990). National identity in the Sudan: Fact, fiction and prejudice in ethnic and religious relations. Asian and African Studies, 24, 151-202, University of Haifa, Israel.

Warburg, G. (1990). The Sharia in Sudan: Implementation and repercussions, 1983-1989. Middle East Journal, 44, 624-637.

Warburg, G. (1986). Democracy in the Sudan: Trial and error. North-East African Studies, 8, 2-3.

Warburg, G. (1985). Islam and state in Numayri's Sudan. In J. Peel & C. Stewart (Eds.). Popular Islam South of the Sahara. Manchester: Manchester University Press.

Warburg, G. (1981). The Ansar in Sudanese politics: Myth and reality. In M. Curtis (Ed.). Religious and politics in the Middle East. Boulder: Westview Press.

Warburg, G. (1981). Ideological and practical considerations regarding slavery in the Mahdist State and the Anglo-Egyptian Sudan: 1881-1918. In P. Lovejoy (Ed.). The Ideology of Slavery in Africa. Sage Publication.

Warburg, G. (1974). Popular Islam and tribal leadership in the socio-political structure of Northern Sudan. In M. Milson (Ed.). Society and political structure in the Arab world. New York: Humanities Press.

Warburg, G. (1973). From Ansar to Uma: Religious politics in the Sudan 1914-1945. Asian and African Studies 9., University of Haifa, Israel.

Watson, P. (1978). War on mind. London: Hutchinson.

Wechsler, D. (1981) . WAIS-R Manual. Texas: The Psychological Corporation.

Weinstein, H. (1990). Psychiatry and the CIA: Victims of mind control. Washington: American Psychiatric Press.

Winn, D. (1983). The manipulated mind: Brainwashing, conditioning and indoctrination. London: The Octagon Press.

Winn, R. (Ed.). (1961a). Soviet psychology. New York: Philosophical Library.

Winn, R. (Ed.). (1961b). Psychotherapy in the Soviet Union. New York: Philosophical Library.

Yousif, Y., & Korte, C. (1995). Urbanization, culture, and helpfulness: Cross -cultural studies in England and the Sudan. Journal of Cross-cultural Psychology, 26, 474-489.

Zureik, E. (1975). The Palestinians in the consciousness of Israeli youth. Journal of Palestine Studies, 6, 3-1.

Printed in the United States
By Bookmasters